数字经济

SHUZI JINGJI ZHILI
YU
HEGUI ZHIYIN

治理与合规指引

主　编｜阿拉木斯　张　韬
副主编｜尚　进　戴　伟

法律出版社 LAW PRESS · CHINA
北京

图书在版编目(CIP)数据

数字经济治理与合规指引 / 阿拉木斯，张韬主编
. -- 北京 : 法律出版社，2023
ISBN 978-7-5197-8282-5

Ⅰ. ①数… Ⅱ. ①阿… ②张… Ⅲ. ①信息经济-经济治理-研究②经济法-研究-中国 Ⅳ. ①F49 ②D922.290.4

中国国家版本馆 CIP 数据核字(2023)第 170545 号

数字经济治理与合规指引
SHUZI JINGJI ZHILI YU HEGUI ZHIYIN

阿拉木斯 张 韬 主编

责任编辑 陶玉霞
装帧设计 鲍龙卉

出版发行 法律出版社
编辑统筹 法规出版分社
责任校对 王晓萍
责任印制 耿润瑜
经　　销 新华书店

开本 710 毫米×1000 毫米 1/16
印张 30.5 **字数** 500 千
版本 2023 年 10 月第 1 版
印次 2023 年 10 月第 1 次印刷
印刷 北京金康利印刷有限公司

地址:北京市丰台区莲花池西里 7 号(100073)
网址:www.lawpress.com.cn
投稿邮箱:info@lawpress.com.cn
举报盗版邮箱:jbwq@lawpress.com.cn

销售电话:010-83938349
客服电话:010-83938350
咨询电话:010-63939796

书号:ISBN 978-7-5197-8282-5
定价:98.00 元
凡购买本社图书,如有印装错误,我社负责退换。电话:010-83938349

本书编委会

主　编

阿拉木斯　张　韬

副主编

尚　进　戴　伟

编委会成员

（以姓氏字母拼音排序）

杜文心	郭子訸	李鸿飞	刘建初
刘　颖	孟兆平	潘鹏飞	庞理鹏
乔聪军	王泽钧	夏　晴	向海龙
俞　霞			

序　言

数字经济是以数字要素作为关键生产资料的经济活动，是传统经济升级的方向。《"十四五"数字经济发展规划》中有一个重要判断：数字经济是继农业经济、工业经济之后的主要经济形态。综观全球，世界各国均高度重视数字经济的发展，其正以不可阻挡之势强势崛起，成为"重组全球要素资源、重塑全球经济结构、改变全球竞争格局的关键力量"。

习近平总书记在党的二十大报告中强调："加快发展数字经济，促进数字经济和实体经济深度融合，打造具有国际竞争力的数字产业集群。"我们要深入贯彻党的二十大作出的战略部署，发挥我国数字经济发展的独特优势，全面促进数字技术和实体经济深度融合，大力发展数字经济，为构建新发展格局、推动高质量发展提供有力支撑。

据《数字中国发展报告（2022年）》统计，2022年我国数字经济规模达50.2万亿元，总量稳居世界第二位，同比名义增长10.3%，占国内生产总值比重提升至41.5%。数字产业规模稳步增长，电子信息制造业实现营业收入15.4万亿元，同比增长5.5%；软件业务收入达10.81万亿元，同比增长11.2%；工业互联网核心产业规模超1.2万亿元，同比增长15.5%。数字经济已成为推动我国经济增长的主要引擎之一。

科技创新具有两面性，其既可以拉动生产力的发展，也可能带来破坏性。保证数字经济的健康有序发展，需要有健全的法律体系作支撑。近年来，随着数字经济的快速发展，数据合规等相关法律服务需求大量涌现，相关业务领域的法律服务也成为法律市场关注重点。

近几年，无论是从政策层面、经济领域还是法律行业的显著表现来看，数字经济相关概念的渗透都尤为明显。2021年12月，国务院发布首部国家数字经济发展规划——《"十四五"数字经济发展规划》；2022年10月，第十三届全国人大常委会第三十七次会议审议了国务院《关于数字经济发展情况的报告》；2023年2

月,中共中央、国务院专门发文,提出做强做优做大数字经济,研究制定了推动数字经济高质量发展的措施,出台了《数字中国建设整体布局规划》。

数字经济对治理与合规有着迫切需求,亟须加强此方面研究,尽快出版此方面的成果著作,为相关行业和领域提供参考和指引。

一、我国已初步建成的数字经济法律体系

一般认为,一个完整的数字经济法律体系框架,应该至少包括四个方面的内容,即数字经济基本法、交易法、安全保护法和专门法。当然,基本法和交易法,可以合并在一部法律里。

比较典型的是我国在2018年出台的《电子商务法》。作为数字经济基本法,该法明确了数字经济的各个主体以及主体之间的基本法律关系,数字经济法律的适用范围以及其与线下相关法律的关系,等等。同时,作为数字经济的交易法,《电子商务法》明确了交易平台的法律地位,包括交易平台在内的各方的权利和义务,交易前、交易中和交易后相关环节的监管要求,各方的法律责任等。

我国2016年出台的《网络安全法》、2021年出台的《个人信息保护法》和《数据安全法》则属于数字经济的安全保护法。保护网络个人信息和隐私、维护互联网安全是这三部数字经济安全保护法的主题。

作为数字经济的专门法,主要是针对数字经济发展中的一些特殊问题或技术解决方案进行法律上的确认或保护,我国在2004年出台并于2015年、2019年两次修正的《电子签名法》,2022年出台的《反电信网络诈骗法》,都是数字经济的专门法。

截至目前,我国已经出台了六部数字经济的相关法,即《电子商务法》《电子签名法》《网络安全法》《个人信息保护法》《数据安全法》《反电信网络诈骗法》,初步构建完成了我国数字经济的法律体系,为促进我国数字经济大力发展提供了有力的保障。

二、治理与合规是整个数字经济大厦的基石

治理与合规是数字经济体系核心的部分之一,是数字经济大厦的基石。数字经济发展,既需要顶层设计,也需要制度保障。从政府治理到企业合规,都需要依法依规,从而确保中国数字经济的稳健发展。

当前,市场上比较缺乏对数字经济法律体系和合规实务问题进行系统梳理分析的专著。为此,本书在我国初步建立的数字经济法律体系的基础上,把所有数字经济合规实务问题按照业务的内在逻辑顺序编排,以法律体系为经,以合规实务为纬,将其内容织成一张逻辑井然的网,每个合规问题都是这张网上的一个节点,实务从业人员可自然而然找到每个具体的合规问题。

三、本书的主要特点

(一)问题导向

从写作体例的指导思想来看,这是一本问题导向型或者叫作实务导向型书籍,是一本用数字经济法律来分析和解决合规实际问题的书。

本书将现有数字经济法律体系概括为七大体系,即电子商务法律体系、个人信息保护法律体系、网络与数据安全法律体系、电子签名法律体系、互联网监管法律体系、人工智能法律体系、数字经济支撑产业法律体系。对于每个法律体系,我们分别从立法背景与规则体系、规范建设与治理实践、重点法条解读、典型案例解析、合规指引、发展趋势展望六个角度进行展开和指引。

虽然在写作过程中不可避免地要解释法律,但也是在问题导向下的法律解释。总体来看,本书的写作首先按照数字经济的法律体系,提出具体治理与合规问题,然后用法律条文和案例来分析这些问题,在必要的情况下,就这些问题提出符合监管要求的解决方案。

(二)问题细分

本书对数字经济法律体系的每一个法律法规文件都予以分解到最基本的程度,对其中问题的提出和划分也细致到最基本的程度。可以说,如果数字经济法律体系是一个人体,那么本书对它的分析具体到了细胞。因此,本书对于数字经济各个环节实务从业人员都非常具有实用性,在实务中碰到的法律问题,几乎都可以从本书中找到答案。

(三)活的法律

我国法律制度为成文法传统体系,除了数量有限的指导性案例,一般案例并不具有法律效力,因此,长期以来,案例只被用来帮助理解法律。

笔者认为,我国的法律仅仅只包括成文法的理解是片面的,对法律实务从业人员的启发有限。就数字经济法律而言,法律条文是死的法律,如何理解和运用这些条文则是活的法律。实务从业人员需要了解的不仅是固定的法律条文,而且是全部的法律环境。司法人员和监管机构的执法人员对条文的理解和运用及其判断推理的方法和结果同样是法律环境的一部分,其重要性不亚于法律条文本身,甚至在指导实务操作中超过了法律条文。

因此,本书在用法律解析实务问题时,力争对于每一个问题、条件和概念,除笔者利用法律条文进行分析外,都尽量结合当前具体的实务操作,结合司法实践和行政执法实践,展开充分的讨论。

本书的读者对象主要包括:关注数字经济领域、科技治理与法律领域的政府部门工作人员、律师、法官、法科学生,科技界人士和实业界的管理者。

当前,以信息技术为代表的新一轮科技革命和产业变革突飞猛进,为加快建设数字中国,推进中国式现代化提供了强大发展动能。与此同时,世界之变、时代之变、历史之变正以前所未有的方式展开,数字经济建设面临越发纷繁复杂的发展形势。

2023 年是全面贯彻落实党的二十大精神的开局之年,也是全面推进《数字中国建设整体布局规划》实施的起步之年。我们要坚持以习近平新时代中国特色社会主义思想特别是习近平总书记关于网络强国的重要思想为指导,加快建设数字中国,为全面建设社会主义现代化国家提供有力支撑。

目　录

第一章

电子商务法律体系

近年来,中国在电子商务法治建设方面取得了重大成就和发展,先后制定了《电子商务法》《网络交易监督管理办法》《药品网络销售监督管理办法》等一系列电子商务法律、法规、规章,特别是《电子商务法》的颁布施行,标志着我国正逐步建立和完善与电子商务发展相适应的电子商务法律体系。

我国的电子商务在1995年后开始起步,有8848、阿里巴巴等一批电子商务网站的兴起。2000年后美国互联网泡沫的破灭,对我国电子商务的发展也形成了很大的冲击。好在2003年“非典”疫情给网购市场的发展带来了复苏的机遇。之后,阿里巴巴、淘宝网、支付宝、京东商城、当当网等一批电子商务网站的不断发展,解决了我国电子商务发展中一些关键的难点问题,如信用、支付、物流等,打开了中国电子商务蓬勃发展的大好局面。

2007年至2011年,我国网络零售交易额(B2C、C2C为主)年均增速在70%以上,是同期社会消费品零售总额年均增长速度的6倍以上。2008—2009年金融危机时,电子商务逆势上扬,成为经济发展的新亮点。

从表面上看,电子商务尤其是网络零售发展迅速,但事实上仍然处于发展的初步阶段,其对社会的积极影响与拉动作用远没有真正释放出来。淘宝网上超过95%的网商都还未达到月销售额2万元人民币的门槛,仍属于免征增值税的范围。另外,网络贸易的整体规模仍然有限,才刚刚进入开始正面影响流通领域供应链环节,重组产业结构,帮助制造业转型升级,拉升社会整体效率的关键阶段。

随着现代信息科学技术不断取得重大突破与创新,信息资源已逐渐渗透进入生产力系统,能够更好地满足人的现实需求,更符合人类文明的发展进步。其中,电子商务服务平台能够汇聚海量的生产信息、交易信息与消费者信息,使信息这一核心生产要素广泛应用于经济生产活动,有效地解放了电子商务各方的生产力。笔者认为,互联网经济已经不再是"虚拟"经济,它实实在在地推动着一个又一个产业的发展和兴起,也带动了更多的就业,促进了社会的发展和进步,正在成长为中国经济增长和转型升级的新引擎。

在这样的大背景下,2013 年 10 月 31 日,在第十二届全国人大常委会公布的立法规划中,"电子商务法"被列为第二类项目,即需要抓紧工作、条件成熟时提请审议的法律草案之一。这是电子商务法第一次正式列入我国最高立法机关的议事日程,标志着我国电子商务发展的一个全新的历史阶段即将开启!其后,历经五年的起草,《电子商务法》终于在 2018 年 8 月 31 日得以颁布,并于 2019 年 1 月 1 日起施行。

目前,各国、国际组织、各地区的主要电子商务相关立法有:《电子交易法》(美国、新加坡、澳大利亚);《电子签名法》(美国、中国等);《电子商务法》(爱尔兰、加拿大、中国);《电子商务基本法》(韩国);《电子商务支持法》(印度);《计算机信息交易法》(美国);《电子商务指令》(欧盟);《电子商务示范法》(联合国贸法会);《信息、信息化和信息保护法》(俄罗斯);《IT 基本法》(日本);《互联网民法》(巴西)。

整体上,各种电子商务立法模式大致有三种:其一,现行立法中融入规制电子商务的法律规范。例如,在合同法中加入电子商务的条款。其二,制定单行电子商务立法。例如,《电子签名法》。其三,制定综合性的电子商务法。例如,《电子交易法》或《电子商务法》。目前,全球电子商务立法呈现法典化的趋势,即制定综合性的电子商务法。

那么,与其他国家或地区对比,笔者认为,我国电子商务立法的实际需求有以下三点不同:

第一,我国电子商务产业发展的特殊性决定了我国电子商务法律问题的特殊性。这些特点如下:其一,我国电子商务以本土企业为主:B2B 的阿里巴巴、全球制造、网盛、慧聪;B2C 的天猫、京东商城、凡客、当当、唯品会;C2C 的淘宝、拍拍。其二,创新与颠覆性更强:与其他国家或地区相比,我们的电子商务有"四多",都要求有更灵活的政策法律环境支撑,即平台交易占比多、C2C 交易占比多、实物产品交易占比多、非传统企业转型做电商占比多。其三,平台复杂性高:阿里巴巴、腾讯作为世界第一的网络服务平台，其量级、复杂性和活跃程度都是前所未有和我国独有的。

第二，我国法治建设的特殊性决定了电子商务法治建设的特殊性。目前，我国的电子商务法治建设、市场经济法治建设、信用体系法治建设正在同步进行。这与发达国家在成熟的法治环境上面对单纯的电子商务法律问题有很大的不同。例如，2021年实施的《民法典》等，其实都是我们在补市场经济法治建设的课。也就是说，我们的任务其实是虚拟世界与现实世界的法治建设同步展开。

发达国家信用制度、隐私权和个人信息保护、实名制、未成年人保护和政府与市场的关系把握、责任追究制度等都比较成熟，虽非专门针对电子商务，但成为电子商务规范发展的良好土壤。

第三，我们对创新和发展有更高的要求。诺贝尔经济学奖得主、美国哥伦比亚大学教授埃德蒙·菲尔普斯在参加第二届诺贝尔奖经济学家中国峰会期间接受访谈时说："估计过去数十年，中国的经济增长有2%来自创新，高于美国的1%。"

中国的电子商务的发展更加验证了这一点，尤其是在2008年以后，在前期学习美国互联网经济模式的基础上，创新明显增多，这些概念都带着中国创造的标签，如新商业文明，网商、网货、网规；电子商务服务业和交易平台、个人网商；C2B、O2O；互联网金融；打车软件、网上挂号；微信、微店，等等。

2012年3G网络和智能手机普及后，我国互联网和电子商务的创新发展被瞬间引爆。这一过程如果获得政策的有效支持，预计可以持续十年以上，产生无法估量的力量和影响。我们的经济发展对转型升级有更高的要求，如此一来，电子商务的发展必然在拉动内需、经济转型升级、扩大就业、服务中小企业、节能环保等方面扮演更为关键的角色。

第一节　立法背景

当今中国乃至世界，网络信息技术和电子商务日新月异、蓬勃发展，全面融入人们的生产生活，深刻改变经济社会发展格局。在我国经济发展新常态下，电子商务发展已经成为一道亮丽的风景线,同时发展过程中的一些矛盾和问题已经凸显。特别是随着"社交电商""直播带货"等新业态新模式的不断涌现,为网络经济发展增添了新的活力同时出现了很多新问题。这些问题的解决,需要在《电子商务法》的法律框架上,不断细化和完善电子商务配套法规制度,建立、健全电子商务法律法规体系。从立法层面上平衡各方主体的合法利益,规范电子商务行为,回应网络交易新业态新模式提出的新需求,是推动电子商务稳健发展最重要的一环。

一、满足电子商务及其新业态新模式发展的需要

在我国经济发展进入新常态的大背景下,电子商务持续多年保持高速发展,有力推动互联网和实体经济深度融合发展,以信息流带动技术流、资金流、人才流、物资流,促进资源配置优化,促进全要素生产率提升,在转方式、调结构、稳增长、扩就业、惠民生、促扶贫等方面发挥了重要作用。2022 年全国电子商务交易额达 43.83 万亿元,同比增长 3.5%。全国网上零售额达 13.79 万亿元,同比增长 4.0%;农村网络零售额达 2.17 万亿元,同比增长 3.6%;跨境电商进出口总额达 2.11 万亿元,同比增长 9.8%,占进出口总额的 5.0%。此外,电子商务服务业营收规模达 6.79 万亿元,同比增长 6.1%。电子商务从业人数达 6937.18 万人,同比增长 3.1%。支持、促进电子商务的发展和创新,迫切需要完善电子商务立法。

同时,随着我国电子商务和互联网技术的蓬勃发展,"社交电商""直播带货"等新业态新模式不断涌现,为网络经济发展增添了新的活力,为稳增长、促消费、扩就业发挥了重要作用,成为驱动经济增长的新引擎。数据显示,2021 年我国直播电商市场交易规模达到 23615.1 亿元,比 2017 年的 196.4 亿元增长了近 120 倍;用户规模 4.3 亿;直播电商行业渗透率由 0.27% 增长到 10.2%。成交额由 2017 年的 268 亿元增长至 2021 年的 17599 亿元,复合年均增长率达 184.7%。[①] 2021 年,社交电商市场规模占网上零售总额比重提升至 19.35%,较 2017 年扩大 9.82 个百分点;人均年消费额占中国居民人均可支配支出的 12.36%[②]。截至 2021 年 12 月,我国在线旅行预订用户规模达 3.97 亿,同比增加 5466 万。我国网

① 资料来源:网经社、中商产业研究院整理。
② 资料来源:智研咨询。

上外卖用户规模达5.44亿,同比增长29.9%。鼓励和推动电子商务新业态新模式的发展,确实需要专门的立法规制①。

二、解决电子商务发展矛盾和问题的需要

电子商务作为一个新生事物,在发展过程中,一些矛盾和问题已经凸显。一是法律体系和商业规则有待完善,亟待建立全面、完整的电子商务法律法规体系。二是市场秩序有待规范,交易环境需要健全完善,损害消费者权益现象时有发生,交易纠纷和商业冲突增多。三是管理体制有待理顺,原有管理方式不能完全适应电子商务快速发展的需要,交易安全保障亟待加强。通过完善电子商务立法来规范市场秩序已经迫在眉睫。

电子商务快速发展过程中,不断涌现的新业态新模式,又为电子商务的发展带来了很多的新问题,这些问题既损害了消费者的权益,也破坏了网络交易空间的公平性和平台的信誉,为新业态的发展带来了很多争议和阻碍。

解决电子商务发展过程中出现的矛盾和问题,回应电子商务新业态新模式提出的新需求,需要我们在立法上不断地细化和完善。

三、保障电子商务各方主体权益的需要

通过立法,保障各方主体的合法权益,坚持科学发展、依法规范、加强引导。首先,要保障消费者的合法权益。电子商务领域消费者权益保护问题十分突出,社会各界反映较为集中。加强对电子商务消费者的保护力度,需要通过立法明确电子商务经营者特别是第三方平台的责任义务,明确消费者享有的个人信息等基本权利,鼓励和规范信用评价体系建设,形成符合电子商务发展特点的规范约束机制和争议解决机制。其次,也要保护电子商务经营者的合法权益。按照政府最小干预原则,推动实现政府监管、行业自律、社会共治有机结合,为电子商务的良性发展、互动创新奠定制度基础。

四、建立和健全电子商务法律体系的需要

《电子商务法》的出台只是电商立法工作的第一步。为更好地实现立法效果,

---

① 资料来源:《中国移动互联网发展报告(2022)》。

单单依靠一部电子商务基本法是远远不够的，必须建立和健全电子商务法律法规体系。首先，做好对《电子商务法》的解释工作。在电子商务法的立法工作中，难免会存在一些缺陷和疏漏。比如，市场主体登记中“零星小额”的具体范围未规定，电子商务平台责任中的“相应的责任”概念模糊，电子商务知识产权保护中的“避风港规则”适用条件不明确等。有关部门应结合电子商务的发展实践对《电子商务法》进行准确理解和解释。其次，建立电子商务配套法规制度。电子商务行业错综复杂，作为一部综合性法律，它不可能将电子商务中的所有规则都纳入其中。在许多方面，该法仅作了原则性规定、衔接性规定，有些方面甚至未作规定，这就需要各部门和各级政府制定相关政策、法规等予以细化和补充。

第二节　规范建设与治理实践

电子商务是一个跨行业和区域且涉及面极广的领域，关系错综复杂，再加上电子商务本身特有的一些属性，导致电子商务在发展过程中难免会出现诸多问题，如交易主体真实性、假冒伪劣商品销售、消费者权益保护、知识产权保护、个人信息安全、交易平台的监管义务和法律责任等。要解决这些问题，除电子商务行业的自律外，更需要政府通过规范和治理来引导和保障电子商务持续健康发展。

目前，我国对电子商务的规范和治理工作主要集中在两个方面：一是全面贯彻落实《电子商务法》，促进电子商务规范、有序、健康发展；二是完善电子商务配套法规制度，建立健全电子商务法律法规体系。

一、全面贯彻落实《电子商务法》

作为我国电子商务领域首部综合性法律，《电子商务法》是一部关乎中国电子商务行业格局的法律，为中国电子商务行业发展奠定了一个基本法律框架。《电子商务法》对电子商务经营者、电子商务合同的订立与履行、电子商务争议解决、电子商务促进、法律责任五个方面作了明确规定。该法的出台，使电子商务行业的发展有法可依，明确了国家要促进和鼓励电子商务发展的基调，回应了当前电子商务行业发展过程当中存在的一些问题，对我国电子商务行业的发展意义重大。

全面贯彻实施《电子商务法》，既是顺应我国电子商务发展新形势、实现依法治网的必然要求，也是保护网络消费者和经营者合法权益、促进电子商务持续健康发展的实际需要，更是履行电子商务监管职责、维护电子商务秩序的有力抓手。

（一）理解把握《电子商务法》的各项规定

《电子商务法》对电子商务的调整范围、市场主体的登记、电子商务平台经营者的平台责任、电子合同的订立与履行、电子商务知识产权保护、电子商务消费者保护和争议解决等问题都作出了规定。

1. 准确理解《电子商务法》的调整对象

准确理解《电子商务法》的调整对象是贯彻实施《电子商务法》的前提，直接关系到促进发展、规范秩序和保障权益的立法目标顺利实现。

《电子商务法》第二条将电子商务界定为“通过互联网等信息网络销售商品或者提供服务的经营活动”。这个定义具体从电子商务所依托的技术、电子商务交易行为和法律属性三个维度界定。首先，必须是通过“互联网等信息网络”技术，包括互联网、电信网、移动互联网、物联网等。其次，必须是销售商品和提供服务行为。销售商品既包括销售有形产品，也包括销售数字音乐、电子书和计算机软件的复制件等无形产品。提供服务既可以是在线提供服务，也可以是网上订立服务合同，在线下履行。最后，必须是经营活动，即目的是营利，而不论结果或者事实上是否营利。

2. 明确界定电子商务经营主体和准入标准

电子商务经营主体即电子商务经营者是我国《电子商务法》的核心概念之一。《电子商务法》第九条规定，电子商务经营者包括电子商务平台经营者、平台内经营者以及通过自建网站、其他网络服务销售商品或者提供服务的电子商务经营者。其中，通过其他网络服务销售商品或者提供服务的经营者，主要是指通过微信等社交平台、网络直播平台销售商品和提供服务的经营者。

电子商务经营者原则上必须依法履行市场主体登记义务，当然也有例外情形。《电子商务法》第十条规定，个人销售自产农副产品、家庭手工业产品，个人利用自己的技能从事依法无须取得许可的便民劳务活动和零星小额交易活动，以及依照法律、行政法规不需要进行登记的除外。准确把握电子商务经营主体准入标准,尤其是零星小额的界定问题,是落实《电子商务法》的关键。

3. 清楚明晰电子商务平台经营者的平台责任

《电子商务法》通过大量明确具体的法律规范,针对电子商务平台经营者确立了一系列的要求。除了电子商务经营者需要承担的一般性义务,《电子商务法》确立的电子商务平台经营者的平台责任主要包括:(1)身份核验;(2)信息报送;(3)对平台内经营者的管理责任;(4)网络安全维护;(5)信息保存;(6)服务协议与交易规则的制定、修改、公示;(7)自营业务的提示;(8)消费者的人身与财产安全保障义务;(9)建立信用评价;(10)对竞价排名“广告”标注;(11)知识产权保护。

4. 全面了解电子商务知识产权保护制度

《电子商务法》第四十一条至第四十五条专门规定了电子商务平台经营者的知识产权保护制度。电子商务平台经营者的知识产权保护义务主要表现在建立保护规则、与权利人等各方合作以及实施治理措施三个方面。

《电子商务法》明确了发生知识产权相关争议时的处理步骤。知识产权权利人认为其知识产权受到侵害的,有权通知电子商务平台经营者采取删除、屏蔽、断开链接、终止交易和服务等必要措施。通知应当包括构成侵权的初步证据。电子商务平台经营者接到通知后,应当及时采取必要措施,并将该通知转送平台内经营者;未及时采取必要措施的,对损害的扩大部分与平台内经营者承担连带责任。因通知错误造成平台内经营者损害的,依法承担民事责任。恶意发出错误通知,造成平台内经营者损失的,加倍承担赔偿责任。

5. 重点关注电子商务消费者权益保护制度

《电子商务法》有很多消费者权益保护方面的规定。包括:禁止虚构交易、编造评价;平台不得删除消费者的评论;制约大数据“杀熟”;禁止搭售时的“默认勾选”;明示押金退还方式、程序;规制平台不正当竞争行为;不能随意毁约;强化经营者举证责任等。对于电子商务消费者权益保护的这些新规定和新要求,需要重点关注,采取有力措施落实到位。

(二)《电子商务法》的执法、司法实践

《电子商务法》中的相关条款和制度对电子商务领域的执法和司法活动产生了实质性影响。首先,《电子商务法》为市场监管部门在电子商务领域开展监管执

法提供了重要法律依据。其次,《电子商务法》为司法机构审理涉电子商务的热点案件和纠纷提供了具体的法律适用参考。

颁布至今,我国《电子商务法》已经在执法、司法层面得到了深入的贯彻实施,取得了丰硕的成果,其中涵盖的法律纠纷类型丰富多样。

1. 执法实践

自《电子商务法》施行以来,电子商务领域的执法活动非常活跃,产生了大量的直接适用《电子商务法》有关规定的行政执法案件。

在处罚理由上,执法案件主要涉及广告宣传问题、市场主体登记及信息公示问题、知识产权问题、垄断与不正当竞争问题。在案件地域上,执法案件多集中在电子商务活动比较活跃的浙江省、江苏省与上海市。在执法重点上,主要包括App 个人信息保护的问题,社交电商涉嫌传销问题,平台"二选一"的不正当竞争问题,跨境电商走私、税务问题等。在处罚对象上,依据处罚事由的不同存在区别。针对市场主体登记、公示问题,处罚对象主要是电子商务平台内经营者;针对"平台二选一"等不正当竞争行为,处罚对象主要是电子商务平台经营者。

此外,在法律适用上,执法部门并不单纯依赖于《电子商务法》,而是与其他法律如《反不正当竞争法》《网络安全法》《广告法》等联合交叉适用;在违法事实认定上,灵活判断。对于涉及电子商务领域的新问题,如社交电商、跨境电商等,以原有的法律法规以及判断方式为基础,适应性地作出新的判断。①

2. 司法实践

近 5 年,全国各级人民法院共审结一审网络购物合同纠纷案件 9.9 万件、网络服务合同纠纷案件 2.3 万件。以网络购物合同纠纷案件为例,2018 年一审审结 1.2 万件,2022 年一审审结 3.2 万件,案件数量增长近 2 倍。除这两类案件外,还有一小部分侵权责任纠纷案件(主要为侵害消费者权益、产品质量问题等)和知识产权纠纷案件(侵害商标权、外观设计、人格权、网络传播权等)。

通过整理分析,在《电子商务法》的司法实践中,主要有以下特点:

一是加大了对消费者权益保护力度。例如,在"彭某某诉某电子商务有限公司网络购物合同纠纷案"中,明确网络食品经营者销售未标明生产日期的预包装

---

① 蔡鹏、王梦迪:《〈电子商务法〉实施后的执法、司法回顾及其趋势》,载中伦律师事务所网,https://www.zhonglun.com/Content/2020/08-28/1529445132.html。

食品，应当承担惩罚性赔偿责任，严格保护消费者的知情权。在“张某某诉某数码科技有限公司网络买卖合同纠纷案”中，认定未成年人超出其年龄、智力程度进行网络游戏充值的，监护人可依法追回充值款，切实维护未成年人合法权益。

二是旨在引导电商主体规范经营。例如，在“某文化传播公司诉某信息技术公司网络服务合同纠纷案”中，认定通过算法技术等手段不正当干预搜索结果排名，以实现正面前置、负面后置的“负面内容压制”合同条款无效，切实维护网络空间公共秩序。在“张某与周某、某购物平台信息网络买卖合同纠纷案”中，认定限时免单约定条件成就，经营者应当依约免单，有利于进一步规范网络促销活动。在“张某与吴某网络购物合同纠纷案”中，剑指网络消费中的霸王条款现象，明确认定“交易完成，不支持售后维权”的格式条款无效。

三是明确权利行使边界和责任范围。例如，在“张某等诉某商家网络侵权责任纠纷案”中，认定商家因遭差评擅自公布消费者个人信息构成侵权，厘清了经营者行为边界。在“熊某等诉某旅行社网络服务合同纠纷案”中，人民法院认定提供酒店预订服务方应当履行协助退订等合同附随义务，未履行义务的应当承担违约责任，明确了经营者的责任范围。

四是知识产权保护规则不断完善。例如，在北京互联网法院审理的“音乐著作权协会诉斗鱼公司网络传播侵权案”中，明确网络直播公司如享有其签约主播直播成果的知识产权和商业利益，应当就主播未经授权播放他人音乐的行为承担侵权赔偿责任。在广州知识产权法院审理的“某侵犯游戏著作权案”中，对未获得授权的游戏直播行为下达了诉讼禁令，裁定未经许可的游戏直播行为侵害了权利人合法权益，并构成不正当竞争，应立即停止相关未经许可的游戏直播行为。①

二、完善电子商务配套法规制度

对电子商务行业的监管和治理，不能只依赖《电子商务法》，更需要《网络交易监督管理办法》《药品网络销售监督管理办法》等一系列配套的制度建设。其既需要这些配套制度与现行的《电子商务法》相匹配和衔接，共同为电子商务的执法和司法实践提供法律依据和具体指导；也需要这些配套制度帮助电子商务平台、经

① 蔡鹏、王梦迪：《〈电子商务法〉实施后的执法、司法回顾及其趋势》，载中伦律师事务所网，https://www.zhonglun.com/Content/2020/08-28/1529445132.html。

营者、消费者更好地理解并适用法律。

为配合《电子商务法》的贯彻实施，相关部门陆续发布了一些配套法规文件，针对《电子商务法》中的相关规定予以细化。比如，为解决小网商、小网店的主体登记问题，国家市场监督管理总局发布了《关于做好电子商务经营者登记工作的意见》和《电子营业执照管理办法（试行）》；为进一步做好跨境电子商务的监管，商务部等六部委发布了《关于完善跨境电子商务零售进口监管有关工作的通知》；为完善和细化《电子商务法》的各项规定，满足网络交易的监管需要，国家市场监督管理总局发布了《网络交易监督管理办法》；为进一步规范药品网络销售行为，国家市场监督管理总局颁布了《药品网络销售监督管理办法》；为规范网络直播营销行为，国家互联网信息办公室、国家广播电视总局等七部门联合发布了《网络直播营销管理办法（试行）》；等等。

（一）与网络交易监管相关的配套法规文件

1. 规范要点（见表1－1）

表1－1　与网络交易监管相关法规文件及其规范要点

文件名称	发布时间	发布机构	规范要点
《关于做好电子商务经营者登记工作的意见》	2018年12月3日	国家市场监督管理总局	二、电子商务经营者应当依法办理市场主体登记。电子商务经营者申请登记成为企业、个体工商户或农民专业合作社的，应当依照现行市场主体登记管理相关规定向各地市场监督管理部门申请办理市场主体登记。个人销售自产农副产品、家庭手工业产品，个人利用自己的技能从事依法无须取得许可的便民劳务活动和零星小额交易活动，以及依照法律、行政法规不需要进行登记的除外。 三、电子商务经营者申请登记为个体工商户的，允许其将网络经营场所作为经营场所进行登记。对于在一个以上电子商务平台从事经营活动的，需要将其从事经营活动的多个网络经营场所向登记机关进行登记。允许将经常居住地登记为住所，个人住所所在地的县、自治县、不设区的市、市辖区市场监督管理部门为其登记机关。 四、以网络经营场所作为经营场所登记的个体工商户，仅可通过互联网开展经营活动，不得擅自改变其住宅房屋用途用于从事线下生产经营活动并应作出相关承诺。登记机关要在其营业执照“经营范围”后标注“（仅限于通过互联网从事经营活动）”。

续表

文件名称	发布时间	发布机构	规范要点
《电子营业执照管理办法(试行)》	2018年12月17日	国家市场监督管理总局	1. 电子营业执照与纸质营业执照具有同等法律效力,是市场主体取得主体资格的合法凭证。任何单位和个人不得伪造、篡改和非法使用电子营业执照,不得攻击、侵入、干扰、破坏电子营业执照系统。如有违反规定,根据有关法律法规进行处理。 2. 电子营业执照适用于需要提供市场主体身份凭证的场合,包括但不限于下列情形:出示营业执照以表明市场主体身份,或使用营业执照进行市场主体身份认证和证明的;办理市场主体登记注册业务的;以市场主体身份登录网上系统或平台,办理各项业务、开展经营活动的;登录国家企业信用信息公示系统报送年度报告、自主公示信息的;以市场主体身份对电子文件、表单或数据等进行电子签名的;在互联网上公开营业执照信息和链接标识的;授权相关个人或单位共享、传输或获取其市场主体数据信息的;按照法律、法规和相关规定需要使用和提供营业执照的。
《网络交易监督管理办法》	2021年3月15日	国家市场监督管理总局	针对网络经营主体登记问题,对《电子商务法》规定的"零星小额"和"便民劳务"两类免于登记情形进行了具体界定,提升网络经营主体整体合规度。 针对"社交电商""直播带货"等网络交易新业态,界定了网络服务提供者的角色定位,明确了各参与方的责任义务。 针对网络交易平台经营者,严格压实主体责任,督促其切实规范经营行为、强化内部治理。 针对网络消费者个人信息的收集使用规则作出详细规定,切实保护个人信息安全。 针对虚构交易、误导性展示评价、虚构流量数据等新型不正当竞争行为进行了明确规制,禁止各类网络消费侵权行为。

2. 执法实践(见表 1－2)

表 1－2　与网络交易监管相关的执法实践

执法活动	执法部门	整治重点	执法成绩
2022 年网络市场监管专项行动	国家市场监督管理总局	整治网售禁售商品、“三无”外卖、“三假”直播等乱象	督促网络交易平台删除违法商品信息 296 万条,责令整改网站 6.5 万个次,提请关闭网站 9760 个次,已责令停止平台服务的网店 1.7 万个次,查处涉网案件 1.95 万件。
2021 年“聚焦平台经济健康发展,开展网络交易保公平行动”	国家市场监督管理总局	平台“二选一”、垄断、价格和不正当竞争问题	各地督促平台删除违法商品信息 113.4 万条,责令停止平台服务的网店 2.5 万个次,查处涉网案件 2.2 万件。
2020 年重点领域反不正当竞争执法专项行动	国家市场监督管理总局	互联网虚假宣传等违法行为	2020 年全国共查处各类不正当竞争案件 7371 件,罚没金额 4.16 亿元,其中涉网案件 1245 件,查办多起“刷单炒信”、利用技术手段实施不正当竞争等案件。

(二)特殊商品网上交易监管的法规文件

1. 规范要点(见表 1－3)

表 1－3　特殊商品网上交易监管法规文件及其规范要点

文件名称	发布时间	发布机构	规范要点
《药品网络销售监督管理办法》	2022 年 8 月 3 日	国家市场监督管理总局	1. 针对药品网络销售企业应具备的基本条件。《药品网络销售监督管理办法》要求药品网络销售企业必须是线下实体药品企业,加强药品质量安全保障和消费者权益保障。《药品网络销售监督管理办法》规定,从事药品网络销售的,应当是具备保证网络销售药品安全能力的药品上市许可持有人或者药品经营企业。即药品上市许可持有人或者取得药品经营许可证的经营企业才能开展药品网络销售业务。 2. 对第三方平台的管理要求,《药品网络销售监督管理办法》作出了一系列规定。例如,平台应当设立药品质量安全管理机构,建立并实施药品质量安全等管理制度,配备药学技术人员,按规定向所在地省级药品监督管理部门备案。应当加强检查,对

续表

文件名称	发布时间	发布机构	规范要点
			入驻平台的药品网络销售企业药品信息展示、处方审核、药品销售和配送等行为进行管理,督促其严格履行法定义务。发现不具备资质销售药品等严重违法行为的,应当立即停止提供网络交易平台服务,停止展示药品相关信息。 3. 对药品网络销售监管的职权划分。《药品网络销售监督管理办法》在坚持属地监管原则的基础上,细化了药品监管部门在药品网络销售环节的监管事权,严格药品监督管理部门对个人信息和商业秘密的保密义务,做到权责清晰,确保药品网络销售监管工作落到实处。 4. 对加强药品网络销售监测。《药品网络销售监督管理办法》明确,省级药品监督管理部门建立的药品网络销售监测平台,应当与国家药品网络销售监测平台实现数据对接。药品监督管理部门对监测发现的违法行为,应当依法进行调查处置。
《化妆品网络经营监督管理办法》	2023 年 9 月 1 日	国家药监局	一是明确化妆品网络经营的监管对象和监管部门。明确化妆品电子商务经营者包括化妆品电子商务平台经营者(以下简称平台)、平台内化妆品经营者以及通过自建网站、其他网络服务经营化妆品的电子商务经营者。明确国家药监局及县级以上负责药品监督管理的部门负责化妆品网络经营监管工作。 二是明确平台对平台内经营者的管理责任。规定了平台开展实名登记、日常检查、违法行为制止及报告、质量安全重大信息报告等管理责任要求。 三是明确平台内化妆品经营者的法律义务。规定了平台内化妆品经营者应当履行的进货查验、产品信息展示、风险控制、问题产品召回、产品贮存运输等义务。 四是明确化妆品网络经营监管要求。对化妆品网络经营监管中涉及的监督检查职权、行政处罚管辖权、网络抽样检验、证据采用、网络经营监测等作出明确规定。

2. 执法实践(见表1－4)

表1－4　特殊商品网上交易监管执法实践

药品网络销售监管执法	化妆品网络销售监管执法
1. 为贯彻落实《药品网络销售监督管理办法》,各地市场监管局都根据药品网络销售的特点,针对重点环节、重点企业,深入开展药品网络销售违法违规行为专项整治,严厉查处违法违规行为。 2. 国家药监局也印发通知,要求各级药品监管部门建立健全机制,全面做好药品网络销售监督管理;严查违法行为,维护药品网络销售秩序。	各地市场监管局为规范网络化妆品市场,积极开展网销化妆品整治行动。例如: 1. 浙江省台州市椒江区市场监管局为进一步规范化妆品市场秩序,压实入网化妆品经营单位主体责任,提升网销化妆品监管执法能力。以化妆品经营使用单位“亮妆”规范提升行动为契机,以12315平台诉转案、“云哨”化妆品广告专项监测等数字化监管措施为抓手,开展网销化妆品整治行动,全面提升网销化妆品经营单位监管执法水平。 2. 河南省洛阳市市场监管局在全市范围内开展化妆品“线上净网线下清源”风险排查处置工作,严厉打击利用网络违法销售化妆品行为,整顿化妆品市场秩序,督促化妆品网络销售者和化妆品电子商务平台经营者落实经营主体责任。 3. 山东省沂源县市场监管局对化妆品网络销售行为进行专项检查。专项检查坚持问题导向,突出清理整治未经注册或者未备案的化妆品、标签违法宣称的化妆品、存在质量安全风险的化妆品,启动综合执法队、化妆品监管科、市场监管所“三级联动”执法机制,对县内利用电子商务平台、抖音小店、微信公众号、微信小程序从事化妆品销售的经营者进行“过筛式”检查。通过“以网管网”和实地检查等方式,该局检查电子商务平台经营者48家、抖音小店12家、微信公众号6家、微信小程序42家。

(三)跨境电子商务监管相关的法规文件

1. 规范要点(见表1－5)

表1－5　跨境电子商务监管相关法规文件及其规范要点

文件名称	发布时间	发布机构	规范要点
《财政部、海关总署、国家税务总局关于完善跨境电子商务零售进口税收政策的通知》	2018年11月29日	财政部、海关总署、税务总局	一、将跨境电子商务零售进口商品的单次交易限值由人民币2000元提高至5000元,年度交易限值由人民币20000元提高至26000元。 二、完税价格超过5000元单次交易限值但低于26000元年度交易限值,且订单下仅一件商品时,可以自跨境电商零售渠道进口,按照货物税率全额征收关税和进口环节增值税、消费税,交易额计入年度交易总额,但年度交易总额超过年度交易限值的,应按一般贸易管理。 三、已经购买的电商进口商品属于消费者个人使用

续表

文件名称	发布时间	发布机构	规范要点
			的最终商品,不得进入国内市场再次销售;原则上不允许网购保税进口商品在海关特殊监管区域外开展"网购保税+线下自提"模式。
《商务部、发展改革委、财政部、海关总署、税务总局、市场监管总局关于完善跨境电子商务零售进口监管有关工作的通知》	2018年11月28日	商务部、发展改革委、财政部、海关总署、税务总局、市场监管总局	一是明确跨境电商零售进口商品监管的总体原则。 二是统筹考虑促进行业发展和保护消费者权益要求,明确各参与主体责任。例如,跨境电商企业承担商品质量安全主体责任,跨境电商平台须在境内办理工商登记、履行先行赔付责任,境内服务商受托承担如实申报责任,消费者承担纳税义务,政府部门需对跨境电商零售进口商品实施质量安全风险监测等。 三是进一步加大支持力度,扩大政策适用范围。在现行15个试点城市基础上,将政策适用范围扩大至北京等22个新批跨境电商综试区城市。
《关于跨境电子商务出口退运商品税收政策的公告》	2023年1月30日	财政部、海关总署、税务总局	对自本公告印发之日起1年内,在跨境电子商务海关监管代码(1210、9610、9710、9810)项下申报出口,且自出口之日起6个月内因滞销、退货原因原状退运进境的商品(不含食品),免征进口关税和进口环节增值税、消费税;出口时已征收的出口关税准予退还;出口时已征收的增值税、消费税,参照内销货物发生退货有关税收规定执行。已办理的出口退税按现行规定补缴。
《关于跨境电子商务零售进口商品退货有关监管事宜的公告》	2020年3月28日	海关总署	一、退货企业可向海关申请开展退货业务。跨境电子商务企业及其境内代理人应保证退货商品为原跨境电商零售进口商品,并承担相关法律责任。 二、退货企业可以对原《中华人民共和国海关跨境电子商务零售进口申报清单》(以下简称《申报清单》)内全部或部分商品申请退货。 三、退货企业在《申报清单》放行之日起30日内申请退货,并且在《申报清单》放行之日起45日内将退货商品运抵原海关监管作业场所、原海关特殊监管区域或保税物流中心(B型)的,相应税款不予征收,并调整消费者个人年度交易累计金额。

续表

文件名称	发布时间	发布机构	规范要点
《海关总署关于全面推广跨境电子商务出口商品退货监管措施有关事宜的公告》	2020 年 3 月 27 日	海关总署	一、退货企业可向海关申请开展跨境电子商务零售出口、跨境电子商务特殊区域出口、跨境电子商务出口海外仓商品的退货业务。 二、申请开展退货业务的跨境电子商务出口企业、特殊区域内跨境电子商务相关企业应当建立退货商品流程监控体系，应保证退货商品为原出口商品，并承担相关法律责任。 三、退货企业可以对原《中华人民共和国海关出口货物报关单》、《中华人民共和国海关跨境电子商务零售出口申报清单》或《中华人民共和国海关出境货物备案清单》所列全部或部分商品申请退货。 四、跨境电子商务出口退货商品可单独运回也可批量运回，退货商品应在出口放行之日起 1 年内退运进境。
《跨境电子商务零售进口商品清单调整表（2022 版）》	2022 年 3 月 1 日	财政部、商务部等八部门	一是根据国际国内市场新形势和人民群众消费新需求，新增 29 项近年来消费需求旺盛的商品； 二是根据税则转版和税目调整，调整了清单中商品的税则号列，包括新增税则号列 115 项，删除已作废的税则号列 80 项； 三是删除了 1 项商品； 四是根据监管要求优化调整了 206 项商品的备注。按照税号来算，目前清单内共有 1476 项商品。

2. 执法实践

跨境电子商务的执法活动主要集中在跨境电商的知识产权保护方面。

据海关总署通报，2022 年，全国海关共采取知识产权保护措施 6.46 万次，实际扣留进出口侵权嫌疑货物 6.09 万批、7793.85 万件。特别是在跨境电商等新业态领域执法成效显著，在跨境电商渠道扣留侵权嫌疑货物 2.1 万批、402.3 万件，扣留批次和数量在非货运渠道执法占比分别由 2021 年的 23.53% 和 22.70% 提升至 35.73% 和 50.39%。全年受理知识产权海关保护备案申请 23412 件，审核通过备案申请 21356 件，其中，国内权利人备案数量为 15091 件。

3. 司法实践

在跨境电子商务司法实践中，多地法院积极探索建立多元化跨境电商的纠纷解决机制。

例如，2021 年 11 月 25 日，杭州互联网法院正式上线运行全国首个跨境贸易司法解纷平台。该平台集中受理杭州互联网法院管辖的跨境数字贸易、互联网知识产权等纠纷案件,通过一整套多元化、立体式的纠纷化解途径和体系,对接调解、仲裁等,比照 APEC 21 个成员经济体认可的《亚太经合组织跨境电商(B2B)在线争端解决合作框架》及《示范程序规则》,实现调解、仲裁、公证、诉讼等多种纠纷在线"一站式"解决。

2022 年 9 月,南京成立跨境电子商务交易纠纷人民调解委员会。南京跨境电子商务交易纠纷人民调解委员会在南京市司法局和商务局指导下,由南京跨境电子商务行业协会具体管理开展跨境电子商务纠纷调解工作。跨境电子商务交易纠纷人民调解委员会在自愿、平等、协商、保密原则下,依法受理电子商务交易中合同纠纷,消费者投诉纠纷,产品质量纠纷,不正当竞争纠纷以及专利、著作权、商标等方面侵权纠纷和劳动争议等事项。

(四)其他电子商务新业态新模式相关法规文件

1. 规范要点(见表 1 – 6)

表 1 – 6 其他电子商务新业态新模式相关法规文件及其规范要点

文件名称	发布时间	发布机构	规范要点
《网络直播营销管理办法(试行)》	2021 年 4 月 23 日	国家互联网信息办公室、公安部、商务部、文化和旅游部、国家税务总局、国家市场监督管理总局、国家广播电视总局	该办法明确直播营销平台应当建立健全账号及直播营销功能注册注销、信息安全管理、营销行为规范、未成年人保护、消费者权益保护、个人信息保护、网络和数据安全管理等机制、措施。 该办法强调平台应当依法依规开展安全评估、履行备案手续、取得相关行政许可,具备维护直播内容安全的技术能力、制定平台规则公约的管理能力,要求平台制定直播营销商品和服务负面目录,认证并核验直播间运营者和直播营销人员的真实身份信息,加强网络直播营销信息内容管理、审核和实时巡查,对涉嫌违法违规的高风险营销行为采取管理措施,提供付费导流等服务需承担相应平台责任,建立健全未成年人保护机制,加强新技术新应用新功能上线和使用管理,建立直播间运营者账号的分级管理制度和黑名单制度,建立健全投诉、举报机制。 针对社会舆论广泛关切的消费者权益保护问题,该办法规定直播营销平台应当及时处理公众对于违法违规信息内容、营销行为投诉举报。消费者通过直播间内链接、二维码等方式跳转到其他平

续表

文件名称	发布时间	发布机构	规范要点
			台购买商品或者接受服务,发生争议时,相关直播营销平台应当积极协助消费者维护合法权益,提供必要的证据等支持。直播间运营者、直播营销人员应当依法依规履行消费者权益保护责任和义务,不得故意拖延或者无正当理由拒绝消费者提出的合法合理要求。
《在线旅游经营服务管理暂行规定》	2020年8月20日	文化和旅游部	一是明确适用范围和相关主体。在线旅游经营者包括平台经营者、平台内经营者、自建网站或通过其他网络服务提供在线旅游经营服务的经营者。 二是压实平台企业责任。要求在线旅游平台经营者坚守人身财产安全、信息内容安全、网络安全等底线。在线旅游平台经营者应当对上传至平台的文字、图片、音视频等内容加强审核,确保信息内容安全;还应当对平台内经营者的身份、行政许可、质量标准等级、信用等级等信息进行真实性核验、登记,并定期核验更新。 三是回应了社会热点问题。将不合理低价游、评价权保障、旅游者信息使用等热点纳入监管,作出相应规定。

2. 执法实践(见表1-7)

表1-7 其他电子商务新业态新模式相关执法实践

直播电商领域的执法实践	在线旅游领域的执法实践
2020年8月,国家网信办、全国"扫黄打非"办等八个部门联合通报网络直播行业专项整治和规范管理工作进展。专项整治开展2个月来,各部门依法处置158款违法违规直播平台,挂牌督办38起涉直播重点案件,督促平台清理有害账号及信息,封禁一批违法违规网络主播。 2022年4月中央网信办会同相关部门开展为期三个月的"清朗·整治网络直播、短视频领域乱象"专项行动,集中整治"色、丑、怪、假、俗、赌"等违法违规内容呈现乱象,从严整治功能失范、"网红乱象"、打赏失度、违规营利、恶意营销等突出问题。专项行动期间,抖音、淘宝、微信视频号等16家重点直播、短视频平台共处置违规直播间56.3万个,清理违规短视频235.1万条,关闭违规用户账号12万个,处置处罚违规主播、短视频账号21.86万个,推动网络直播、短视频行业信息内容呈现面貌实现初步改观。整治期间,各级网信	2021年4月,文化和旅游部在未经许可经营旅行社业务专项整治行动中,加强对旅行社自建网站的执法检查,严防违法违规经营者通过网络渠道擅自经营旅行社业务。文化和旅游部对715家网站开展集中执法检查,部署有关地区文化和旅游行政部门加强对旅行社自建网站的监管,要求旅行社明示信息,保障旅游者知情权。目前,各地已责令376家旅行社自查整改,指导旅行社依法注销93家网站、87个网络推广用户。根据集中执法检查发现的线索,文化和旅游部已分两批部署查处69家涉嫌违法网站,严查未

续表

直播电商领域的执法实践	在线旅游领域的执法实践
部门根据网民举报、督导检查、网上巡查发现的线索，依法查处存在信息安全管理漏洞、问题整改不及时不彻底的网站平台134件次，予以行政处罚1200余万元。其中，对存在传播色情引流、低俗庸俗、暴力谩骂、诱导打赏等有害不良信息问题的快手、哔哩哔哩、虎牙等平台，依法予以约谈、限期整改、责令关闭账号、罚款等处置处罚；对集纳传播淫秽色情、赌博等违法信息的葡萄美女直播、萌果直播等106个直播、短视频平台，依法予以下架关停，并将其经营主体纳入应用程序开发者黑名单。	经许可、通过互联网开展旅行社业务的违法违规经营行为，专项整治行动取得初步成效。 文化和旅游部指导抖音、淘宝、拼多多、百度等主要互联网平台严格遵守《在线旅游经营服务管理暂行规定》，依法对平台内经营者的行政许可等信息进行真实性核验登记，压缩未经许可经营旅行社业务的生存空间。

第三节　重点法条解读

电子商务的发展，离不开电子商务法律法规的护航；各方主体的合法权益，离不开电子商务法律法规的保障。无论是在电子商务经营中，还是在电子商务监管中，法律法规无时无刻不在发挥着重要作用，一系列电子商务相关的法律法规的拟订、出台、修订，为消费者和经营者撑起了法律的“保护伞”，也成了监管部门的执法依据。所以，我们需要从解读入手，让电子商务法律法规更好地被理解，从而被运用。

一、《电子商务法》

【法条】

第二条第二款、第三款　本法所称电子商务，是指通过互联网等信息网络销售商品或者提供服务的经营活动。

法律、行政法规对销售商品或者提供服务有规定的，适用其规定。金融类产品和服务，利用信息网络提供新闻信息、音视频节目、出版以及文化产品等内容方面的服务，不适用本法。

【解读】

《电子商务法》第二条将电子商务界定为“通过互联网等信息网络销售商品或者提供服务的经营活动”，其中“互联网等信息网络”包括互联网、电信网、移动互联网、物联网等。因此,通过互联网、移动客户端、移动社交圈、移动应用商店等进行的经营活动也属于《电子商务法》的调整范围。

"销售商品或者提供服务"中的销售商品既包括销售有形产品,也包括销售数字音乐、电子书和计算机软件的复制件等无形产品。提供服务是指在线提供服务,如网络游戏等;或者是网上订立服务合同,在线下履行,如滴滴打车、在线租房、在线旅游、家政服务等。此外,对销售商品和提供服务进行支撑的相关服务,如电子支付、物流快递、信用评价、网店装潢设计等,也应纳入《电子商务法》的调整范围。

本条中还明示了两大类除外情形,即网络金融产品与服务,网络新闻、文化、出版的产品与服务。对于特殊类型的服务,如金融类产品和服务、单纯的信息发布(如提供新闻信息、问答服务)等涉及内容管理,以及利用信息网络播放音视频节目、网络出版等涉及意识形态安全的服务领域,考虑到监督管理的专业性和特殊性,不纳入《电子商务法》的调整范围。①

【法条】

第九条第一款　本法所称电子商务经营者,是指通过互联网等信息网络从事销售商品或者提供服务的经营活动的自然人、法人和非法人组织,包括电子商务平台经营者、平台内经营者以及通过自建网站、其他网络服务销售商品或者提供服务的电子商务经营者。

【解读】

本款是对电子商务经营主体的界定和分类,是《电子商务法》的关键和核心条文。根据本款规定,电子商务经营者包括电子商务平台经营者、平台内经营者、自建网站经营者、通过其他网络服务销售商品或者提供服务的电子商务经营者这四种类型。

其中,需要特别注意的是通过其他网络服务销售商品或者提供服务的电子商务经营者。随着电子商务的快速发展和互联网科技的不断进步,电子商务交易已不仅仅存在于淘宝、京东等电子商务平台上,代购、微信朋友圈、网络直播等新形式层出不穷。通过对这一类经营者的规定,明确了如淘宝、京东上的代购,朋友圈

---

① 崔聪聪:《电子商务法的调整对象与适用范围》,载商务部网 2019 年 1 月 22 日,http://www.mofcom.gov.cn/article/zt_dzswf/ImportNews/201901/20190102828936.shtml。

的微商以及直播平台中卖东西的网红博主等，都可以认定为通过其他网络服务销售商品或者提供服务的电子商务经营者。

【法条】

第十条　电子商务经营者应当依法办理市场主体登记。但是，个人销售自产农副产品、家庭手工业产品，个人利用自己的技能从事依法无须取得许可的便民劳务活动和零星小额交易活动，以及依照法律、行政法规不需要进行登记的除外。

【解读】

本条规定了电子商务经营主体的市场主体身份管理制度。电子商务经营者与普通的作为商事主体的经营者一样，在从事经营行为时，应当办理相应的市场主体登记，这是经营者必须履行的基本义务，并不因为某种商业活动是通过网络进行，就应该得到完全的豁免。当然，《电子商务法》也并非一概要求所有类型的电子商务经营者都必须办理市场主体登记，而是规定了特定情况下的登记豁免。

根据本条规定，登记豁免主要有三种情形：第一种，个人销售自产农副产品、家庭手工业产品。对于这类行为必须符合三个条件，首先，必须是自然人的行为；其次，销售的是自己生产的农副产品以及家庭手工业产品；最后，必须是通过互联网等信息网络进行销售。

第二种，个人利用自己的技能从事依法无须取得许可的便民劳务活动。目前，适宜通过网络开展的典型便民劳务类型主要有保洁、洗涤、缝纫、理发、搬家、配制钥匙、管道疏通、家电家具修理修配等。需要注意的是，相关的活动必须属于依法无须取得许可的，如幼儿教育等，就必须取得相关的许可，所以它就不能归属于这一类型。

第三种，零星小额交易活动。将这一类型的活动纳入登记豁免，主要是考虑到对于偶发的、非持续性的、在网络上从事小额商品销售和服务提供的主体，强制要求市场主体登记并无必要。但是，在实践中如何把握零星小额的认定标准，当时并没有具体明确，直到 2021 年 5 月 1 日正式施行的《网络交易监督管理办法》中明确了“零星小额交易”的认定标准，即“个人从事网络交易活动，年交易额累计不超过 10 万元的，依法不需要进行登记”。

【法条】

第十一条　电子商务经营者应当依法履行纳税义务，并依法享受税收优惠。

依照前条规定不需要办理市场主体登记的电子商务经营者在首次纳税义务

发生后,应当依照税收征收管理法律、行政法规的规定申请办理税务登记,并如实申报纳税。

【解读】

本条是关于电子商务经营者纳税义务的确认,体现在税收问题上,线上线下平等、一致的原则,符合市场主体公平竞争的要求。同时,电子商务经营者在依法纳税的前提下,当然也依法享有国家规定的各项税收优惠。如果电子商务经营者符合小规模纳税人以下的免税相关标准,则不需要缴纳税金。

本条第二款规定了不需要办理市场主体登记的电子商务经营者,并不必然意味着不发生纳税义务,如果其营业额达到首次纳税义务的基准,也必须按照要求办理税务登记。至于首次纳税义务的基准以及相关的税种、税率等,则需要依照税收征收管理相关法律、法规的规定。

【法条】

第十七条　电子商务经营者应当全面、真实、准确、及时地披露商品或者服务信息,保障消费者的知情权和选择权。电子商务经营者不得以虚构交易、编造用户评价等方式进行虚假或者引人误解的商业宣传,欺骗、误导消费者。

【解读】

本条规定是针对电子商务经营者商品及服务信息披露义务及刷单行为的治理。商品或服务信息一般是由电子商务经营者单方面提供的,这些信息直接关系到消费者的正确选择和购买决定,所以消费者对此必须享有绝对的知情权。将全面、真实、准确、及时地披露商品或者服务信息作为电子商务经营者的义务予以明确规定,非常必要。

电子商务经营者不得以虚构交易、编造用户评价等方式进行虚假或者引人误解的商业宣传,欺骗、误导消费者,即禁止刷单。刷单主要是在电子商务活动中,有部分售假、以次充好的经营者,往往通过虚构交易的方式来“刷销量”,或者编造用户评价来“刷好评”,以此欺骗、误导消费者,促成交易的行为。刷单实际上就是一种虚假宣传,本条对此行为做出明确禁止,既是进一步对消费者知情权和选择权的保障,也是对电子商务市场环境的净化和维护。

【法条】

第十八条第一款　电子商务经营者根据消费者的兴趣爱好、消费习惯等特征向其提供商品或者服务的搜索结果的,应当同时向该消费者提供不针对其个人特征的选项,尊重和平等保护消费者合法权益。

【解读】

本款规定电子商务经营者可以根据消费者的兴趣爱好、消费习惯等特征向其提供个性化搜索结果,同时还应当提供非个性化选项。这一规定不是为了限制定向推送搜索结果本身,而是为了制止电子商务经营者利用数据算法不平等对待消费者的行为,即主要针对"大数据杀熟"现象。

所谓"大数据杀熟",是电子商务经营者根据消费者消费习惯、收入水平进行大数据"画像",就同种商品或者服务,提供不同的搜索价格。"大数据杀熟"是随着大数据技术的发展而出现的新问题,价格上的区别对待,侵害了消费者的知情权和公平交易权。

【法条】

第十九条　电子商务经营者搭售商品或者服务,应当以显著方式提请消费者注意,不得将搭售商品或者服务作为默认同意的选项。

【解读】

本条是关于禁止将搭售商品或者服务作为默认同意选项的规定。国内曾无数次上演过消费者在电子商务平台上预订机票、火车票时,平台经营者通过"默认勾选"搭售保险、机场贵宾室休息、接送机等服务。上述行为侵害了消费者的知情权和选择权,电子商务经营者发布的商品或服务信息必须实现透明化、公开化,需要尊重消费者的自主选择权,消费者可以根据自己的实际情况决定是否购买搭售的产品。

为了避免和遏制这些强制搭售行为,本条在两个方面提出了要求,首先必须以显著方式提醒消费者注意,其次不能作为默认同意的选项,而应由消费者主动勾选同意。从此,这些互联网平台的"默认勾选"将成为历史。

【法条】

第二十一条　电子商务经营者按照约定向消费者收取押金的,应当明示押金退还的方式、程序,不得对押金退还设置不合理条件。消费者申请退还押金,符合押金退还条件的,电子商务经营者应当及时退还。

【解读】

随着共享经济的发展,共享单车、共享汽车等都以收取押金作为提供服务的前提条件,在方便人们生活出行的同时,押金退款程序复杂、条件苛刻,退款不及时甚至难以退还等“退押金难”问题也频频出现，严重损害了广大消费者的合法权益。因此，有必要通过立法对此类用户押金的收取及退还作出专门的规定。

本条规定首先明确了电子商务经营者有权按照约定向消费者收取押金，其次对于押金的退还规定了相应的义务，即：(1)明示押金退还的方式、程序；(2)设置合理的押金退还条件和方便快捷的押金退还程序；(3)依照消费者申请及时退还。特别需要注意的是，在押金退还方式和途径上违反交易习惯、增加消费者负担的约定，就属于设置不合理条件。如在线收取押金，而退还押金时要求线下退还或异地退还等。

本条规定有效解决了共享经济发展过程中遇到的押金监管问题，也为后续行政机关制定其他有关押金退还的具体规定时，提供了上位法依据。

【法条】

第二十二条　电子商务经营者因其技术优势、用户数量、对相关行业的控制能力以及其他经营者对该电子商务经营者在交易上的依赖程度等因素而具有市场支配地位的，不得滥用市场支配地位，排除、限制竞争。

【解读】

近年来，由于电商行业竞争日趋激烈，为了在电商促销期间获得更大的流量和收益，有的平台会通过或明或暗的方式施加压力，逼迫或暗示商家“站队”“二选一”，这在零售电商和物流快递行业尤为明显。

强迫商家“二选一”是一种不合法亦不合理的商业行为，其本质是一种限制竞争的行为。对于商家而言，其自主经营权利被剥夺，不能自由选择自己合适的网络销售平台；对于被排斥的其他平台而言，商业利益受损，又碍于各种因素不便请求行政或司法机关介入调查；对于消费者而言，平台的霸权垄断行为，最终迫使消费者为该行为埋单，严重损害了消费者的合法权益。总之，强迫商家“二选一”的行为降低了整个市场的自由竞争格局，破坏了良好的市场竞争秩序。

《电子商务法》实施后，强迫商家“二选一”这一滥用市场支配地位，排除、限制竞争行为被明令禁止，这也是适用本条规制的重点行为。

【法条】

第二十四条　电子商务经营者应当明示用户信息查询、更正、删除以及用户注销的方式、程序，不得对用户信息查询、更正、删除以及用户注销设置不合理条件。

电子商务经营者收到用户信息查询或者更正、删除的申请的，应当在核实身份后及时提供查询或者更正、删除用户信息。用户注销的，电子商务经营者应当立即删除该用户的信息；依照法律、行政法规的规定或者双方约定保存的，依照其规定。

【解读】

本条规定一方面确认了用户对其信息拥有的查询、更正、删除、注销等支配权利；另一方面明确了用户行使这些权利时，电子商务经营者应承担的义务，包括积极义务和消极义务。其中，积极义务有：(1)明示用户信息查询、更正、删除和用户注销的方式、程序；(2)用户提出申请时的身份核实；(3)用户注销时应立即删除其信息。

消极义务即电子商务经营者不得对用户信息查询、更正、删除以及用户注销设置不合理条件。不合理条件包含但不限于以下几种情形：要求用户提供非必要证明，如要求用户提供与身份无关的证明材料；提出不必要的硬件要求，如要求用户在特定手机上提交相关申请；不合理限制用户提交申请的次数；要求用户对通过此账户进行的站外授权关系进行清空、与其他软件进行账号解绑等。①

【法条】

第二十七条　电子商务平台经营者应当要求申请进入平台销售商品或者提供服务的经营者提交其身份、地址、联系方式、行政许可等真实信息，进行核验、登记，建立登记档案，并定期核验更新。

电子商务平台经营者为进入平台销售商品或者提供服务的非经营用户提供服务，应当遵守本节有关规定。

【解读】

本条规定的是电子商务平台经营者对于入驻平台的平台内经营者身份的核验与登记问题。平台对于平台内经营者信息的核验义务，既是平台经营者需要履行的重要法定义务，也是防范平台经营者法律风险的重要举措。这一义务主要是为了确保消费者在平台上交易后，如发生纠纷，能够第一时间确定相关当事人，是对交易相对人的重要保障措施。

平台经营者必须确保经营者提供的相关信息是真实的信息，如果平台不能提

① 《〈电子商务法〉重点条文理解与适用（七）》，载商洛市市场监督管理局网 2019 年 12 月 31 日，http://scjg.shangluo.gov.cn/post/5e0adfeb2fa5e8505bd9517e/5d5e50c2deed283f665765b8? eqid = 91b729cf00468fdf000000026455024e。

供平台内经营者的真实有效信息，将承担不真实信息的连带责任。

现实生活中，由于平台对这一义务的履行不够严格，导致了很多消费者保护问题，以及监管上的难题。只有电子商务平台经营者把好入门关，监管、维权等消费问题才会减少。

【法条】

第三十七条 电子商务平台经营者在其平台上开展自营业务的，应当以显著方式区分标记自营业务和平台内经营者开展的业务，不得误导消费者。

电子商务平台经营者对其标记为自营的业务依法承担商品销售者或者服务提供者的民事责任。

【解读】

电子商务平台经营者既可以搭建网络交易空间供他人开展交易活动，也可以在其运营的交易平台上自己从事商品和服务的活动。比如，在天猫、京东等平台上，消费者经常会看到“自营”的标识。但某些电子商务平台经营者在其平台上开展自营业务往往未加以明显区分，导致消费者难以直接辨别商品或服务的真实提供方。

针对这种情况，本条明确规定电子商务平台在其平台上开展自营业务的，应当以显著方式区分标记自营业务，以此与平台内经营者开展的业务予以区分。对其标记为自营的业务，相应地，平台的法律身份就发生了很重要的变化，不是作为网络服务提供者，而是商品销售者或者服务提供者。此时，电子商务平台经营者就应依法承担商品销售者或者服务提供者的民事责任。如果因为相关的区分不够清晰明确，导致误导消费者，电子商务平台经营者也不能主张自己的平台身份，而是作为合同一方当事人承担其相应的法律责任。

【法条】

第三十八条 电子商务平台经营者知道或者应当知道平台内经营者销售的商品或者提供的服务不符合保障人身、财产安全的要求，或者有其他侵害消费者合法权益行为，未采取必要措施的，依法与该平台内经营者承担连带责任。

对关系消费者生命健康的商品或者服务，电子商务平台经营者对平台内经营者的资质资格未尽到审核义务，或者对消费者未尽到安全保障义务，造成消费者损害的，依法承担相应的责任。

【解读】

近两年有关网约车、顺风车等平台的安全事故频繁发生，对于此类安全事故的发生,电商平台经营者必然难辞其咎。为了促使电商平台规范管理,保护消费者合法权益,本条对于电子商务平台经营者应承担的责任进行了明确。

根据本条第一款的规定,若再发生网约车服务致人遭受侵害的,平台被证明符合前述规定条件的,应承担连带责任。平台经营者承担连带责任的条件包括:(1)平台内经营者存在特定违法行为(如销售的商品或服务不符合保障人身、财产安全的要求或其他侵害消费者合法权益的行为);(2)电子商务平台经营者知道或者应当知道平台内经营者具有上述违法行为;(3)电子商务平台经营者未采取必要措施。

对于本条第二款,电子商务平台经营者应对其平台内的经营者进行资质审核和把关,对于审核不到位或者对消费者未尽到安全保障义务的,应根据平台届时的具体情形承担相应的责任。这里用"相应责任"虽然缺乏法律应有的确定性,但考虑到电子商务作为新兴市场主体,需要在立法实践中不断探索、研究,这样规定有利于暂时搁置争议。当然,后续还是应该依据实际情形由司法解释或者行政法规等予以进一步明确具体的法律责任。

【法条】

第四十二条　知识产权权利人认为其知识产权受到侵害的,有权通知电子商务平台经营者采取删除、屏蔽、断开链接、终止交易和服务等必要措施。通知应当包括构成侵权的初步证据。

电子商务平台经营者接到通知后,应当及时采取必要措施,并将该通知转送平台内经营者;未及时采取必要措施的,对损害的扩大部分与平台内经营者承担连带责任。

因通知错误造成平台内经营者损害的,依法承担民事责任。恶意发出错误通知,造成平台内经营者损失的,加倍承担赔偿责任。

【解读】

本条主要是电子商务在知识产权保护方面的规定,包括知识产权权利人的通知与平台经营者的删除等措施的规定。

知识产权权利人发出通知是治理措施的第一步。根据相关司法解释,本条第一款规定的通知至少应当包括身份证明、知识产权权属证明、侵权初步证据、要求平台实施的措施、通知真实性的保证等内容。至于如何证明知识产权人身份、何为侵权初始证据等问题,还需要电子商务知识产权保护规则加以明确与细化。

对于本条第二款,电子商务平台在收到知识产权人的通知后,应当及时采取必要措施。此处的"及时"应理解为无须对通知内容进行调查或判断等实质性审查,仅需通过系统进行形式审查,就应当及时根据通知要求,对平台内经营者采取删除、屏蔽、断开链接、终止交易和服务等必要措施。平台经营者不能以缺乏实质审查的资源或侵权判断的能力为借口,拖延或拒绝按照通知要求采取措施。即便是发出通知的知识产权人存在虚假通知、错误通知或者滥用知识产权的行为,平台经营者也不能以此为理由拒绝采取措施。同时,为了避免这一情况的发生,本条第三款对此专门作了规定,因通知错误造成平台内经营者损害的,应承担民事责任,因恶意发出错误通知,造成平台内经营者损失的,应加倍承担赔偿责任。

【法条】

第四十五条　电子商务平台经营者知道或者应当知道平台内经营者侵犯知识产权的,应当采取删除、屏蔽、断开链接、终止交易和服务等必要措施;未采取必要措施的,与侵权人承担连带责任。

【解读】

本条规定了电子商务平台经营者知识产权侵权责任的标准,即电子商务平台经营者为平台内经营者的知识产权侵权行为承担过错责任,而非严格责任。也就是说,电子商务平台经营者只有在知道或者应当知道平台内经营者的侵权行为时,才承担责任,而不是只要平台内有侵权行为就承担责任。

此外,电子商务平台经营者作为平台的管理者,负有制止平台内知识产权侵权行为的一般性注意义务,如果违反此义务,知道或者应当知道平台内的侵权行为而不采取必要措施予以制止,则知识产权权利人就可以追究平台经营者的连带责任。反之,如果平台经营者采取了必要措施制止平台内经营者的侵权行为,则其连带责任截至采取必要措施时为止。

【法条】

第五十八条　国家鼓励电子商务平台经营者建立有利于电子商务发展和消费者权益保护的商品、服务质量担保机制。

电子商务平台经营者与平台内经营者协议设立消费者权益保证金的,双方应当就消费者权益保证金的提取数额、管理、使用和退还办法等作出明确约定。

消费者要求电子商务平台经营者承担先行赔偿责任以及电子商务平台经营者赔偿后向平台内经营者的追偿,适用《中华人民共和国消费者权益保护法》的有关规定。

【解读】

本条规定主要针对电商平台经营者和平台内经营者而设立,包含三个消费者权益保障方面的内容:(1)质量责任担保机制;(2)消费者权益保证金;(3)先行赔付。

其中,建立商品、服务质量担保机制属于倡导鼓励性规定,而非强制要求。但该机制对于保障商品、服务质量的积极作用是不可否定的,在一定程度上能够减少消费者与商家之间的消费纠纷。

设立消费者权益保证金是电子商务平台经营和平台内经营者之间协议约定的。对于保证金具体的提取数额、管理、使用和退还办法等都需要双方在协议中明确。消费者权益保证金制度对于加强平台内经营者的自我监督和自我约束,保护消费者合法权益等具有重要作用。

在先行赔偿责任机制上,本条则是直接援引消费者权益保护法的规定。即消费者可以在电子商务平台经营者无法提供平台内经营者的真实信息时,平台经营者负有先行赔付的法定义务。此外,如果平台经营者为提高自身信誉,更好地保护消费者权益,向消费者做出了先行赔付的承诺的,平台经营者也必须已承诺承担先行赔付责任。

【法条】

第六十二条　在电子商务争议处理中,电子商务经营者应当提供原始合同和交易记录。因电子商务经营者丢失、伪造、篡改、销毁、隐匿或者拒绝提供前述资料,致使人民法院、仲裁机构或者有关机关无法查明事实的,电子商务经营者应当承担相应的法律责任。

【解读】

本条规定意在强化电子商务经营者的举证责任。

"举证难"问题,是消费者在维权过程中经常遇到的难题。因为电子商务交易的特殊性,有关合同、交易记录等证据大多掌握在电子商务经营者手中,消费者往往处于弱势地位。一旦发生消费纠纷,如果遇到商家耍赖,消费者又没有提前留存证据,则会很被动。甚至有一些电子商务经营者通过伪造、篡改、销毁、隐匿相关证据等方式试图逃避责任,这样致使消费者维权更加困难。

本条规定如果发生消费纠纷,电子商务平台经营者、平台内经营者负有提供相关证据的义务,如原始合同、交易记录等,并规定丢失、伪造、篡改、销毁、隐匿或者拒绝提供前述资料,由电子商务经营者承担不利法律后果。这一规定相当于减轻了消费者的举证责任,保护了处于弱势一方的消费者。消费者以后再也不会因为忘记截图保存证据、交易记录丢失等情况,而丧失了消费维权的机会。

二、《网络交易监督管理办法》

【法条】

第二条第二款　在网络社交、网络直播等信息网络活动中销售商品或者提供服务的经营活动,适用本办法。

第七条第四款　网络社交、网络直播等网络服务提供者为经营者提供网络经营场所、商品浏览、订单生成、在线支付等网络交易平台服务的,应当依法履行网络交易平台经营者的义务。通过上述网络交易平台服务开展网络交易活动的经营者,应当依法履行平台内经营者的义务。

【解读】

"社交电商""直播带货"等新业态新模式不断涌现,这类业态在参与主体、经营架构、交易流程乃至信息传播方式等方面均有别于传统的网络交易活动,在激发网络经济新活力的同时也产生了新的监管难题。

《网络交易监督管理办法》将当前新业态中最典型的平台性服务,明确归纳为"网络经营场所、商品浏览、订单生成、在线支付"。网络服务提供者同时或部分提供上述服务,就为网络交易提供了全流程的支持,应当依法履行网络交易平台经营者的义务。通过上述平台性服务开展交易的经营者,应当依法履行平台内经营者的义务。

《网络交易监督管理办法》要求网络交易新业态的经营者以显著方式展示商品或者服务及其实际经营主体、售后服务等信息,充分保障消费者的知情权。参照网络交易平台对商品或者服务信息、交易信息的保存义务,结合网络直播特点,《网络交易监督管理办法》规定了直播服务提供者将网络交易活动的直播视频自直播结束之日起至少保存三年。通过上述规定,引导新业态各方经营者规范经营,强化网络消费者合法权益保护力度。

【法条】

第八条　网络交易经营者不得违反法律、法规、国务院决定的规定,从事无证无照经营。除《中华人民共和国电子商务法》第十条规定的不需要进行登记的情形外,网络交易经营者应当依法办理市场主体登记。

个人通过网络从事保洁、洗涤、缝纫、理发、搬家、配制钥匙、管道疏通、家电家具修理修配等依法无须取得许可的便民劳务活动,依照《中华人民共和国电子商务法》第十条的规定不需要进行登记。

个人从事网络交易活动,年交易额累计不超过10万元的,依照《中华人民共和国电子商务法》第十条的规定不需要进行登记。同一经营者在同一平台或者不同平台开设多家网店的,各网店交易额合并计算。个人从事的零星小额交易须依法取得行政许可的,应当依法办理市场主体登记。

【解读】

依据《电子商务法》第十条的规定,利用自己的技能从事依法无须取得许可的便民劳务活动、零星小额交易无须办理市场主体登记,但法律本身并未阐明其具体含义。《网络交易监督管理办法》明确规定了这两种情形的认定标准和适用范围,对于更好地开展网络市场主体登记工作,方便个人灵活就业具有重要的现实意义。

《网络交易监督管理办法》界定了有关便民劳务活动的范围。服务本地周边居民生活所需是便民劳务活动的突出特征,《网络交易监督管理办法》明确了通过网络提供这些便民劳务活动不需要登记。目前,适宜通过网络开展的典型劳务类型主要有保洁、洗涤、缝纫、理发、搬家、配制钥匙、管道疏通、家电家具修理修配等。

《网络交易监督管理办法》明确了零星小额交易的判定标准。在充分调研基础上,广泛征求各方意见,进行反复研究论证,确定以"年交易额累计不超过10万元"作为"零星小额交易"的判定标准。

【法条】

第十三条　网络交易经营者收集、使用消费者个人信息,应当遵循合法、正当、必要的原则,明示收集、使用信息的目的、方式和范围,并经消费者同意。网络交易经营者收集、使用消费者个人信息,应当公开其收集、使用规则,不得违反法律、法规的规定和双方的约定收集、使用信息。

网络交易经营者不得采用一次概括授权、默认授权、与其他授权捆绑、停止安装使用等方式,强迫或者变相强迫消费者同意收集、使用与经营活动无直接关系的信息。收集、使用个人生物特征、医疗健康、金融账户、个人行踪等敏感信息的，应当逐项取得消费者同意。

网络交易经营者及其工作人员应当对收集的个人信息严格保密，除依法配合监管执法活动外，未经被收集者授权同意，不得向包括关联方在内的任何第三方提供。

【解读】

强化网络消费者个人信息保护是《网络交易监督管理办法》的一个突出亮点。当前，数据和流量成为网络市场竞争的关键要素。针对部分网络平台、经营者过度收集个人信息问题，《网络交易监督管理办法》设置了个人信息保护的专门条款，规定网络交易经营者收集、使用消费者个人信息，应当遵循合法、正当、必要的原则，明示收集、使用信息的目的、方式和范围，并经消费者同意，不得强迫或者变相强迫消费者同意收集、使用与经营活动无直接关系的信息。

同时，《网络交易监督管理办法》要求经营者在收集、使用个人生物特征、医疗健康、金融账户、个人行踪等敏感信息时，必须逐项取得消费者同意。针对经营者尤其大型平台企业与自身关联主体之间共用个人信息的问题，《网络交易监督管理办法》明确规定经营者未经被收集者授权同意，不得向包括关联方在内的任何第三方提供。

【法条】

第十七条　网络交易经营者以直接捆绑或者提供多种可选项方式向消费者搭售商品或者服务的，应当以显著方式提醒消费者注意。提供多种可选项方式的，不得将搭售商品或者服务的任何选项设定为消费者默认同意，不得将消费者以往交易中选择的选项在后续独立交易中设定为消费者默认选择。

第十八条　网络交易经营者采取自动展期、自动续费等方式提供服务的，应当在消费者接受服务前和自动展期、自动续费等日期前五日，以显著方式提请消费者注意，由消费者自主选择；在服务期间内，应当为消费者提供显著、简便的随时取消或者变更的选项，并不得收取不合理费用。

【解读】

《网络交易监督管理办法》第十七条对《电子商务法》第十九条关于"捆绑搭售"的规定进行了细化。首先，明晰了何为"搭售"，并将"捆绑销售"作为搭售的典型形式。网络交易新业态下，搭售也呈多样化发展，故本条将"提供多种可选项方式”也列入搭售范围。其次,提供多种可选项方式的,应当由消费者来选择,而不能由经营者设定的系统默认,也不得以系统“记忆”来“帮助”消费者作出选择。

《网络交易监督管理办法》第十八条针对网络交易经营者采取“自动展期、自动续费等方式提供服务”作出了规定。此前,很多平台通过文字缩小或刻意屏蔽等手段使消费者无意识开通了自动续费,实际上是侵犯了消费者的知情权和公平交易权,也违反了市场交易最基本、最重要的诚信原则。此条规定的出台在一定程度上保障了广大用户的知情权。

【法条】

第二十五条　网络交易平台经营者应当依照法律、行政法规的规定,向市场监督管理部门报送有关信息。

网络交易平台经营者应当分别于每年1月和7月向住所地省级市场监督管理部门报送平台内经营者的下列身份信息:

(一)已办理市场主体登记的平台内经营者的名称(姓名)、统一社会信用代码、实际经营地址、联系方式、网店名称以及网址链接等信息;

(二)未办理市场主体登记的平台内经营者的姓名、身份证件号码、实际经营地址、联系方式、网店名称以及网址链接、属于依法不需要办理市场主体登记的具体情形的自我声明等信息;其中,对超过本办法第八条第三款规定额度的平台内经营者进行特别标示。

鼓励网络交易平台经营者与市场监督管理部门建立开放数据接口等形式的自动化信息报送机制。

【解读】

《网络交易监督管理办法》在《电子商务法》第二十八条规定的基础上,进一步明确网络交易平台经营者应当分别于每年1月和7月向住所地省级市场监管部门报送平台内经营者的相关身份信息,这无疑对保护消费者合法权益、督促平台经营者依法履行管理责任义务,具有积极的意义。本条第二款还鼓励网络交易平台经营者建立自动化信息报送机制,为建立市场监管部门与网络交易平台经营者之间的信息沟通交流机制,以及在此基础上进行科学有效监管,提供了坚实基础。

【法条】

第三十二条　网络交易平台经营者不得违反《中华人民共和国电子商务法》

第三十五条的规定,对平台内经营者在平台内的交易、交易价格以及与其他经营者的交易等进行不合理限制或者附加不合理条件,干涉平台内经营者的自主经营。具体包括:

(一)通过搜索降权、下架商品、限制经营、屏蔽店铺、提高服务收费等方式,禁止或者限制平台内经营者自主选择在多个平台开展经营活动,或者利用不正当手段限制其仅在特定平台开展经营活动;

(二)禁止或者限制平台内经营者自主选择快递物流等交易辅助服务提供者;

(三)其他干涉平台内经营者自主经营的行为。

【解读】

近年来,部分网络交易平台对平台内经营者在其他平台开展经营等自主经营活动进行不合理限制的情况不断出现,即平台强制"二选一"问题,以及个别平台限制经营者只能使用其限定的自有或者合作方的快递物流服务的问题,持续引发社会普遍关注。

从实践情况来看,平台实施的限制行为隐蔽性强,给监管执法增加了难度。为此,《网络交易监督管理办法》规定了平台不得通过搜索降权、下架商品、限制经营、屏蔽店铺、提高服务收费等方式,禁止或者限制平台内经营者自主选择在多个平台开展经营活动,或者利用不正当手段限制其仅在特定平台开展经营活动;禁止或者限制平台内经营者自主选择快递物流等交易辅助服务提供者;不得实施其他干涉平台内经营者自主经营的行为。这些规定对有效保障平台内经营者和消费者合法权益、维护平台经济良好竞争秩序、促进平台经济健康发展均具有重要意义。

除了上述规定,《网络交易监督管理办法》还针对压实网络交易平台的主体责任作出了一系列规定,主要包括:一是平台经营者应当对平台内经营者提交的信息进行核验登记,并每年两次向市场监管部门报送经营者身份信息;二是平台经营者应当显著区分标记已登记和未登记的经营者,确保消费者能够清晰辨认;三是平台经营者应当对平台内经营活动建立检查监控制度,对有关违法行为及时处置和报告;四是平台经营者对平台内经营者采取警示、暂停或者终止服务等措施的,应当自决定作出处理措施之日起一个工作日内予以公示有关信息;五是规定平台经营者应当按照市场监管部门在监管执法活动中的要求,提供平台内经营者身份信息、商品或者服务信息、交易信息,并在技术方面积极配合市场监督管理部门开展网络交易违法行为监测工作等。

平台具有"市场"和"企业"双重属性,在网络交易活动中发挥着独特作用,是实现平台经济规范健康发展的关键一环。压实平台主体责任,强化平台内部治理,对于保护消费者和平台内经营者合法权益,营造安全放心的网络消费环境,推进平台经济规范健康发展至关重要。

三、《药品网络销售监督管理办法》

(一)药品网络销售企业的资质要求和经营要求

【法条】

第七条　从事药品网络销售的,应当是具备保证网络销售药品安全能力的药品上市许可持有人或者药品经营企业。

中药饮片生产企业销售其生产的中药饮片,应当履行药品上市许可持有人相关义务。

【解读】

药品是特殊的商品,销售药品应当具备《药品管理法》规定的条件,并经过药品监管部门许可。本条对从事药品网络销售的企业资质作了明确要求,即药品网络销售企业应当是药品上市许可持有人或药品经营企业,且具备保证网络销售药品安全的能力。中药饮片生产企业通过网络销售其生产的中药饮片,参照药品上市许可持有人履行相关义务。

本条规定坚持线上线下一体化原则,落实企业主体责任,明确只有药品上市许可持有人或者取得药品经营许可证的经营企业才能开展药品网络销售业务,第三方不得直接销售药品。这杜绝了第三方平台在药品销售过程中,"既做运动员,又做裁判员"的现象。

【法条】

第八条　药品网络销售企业应当按照经过批准的经营方式和经营范围经营。药品网络销售企业为药品上市许可持有人的,仅能销售其取得药品注册证书的药品。未取得药品零售资质的,不得向个人销售药品。

疫苗、血液制品、麻醉药品、精神药品、医疗用毒性药品、放射性药品、药品类易制毒化学品等国家实行特殊管理的药品不得在网络上销售,具体目录由国家药品监督管理局组织制定。

药品网络零售企业不得违反规定以买药品赠药品、买商品赠药品等方式向个人赠送处方药、甲类非处方药。

【解读】

首先，药品网络销售企业应当按照经过批准的经营方式和经营范围经营，未取得药品零售资质的，不得向个人销售药品。也就是说，从事网络销售药品的企业销售的药品必须是在其批准的经营方式和经营范围内，否则出售就是违法的。

其次，明确网络销售的药品类别，即疫苗、血液制品、麻醉药品、精神药品、医疗用毒性药品、放射性药品、药品类易制毒化学品等国家实行特殊管理的药品。

最后，禁止药品网络零售企业向个人赠送处方药、甲类非处方药。

（二）网络销售处方药的特殊规定

【法条】

第九条　通过网络向个人销售处方药的，应当确保处方来源真实、可靠，并实行实名制。

药品网络零售企业应当与电子处方提供单位签订协议，并严格按照有关规定进行处方审核调配，对已经使用的电子处方进行标记，避免处方重复使用。

第三方平台承接电子处方的，应当对电子处方提供单位的情况进行核实，并签订协议。

药品网络零售企业接收的处方为纸质处方影印版本的，应当采取有效措施避免处方重复使用。

第十三条第二款、第三款、第四款　从事处方药销售的药品网络零售企业，应当在每个药品展示页面下突出显示“处方药须凭处方在药师指导下购买和使用”等风险警示信息。处方药销售前，应当向消费者充分告知相关风险警示信息，并经消费者确认知情。

药品网络零售企业应当将处方药与非处方药区分展示，并在相关网页上显著标示处方药、非处方药。

药品网络零售企业在处方药销售主页面、首页面不得直接公开展示处方药包装、标签等信息。通过处方审核前，不得展示说明书等信息，不得提供处方药购买的相关服务。

【解读】

为了把控网络销售处方药的安全性，对于处方药的销售，《药品网络销售监督管理办法》作出了特别规定。

首先，确立了网络销售处方药的合法性。在确保电子处方来源真实、可靠和依法进行调剂审核、电子标记的前提下，允许网络销售处方药。

其次，就从事处方药销售的药品网络零售企业的信息展示，做出了严格要求。如突出显示“处方药须凭处方在药师指导下购买和使用”等风险警示信息；将处方药与非处方药区分展示，显著标示处方药、非处方药。

最后，对网络销售处方药的流程作出了规定。强调在以后的处方药网络零售中，不得继续采用当前普遍存在的“先选药、再补方”的违规销售方式，不得直接公开展示处方药包装、标签等信息。通过处方审核前，不得展示说明书等信息，不得提供处方药购买的相关服务。

（三）药品配送的质量与安全责任

【法条】

第十四条　药品网络零售企业应当对药品配送的质量与安全负责。配送药品，应当根据药品数量、运输距离、运输时间、温湿度要求等情况，选择适宜的运输工具和设施设备，配送的药品应当放置在独立空间并明显标识，确保符合要求、全程可追溯。

药品网络零售企业委托配送的，应当对受托企业的质量管理体系进行审核，与受托企业签订质量协议，约定药品质量责任、操作规程等内容，并对受托方进行监督。

药品网络零售的具体配送要求由国家药品监督管理局另行制定。

【解读】

有些药物对于储存与运输条件都有特别的要求。一些药物很可能在运输过程中受热或者受潮，影响药品的安全性及有效性。针对这些问题，《药品网络销售监督管理办法》规定了药品配送的质量与安全责任主体为药品网络零售企业。如果药品网络零售企业委托配送的，应当对受托企业的质量管理体系进行审核，与受托企业签订质量协议，约定药品质量责任、操作规程等内容，并对受托方进行监督。

《药品网络销售监督管理办法》还针对药品配送的具体环节提出了相关要求，要求配送药品应当根据药品数量、运输距离、运输时间、温湿度要求等情况，选择适宜的运输工具和设施设备，配送的药品应当放置在独立空间并明显标识，确保符合要求、全程可追溯。

（四）药品网络销售企业的记录保存要求

【法条】

第十五条　向个人销售药品的，应当按照规定出具销售凭证。销售凭证可以以电子形式出具，药品最小销售单元的销售记录应当清晰留存，确保可追溯。

药品网络销售企业应当完整保存供货企业资质文件、电子交易等记录。销售处方药的药品网络零售企业还应当保存处方、在线药学服务等记录。相关记录保存期限不少于5年，且不少于药品有效期满后1年。

【解读】

本条规定了药品网络销售企业的记录保存要求。其包括对销售记录，企业资质文件、电子交易等记录和处方药处方、在线药学服务等记录。

（1）销售记录：向个人销售药品的，应当按照规定出具销售凭证。销售凭证可以以电子形式出具，药品最小销售单元的销售记录应当清晰留存，确保可追溯。

（2）供货企业资质文件、电子交易记录：药品网络销售企业应当完整保存。

（3）保存处方、在线药学服务等记录：销售处方药的药品网络零售企业应当保存。相关记录保存期限不少于5年，同时不少于药品有效期满后1年。

（五）第三方平台的内部管理职责

【法条】

第十七条　第三方平台应当建立药品质量安全管理机构，配备药学技术人员承担药品质量安全管理工作，建立并实施药品质量安全、药品信息展示、处方审核、处方药实名购买、药品配送、交易记录保存、不良反应报告、投诉举报处理等管理制度。

第三方平台应当加强检查，对入驻平台的药品网络销售企业的药品信息展示、处方审核、药品销售和配送等行为进行管理，督促其严格履行法定义务。

【解读】

第三方平台作为“平台管理者”,在药品网络销售活动中发挥着独特作用,是实现药品网络销售规范健康发展的关键一环。强化平台内部管理,对于药品网络销售活动的规范和市场的有序发展至关重要。

本条对第三方平台的管理责任作出了规定。其主要包括以下几个方面:(1)机构人员管理。第三方平台应当建立药品质量安全管理机构,配备药学技术人员承担药品质量安全管理工作。(2)内部制度建设。第三方平台应当建立并实施药品质量安全、药品信息展示、处方审核、处方药实名购买、药品配送、交易记录保存、不良反应报告、投诉举报处理等管理制度。(3)主动检查。第三方平台应当加强检查,对入驻平台的药品网络销售企业的药品信息展示、处方审核、药品销售和配送等行为进行管理,督促其严格履行法定义务。

(六)第三方平台对入驻企业的准入和退出管理

【法条】

第二十条 第三方平台应当对申请入驻的药品网络销售企业资质、质量安全保证能力等进行审核,对药品网络销售企业建立登记档案,至少每六个月核验更新一次,确保入驻的药品网络销售企业符合法定要求。

第三方平台应当与药品网络销售企业签订协议,明确双方药品质量安全责任。

第二十三条 第三方平台发现下列严重违法行为的,应当立即停止提供网络交易平台服务,停止展示药品相关信息:

(一)不具备资质销售药品的;

(二)违反本办法第八条规定销售国家实行特殊管理的药品的;

(三)超过药品经营许可范围销售药品的;

(四)因违法行为被药品监督管理部门责令停止销售、吊销药品批准证明文件或者吊销药品经营许可证的;

(五)其他严重违法行为的。

药品注册证书被依法撤销、注销的,不得展示相关药品的信息。

【解读】

第三方平台是药品网络销售活动中的重要责任主体,《药品网络销售监督管理办法》在强调第三方平台的内部管理职责的同时，也进一步完善了第三方平台的监管义务。其中，平台最基础的监管义务就是对入驻企业的准入管理和退出机制。《药品网络销售监督管理办法》第二十条和第二十三条分别作出了具体的要求。

1. 准入管理。第三方平台应当对申请入驻的药品网络销售企业资质、质量安全保证能力等进行审核，对药品网络销售企业建立登记档案，至少每六个月核验更新一次，确保入驻的药品网络销售企业符合法定要求。

2. 停止服务。当网售企业存在下列严重违法行为时，第三方平台应当立即停止提供网络交易平台服务并停止展示药品相关信息：(1)不具备销售药品资质；(2)违反规定销售国家实行特殊管理的药品；(3)超过药品经营许可范围的；(4)因违法行为被药品监督管理部门责令停止销售、吊销药品批准证明文件或吊销药品经营许可证的；(5)其他严重违法行为的。

四、《网络直播营销管理办法(试行)》

(一)适用范围和相关概念

【法条】

第二条 在中华人民共和国境内，通过互联网站、应用程序、小程序等，以视频直播、音频直播、图文直播或多种直播相结合等形式开展营销的商业活动，适用本办法。

本办法所称直播营销平台，是指在网络直播营销中提供直播服务的各类平台，包括互联网直播服务平台、互联网音视频服务平台、电子商务平台等。

本办法所称直播间运营者，是指在直播营销平台上注册账号或者通过自建网站等其他网络服务，开设直播间从事网络直播营销活动的个人、法人和其他组织。

本办法所称直播营销人员，是指在网络直播营销中直接向社会公众开展营销的个人。

本办法所称直播营销人员服务机构，是指为直播营销人员从事网络直播营销活动提供策划、运营、经纪、培训等的专门机构。

从事网络直播营销活动，属于《中华人民共和国电子商务法》规定的“电子商务平台经营者”或“平台内经营者”定义的市场主体，应当依法履行相应的责任和义务。

【解读】

本条明确了《网络直播营销管理办法（试行）》的适用范围，将通过互联网站、应用程序、小程序等，以视频直播、音频直播、图文直播或多种直播相结合等形式开展营销的商业活动都纳入本办法的监管范围。同时，《网络直播营销管理办法（试行）》还明确了直播营销平台、直播间运营者、直播营销人员、直播营销人员服务机构等概念，为法律法规的适用奠定了基础。《网络直播营销管理办法（试行）》明确将从事网络直播营销活动定性为“电子商务平台经营者”或“平台内经营者”，意味着直播营销者是商品的销售方、服务提供方，要对商品的质量、来源合法性承担法律责任。

（二）直播营销平台对直播间运营者的管理责任

【法条】

第十四条　直播营销平台应当根据直播间运营者账号合规情况、关注和访问量、交易量和金额及其他指标维度，建立分级管理制度，根据级别确定服务范围及功能，对重点直播间运营者采取安排专人实时巡查、延长直播内容保存时间等措施。

直播营销平台应当对违反法律法规和服务协议的直播间运营者账号，视情采取警示提醒、限制功能、暂停发布、注销账号、禁止重新注册等处置措施，保存记录并向有关主管部门报告。

直播营销平台应当建立黑名单制度，将严重违法违规的直播营销人员及因违法失德造成恶劣社会影响的人员列入黑名单，并向有关主管部门报告。

【解读】

本条严格要求直播营销平台对于直播间运营者的管理、监督、惩处责任，包括建立分级管理制度；对违反法律法规和服务协议的直播间运营者账号，视情采取警示提醒、限制功能、暂停发布、注销账号、禁止重新注册等处置措施；建立黑名单制度。

本条体现了《网络直播营销管理办法（试行）》在压实平台主体责任方面的创新：一是提出事前预防，要求平台对粉丝数量多、交易金额大的重点直播间采取安排专人实时巡查、延长直播内容保存时间等防范措施。二是强调事后惩处，要求平台对违法违规行为采取限制功能、暂停发布、注销账号、禁止重新注册等处置措施。

（三）直播营销人员和直播间运营者的年龄限制

【法条】

第十七条　直播营销人员或者直播间运营者为自然人的，应当年满十六周岁；十六周岁以上的未成年人申请成为直播营销人员或者直播间运营者的，应当经监护人同意。

【解读】

无论主播们的网络直播是为自我带货，还是为他人带货，其行为都是一个劳动行为。根据我国《劳动法》以及相关的配套法规的规定，相关用工单位不得招用未满 16 周岁的劳动者。直播平台不能成为国家允许使用童工的特殊例外。同时由于网络的诱惑太大，而未成年人对社会感知能力不强，对是非分辨不明，对善恶容易误判。所以，本条对主播年龄限制的约束，对于网络直播行业的发展和提高从业人员素质以及社会稳定都具有积极意义。

（四）直播间运营者和直播营销人员的行为规范

【法条】

第十八条　直播间运营者、直播营销人员从事网络直播营销活动，应当遵守法律法规和国家有关规定，遵循社会公序良俗，真实、准确、全面地发布商品或服务信息，不得有下列行为：

（一）违反《网络信息内容生态治理规定》第六条、第七条规定的；

（二）发布虚假或者引人误解的信息，欺骗、误导用户；

（三）营销假冒伪劣、侵犯知识产权或不符合保障人身、财产安全要求的商品；

（四）虚构或者篡改交易、关注度、浏览量、点赞量等数据流量造假；

（五）知道或应当知道他人存在违法违规或高风险行为，仍为其推广、引流；

（六）骚扰、诋毁、谩骂及恐吓他人，侵害他人合法权益；

（七）传销、诈骗、赌博、贩卖违禁品及管制物品等；

（八）其他违反国家法律法规和有关规定的行为。

【解读】

本条为《网络直播营销管理办法(试行)》的核心条文之一,对直播间运营者和直播营销人员的行为规范和责任规范作了明确规定,要求直播间运营者、直播营销人员遵守法律法规和公序良俗,真实、准确、全面地发布商品或服务信息,明确了直播营销行为的8条红线。其包括发布虚假或者引人误解的信息,欺骗、误导用户。营销假冒伪劣、侵犯知识产权或不符合保障人身、财产安全要求的商品。还有其他违反法律法规和国家有关规定的行为都是《网络直播营销管理办法(试行)》明令禁止的。

(五)直播间商业广告和营销行为的区别适用

【法条】

第十九条　直播间运营者、直播营销人员发布的直播内容构成商业广告的,应当履行广告发布者、广告经营者或者广告代言人的责任和义务。

【解读】

一直以来,关于直播带货是否属于商业广告争议颇多。判断直播间发布的直播内容是否构成商业广告行为,需要回归到具体的营销行为中。如果网络直播营销活动中,主播对商品或服务基础信息进行客观描述,如阐述商品功能、产地、用途、质量、成分、价格、生产者,则一般不属于商业广告,应作为电子商务交易中的一个环节,受《电子商务法》规制;如果营销活动中主播强调主观感受、体验、推荐购买则构成商业广告,则受《广告法》规制。①

此外,直播活动中的商业广告行为,有可能涉及的《广告法》责任包括商品销售者或者服务提供者的广告主责任,直播间运营者或直播营销人员的广告经营者、广告发布者责任,直播营销人员的广告代言人责任。

---

① 《网红直播带货,你得知道的那些事——〈网络直播营销管理办法(试行)〉解读》,载微信公众号"杭律说法"2021年7月16日,https://mp.weixin.qq.com/s?__biz=MzAwNDI5OTQwMQ==&mid=2650925197&idx=2&sn=215d9db357a35eecf2b4858bac071292&chksm=80db476bb7acce7d68c75ca2102643b71fe213f462d6e90a62e1b96209a90bc1dfd22d03b4a1&scene=27。

第四节　典型案例解析

电子商务的快速发展,使其日益成为我国社会大众最基本的消费方式之一,涉电子商务纠纷案件也随之增多。仅 2018 年至 2020 年,杭州互联网法院受理的电子商务类案件就达 6695 件。这些电子商务纠纷案件涉及网络合同纠纷、网络售假、不正当竞争、网络交易平台侵权、用户信息泄露、知识产权侵权、消费者权益等一系列问题。

过去几年,最高人民法院、杭州互联网法院、北京互联网法院、广州互联网法院先后多次整理和发布了网络服务合同纠纷、网络不正当竞争、涉网络知识产权保护纠纷、网络消费纠纷、直播带货消费纠纷、消费者权益保护纠纷等典型案例,为各级法院法官审理类似案件提供了参照标准,也为市场主体合规经营提供了更加明确的规范与指引。

一、电子商务交易合同纠纷案例

(一)平台经营者单方面变更合同条款无效案

【基本案情】

因认为北京爱奇艺科技有限公司(以下简称爱奇艺公司)在其运营的爱奇艺平台上对包括《庆余年》在内的剧集实行“付费超前点播”的方式侵犯了其身为黄金 VIP 会员的消费者合法权益,吴某将爱奇艺公司诉至北京互联网法院。

2020 年 6 月 2 日,北京互联网法院开庭审理了吴某诉爱奇艺公司网络服务合同纠纷案,法院当庭宣判确认,爱奇艺公司《爱奇艺 VIP 会员服务协议》部分无效;在吴某购买会员服务后更新的“付费超前点播”条款对吴某不发生效力;爱奇艺公司继续向吴某提供原有会员权益;于本判决生效之日起 10 日内,被告北京爱奇艺科技有限公司赔偿原告吴某公证费损失 1500 元。

【裁判结果】

本案中,爱奇艺平台增设“付费超前点播”服务,单方变更合同条款,损害了黄金 VIP 会员的提前观剧权益,使黄金 VIP 会员享受到的观影体验远远低于预期,显著地降低了黄金 VIP 会员观看影视剧的娱乐性和满足感。因此，虽然基于爱奇艺公司网络服务的特点，可以单方变更合同条款，但应当以不损害用户权益为前提。爱奇艺公司单方增加“付费超前点播”条款的行为损害了吴某的主要权益，对其不发生变更合同的效力。[①]

【典型意义】

“超前点播”案的宣判捍卫了视频网站会员权益，同时给互联网企业带来警示：无论对商业模式进行怎样的探索，尊重用户，尊重法律法规应是不变的前提。

（二）平台“不支持售后维权”的格式条款无效案[②]

【基本案情】

2020 年 12 月，原告张某在某网络交易平台向吴某购买了某品牌二手女款包，价款 14000 元，卖家保证为正品，承诺货到付款，如假包退。后张某委托检测机构进行检测，发现该包并非正品，遂将该包寄回给吴某，张某要求退款未果，遂诉至法院要求全额退款。被告吴某陈述，其专业从事奢侈品经营交易，与原告曾进行过多次交易，并辩称交易是货到付款，买家付款表明已认可商品质量，且平台《用户行为规范》明确：“交易成功后，不支持售后维权”，故不同意退货退款。

【裁判结果】

审理法院认为，平台《用户行为规范》关于“交易完成，不支持售后维权”的内容，是电子商务经营者为重复使用而预先拟定，在订立合同时未与对方协商的条款，属格式条款。该格式条款不合理地免除了经营者责任，排除了消费者权利，依据《最高人民法院关于审理网络消费纠纷案件适用法律若干问题的规定（一）》第一条之规定，应认定为无效。

【典型意义】

实践中，存在电子商务经营者利用其优势地位，制定不公平不合理的格式条款侵害消费者合法权益的情况。本案裁判通过对网络消费格式条款进行合法性审查，对于不合理地免除经营者责任、排除消费者权利的格式条款作出否定性评价，有力地维护消费者合法权益和健康、清朗消费环境。

---

① 何勇海：《“付费超前点播”侵害原有会员权益》，载《人民法院报》2020 年 6 月 9 日。

② 最高人民法院：《网络消费典型案例》，载最高人民法院网 2023 年 3 月 15 日，https://www.court.gov.cn/xinshidai-xiangqing-393481.html。

(三)电商经营者未履行限时免单条款构成违约案①

【基本案情】

被告周某在经营网上店铺过程中开展了“双12”限时免单活动,制定并公示了相关规则,原告张某在购买产品时参与了限时免单活动。张某在参与该次活动前向店铺客服咨询了免单的规则为付款优先者享受。但在张某付款时间在先的情况下,周某未按照规则给张某免单,张某认为周某构成违约,诉请周某退还其支付的货款。

【裁判结果】

审理法院认为,根据《中华人民共和国合同法》(1999年施行)第十四条、第六十条、第四十四条,《中华人民共和国电子商务法》第四十九条的规定,当事人关于限时免单的约定属于附条件履行义务的合同条款,消费者符合免单规则的要求,经营者即应当履行免单义务,否则构成违约。张某在参加活动前咨询客服获知的规则应视为此次活动的规则,双方应当遵守。张某付款时间在先,周某未按照免单规则为张某免单,构成违约,张某要求周某退还货款的行为,于法有据,应予支持。

【典型意义】

随着电子商务的蓬勃发展,各种形式的促销手段层出不穷。这些促销活动活跃了市场,刺激了消费,同时也伴生了一些损害消费者权益的问题。本案裁判进一步厘清了电子商务经营者进行免单、打折等各类促销活动制定的活动规则的法律性质,引导经营者依法依约诚信经营,切实保护消费者合法权益。

二、涉电子商务不正当竞争案例

(一)恶意投诉构成不正当竞争案②

【基本案情】

原告王某在淘宝上经营了一家某运动服饰品牌销量TOP 3的五皇冠店铺,2016年12月31日,被告江某经营同品牌网店,利用伪造的授权文件、商标注册证

---

① 最高人民法院:《网络消费典型案例》,载最高人民法院网2023年3月15日,https://www.court.gov.cn/xinshidai-xiangqing-393481.html。

② 资料来源:杭州互联网法院。

书，投诉了王某经营的商品。因遭到恶意投诉，王某店铺的流量下降，信誉受损，造成了重大经济损失，王某因此向江某索赔 800 万元。

【裁判结果】

2019 年 1 月 24 日上午，杭州互联网法院"一锤定音"，对这起不正当竞争纠纷案进行网上一审公开宣判，认定被告江某投诉行为不具有正当性，王某和江某为直接竞争关系，导致王某及其经营的淘宝网店遭受了实际损失，故江某的恶意投诉行为构成不正当竞争。被告江某承担赔偿责任，赔偿原告王某经济损失 210 万元，并驳回原告其余诉讼请求。

【典型意义】

这起纠纷，是自《电子商务法》生效以来，杭州地区的法院首次援引该法第四十二条中关于电商恶意投诉的惩罚性赔偿条款进行判决的案件。本案中被告作为同业竞争者理应尊重他人的合法权益，诚信经营，但其明知自己不具有投诉资格且不能证明被投诉产品存在侵权的情形下，依然通过变造权利凭证对原告进行恶意投诉，其行为违反了诚实信用原则和商业道德准则，损害了原告正当商业利益，构成了不正当竞争行为。应当对这种恶意投诉行为及时制止、依法严惩。

（二）网络直播流量造假不正当竞争案①

【基本案情】

北京某科技公司系"快手"App 的运营主体。"快手"平台通过《用户协议》《快手直播管理规范》等严禁用户出现扰乱平台管理秩序的行为。杭州某技术公司开发运营某直播场控助手软件，其事先通过租用或其他方式取得真实批量的"快手"账号使用权，用户在注册上述软件账号并充值后，只要添加对应直播间的快手号，就能批量使用"快手"账号有针对性地在直播时添加关注数，进行批量点赞、送礼物、评论、关注、加粉丝团等操作。杭州某技术公司及其法定代表人程某某分别收取用户的充值款项。经对某直播场控助手软件进行充值统计，2020 年 10 月至 2021 年 4 月的充值总额为 49 万余元。北京某科技公司认为两被告侵害了消费者的知情权和选择权，危害公共利益，构成不正当竞争，遂诉至法院，请求判令两被告立即停止不正当竞争行为，并连带赔偿经济损失及维权合理费用共计 456 万余元。

---

① 资料来源：杭州互联网法院。

【裁判结果】

一审法院经审理认为，杭州某技术公司开发运营的被诉侵权软件通过操控真实批量的“快手”账号，跟随批量设置的关注、点赞、评论、加入粉丝团、刷弹幕、分享至其他社交平台等操作方式，同步制造“快手”直播间的相关虚假人气、热度、数据，帮助快手主播利用某直播场控助手软件实现对其直播关注数、粉丝数、点赞量及评论次数等进行虚假宣传的目的，消费者受到明显误导，实质上会对虚构数据及用户评价产生错误认知，影响“快手”平台上数据的真实性，破坏“快手”平台直播间评价推荐体系以及“快手”软件所打造的原本真实、诚信的互动生态系统。该软件批量化的操作方式还会额外增加“快手”软件运行的数据量和数据流，增加平台治理难度和成本，同时亦会损害其他经营者和消费者的合法权益，扰乱市场竞争秩序，其行为具有可责性，属于我国《反不正当竞争法》第八条第二款所规制的不正当竞争行为。判决杭州某技术公司停止针对“快手”产品的不正当竞争行为并赔偿经济损失（包括维权合理费用）100 万元，驳回北京某科技公司的其他诉讼请求。二审法院就不正当竞争认定予以维持原判。

【典型意义】

本案系经营者在互联网直播生态背景下通过虚假刷量、刷粉达到流量聚集效益的新型互联网不正当竞争纠纷。互联网发展应鼓励良性竞争，数据的真实性是互联网行业健康有序发展的基石，流量造假行为应落入虚假宣传行为的规制范畴。法院在本案中清晰界定该类行为的不正当性，精准打击网络账号租赁、交易产业链需求端，以利于整治互联网“黑灰产”，引导经营者公平参与市场竞争，正确判断网络产品价值及市场前景，使用诚信手段实现创新价值及发展自有品牌，切实维护规范有序的直播产业环境生态，有助于共创真实高效、公平有序的互联网营商环境。

三、涉电子商务消费者权益保护案例

（一）商家公布消费者个人信息侵害消费者隐私权案[1]

【基本案情】

原告张某等人因不满被告某商家的“剧本杀”游戏服务，上网发布“差评”，该

---

[1] 最高人民法院：《网络消费典型案例》，载最高人民法院网 2023 年 3 月 15 日，https://www.court.gov.cn/xinshidai－xiangqing－393481.html。

商家遂在微信公众号发布与张某等人的微信群聊记录、游戏包厢监控视频录像片段、微信个人账号信息，还称“可向公众提供全程监控录像”。张某等人认为商家上述行为侵害其隐私权和个人信息权益，起诉要求商家停止侵权、赔礼道歉及赔偿精神损失等。

【裁判结果】

审理法院认为，消费者在经营者提供的包间内的活动具有私密性，商家为了澄清“差评”通过微信公众号公开消费者包间内监控录像并称可提供全程录像，构成对消费者隐私权的侵害；商家未经张某等人同意公布其微信个人账号信息，侵害了张某等人的个人信息权益。依据《中华人民共和国民法典》第一千零三十二条、第一千零三十三条、第一千零三十四条，《中华人民共和国个人信息保护法》第四条、第十三条的规定，判令商家立即停止公开监控录像，删除公众号文章中“可向公众提供全程监控录像”表述及张某等人的微信个人账号信息，在微信公众号发布致歉声明，并向张某等人赔偿精神损害抚慰金。

【典型意义】

评价机制在网络消费领域中的作用日益明显，消费者提出批评意见的权利应予保护。经营者对其因提供商品或服务而获取的消费者个人信息负有保护义务，经营者公开回应消费者“差评”时，应注意不得侵犯消费者隐私权和个人信息权益。本案裁判厘清了经营者澄清消费者“差评”时的行为边界，维护了消费者合法权益，为网络消费信用评价机制的有序运行提供了司法保障。

（二）未收货平台自动扣款遭消费者索赔案[①]

【基本案情】

2022 年 2 月，原告周某某在某网购平台上在被告陈某某经营的店铺购买帐篷一件，实付 718 元，支付方式先用后付，物流公司顺丰快递。当日店铺发货，至同年 2 月 21 日到达盐城，因原告周某某拒收快件导致案涉帐篷派送不成功。2 月 28 日应客户要求，退回快件，至同年 3 月 4 日快件退回店家所在区域，快件代签收（仓库）。其间，原告多次申请退款，但被告陈某某作为商家都予以拒绝，理由是

---

① 资料来源：亭湖法院发布网络购物消费者维权典型案例，载 https://m. thepaper. cn/baijiahao_22314600。

“商品退回才可以退款,不是拒收就不管了”等类似备注。网购平台对该产品价款718元进行自动扣费,后消费者周某某多次与平台官方客服沟通退款,均无法协商一致。后消费者周某某诉至法院,认为平台并未保护消费者的权益且存在欺诈,故向法院起诉商家及平台主张返还货款并支付3倍赔偿的请求。

【裁判结果】

被告陈某某已将帐篷发货给原告,原告周某某在帐篷送达时直接拒收,并要求退回,原告多次向被告提交退款申请,但被告均以未收到货、未支付退货运费为由,拒绝原告的退款请求,现该货物已退回给被告陈某某,被告陈某某应及时将货物取回并处理运费问题,故原告要求被告陈某某返还支付的货款718元予以支持。但原告周某某无证据证明被告陈某某、被告上海某公司销售案涉商品存在欺诈原告的主观故意,因此对原告主张3倍赔偿的诉讼请求,不予支持。法院作出一审判决后,双方均未上诉。

【典型意义】

案涉商家收到退回的货物后,以各种理由拒不退款,按照相关规定,应当及时返还货款,保障消费者的权益。但对于无证据证明被告销售案涉商品存在欺诈的行为时,对消费者要求被告3倍赔偿的请求不予支持。本案警示平台在日常网购的过程中,需要更加注意售后的意义,而不是机械化地操作,激化消费者与商家之间的矛盾。消费者也要尽到自己的审慎的义务,对于付款方式、售后等容易出现争议的环节尽力审查。

四、涉电子商务知识产权保护案例

(一)通过微信小程序侵犯信息网络传播权案[①]

【基本案情】

百赞公司未经许可,通过微信小程序提供某作品的在线播放服务。刀豆公司认为腾讯公司作为微信小程序的平台管理者,未尽审核义务,构成帮助侵权,遂诉至杭州互联网法院,请求判令要求百赞公司删除其小程序上的涉案作品、腾讯公司删除涉案侵权微信小程序,并共同赔偿经济损失及合理费用。

---

① 资料来源:杭州互联网法院。

【裁判结果】

经审理,杭州互联网法院判决百赞公司赔偿经济损失(含合理开支)1.5 万元,驳回其要求腾讯公司删除涉案侵权微信小程序的诉请。

【典型意义】

本案系首例涉微信小程序案,属于新类型、疑难复杂的互联网纠纷。本案明确"通知删除"规则应建立在网络服务提供者具有控制侵权内容并可以精确删除的基础上。腾讯公司提供的是小程序架构与接入的基础性网络服务,小程序内容均存储于开发者服务器上,该服务具有无差别性、技术性和被动性等特点,其性质不属于提供信息存储空间或者搜索、链接服务,故小程序服务提供者,应不适用"通知删除"规则。本案在厘清小程序这种新业态的法律属性同时,对腾讯公司负有的相关法定义务及社会责任作了明确,在权利保护与平台责任之间保持一定平衡,对之后的类似案件处理具有较强的借鉴意义。

(二)平台知识产权保护责任认定案

【基本案情】

2021 年 4 月 23 日,永康市某乙工贸公司的代理人向某集团知识产权保护平台投诉永康市某甲工贸公司销售的筋膜枪侵害其产品外观设计专利权。永康市某甲工贸公司收到通知后,三次进行申诉。平台向第三方知识产权机构三次进行咨询,第三方知识产权机构根据商品链接信息、投诉材料、申诉材料,均认定被控侵权产品落入涉案专利保护范围,投诉成立,申诉不成立,并出具专利侵权咨询报告。杭州某广告公司根据专利侵权咨询报告,三次驳回永康市某甲工贸公司申诉,删除永康市某甲工贸公司商品链接。

【裁判结果】

本案中,杭州某广告公司对永康市某甲工贸公司提交的反通知进行形式要件审查时,基于一般认知,认为涉案投诉侵权产品并非永康市某甲工贸公司专利产品,且涉案投诉侵权商品与永康市某甲工贸公司外观设计专利在整体设计、形状等方面存在明显区别,其整体外观更接近于永康市某乙工贸公司主张权利的外观设计专利。杭州某广告公司基于审慎原则,多次向第三方机构进行咨询,具有正当性和合理性,未超过合理审查边界。庭审中,永康市某甲工贸公司确认其外观设计专利权评价报告中的专利示图与被投诉侵权产品外观图存在多处不一致,显然不是专利产品。此时,永康市某甲工贸公司所提供的外观设计专利权评价报告和被投诉侵权产品无关,属于明显不能证明其行为合法性的情形,故该外观设计专利权评价报告不构成不侵权的初步有效证据。因永康市某甲工贸公司未进一步提交补充材料证明不存在侵权行为,杭州某广告公司基于上述因素最终认定不属于有效反通知的处理符合相关法律规定,并无不当。故永康市某甲工贸公司要求杭州某广告公司恢复商品链接的请求缺乏法律依据,不予支持。

【典型意义】

"避风港规则"仅规定了网络服务提供者在一定条件下的免责情形,而非对网络服务提供者必须履行的法定义务的规定。网络服务提供者如果未采取必要措施,将导致其不再享有该责任免除规则的保护,但也并不意味着其因此必须要承担责任。[①]

五、特殊商品网络销售纠纷案例

(一)销售未标明生产日期的预包装食品案[②]

【基本案情】

原告彭某某在被告某电子商务公司开立的网络商铺购买了4份"××压力瘦身糖果"(每份为2盒60粒),共计支付货款1475.60元后,该商铺通过快递向彭某某送达货物。彭某某收到上述货物并食用部分后发现,商品包装盒上虽然注明:保质期24个月;生产商某纤瘦有限公司;生产地址××省××市××区×××号;生产日期见喷码,但是产品包装上均无相关生产日期的喷码标识,亦未查询到生产商的相关信息。彭某某遂以某电子商务公司销售不符合食品安全标准的食品为由诉至法院,要求某电子商务公司退还货款1475.60元并支付货款金额10倍的惩罚性赔偿金。

【裁判结果】

审理法院认为,某电子商务公司作为食品经营者,在电商平台上销售无生产日期标识、虚构生产厂家的"××压力瘦身糖果",属于《中华人民共和国食品安全

---

① 资料来源:杭州互联网法院。

② 最高人民法院:《网络消费典型案例》,载最高人民法院网2023年3月15日,https://www.court.gov.cn/xinshidai-xiangqing-393481.html。

法》第一百四十八条规定的“生产不符合食品安全标准的食品或者经营明知是不符合食品安全标准的食品”的情形,依据《最高人民法院关于审理食品安全民事纠纷案件适用法律若干问题的解释(一)》第十一条的规定,应当承担惩罚性赔偿责任,判决某电子商务公司退还彭某某货款1475.60元,并支付货款金额10倍的赔偿金14756元。

【典型意义】

目前,大众通过网络购买食品十分普遍,同时,于消费者而言,网络食品因交易环境的虚拟化潜藏着一定的风险。预包装食品包装标签上缺少生产日期信息,消费者无法对食品安全作出判断,存在损害消费者身体健康和生命安全的重大隐患。本案裁判认定电商经营者销售未标明生产日期的预包装食品,应承担惩罚性赔偿责任,压实食品经营者主体责任,进一步规范网络食品交易秩序。

(二)网络销售化妆品违法案[①]

【基本案情】

2019年9月24日,潘某某、吴某某、赵某等多人向药监部门举报称:江苏省苏州皙莱雅化妆品有限公司(以下简称当事人)存在未在注册地址开展经营活动、销售不符合卫生标准化妆品、虚假宣传等多项违法行为。

接报后,苏州工业园区市场监督管理局执法人员对当事人情况进行了初步核实,经审批,2019年10月16日予以立案调查。立案后,办案人员对当事人注册地址进行现场检查,询问当事人的委托代理人张某某,调查涉案化妆品生产企业,询问全国各地多名涉案化妆品的经销商等,于2020年8月完成案件调查。经查,认定当事人存在以下行为:(1)当事人未在营业执照注册地址开展经营活动;(2)当事人经营冒用山东朱氏药业集团公司厂名、厂址的美颜霜,共查实两个批次,合计2506盒,货值金额为348334元;(3)当事人经营美颜霜的过程中发布虚假广告:宣称其产品为“CCTV央视合作伙伴品牌”以及“一瓶解决肌肤10大问题——暗黄、粗糙、痘痘、痘印、湿疹、玫瑰糠疹、色斑、激素脸过敏、毛孔粗大、肤色暗沉”等,以

---

① 《落实食品药品安全“四个最严”要求专项行动典型案例》,载中央人民政府网,http://www.gov.cn/xinwen/2021-02/19/content_5587696.htm。

上内容均存在虚假。

【处理结果】

针对以上行为，苏州工业园区市场监督管理局在江苏省药监局和苏州检查分局的指导下，认定当事人的行为违反了《化妆品标识管理规定》第八条、《中华人民共和国产品质量法》第三十七条、《中华人民共和国公司登记管理条例》第二十九条、《中华人民共和国广告法》第二十八条的规定，最终做出责令当事人停止销售冒用他人厂名厂址的产品、在相应范围内消除虚假广告影响，并给予罚款94万元，吊销营业执照的行政处罚。2020年10月13日对当事人下发《行政处罚决定书》。

【典型意义】

本案是一起典型的网络销售化妆品的违法案件，包含该类违法行为的一些典型特点：如不在营业执照注册地实际经营、发布虚假广告等。本案调查持续一年之久，其间涉及产品多次送检、产品双方认定、案件异地协查、外调核查取证、远程在线询问、咨询上级监管单位意见等诸多环节，也经历了当事人不予配合行政调查的情形，最终办案人员收集了充分的证据并确认了其违法事实。用最严厉的处罚，有力打击了化妆品网络销售违法行为。

（三）药品网络销售违法案例（见表1-8）

表1-8　药品网络销售违法案例

违法主体	违法行为	违法情形	处罚措施
美团外卖平台网店	销售未取得批准证明文件的药品	2021年4月，上海市普陀区市场监督管理局根据群众举报线索对美团外卖平台网店“京东便利店（中潭路精品店）”进行检查，发现该店未取得《药品经营许可证》，通过美团外卖平台销售未取得药品批准证明文件的药品“EVE QUICK”，涉案药品货值金额0.53万元。	该店上述行为违反了《中华人民共和国药品管理法》第二十四条第一款和第五十一条第一款的规定。2021年10月，上海市普陀区市场监督管理局依据《中华人民共和国药品管理法》第一百一十五条和《中华人民共和国行政处罚法》第三十二条的规定，对该店处以没收违法所得、罚款6万元的行政处罚。

续表

违法主体	违法行为	违法情形	处罚措施
京东商城网店	销售医疗机构制剂	2022年6月，福建省莆田市市场监督管理局根据国家药品网络销售监测平台监测线索，对京东商城网店“莞都旗舰店”进行检查，发现该店未取得《药品经营许可证》，通过京东商城销售医疗机构制剂“当红创伤乳膏”“二黄新伤软膏”，涉案货值4.29万元。	该店上述行为违反《中华人民共和国药品管理法》第五十一条的规定。2022年12月，福建省莆田市市场监督管理局依据《中华人民共和国药品管理法》第一百一十五条、《中华人民共和国行政处罚法》第二十八条第一款和第三十二条第五项、《福建省药品监管行政处罚裁量权适用实施细则（试行）》第四条第三款的规定，对该店处以没收违法所得、罚款30万元的行政处罚。
小红书平台网店	无证销售药品	2022年7月，福建省厦门市海沧区市场监督管理局根据国家药品网络销售监测平台监测线索，对小红书平台网店“收拾收拾的店”“小红薯62C0BC03的店”进行检查，发现该店未取得《药品经营许可证》，通过小红书平台销售“民生21金维他多维元素片”等药品，货值金额0.17万元。	该店上述行为违反了《中华人民共和国药品管理法》第五十一条第一款的规定。2022年11月，福建省厦门市海沧区市场监督管理局根据《中华人民共和国药品管理法》第一百一十五条、《中华人民共和国行政处罚法》第三十二条第一款第五项、《福建省药品监管行政处罚裁量权适用实施细则（试行）》第四条第三款的规定，对该店处以警告、没收违法所得、罚款3万元的行政处罚。
拼多多商城网店	无证销售药品	2022年10月，河北省衡水市市场监督管理局根据国家药品网络销售监测平台监测线索，对刘某民在拼多多商城经营的“万相美肤会所”和“优美养生会所”进行检查，发现刘某民未取得《药品经营许可证》，销售未从药品上市许可持有人或者具有药品生产、经营资格的企业购进的药品盐酸氨溴索注射液等，涉案货值金额2.49万元。	刘某民上述行为违反了《中华人民共和国药品管理法》第五十一条、第五十五条的规定。2023年1月，河北省衡水市市场监督管理局依据《中华人民共和国药品管理法》第一百一十五条、第一百二十九条，《中华人民共和国行政处罚法》第二十九条、第三十二条，《河北省药品行政处罚裁量适用情形》第二条和《河北省市场监督管理行政处罚裁量权适用规则》的规定，对刘某民处以没收违法所得、罚款15.1万元的行政处罚。

【典型意义】

由于开设网店的门槛较低、平台审核不严，许多个体工商户或小微企业对药品销售的法律意识欠缺，以至于网络上出现无证售药和销售无证药品的情况普遍存在。上面四个案例中的被处罚当事人均依托包括美团外卖、京东商城、小红书、拼多多等在内的知名第三方网络平台，说明相关第三方平台对入驻商家的审核能力与力度亟待加强。药品网售类行政处罚案例的陆续公示，对于督促和指导相关企业做好自我评估与整改具有重要意义。[①]

六、涉电子商务新业态监管案例

（一）在线预订服务方应当履行协助退订义务案[②]

【基本案情】

原告熊某通过某旅游 App 向被告某旅行社预订了"机票 + 酒店"自由行产品。出行前两日，因同行人员中原告儿子患病无法出行，原告遂向被告申请退订。被告就该酒店产品联系其中间供应商，中间供应商反馈"需要扣除每间每晚 200 元共计违约金800元，去申请且不保证结果"。但被告未将酒店取消政策告知原告，亦未继续要求供应商取消订单，而是告知原告该订单不可取消，如未实际入住将全额收取房费。熊某后未实际出行，诉至法院。审理中，经当庭拨打酒店客服电话，确认涉案订单当时的取消政策为"如自行取消要扣除每间每晚 200 元的违约金，如提供相关疾病证明则除节假日外可无损取消"。

【裁判结果】

本案双方是网络服务合同关系，被告提供服务的主要内容为通过相应渠道代原告预订其指定酒店，以使原告与酒店方顺利建立住宿服务合同关系。鉴于涉案服务合同履行的特殊性，预订等事宜并非由原告直接与相应产品提供方沟通确定，故在原告因同行人员患病需取消预订时，应当认为被告依法负有及时协助原告向酒店方申请取消订单、申请退款等合同附随义务，而非一经预订成功即视为全部义务已履行完毕。本案中，案涉酒店预订事实上可以取消，至多承担 800 元违约金，但被告未将该情况如实告知原告，依据《中华人民共和国民法典》第

---

① 汇业律师事务所郭亚飞律师团队：《3 月/4 月医药健康领域行政、刑事精选案例评析》，载汇业律师事务所网 2023 年 5 月 11 日，http://www.huiyelaw.cn/news－3017.html。

② 最高人民法院：《网络消费典型案例》，载最高人民法院网 2023 年 3 月 15 日，https://www.court.gov.cn/xinshidai－xiangqing－393481.html。

五百零九条之规定，应认定被告未能履行附随义务导致原告损失，被告应予以赔偿。

【典型意义】

现实生活中，人们通过在线旅游平台预订酒店等服务的情况十分常见。线上预订服务提供者上游对接各类服务商或供应商，下游对接广大消费者，中间往往涉及多个环节，容易滋生侵害消费者权益的道德风险。本案裁判认定提供酒店在线预订服务方应当履行协助退订等合同附随义务，防止消费者权益被不当减损，有利于促进在线旅游平台经营模式健康发展。

（二）外卖平台未审核餐饮服务提供者资质应承担连带责任[①]

【基本案情】

被告甲公司运营某外卖餐饮平台，提供外卖订餐服务，并向消费者郑重承诺：我平台已对入网餐饮服务提供者的食品经营许可证进行严格的实地审查，并保证入网餐饮服务提供者食品经营许可证载明的经营者名称、经营场所、主体业态、经营项目、有效期等许可信息合法、真实、准确、有效。原告王某在该平台上一家麻辣烫店铺购买了一份麻辣烫，后发现该麻辣烫店铺未取得食品经营许可证。王某诉至法院，要求甲公司与该麻辣烫店铺承担连带赔偿责任。

【裁判结果】

审理法院认为，甲公司经营的外卖餐饮平台属于网络交易第三方平台，依照《中华人民共和国食品安全法》第一百三十一条规定以及甲公司在外卖平台上作出的承诺，甲公司应对入网食品经营者进行实名登记，并审查其是否取得食品经营许可证，但甲公司未履行上述义务，使王某购买到了无食品经营资质商家制作的食品，合法权益受损，甲公司应与食品经营者承担连带赔偿责任。

【典型意义】

在数字经济背景下，互联网平台应当依法履行主体责任，尤其是涉及消费者身体健康的外卖餐饮平台，更应加强对平台内餐饮服务提供者身份及经营许可资质的审核。本案裁判明确外卖餐饮平台经营者未依法尽到资质审核义务，导致消

---

① 最高人民法院：《网络消费典型案例》，载最高人民法院网 2023 年 3 月 15 日，https://www.court.gov.cn/xinshidai-xiangqing-393481.html。

费者合法权益受损的，应承担连带赔偿责任，确保人民群众的身体健康和生命安全不受非法侵害。

（三）在线租车公司未依承诺足额投保三责险案[①]

【基本案情】

原告杨某通过某租车 App 向被告某租车公司承租一辆小型客车，并按约享受“尊享服务”，租期 4 天。某租车公司为该租车 App 的运营者。租车 App 中说明：“在您购买尊享服务后，无需承担保险理赔范围内的损失以及保险理赔范围外的轮胎损失。”某租车公司在保险责任中承诺商业第三者责任险保险金额为 200000 元，但实际仅投保 50000 元。后杨某驾驶租赁车辆发生交通事故，造成他人财产损失。因商业第三者责任险投保不足，扣除通过保险获赔金额后，杨某被判赔偿案外人 428000 元。后杨某诉至法院，请求某租车公司支付其事故赔偿 428000 元等。

【裁判结果】

审理法院认为，某租车公司承诺投保商业第三者责任险保险金额 200000 元，尊享服务说明承租人无须承担保险理赔范围内的损失，但本案中杨某发生交通事故后保险公司赔付的商业第三者责任险保险金仅 50000 元，差额部分 150000 元属于杨某本可以通过商业保险避免的损失，该损失应由被告承担。依据《中华人民共和国合同法》（1999 年施行）第一百零七条的规定，判决被告某租车公司赔偿原告杨某 150000 元。

【典型意义】

网络租车平台是数字化赋能的典型商业模式。实际经营中，存在经营者为规避风险、提高利润，违背向租车人作出的承诺，为出租的汽车投保保险金额较低的商业保险的情况。本案裁判通过认定在线租赁公司承担投保不足导致的赔偿责任，树立正确的价值导向，引导在线租赁公司诚信经营，保障租车消费者的合法权益。

---

① 最高人民法院：《网络消费典型案例》，载最高人民法院网 2023 年 3 月 15 日，https://www.court.gov.cn/xinshidai-xiangqing-393481.html。

（四）跨境电商平台自营业务认定案[①]

【基本案情】

原告系新加坡公民，2019 年 5 月 18 日，其在新加坡通过我国某跨境电商平台购买了一件商品名标有“自营”字样的笔记本电脑，原告收到产品后认为该笔记本电脑非全新且没有按照买卖双方的约定安装正版的 office 办公软件，只安装了试用版的 office 365 软件，严重影响该笔记本电脑的正常使用，销售方在销售过程中存在欺诈，原告随后与平台方售后人员协商解决，但双方未能达成一致意见，遂以该平台经营者为被告提起诉讼，要求平台经营者承担退一赔三的责任。

【裁判结果】

法院认为，被告平台内既有被告自营的商品，又有第三方平台提供的商品，综合考虑案涉商品交易快照显示的商品标题上标记的“【自营】”、案涉网店店铺名称显示有被告平台的部分关键字样而所有在被告平台交易的主体的店铺名称都要经过被告允许才能注册使用以及案涉网店即被告抗辩主张的某公司与被告公司存在关联关系三个方面，可以认定“商品外观原则”，即基于信赖保护的原则，如果一个正常的有理性的人从商品外观判断有理由相信案涉商品是网购平台“自营”的商品，就应当认定案涉商品为网购平台自营的商品，并参照《电子商务法》第三十七条的规定，由网购平台承担商品销售者责任。

【典型意义】

该案系跨境贸易法庭全流程在线“第一案”，由最高人民法院新闻局、人民法院新闻传媒总社、中央广播电视总台社会与法频道《现场》栏目共同对该案进行了全媒体直播，央视新闻移动网、国际在线、中国网、快手等四十多家媒体和平台参与直播，在线观看人数达 800 万人。该案的影响力对于促进跨境电商贸易的规范发展具有重要指导意义。

---

① 杭州中院：《网络服务合同纠纷十大典型案例》，载微信公众号“杭州中院”2022 年 8 月 22 日，https://mp.weixin.qq.com/s?__biz=MzA4ODk5OTQwOQ==&mid=2698618565&idx=1&sn=f5d2aad310ba8f03e3dc340c6014348b&chksm=b50c925b827b1b4df0314d18db4c281b91b742c6694f0ea633c416432bd9bff5993ec77fdf2d&scene=27。

（五）直播间未公示销售者信息案[①]

【基本案情】

原告在被告运营的某直播间观看直播，主播就一块二手奢侈品手表进行推销，描述该表非常值得买入，有保卡，几乎全新，跟从专柜买入相差无几。于是，原告点击直播间的链接支付 35882 元购买了手表。购买过程中，并没有显示实际卖家的经营信息。原告收货后发现该手表走时不准、表身有划痕，原告联系被告要求退货，被告称其只是进行宣传，并非实际卖家，拒绝退货。原告将被告诉至法院要求退货退款。

【裁判结果】

法院认为，涉案交易模式为被告在其运营的直播间中为其子公司经营的网络店铺做手表宣传，虽然涉案手表实际由其子公司销售，但消费者对此并不情。直播间名称为被告公司名称，直播间内明显标注被告商标标识，在直播及下单购买过程中没有向消费者告知实际销售者的信息。即使原告点击链接跳转至支付页面，亦没有实际销售者的信息。被告在直播及购买过程中并未采用足以使消费者辨别的方式标明其并非销售者及实际销售者的信息，原告作为消费者有理由相信被告为交易相对方，被告作为直播间的实际运营者应承担销售者责任。主播宣传中，对涉案手表描述的崭新程度“全新”“没有任何瑕疵划痕”等，确实与原告收到的实物存在差距，且涉案手表因走时问题两次寄回被告处进行修理，涉案手表的状态确实无法实现原告的购买目的，应予退货退款，故判决支持了原告的该项诉讼请求。双方均未上诉，判决已生效。

【典型意义】

网络直播营销作为互联网电子商务的新业态和新模式，兼具电子商务、宣传促销、导购卖货等特点，涉及网络平台、商品经营者、网络直播者、直播间运营者等多方主体，模式新、法律关系复杂。直播间购物维权，用户如何确定责任主体，直播间运营者是否承担责任及承担何种责任亟待厘清，针对实践中消费者对于网络直播营销（通常所说的直播带货）中实际销售主体辨识不清的问题，2022 年 3

---

① 资料来源：北京互联网法院直播带货类消费纠纷典型案例，载 http://www.360doc.com/content/23/0403/21/38315799_1074957712.shtml。

月 15 日起施行的《最高人民法院关于审理网络消费纠纷案件适用法律若干问题的规定(一)》第十二条对于直播间运营者责任作出规定,即直播间运营者要能够证明已经标明了其并非销售者并标明实际销售者,并且要达到足以使消费者辨别的程度,否则,消费者有权主张直播间运营者承担商品销售者责任。本案发生在该司法解释实施前,基于权利义务对等原则、参照传统经营模式、依据现有法律规定,判定直播间承担销售者责任,即直播间运营者虽实际可能并无销售者的地位,但享受了流量、关注度、分成、佣金等销售利益,不能将因直播间运营者未履行销售者身份标明义务的责任由消费者承担,本案对于直播间运营者责任的界定维护了消费者的知情权和选择权。

(六)直播间销售货品成色与直播宣传不符案[①]

【基本案情】

原告袁某通过点击某直播间内链接,进入了被告经营的网店中购买了涉案名牌单肩包,实付款人民币 21702 元。其称妻子在收货四个月后使用此包时发现包带"断裂",随即查看被告提供的检验报告,发现该包在送检时包带就已经"断裂"。被告辩称,涉案包本身出厂时工艺设计就有链条皮带"接口",而非"断裂"情况。对此,原告予以认可。但原告袁某认为其收的涉案包皮带接口处磨损严重,不符合被告公司所称的 95 成新,并认为被告在直播时特意说明涉案商品 95 成新的原因是没有包装盒、防尘袋和身份卡,属于故意隐瞒事实、虚假宣传,构成欺诈。故起诉要求被告承担 3 倍赔偿责任。

【裁判结果】

法院认为,首先,原告承认在购买前就知道包带链条皮带处有接口是涉案商品的工艺特征,因此被告在直播时未对该特征进行介绍不构成对相关事实的隐匿或虚构。其次,就原告对接口处皮带磨损程度提出的质疑,根据原告提供的商品现状图片,接口处皮质确有明显磨损翻皮情况,被告亦承认按照其公示的鉴定标准,涉案商品应评级在 9 ~ 95 成新,但由于原告提供的商品现状图是原告收到货的 4 个月后,原告也无法提供收货时涉案商品的实际情况。因此,现有证据无法

---

① 资料来源:北京互联网法院直播带货类消费纠纷典型案例,载 http://www.360doc.com/content/23/0403/21/38315799_1074957712.shtml。

径行认定被告在直播销售时存在故意夸大成色等级欺瞒事实的故意，因而无法认定存在欺诈行为。最后，由于被告同意解除合同收回涉案商品并返还货款，故对于原告要求解除合同并退货退款的主张予以支持，但驳回了原告3倍赔偿的诉讼请求。目前，该判决已生效。

【典型意义】

受网络直播销售二手奢侈品模式影响，消费者对此类商品的了解，更有赖于主播对商品外观进行细节展示并对商品品质等详尽介绍。本案明确了此种交易场景下，经营者对于货品除真伪性保证外，对商品新旧成色的认定须有出处依据，对可能影响定级标准的关键细节须具体讲解和重点展示。消费者主张实收货品成色与直播宣传不符的，应及时取证，否则无法据此径行认定被告有故意隐瞒成色问题的欺诈故意。

第五节　合规指引

一、电子商务经营者和电子商务平台经营者的合规

《电子商务法》是我国电子商务领域首部综合性立法，内容涵盖消费者权利保护、经营主体义务、电子商务合同、电子支付、网络安全、个人信息保护、反不正当竞争、知识产权保护等各个方面。自2019年1月1日正式施行后，国内的电子商务经营者，特别是平台经营者，必须根据该法的相关规定，重新审视自身的规则设置、内部机制是否符合新法规定的各项义务以及监管责任，做好企业合规。

（一）电子商务经营者的合规义务

电子商务经营者，是指通过互联网等信息网络从事销售商品或者提供服务的经营活动的自然人、法人和非法人组织，包括电子商务平台经营者、平台内经营者以及通过自建网站、其他网络服务销售商品或者提供服务的电子商务经营者。这四类电子商务经营者都需要承担《电子商务法》规定的一般合法经营义务和消费者保护义务（见表1－9）。

表 1-9 电子商务经营者的一般义务

合规义务		具体要求	法条依据
一般合法经营义务	市场主体登记/许可义务	电子商务经营者应当依法办理市场主体登记;需要办理行政许可的,还需要先办理行政许可。	第十条、第十二条
	依法纳税义务	电子商务经营者应当依法履行纳税义务,并依法享受税收优惠。	第十一条第一款
	安全和环保要求	电子商务经营者提供商品和服务需考虑对环境的影响,履行环境保护义务。	第十三条
	开具发票义务	电子商务经营者提供商品或服务需要向消费者提供发票。	第十四条
	信息公示义务	电子商务经营者必须显著公示其经营信息。信息发生变更的,还应当及时更新公示信息。	第十五条
	反垄断义务	电子商务经营者不得滥用市场支配地位,排除、限制竞争。	第二十二条
消费者保护义务	信息披露义务	全面、真实、准确、及时地披露商品或者服务信息;不得以虚构交易、编造用户评价等方式进行虚假或者引人误解的商业宣传,欺骗、误导消费者。	第十七条
	定向营销注意义务	可以根据消费者的兴趣爱好、消费习惯等特征向其提供商品或者服务的搜索结果,但同时应向该消费者提供不针对其个人特征的选项。	第十八条第一款
	搭售提示义务	搭售商品或服务应当以显著的方式提请消费者注意。	第十九条
	在途风险承担义务	承担商品运输中的风险和责任。	第二十条
	押金退还义务	对于消费者的押金,应当明示押金退还的方式、程序,不得对押金退还设置不合理条件。	第二十一条
	个人信息保护义务	电子商务经营者收集、使用其用户的个人信息,应当遵守法律、行政法规有关个人信息保护的规定。	第二十三条
	"禁反言"义务	不得以格式条款等方式约定消费者支付价款后合同不成立。	第四十九条第二款
	"投诉、举报"管理义务	应当建立便捷、有效的投诉、举报机制。	第五十九条

（二）电子商务平台经营者的合规义务

电子商务平台经营者，是指在电子商务中为交易双方或者多方提供网络经营场所、交易撮合、信息发布等服务，供交易双方或者多方独立开展交易活动的法人或者非法人组织。比如，淘宝、京东、当当等这些为经营者和消费者提供互联网交易平台的企业，都属于电子商务平台经营者。电子商务平台经营者除需要履行电子商务经营者的一般义务外，《电子商务法》还专门增设了一些条款强调对电子商务平台经营者的特殊义务（见表1－10）。

表1－10　电子商务平台经营者的特殊义务

合规义务		说明	法条依据
平台监管义务	信息核查义务	对申请进入平台的经营者提交的身份、地址、联系方式、行政许可等真实信息，进行核验、登记，建立登记档案，并定期核验更新。	第二十七条第一款
	信息报送义务	向市场监督管理部门报送平台内经营者的身份信息；向税务部门报送平台内经营者的身份信息和与纳税有关的信息。	第二十八条
	网络安全保障义务	采取必要的处置措施，并向有关主管部门报告；采取技术措施和其他必要措施保证其网络安全、稳定运行；制定网络安全事件应急预案。	第二十九条、第三十条
	信息留存义务	记录、保存平台上发布的商品和服务信息、交易信息，并确保信息的完整性、保密性、可用性。	第三十一条
	平台服务协议和交易规则制定、公示义务	制定平台服务协议和交易规则；在其首页显著位置持续公示平台服务协议和交易规则信息或者上述信息的链接标识；修改平台服务协议和交易规则，应当在其首页显著位置公开征求意见。	第三十二条至第三十四条
	平台内经营者保护义务	不得利用服务协议、交易规则以及技术等手段，对平台内经营者在平台内的交易、交易价格以及与其他经营者的交易等进行不合理限制或者附加不合理条件，或者向平台内经营者收取不合理费用。	第三十五条

续表

合规义务		说明	法条依据
消费者保护义务	自营业务标识义务	应当以显著方式区分标记自营业务和平台内经营者开展的业务，不得误导消费者。	第三十七条第一款
	消费者安全保障义务	未采取必要措施时，与平台内经营者承担连带责任；未尽到审核义务或未尽到安全保障义务，造成消费者损害的，依法承担相应的责任。	第三十八条
	信用评价管理义务	建立健全信用评价制度，公示信用评价规则；不得删除消费者对其平台内销售的商品或者提供的服务的评价。	第三十九条
	“广告”标识义务	对于竞价排名的商品或者服务，应当显著标明“广告”。	第四十条
	“先行赔付”义务	电子商务平台经营者依《消费者权益保护法》的规定承担先行赔偿责任。	第五十八条第三款
	协助维权义务	消费者与平台内经营者发生争议时，积极协助消费者维护合法权益。	第六十一条
	知识产权保护义务	建立知识产权保护规则；采取删除、屏蔽、断开链接、终止交易和服务等必要措施。	第四十一条至第四十五条
	禁止集中交易、标准化交易	电子商务平台经营者为经营者之间的电子商务提供服务，不得采取集中竞价、做市商等集中交易方式进行交易，不得进行标准化合约交易。	第四十六条

二、网络交易经营者和网络交易平台经营者的合规

《网络交易监督管理办法》共5章56条，包括总则、网络交易经营者、监督管理、法律责任和附则等内容。《网络交易监督管理办法》对新业态监管、网络经营主体登记、平台经营者主体责任、消费者权益保护、个人信息保护等重点问题作出了明确规定。《网络交易监督管理办法》正式出台后，网络交易各方参与主体必须面临《电子商务法》实施后的二次合规梳理。主要包括如下具体内容。

（一）网络交易经营者主体登记的合规

针对市场主体登记问题，《网络交易监督管理办法》进一步细化了《电子商务法》关于电子商务经营者市场主体登记以及免登记的规定。对于免登记的范围以

具体从业活动列举以及“小额”限定(年交易额累计不超过10万元)的方式进行了落地指导。规定个人通过网络从事保洁、洗涤、缝纫、理发、搬家、配制钥匙、管道疏通、家电家具修理修配等依法无须取得许可的便民劳务活动和年交易额累计不超过10万元的网络交易活动,不需要进行登记。《网络交易监督管理办法》还允许无实体经营场所的个体工商户网络平台登记为经营场所,并规定平台的配合义务。

在市场主体公示方面,《网络交易监督管理办法》对网络社交、直播业务的主体公示提出明确要求,同时也对网络交易平台提供信息公示技术支持、审核平台内经营者主体信息变更,以及对区分办理与未办理主体登记的经营者提出进一步的要求(见表1-11)。

表1-11　网络交易经营者主体登记的合规要点

登记/公示	摘要	合规要点	法条依据
主体登记	网络交易经营者主体登记	除《电子商务法》第十条规定的不需要进行登记的情形外,其他网络交易经营者都应当依法办理市场主体登记。	第八条
	个体工商户主体登记	在两个以上网络交易平台经营的,需登记所有网络经营场所;个体工商户住所可登记为经常居住地;登记机关为住所所在地的县级市场监督管理部门。	第九条
	平台提供场所证明	网络交易平台为平台内经营者出具符合登记机关要求的网络经营场所相关材料。	第十条
主体公示	网络交易主体信息公示	网络交易主体应在网站首页或经营活动主页显著位置持续公示主体信息或信息链接;已经办理登记的应当如实公示营业执照信息以及与其经营业务有关的行政许可等信息,或者该信息的链接标识;不需要进行登记的应当如实公示自身实际经营活动类型以及实际经营地址、联系方式等信息,或者该信息的链接标识。	第十二条
	社交、直播业务主体信息公示	以网络社交、网络直播等开展网络交易业务的经营者,应以显著方式展示经营主体、售后服务信息,或进行链接跳转提示;直播视频保存时间自直播结束之日起不少于3年。	第二十条

续表

登记/公示	摘要	合规要点	法条依据
	平台技术支持和信息变更要求	网络交易平台应为经营者信息公示提供技术支持;经营者信息公示变更应在3个工作日内报送平台,网络交易平台应在7个工作日内核验更新。	第二十六条
	平台主体登记区分要求	网络交易平台应对办理主体登记和未办理主体登记的经营者进行显著区分。	第二十七条

(二)网络交易经营者经营行为的合规

《网络交易监督管理办法》对网络交易经营者(网络交易平台经营者、平台内经营者、自建网站经营者和其他网络交易经营者)的经营行为作了较为全面的规定,在个人信息收集、禁止欺骗误导消费者、违规评价的技术处理、广告发送、商品服务搭售、自动续展服务等方面均有明确的规范要求,有效地打击了电子商务行业内不规范的经营行为(见表1-12)。①

表1-12 网络交易经营者经营行为的合规要点

合规要点	具体要求	法条依据
个人信息收集的要求	明示收集、使用信息的目的、方式和范围,并经消费者同意。 公开其收集、使用规则; 不得强迫或者变相强迫消费者同意收集、使用与经营活动无直接关系的信息; 收集、使用个人敏感信息,应当逐项取得消费者同意; 应当对收集的个人信息严格保密,未经被收集者授权同意,不得向包括关联方在内的任何第三方提供。	第十三条
合法经营的要求	禁止不正当竞争行为; 禁止做虚假或者引人误解的商业宣传,欺骗、误导消费者; 不得实施混淆行为; 不得编造、传播虚假信息或者误导性信息,损害竞争对手的商业信誉、商品声誉。	第十四条
违规评价的技术处理要求	包含法律、行政法规、规章禁止发布或者传输信息的消费者评价,网络交易经营者可以依法予以技术处理。	第十五条

① 《〈网络交易监督管理办法〉的规范要点与合规启示》,载博客中国,https://bokeshuofa.blogchina.com/981566607.html。

续表

合规要点	具体要求	法条依据
发送广告要求	发送商业性信息需经消费者同意或者请求； 明示其真实身份和联系方式； 提供显著、简便、免费的拒绝继续接收的方式；消费者明确表示拒绝的，应当立即停止发送，不得更换名义后再次发送。	第十六条
商品、服务搭售要求	以显著方式提醒消费者注意； 不得将搭售商品、服务的任何选项设定为消费者默认同意； 不得将消费者以往交易中选择的选项在后续独立交易中设定为消费者默认选择。	第十七条
自动续展服务要求	在消费者接受服务前和自动展期、自动续费等日期前五日，以显著方式提请消费者注意，由消费者自主选择； 在服务期间内，为消费者提供显著、简便的随时取消或者变更的选项，并不得收取不合理费用。	第十八条
商品或者服务信息披露要求	全面、真实、准确、及时。	第十九条
提供格式条款要求	应当以显著方式提请消费者注意与消费者有重大利害关系的内容，并按照消费者的要求予以说明，不得作出含有免除自身责任或限制消费者权利等内容的规定。	第二十一条
商品、服务信息报送要求	按国家市场监督管理总局、省级市场监督管理部门的要求报送商品、服务的价格、销量、销售额等数据。	第二十二条
终止网络交易要求	应当提前三十日在其网站首页或主页面显著位置，持续公示； 采取合理、必要、及时的措施保障消费者和相关经营者的合法权益。	第二十三条

（三）网络交易平台经营者的合规义务

《网络交易监督管理办法》在平台信息核验、信息报送、检查监控、信息保存、消费者权益保护、知识产权保护等方面对网络交易平台的责任作了详尽的规定，这些规定对网络交易平台业务合规经营提出明确要求，如网络交易平台对入驻经营者信息核验6个月更新一次，收到知识产权同时或声明后24小时内将处理过程公示在经营者店铺主页等程序时效要求（见表1－13）。

表 1－13 网络交易平台经营者的合规义务

合规义务	具体要求	法条依据
核验、登记义务动态监测义务	对经营者提交的信息，进行核验、登记； 对未办理市场主体登记的平台内经营者进行动态监测，超过规定额度时，及时提醒其依法办理市场主体登记。	第二十四条
信息报送义务	于每年 1 月和 7 月向住所地省级市场监督管理部门报送平台内经营者的身份信息。	第二十五条
服务协议和交易规则的保存义务	修改平台服务协议和交易规则的，应当完整保存修改后的版本生效之日前三年的全部历史版本。	第二十八条
建立检查监控制度	对平台内经营者及其发布的商品或者服务信息建立检查监控制度。	第二十九条
平台处理措施公示义务	对平台内经营者违法行为采取处理措施的，应当自决定作出处理措施之日起一个工作日内予以公示。	第三十条
平台信息保存义务	对平台内经营者身份信息的保存时间自其退出平台之日起不少于三年； 对商品或者服务信息，交易信息的保存时间自交易完成之日起不少于三年。	第三十一条
不得干涉平台内经营者自主经营的义务	不得对平台内经营者在平台内的交易、交易价格以及与其他经营者的交易等进行不合理限制或者附加不合理条件，干涉平台内经营者的自主经营。	第三十二条

三、药品网络销售企业和第三方平台的合规

随着我国电子商务的快速发展，网购已成为常态化消费方式，药品网络销售活动也日趋活跃，药品网络销售市场不断扩大，逐渐成为药品经营的重要组成方式之一。但相较于传统的线下销售模式，通过网络销售药品涉及药品网络销售企业的主体责任、第三方平台的主体责任、处方药网络销售的安全性等诸多难题。为进一步规范药品网络销售行为，保障网络销售药品质量安全，确保人民群众用药可及，切实维护人民群众生命安全和身体健康。国家市场监督管理总局于 2022 年 8 月 3 日公布的《药品网络销售监督管理办法》对药品网络销售管理、平台管理、监督检查、法律责任等方面作了专门规定。本书从药品网络销售企业、第三方平台的角度，梳理《药品网络销售监督管理办法》中涉及的资质要求以及合规经营要求。

（一）药品网络销售企业的合规要求

《药品网络销售监督管理办法》第二章对从事药品网络销售的药品上市许可持有人和药品经营企业的主体责任进行了明确，以规范其药品网络销售行为。其中，除药品网络销售企业的一般义务外，《药品网络销售监督管理办法》中还对药品网络零售企业规定了特别的义务，具体整理如表1－14、表1－15所示①：

表1－14　药品网络销售企业的合规义务

合规义务	具体要求	法条依据
制度要求	建立并实施药品质量安全管理、风险控制、药品追溯、储存配送管理、不良反应报告、投诉举报处理等制度。	第十条第一款
人员要求	应当配备依法经过资格认定的药师或者其他药学技术人员。	第十条第二款
报告义务	应当向药品监督管理部门报告企业名称、网站名称、应用程序名称、IP地址、域名、药品生产许可证或者药品经营许可证等信息。信息发生变化的，应当在10个工作日内报告。	第十一条第一款
记录保存义务	药品网络销售企业应当完整保存供货企业资质文件、电子交易等记录。	第十五条第二款
信息公示要求	应当在网站首页或者经营活动的主页面显著位置持续公示药品生产或者经营许可证信息。	第十二条
风险控制要求	对存在质量问题或者安全隐患的药品，应当依法采取相应的风险控制措施，并公开相应信息。	第十六条
信息展示要求	确保展示的药品相关信息真实、准确、合法。 展示处方药的企业还需要遵守处方药信息展示的特殊要求。	第十三条

表1－15　药品网络零售企业的特别义务

合规义务	具体要求	法条依据
药品配送要求	药品网络零售企业应当对药品配送的质量与安全负责。配送药品，应当根据药品数量、运输距离、运输时间、温湿度要求等情况，选择适宜的运输工具和设施设备，配送的药品应当放置在独立空间并明显标识，确保符合要求、全程可追溯。委托配送的，应当对受托企业的质量管理体系进行审核，与受托企业签订质量协议，约定药品质量责任、操作规程等内容，并对受托方进行监督。	第十四条第一款、第二款

① 参见《〈药品网络销售监督管理办法〉要点解读》，载微信公众号“汉坤律师事务所”2022年9月6日。

续表

合规义务	具体要求	法条依据
记录保存要求	销售处方药的药品网络零售企业还应当保存处方、在线药学服务等记录。相关记录保存期限不少于5年,且不少于药品有效期满后1年。	第十五条第二款
促销行为要求	不得以买药品赠药品、买商品赠药品等方式向个人赠送处方药、甲类非处方药。	第八条第三款
制度要求	药品零售企业除了需要遵守药品网络销售企业的一般制度要求外,还需要建立在线药学服务制度。	第十条第二款
处方药信息公示	应当在每个药品展示页面下突出显示"处方药须凭处方在药师指导下购买和使用"等风险警示信息。处方药销售前,应当向消费者充分告知相关风险警示信息,并经消费者确认知情。 应当将处方药与非处方药区分展示,并在相关网页上显著标示处方药、非处方药。 在处方药销售主页面、首页面不得直接公开展示处方药包装、标签等信息。通过处方审核前,不得展示说明书等信息,不得提供处方药购买的相关服务。	第十三条第二款、第三款、第四款
处方管理	应当确保处方来源真实、可靠,并实行实名制。 应当与电子处方提供单位签订协议,并严格按照有关规定进行处方审核调配,对已经使用的电子处方进行标记,避免处方重复使用。 接收的处方为纸质处方影印版本的,应当采取有效措施避免处方重复使用。	第九条第一款、第二款、第四款
平台信息公示	药品网络零售企业还需展示依法配备的药师或者其他药学技术人员的资格认定等信息,发生变化的,应在10个工作日内予以更新。	第十二条
销售凭证	向个人销售药品的,应当按照规定出具销售凭证。销售凭证可以以电子形式出具,药品最小销售单元的销售记录应当清晰留存,确保可追溯。	第十五条第一款

(二)药品网络交易第三方平台的合规要求

药品网络交易第三方平台对药品网络销售活动的开展起着枢纽作用,是实现药品网售规范发展的关键环节。《药品网络销售监督管理办法》对第三方平台管理作出了一系列规定。平台应当设立药品质量安全管理机构,建立并实施药品质量安全等管理制度,配备药学技术人员,按规定向所在地省级药品监督管理部门备案。应当加强检查,对入驻平台的药品网络销售企业药品信息展示、处方审核、药品销售和配送等行为进行管理,督促其严格履行法定义务。发现不具备资质销售药品等严重违法行为的,应当立即停止提供网络交易平台服务,停止展示药品相关信息。这些规定主要从平台内部管理和平台对入驻的药品网络销售企业的管理两个方面,对第三方平台的主体责任提出了具体要求,等等。具体整理如表1－16所示①:

表1－16　药品网络交易第三方平台的管理义务

合规义务		具体要求	法条依据
内部管理	机构人员管理	第三方平台应当建立药品质量安全管理机构,配备药学技术人员承担药品质量安全管理工作。	第十七条第一款
	内部制度建设	第三方平台应当建立并实施药品质量安全、药品信息展示、处方审核、处方药实名购买、药品配送、交易记录保存、不良反应报告、投诉举报处理等管理制度。	第十七条第一款
	信息公示要求	第三方平台应当在其网站首页或者从事药品经营活动的主页面显著位置,持续公示营业执照、相关行政许可和备案、联系方式、投诉举报方式等信息或者上述信息的链接标识。	第十九条第一款
	信息保存要求	第三方平台应当保存药品展示、交易记录与投诉举报等信息;保存期限不少于5年,且不少于药品有效期满后1年;第三方平台应当确保有关资料、信息和数据的真实、完整,并为入驻的药品网络销售企业自行保存数据提供便利。	第二十一条
	监管配合义务	药品监督管理部门开展监督检查、案件查办、事件处置等工作时,第三方平台应当予以配合;药品监督管理部门依照法律、行政法规要求提供有关平台内销售者、销售记录、药学服务以及追溯等信息的,第三方平台应当及时予以提供;鼓励第三方平台与药品监督管理部门建立开放数据接口等形式的自动化信息报送机制。	第二十五条

① 黄建雯:《专家解读|药品网络销售新规解读与合规要点分析》,载搜狐网2022年9月13日,https://www.sohu.com/a/584687439_121123752。

续表

合规义务		具体要求	法条依据
平台对入驻企业的管理	准入管理	第三方平台应当对申请入驻的药品网络销售企业资质、质量安全保证能力等进行审核,对药品网络销售企业建立登记档案,至少每六个月核验更新一次,确保入驻的药品网络销售企业符合法定要求。	第二十条第一款
	主动检查	第三方平台应当加强检查,对入驻平台的药品网络销售企业的药品信息展示、处方审核、药品销售和配送等行为进行管理,督促其严格履行法定义务。	第十七条第二款
	信息报告	第三方平台应当对药品网络销售活动建立检查监控制度;发现入驻的药品网络销售企业有违法行为的,应当及时制止并立即向所在地县级药品监督管理部门报告。	第二十二条
	协议管理	第三方平台应当与药品网络销售企业签订协议,明确双方药品质量安全责任。	第二十条第二款
	停止服务	第三方平台发现药品网售企业存在下列严重违法行为的,应当立即停止提供网络交易平台服务并停止展示药品相关信息: (一)不具备资质销售药品的; (二)违反《药品网络销售监督管理办法》销售国家实行特殊管理的药品的; (三)超过药品经营许可范围销售药品的; (四)因违法行为被药品监督管理部门责令停止销售、吊销药品批准证明文件或吊销药品经营许可证的; (五)其他严重违法行为的。	第二十三条第一款

四、网络直播营销主体的合规

网络直播营销,即通常所说的直播带货,作为一种新兴商业模式和互联网业态,近年来发展势头迅猛,在促进就业、扩大内需、提振经济、脱贫攻坚等方面发挥了积极作用,但同时出现了直播营销人员言行失范、利用未成年人直播牟利、平台主体责任履行不到位、虚假宣传和数据造假、假冒伪劣商品频现、消费者维权取证困难等问题。2021 年 5 月 25 日,由国家互联网信息办公室、公安部、商务部、文化和旅游部、国家税务总局、国家市场监督管理总局、国家广播电视总局七部门联合发布的《网络直播营销管理办法(试行)》正式施行。

《网络直播营销管理办法(试行)》充分考虑网络直播营销发展趋势、行业实际、各类参与主体特点，按照全面覆盖、分类监管的思路，一方面，针对网络直播营销中的“人、货、场”，将“台前幕后”各类主体、“线上线下”各项要素纳入监管范围；另一方面，明确细化直播营销平台、直播间运营者、直播营销人员、直播营销人员服务机构等参与主体各自的权责边界，进一步压实各方主体责任。本书将直播营销平台、直播间运营者、直播营销人员的合规责任整理如下：

（一）直播营销平台的合规要点

直播营销平台，是指在网络直播营销中提供直播服务的各类平台，包括互联网直播服务平台、互联网音视频服务平台、电子商务平台等。

直播营销平台的合规要点见表1－17。

表1－17　直播营销平台的合规要点

合规要点	具体要求	法条依据
平台备案＋活动许可	依法依规履行备案手续，并按照有关规定开展安全评估。 依法需要取得相关行政许可的，应当依法取得行政许可。	第五条
准入管理	依据相关法律法规和国家有关规定，制定并公开网络直播营销管理规则、平台公约。 与直播营销人员服务机构、直播间运营者签订协议，要求其规范直播营销人员招募、培训、管理流程，履行对直播营销内容、商品和服务的真实性、合法性审核义务。	第七条第一款、第二款
制定负面目录	制定直播营销商品和服务负面目录，列明法律法规规定的禁止生产销售、禁止网络交易、禁止商业推销宣传以及不适宜以直播形式营销的商品和服务类别。	第七条第三款
建立黑名单制度	建立黑名单制度，将严重违法违规的直播营销人员及因违法失德造成恶劣社会影响的人员列入黑名单，并向有关主管部门报告。	第十四条第三款
真实身份认证和核验	对直播间运营者、直播营销人员进行基于身份证件信息、统一社会信用代码等真实身份信息认证，并依法依规向税务机关报送。 建立直播营销人员真实身份动态核验机制。在直播前核验所有直播营销人员身份信息，对与真实身份信息不符或按照国家有关规定不得从事网络直播发布的，不得为其提供直播发布服务。	第八条
健全投诉、举报机制	建立健全投诉、举报机制，明确处理流程和反馈期限，及时处理公众对于违法违规信息内容、营销行为投诉举报。	第十五条第一款
保障信息安全	采取必要措施保障处理的个人信息安全。 加强直播间内链接、二维码等跳转服务的信息安全管理，防范信息安全风险。	第九条

续表

合规要点	具体要求	法条依据
健全未成年人保护机制	建立健全未成年人保护机制，注重保护未成年人身心健康。 网络直播营销中包含可能影响未成年人身心健康内容的，直播营销平台应当在信息展示前以显著方式作出提示。	第十二条
健全风险识别模型	建立健全风险识别模型，对涉嫌违法违规的高风险营销行为采取弹窗提示、违规警示、限制流量、暂停直播等措施。	第十条
建立分级管理制度	根据直播间运营者账号合规情况、关注和访问量、交易量和金额及其他指标维度，建立分级管理制度，根据级别确定服务范围及功能，对重点直播间运营者采取安排专人实时巡查、延长直播内容保存时间等措施。	第十四条第一款
保存和报告违法处置措施	应当对违反法律法规和服务协议的直播间运营者账号，视情况采取警示提醒、限制功能、暂停发布、注销账号、禁止重新注册等处置措施，保存记录并向有关主管部门报告。	第十四条第二款

（二）直播间运营者、直播营销人员的合规要点

直播间运营者，是指在直播营销平台上注册账号或者通过自建网站等其他网络服务，开设直播间从事网络直播营销活动的个人、法人和其他组织。

直播营销人员，是指在网络直播营销中直接向社会公众开展营销的个人。

直播间运营者、直播营销人员的合规要点见表 1－18。

表 1－18　直播间运营者、直播营销人员的合规要点

合规要点	具体要求	法条依据
年龄限制	直播营销人员或者直播间运营者为自然人的，应当年满十六周岁；十六周岁以上的未成年人申请成为直播营销人员或者直播间运营者的，应当经监护人同意。	第十七条
场所限制	直播营销人员不得在涉及国家安全、公共安全、影响他人及社会正常生产生活秩序的场所从事网络直播营销活动。	第二十条第一款
管理义务	直播间运营者、直播营销人员应当加强直播间管理，在下列重点环节的设置应当符合法律法规和国家有关规定，不得含有违法和不良信息，不得以暗示等方式误导用户： （一）直播间运营者账号名称、头像、简介； （二）直播间标题、封面； （三）直播间布景、道具、商品展示； （四）直播营销人员着装、形象； （五）其他易引起用户关注的重点环节。	第二十条第二款

续表

合规要点	具体要求	法条依据
核验义务	直播间运营者应当对商品和服务供应商的身份、地址、联系方式、行政许可、信用情况等信息进行核验,并留存相关记录备查。	第二十二条
互动内容的实时管理	直播间运营者、直播营销人员应当依据平台服务协议做好语音和视频连线、评论、弹幕等互动内容的实时管理,不得以删除、屏蔽相关不利评价等方式欺骗、误导用户。	第二十一条
肖像保护和声音保护	直播间运营者、直播营销人员使用其他人肖像作为虚拟形象从事网络直播营销活动的,应当征得肖像权人同意,不得利用信息技术手段伪造等方式侵害他人的肖像权。对自然人声音的保护,参照适用前述规定。	第二十五条
消费者权益保护	直播间运营者、直播营销人员应当依法依规履行消费者权益保护责任和义务,不得故意拖延或者无正当理由拒绝消费者提出的合法合理要求。	第二十三条

第六节　发展趋势展望

近年来,中国电子商务高速发展,已经在促进消费等方面展现出了强大的动力,也成为驱动社会发展的新要素。在发展的过程中,其也曾遭遇不少问题的阻碍,此前并没有相应的法律法规给予统一规范。不过,近年来,随着《电子商务法》及其配套法律制度的陆续出台,我国电子商务行业已由野蛮生长向规范治理发展。

随着电子商务领域立法的逐步完善、电子商务执法和司法的逐渐成熟,未来,对电子商务的监管将进一步加强,从原先宽松的、略带试水性质的监管逐渐趋向严格监管,而且未来对电子商务的监管会不断创新,监管能力和水平将不断提升。同时,对电子商务的治理也会更加趋向协同治理,探索构建政府、企业、行业组织等多方共同参与的电子商务治理体系。

一、电子商务监管能力和水平不断提升

(一)在监管机制构建上,推进数字化监管

构建适应电子商务高质量发展要求的数字化监管机制,这是数字经济新时代

提升监管的必然趋向。“十四五”时期，电子商务发展步入高质量发展的关键阶段，数字化新技术、新产业、新业态、新模式将不断涌现，新问题、新挑战将更为严峻，这对完善电子商务监管机制提出了新的更高要求。只有不断适应电子商务发展新步伐，创新数字化监管，才能为电子商务高质量发展提供更为坚固的法治监管保障。

（二）在监管理念上，坚持“包容审慎监管”，强调“全链条监管”与“协同联动监管”

坚持包容审慎监管，是网络市场监管中对新技术、新业态、新模式的总体原则，有助于在监管治理与产业经济发展间达到平衡。全链条监管是深化电子商务全过程治理、增强监管效能的重要监管方式和理念。其要求不断完善事前规范制度、加强事中监控、强化事后追责机制。通过全链条有效监管使监管范围更加全面，监管体制更加完善，监管效果更加有力。协同联动监管是适应电子商务交易环节复杂、交易链条长、涉及领域广泛、职能管理部门众多等特征的又一重要原则。加强线上线下一体化监管、跨部门、跨区域联合执法和跨境执法协作，这有利于形成一体化监管模式，提高监管部门同步执法能力，创新联合执法方式，使监管真正发挥实效。

（三）在监管方式上，探索新型监管方式

探索线上闭环监管、非接触监管、信用监管等新型方式，旨在贯穿电子商务交易全周期，提高全过程监管能力；通过智能识别、大数据分析等技术推进智慧监管新模式发展；健全行业信用机制，根据电子商务主体信用状况实施差异化监管手段，实现对守信者“无事不扰”，对失信者“利剑高悬”。从而在需要监管的重点环节、重点领域有效配置监管资源，有效提升监管效能，弥补传统监管不足。

（四）在监管手段上，突出“精确、快速打击”

推进防假打假技术创新迭代，实现对侵权违法行为的精准、快速打击，从精准度与时间两个维度对监管效率提出了新要求。防假打假历来是电子商务领域的重点监管工作，随着互联网大数据技术的不断发展，监管手段也应不断创新升级，充分利用大数据分析、整合等功能着力构建违法行为预判机制，实现智能化精准、

快速打击。

（五）在监管重点上，加强反垄断与反不正当竞争工作

近年来，我国电子商务快速发展，对推动社会经济又好又快发展发挥了重要作用，但平台垄断和竞争失序风险日趋凸显。反垄断与反不正当竞争工作必将是未来电子商务监管的重点领域。为强化监管，促进形成公平竞争的市场环境，强化反垄断和反不正当竞争规则，预防和制止平台经济领域垄断、不正当竞争等行为，是引导平台经济合规经营的重点工作。

（六）在争议解决机制构建上，推进“在线解决”

在线争议解决机制符合电子商务电子化交易模式特点，满足电子商务纠纷快速、低成本解决需求。其能有效实现线上证据在线查看，纠纷在线解决，降低因纠纷取证过程造成的成本支出。同时，在线争议解决通过快速、便捷的沟通机制，能够极大地减少诉讼案件的数量，缓解我国司法实践中案件压力。

二、电子商务多元共治格局逐步构建

（一）在经营者层面，加强平台自治

电子商务平台经营者作为电子商务交易的搭建者，应当提供公平、便捷、安全的交易环境，通过数字技术、平台规则等方式不断提升自治能力，为交易各方提供公平、公正的服务。同时电子商务平台经营者应积极落实国家对于网络安全、数据安全的相关要求，落实网络安全等级保护制度，这既是保护消费者个人信息的体现，也是实现交易环境、数据安全的底线要求。

（二）在政府层面，加强引导与监督，推动政企协同

政府作为电子商务市场监管治理主体，应更好发挥其自身作用。从发挥政府引导与监督职能出发，推动政企协同，实现有效市场与有为政府的良性互动。这要求相关职能部门与电子商务市场主体建立常态化沟通协作机制，引导市场主体更好地发挥自治自律作用，并充分发挥企业在大数据管理等方面的技术优势，为监管执法提供更多支撑，共同推进电子商务市场社会共治和多元共治体系建设。

（三）在行业组织层面，加强行业自律

充分发挥各类行业组织力量，助力形成政府、企业、行业组织等多方共同参与的电子商务市场治理体系。行业协会、商会及其他社会团体等行业组织是社会共治的重要力量。行业组织通过建立行业标准，规范监督行业发展，可为电子商务的持续健康发展提供有力支持。

（四）在全球电子商务治理方面，坚持共商共建共享原则，推动完善更加公正合理的全球电子商务治理体系

这是经济全球化发展背景下，电子商务治理的战略需要，有利于我国掌握全球电子商务治理的主动权和话语权，提高全球影响力，从而促进我国电子商务实现高质量国际化发展。①

① 张韬：《强化治理与合规，力促电子商务高质量发展》，载商务部电子商务和信息化司网2021年12月6日，http://dzsws.mofcom.gov.cn/article/zt_shisiwudzswfzgh/zjjd/202112/20211203225355.shtml。

第二章

个人信息保护法律体系

近年来,我国个人信息保护立法进程不断加速。2021 年 8 月 20 日,《个人信息保护法》正式出台,标志着我国的个人信息保护进入新阶段,为数字时代个人信息保护法治建设提供了更加坚实的基础和法律保障,确立了安全保护的基本原则和制度体系。本章将从立法背景、规范建设、重点法条、典型案例、合规指引及发展趋势展望等多个角度出发,详细阐述我国目前个人信息保护的立法与治理体系,为企业、政府和研究机构搭建个人信息合规体系提供支持。

第一节　立法背景与规则体系

《个人信息保护法》的出台是我国坚持以人民为中心的发展思想、数字化时代背景以及数据跨境流动的国际趋势的回应。在规则体系上,《个人信息保护法》以宪法保护"人格尊严"不受侵犯的根本理念为出发点,坚持刑事、行政和民事制度全方位覆盖,并对各领域开展针对性的体系建设,形成了当前以《个人信息保护法》为中心、各领域专业化立法的体系。

一、立法背景

(一)制度背景:坚持以人民为中心的发展思想

2019 年 10 月 31 日,中国共产党第十九届中央委员会第四次全体会议通过

《中共中央关于坚持和完善中国特色社会主义制度 推进国家治理体系和治理能力现代化若干重大问题的决定》,决定中提出了一系列关于坚持和完善中国特色社会主义制度、推进国家治理体系和治理能力现代化的重大问题。其中针对"优化政府职责体系"一项,提出要推进数字政府建设,加强数据有序共享,依法保护个人信息。全国人大常委会法工委经济法室相关负责人在解读《个人信息保护法》立法背景时指出,一方面,党的十八大以来,习近平总书记多次强调,要坚持网络安全为人民、网络安全靠人民,保障个人信息安全,维护公民在网络空间的合法权益;另一方面,随着网络的发展普及,骚扰广告、网络诈骗、大数据杀熟等问题成为老百姓最关心、最直接、最现实的利益问题之一,完善我国个人信息保护法律体系既是维护最广大人民利益的切身需要,也是保障我国参与个人信息保护国际治理的有效途径。①

《个人信息保护法》的出台顺应了习近平新时代中国特色社会主义思想在个人信息保护领域的根本要求,体现了党坚持以人民为中心的发展思想,彰显我国"以人为本"的立法宗旨。该法的出台也顺应了人民群众最迫切的利益诉求。

在个人信息保护方面,我国坚持依法治国,不断完善个人信息保护法律体系,切实保障个人信息安全,维护公民在网络空间的合法权益。

(二)现实背景:数字时代引发个人信息安全问题

《个人信息保护法》的出台基于当前社会数字化进程的背景和现实需求。随着移动互联网的快速发展和技术水平的提升,数字化成为技术发展的重要组成部分,其核心在于通过数据来描绘和预测各种事物。大数据概念的兴起与技术水平的限制有关,在4G技术的全面铺开后,才有可能收集、分析海量数据并实现预测。

在这种背景下,个人的行为信息和身份信息都被收集、整理并转化为数据进行分析。商业领域利用这些数据进行个性化推荐、预测用户喜好等。在公共治理领域,如在疫情期间,基于行为信息生成行程码和健康宝等应用也得到了推广。然而,个人信息的滥用、盗用以及一些负面应用,如"人肉搜索"、网络暴力和消费歧视等问题也日益突出。

---

① 《〈个人信息保护法〉的立法背景与主要制度:中财策略大数据法制公益讲座第十六期顺利举办》,载中央财经大学法学院网2021年12月16日,http://law.cufe.edu.cn/info/1308/44241.htm。

2021年中国互联网络信息中心（CNNIC）发布的第48次《中国互联网络发展状况统计报告》显示，截至2021年6月，我国网民规模达10.11亿，较2020年12月增长2175万，互联网普及率达71.6%。[①] 中国互联网协会发布的《中国网民权益保护调查报告（2021）》显示，2021年，因个人信息泄露、垃圾信息、诈骗信息等原因，网民总体损失约达805亿元。82.3%的网民亲身感受到了由于个人信息泄露对日常生活造成的影响。由此可见，个人信息保护的形势依然非常严峻。

《个人信息保护法》的出台就是在技术进步的基础上，对个人信息的收集、使用和分析行为进行规范。其目的是确保个人信息不被滥用和盗用，保护个人隐私，让每个人能够更好地享受技术进步的好处，而不是被掌握技术的人或平台所压迫。完善个人信息安全与保护的法律体系，是数字时代背景下解决个人信息安全问题的重要方式；将对保护个人信息权益、规范个人信息处理活动、促进个人信息合理利用起着重要作用，有利于引导数字经济健康、有序发展。

（三）国际背景：加强个人信息保护符合国际趋势

在数字经济时代，数据已成为各国的新型生产要素与重要战略资源。据联合国贸易和发展会议（UNCTAD）统计，全球194个国家中已有128个国家通过了数据和个人隐私保护相关法律。其中，欧盟《通用数据保护条例》（GDPR）和美国加利福尼亚州隐私保护法（CCPA & CPRA）等法律在适用范围和保护程度方面最具影响力。这些法律的出台，推动和加强了个人信息保护国际发展的趋势。

在此背景下，《个人信息保护法》的出台为世界提供了个人信息保护的中国智慧与中国方案。该法于2021年11月1日正式施行，被硅谷科技媒体（The Information）称为“世界上最严格的隐私保护法之一”。法律的出台坚持以中国国情为本，顺应了国际发展趋势，深入总结《网络安全法》等法律法规的本土实践经验，将行之有效的保护措施加入了《个人信息保护法》。此外，该法律也兼采国际经验，吸收借鉴世界各国、国际组织的做法，建立健全中国特色个人信息保护制度。

数字化遇上全球化，未来数据流动将成为新起点。随着数据跨境流动日益频繁，个人信息保护法律体系如何与国际接轨，如何解决个人信息、数据合法合规跨

---

① 《第48次〈中国互联网络发展状况统计报告〉发布》，载百度网2021年8月27日，https://baijiahao.baidu.com/s? id=1709236591963262372&wfr=spider&for=pc。

境流动，成为下一个值得关注的焦点。因此，在制定和完善相关法律法规时，应充分考虑本土实践经验和国际发展趋势，坚持维护个人隐私和促进数据流动的平衡，为数字经济发展提供有力保障。

二、个人信息保护法律体系简介

在数据时代，用户的大量个人信息都以电子化的方式处理，也逐渐暴露出个人信息的滥用、泄露等典型问题，个人信息保护面临现实挑战。我国先后颁布一系列法律法规、部门规章、政策性文件等，形成以《个人信息保护法》为主、各领域全方位保护的新立法和治理体系，具体包括如下内容。

（一）立法体系

1. 法律及司法解释

在《个人信息保护法》出台前，党的十八大就提出要健全信息安全保障体系。我国在个人信息保护领域的法律法规建设经历了从宏观到微观的发展进程，形成了包括《宪法》《民法典》《刑法》等法律在内的立法基础。此外，《网络安全法》《数据安全法》等相关法律的部分内容均涉及个人信息保护。

《个人信息保护法》开宗明义是为了保护个人信息权益，规范个人信息处理活动，促进个人信息合理利用，而根据宪法制定的。个人信息保护法律体系的构建立足于《宪法》第三十八条“中华人民共和国公民的人格尊严不受侵犯”。可以说，人格尊严是个人信息保护终极价值依归。“规范个人信息处理活动”是确保公民个人信息权利、规范个人信息合理合法利用的关键点。

2009 年始，我国面临公民信息案件激增的严峻态势。《刑法修正案（七）》规定了非法获取公民个人信息罪和出售、非法提供公民信息罪，拉开了个人信息刑法保护的序幕。随着信息网络的发展，《刑法修正案（九）》将《刑法修正案（七）》的两个罪名整合为侵犯公民个人信息罪，详细规定四款内容。此外，还增加了使用虚假身份证件、盗用身份证件罪以及拒不履行信息网络安全管理义务罪。2020 年，媒体曝光多地出现了冒名顶替上大学事件。对此，《刑法修正案（十一）》增设冒名顶替罪，扩充了个人信息保护的规制类型。相关司法解释及配套规范性文件的制定同步跟进，包括《最高人民法院、最高人民检察院、公安部关于依法惩处侵害公民个人信息犯罪活动的通知》《最高人民法院、最高人民检察院关于办理侵犯公民个人信息刑事案件适用法律若干问题的解释》《最高人民法院、最高人民检察院关于办理非法利用信息网络、帮助信息网络犯罪活动等刑事案件适用法律若干问题的解释》等。

2021 年,《民法典》与《个人信息保护法》先后施行。《民法典》对“个人信息”进行具体规定,反映了我国民事立法领域面向数字时代的法律回应,为个人信息保护提供了上位法基础。人格权编中有六条内容涉及个人信息保护,其中第一千零三十四条对个人信息概念作出定义,内容上延续《中华人民共和国网络安全法》规定;第一千零三十五条强调对个人信息的全生命周期管理;第一千零三十六条细化“征得授权同意”的情景;第一千零三十七条详细规定了与个人信息相关的民事权利,包括查阅、复制、更正及删除等权利,整体而言,《民法典》从概念、处理个人信息的原则、条件、场景、免责事由等方面对公民个人信息保护作出规定。《最高人民法院关于审理利用信息网络侵害人身权益民事纠纷案件适用法律若干问题的规定》等司法解释的出台也为实践中的问题提供了更明确的指引。

2021 年 11 月 1 日,《个人信息保护法》正式施行,这是首部专门针对个人信息保护的法律。效力层级上,该法由全国人大常委会制定,高于部门规章、国家标准、地方性法规及行业规范,体现了国家对个人信息保护的重视。该法出台之前,我国宪法、民法、刑法等法律对个人信息保护均有所涉及,但条文内容整体分散、缺乏系统性描述。《个人信息保护法》是在这些法律法规基础上的系统性规定,厘清了该领域下的一些重要基础概念。

此外,《网络安全法》《数据安全法》等相关法律的部分内容均涉及个人信息保护。

2. 行政法规、部门规章、标准规范

数字经济背景下,个人信息保护在不同领域中呈现不同需求,多部门加快专项配套法规、标准出台,形成了以《个人信息保护法》为核心的个人信息保护法律体系。如移动互联网应用程序个人信息处理方面《信息安全技术　移动互联网应用程序(App)收集个人信息基本要求》(GB/T 41391—2022)、金融领域《银行保险机构消费者权益保护管理办法》、物流领域《关于切实加强邮件快件隐私面单推广应用工作的通知》《寄递用户个人信息安全管理规定(草案)》、汽车领域《汽车传输视频及图像脱敏技术要求与方法》、传媒领域《广播电视和网络视听领域经纪机构管理办法》。整体情况如表 2 - 1 所示:

表 2 –1 个人信息保护相关法律体系

层级	文件名称
行政法规	《互联网信息服务管理办法》(2011 年修订)
	《关键信息基础设施安全保护条例》
	《人类遗传资源管理条例》
	《征信业管理条例》
	《快递暂行条例》(2019 年修订)
	……
部门规章	《电信和互联网用户个人信息保护规定》
	《App 违法违规收集使用个人信息行为认定方法》
	《儿童个人信息网络保护规定》
	《网络音视频信息服务管理规定》
	《金融机构客户身份识别和客户身份资料及交易记录保存管理办法》
	《侵害消费者权益行为处罚办法》(2020 年修订)
	《网络预约出租汽车经营服务管理暂行办法》(2022 年修正)
	《互联网信息服务算法推荐管理规定》
	……
标准规范	《信息安全技术　移动智能终端个人信息保护技术要求》(GB/T 34978—2017)
	《信息安全技术　个人信息去标识化指南》(GB/T 37964—2019)
	《信息安全技术　人脸识别数据安全要求》(GB/T 41819—2022)
	《信息安全技术　步态识别数据安全要求》(GB/T 41773—2022)
	《信息安全技术　网络音视频服务数据安全要求》(GB/T 42016—2022)
	《移动金融客户端应用软件安全管理规范》(JR/T 0092—2019)
	《网络安全标准实践指南—移动互联网应用程序(App)个人信息保护常见问题及处置指南》
	《网络安全标准实践指南—网络数据分类分级指引》
	……

续表

层级	文件名称
部门规范性文件	《工业数据分类分级指南(试行)》
	《个人保险实名制管理办法(征求意见稿)》
	《关于推进"上云用数赋智"行动　培育新经济发展实施方案》
	《中小企业数字化赋能专项行动方案》
	……
司法解释	《关于办理侵犯公民个人信息刑事案件适用法律若干问题的解释》
	《关于办理非法利用信息网络、帮助信息网络犯罪活动等刑事案件适用法律若干问题的解释》
	《关于审理利用信息网络侵害人身权益民事纠纷案件适用法律若干问题的规定》
	《关于办理信息网络犯罪案件适用刑事诉讼程序若干问题的意见》
	……

3. 政策性文件

2022 年 12 月,中共中央、国务院发布《关于构建数据基础制度更好发挥数据要素作用的意见》,该意见以维护国家数据安全、保护个人信息和商业秘密为前提,以促进数据合规高效流通作用、赋能实体经济为主线。个人信息保护在数据基础制度构建领域的重要性不言而喻。事实上,为确保《个人信息保护法》的上位法要求在信息通信行业领域的保护落实,工信部连续三年发布关于移动互联网相关治理政策文件,促进互联网行业就用户个人信息规范化发展。以 App 个人信息治理为例,自 2019 年 1 月 25 日起,网信办、工信部、公安部、市场监管总局发布《关于开展 App 违法违规收集使用个人信息专项治理的公告》,针对 App 违法违规收集使用个人信息乱象开展治理;同年 11 月,工信部印发《关于开展 App 侵害用户权益专项整治工作的通知》,次年《关于开展纵深推进 App 侵害用户权益专项整治行动的通知》出台,将 App 个人信息治理的监管范围扩大至软件工具开发包(SDK)提供者领域。医疗卫生领域,2022 年 8 月 8 日,国家卫生健康委员会、国家中医药局、国家疾控局印发《医疗卫生机构网络安全管理办法》,第一条明确该办法根据《个人信息保护法》等有关法律法规标准制定,第二条强调重点保障重要数据和个人信息安全。就个人信息保护领域的政策性文件,还包括但不限于《关于促进智能网联汽车发展维护测绘地理信息安全的通知》《数据安全管理认证实施规则》《关于试行汽车安全沙盒监管制度的通告》《关于进一步提升移动互联网应用服务能力的通知》等,可以清楚了解到“坚持以个人信息保护”为重点,是数据、互联网及“互联网 +”领域应遵守的基本原则和根本理念。

(二)司法体系

《个人信息保护法》实施以来,司法实践中涌现出一批具有典型意义的案件。典型案件涉及个人信息具体权益在不同应用场景的保护实践,为企业合规提供案例指引,在算法与自动化决策等新业态中塑造司法规则。应用上,形成了检察院以公益诉讼保障公民个人信息,互联网法院以典型案例指引个人信息实践活动。

2023 年 3 月 30 日,最高人民检察院发布一批个人信息保护检察公益诉讼典型案例,旨在以党的二十大精神为指引,要求各级检察院公益诉讼检察部门提高政治站位,把办理相关案件作为践行习近平法治思想、服务中国式现代化的一项务实举措,切实监督保障个人信息保护法统一正确实施。[①] 案例包括江苏省无锡市新吴区人民检察院督促服务场所消费者个人信息行政公益诉讼案件等八件,一再强调检察机关对个人信息保护领域公益诉讼办案力度,保护敏感信息及特定群体的个人信息。地方法院层面,杭州互联网法院在 2022 年发布“个人信息保护十大典型案例”,包括以“杭州市上城区人民检察院诉孙某非法买卖个人信息民事公益诉讼案”为典型的“《民法典》实施后全国首例个人信息保护民事公益诉讼案”等十案。在《个人信息保护法》施行一周年之际,广州互联网法院发布五例个人信息保护案例,涵盖算法错误关联个人信息、手机 App 未经同意收集个人信息等内容。通过发布典型案例,为企业提供实践参考,用司法裁判规范个人信息处理活动,实现促进个人信息合理利用的最终目的。

(三)执法体系

《个人信息保护法》出台前,相关个人信息保护法律文本零散分布于部分法律

① 《最高检发布个人信息保护检察公益诉讼典型案例》,载最高人民检察院网 2023 年 3 月 30 日,https://www.spp.gov.cn/spp/xwfbh/wsfbt/202303/t20230330_609756.shtml#1。

法规中，存在多执法部门根据各行业规定“分头执法”现象，如消费者保护领域，由《消费者权益保护法》授权工商行政管理部门；涉及网络运营者领域，《网络安全法》由公安机关负责执法。《个人信息保护法》第六十条规定：“国家网信部门负责统筹协调个人信息保护工作和相关监督管理工作。国务院有关部门依照本法和有关法律、行政法规的规定，在各自职责范围内负责个人信息保护和监督管理工作。县级以上地方人民政府有关部门的个人信息保护和监督管理职责，按照国家有关规定确定。前两款规定的部门统称为履行个人信息保护职责的部门。”由此形成了以国家网信部门为统筹协调部门，县级以上地方人民政府有关部门为个人信息监管的基层主管部门的管理格局，有效解决了“多头治理”现象，基层主管也更有助于处理数量众多的个人信息管理事务。

在部门职责上，《个人信息保护法》规定如表 2－2 所示：

表 2－2　个人信息保护部门相关职责

规定	主体	内容
《个人信息保护法》第六十一条	履行个人信息保护职责的部门	履行个人信息保护职责的部门履行下列个人信息保护职责： （一）开展个人信息保护宣传教育，指导、监督个人信息处理者开展个人信息保护工作； （二）接受、处理与个人信息保护有关的投诉、举报； （三）组织对应用程序等个人信息保护情况进行测评，并公布测评结果； （四）调查、处理违法个人信息处理活动； （五）法律、行政法规规定的其他职责。
《个人信息保护法》第六十二条	国家网信部门	国家网信部门统筹协调有关部门依据本法推进下列个人信息保护工作： （一）制定个人信息保护具体规则、标准； （二）针对小型个人信息处理者、处理敏感个人信息以及人脸识别、人工智能等新技术、新应用，制定专门的个人信息保护规则、标准； （三）支持研究开发和推广应用安全、方便的电子身份认证技术，推进网络身份认证公共服务建设； （四）推进个人信息保护社会化服务体系建设，支持有关机构开展个人信息保护评估、认证服务； （五）完善个人信息保护投诉、举报工作机制。

续表

规定	主体	内容
《个人信息保护法》第六十三条第一款	履行个人信息保护职责的部门	履行个人信息保护职责的部门履行个人信息保护职责，可以采取下列措施： （一）询问有关当事人，调查与个人信息处理活动有关的情况； （二）查阅、复制当事人与个人信息处理活动有关的合同、记录、账簿以及其他有关资料； （三）实施现场检查，对涉嫌违法的个人信息处理活动进行调查； （四）检查与个人信息处理活动有关的设备、物品；对有证据证明是用于违法个人信息处理活动的设备、物品，向本部门主要负责人书面报告并经批准，可以查封或者扣押。

《个人信息保护法》的出台给予了相关执法实践明确的依据和清晰的治理思路。结合 App 及金融等细分领域开展的专项治理，未来《个人信息保护法》的行政执法将变为领域化、细分化，面对个人信息违法处理产业链实现覆盖面更广的精确打击。

通过对立法背景的解读，能够帮助企业更好理解《个人信息保护法》出台的目的，贯彻以人民为中心，平衡企业发展与公民个人信息保护的边界。此外，通过梳理当前以《个人信息保护法》为中心的规则体系，企业可以此为参考，全面了解业务场景下关涉的个人信息保护内容，搭建全面完善的个人信息合规体系。

第二节　规范建设与治理实践

无论是规范建设还是治理实践，其目的均是更好地保障个人信息，促进行业健康规范发展。数字化时代，App 个人信息治理日趋深入、敏感个人信息治理逐步加强、儿童个人信息治理逐渐完善，算法、个人信息出境规则逐步确立，个人信息保护的立法与执法不断加强，我国个人信息保护的治理体系不断完善。

一、App 个人信息治理日趋深入

（一）治理背景

在国务院新闻办公室举行的 2022 年工业和信息化发展情况新闻发布会上，

工业和信息化部信息通信管理局相关负责人介绍,截至2021年年底,我国各类高质量App在架数量已超过了258万款[①]。该领域下网民反映最为强烈的即App以强制、诱导等恶意方式违法违规收集处理个人信息。2022年11月,国家网信办曾依法集中查处135款侵犯个人信息合法权益的违法违规App。App数量众多,侵犯个人信息合法权益的方式层出不穷,国家多部门加快出台App领域法律法规,强化个人信息领域监管治理。

(二)立法规范

2021年3月12日,国家互联网信息办公室等四部委联合发布了《常见类型移动互联网应用程序必要个人信息范围规定》,规定于2021年5月1日正式生效。该规定明确了移动互联网应用场景下个人信息的概念与识别,梳理了39类互联网应用程序(App)必要个人信息范围。

2023年2月27日,工信部印发《关于进一步提升移动互联网应用服务能力的通知》,进一步提升移动互联网应用(App)服务能力,在《网络安全法》《数据安全法》《个人信息保护法》的基础上进一步完善实施细则,增强法律法规的适用性、针对性。内容上,该通知围绕提升用户服务感知、提升行业管理能力,即"两提升",共提出26条措施:一是聚焦App安装卸载、服务体验、个人信息保护、诉求响应等,有针对性地提出改善用户服务感知的12条措施;二是从行业协同规范发展、上下游联防共治的角度出发,对于当前移动互联网服务的5类关键主体,即App开发运营者、分发平台、SDK(软件开发工具包)、终端和接入企业,提出14条措施[②]。

该通知的出台标志着App企业数据合规能力面临更严规制、更高要求。App企业在进行用户个人信息合规治理时,应对相关法律法规进行充分检索。符合《个人信息保护法》《数据安全法》等法律规定是基本要求,App运营者还可以参考《信息安全技术　移动互联网应用程序(App)收集个人信息基本要求》(GB/T

---

① 《国新办举行2022年工业和信息化发展情况新闻发布会》,载国务院新闻办公室网2023年1月18日,http://www.scio.gov.cn/xwfbh/xwbfbh/wqfbh/49421/49502/index.htm。

② 《〈工业和信息化部关于进一步提升移动互联网应用服务能力的通知〉的解读》,载工业和信息化部网2023年2月28日,https://www.miit.gov.cn/jgsj/xgj/gzdt/art/2023/art_a22c1c4a3607420f8e377d106c03abac.html。

41391—2022)、《信息安全技术　个人信息安全规范》(GB/T 35273—2020)及《网络安全标准实践指南——移动互联网应用程序(App)系统权限申请使用指南》(TC260—PG—20204A)等,优化和完善企业内部数据合规治理架构。目前,我国针对App用户个人信息保护的有关规定和标准规范简要梳理如表2-3所示:

表2-3　我国针对App用户个人信息保护的有关规定的标准规范

序号	文件名称
1	《个人信息保护法》
2	《数据安全法》
3	《信息安全技术　移动互联网应用程序(App)收集个人信息基本要求》(GB/T 41391—2022)
4	《信息安全技术　个人信息安全规范》(GB/T 35273—2020)
5	《网络安全标准实践指南——移动互联网应用程序(App)系统权限申请使用指南》(TC260—PG—20204A)
6	《网络安全标准实践指南——移动互联网应用程序(App)个人信息保护常见问题及处置指南》
7	《网络安全标准实践指南——移动互联网应用程序(App)收集使用个人信息自评估指南》
8	《工业和信息化部关于进一步提升移动互联网应用服务能力的通知》
9	《常见类型移动互联网应用程序必要个人信息范围规定》
10	《网络安全标准实践指南——移动互联网应用程序(App)使用软件开发工具包(SDK)安全指引》
11	《关于开展纵深推进App侵害用户权益专项整治行动的通知》(工信部信管函〔2020〕164号)
12	《App违法违规收集使用个人信息行为认定方法》(国信办秘字〔2019〕191号)
13	《关于开展App侵害用户权益专项整治工作的通知》(工信部信管函〔2019〕337号)
14	《网络安全实践指南——移动互联网应用基本业务功能必要信息规范》(V1.0)
15	《移动互联网应用程序(App)安全认证实施规则》(CNCA-App-001)
	……

(三)执法实践

2022年6月14日,中共中央宣传部举行十八大以来工业和信息化发展成就发布会。在答记者问中提及“工业和信息化部高度重视个人信息保护工作。以群众关切为重点,加强电信和互联网行业个人信息保护突出问题的治理。连续组织开展 App 侵害用户权益专项整治,累计通报、下架违法违规 App 近 3000 款,App 侵害用户权益的违规行为得到有力遏制”①。近年来,工信部、市场监管总局、网信办以及各地方政府等行政主体 App 行业开展了系列治理活动。其中,执法检查是规制 App 乱象的主要方式。重点关注的违法行为包括超范围收集个人信息、过度频繁索权、违规使用收集个人信息等。自 2021 年以来,政府部门针对 App 行业的违法乱象开展了系列执法活动,充分展现了其治理的决心、高标准和严要求。面对侵犯用户个人信息的违法常见问题和重点领域,相关企业应该在思想上重视,并在行动中积极落实,建立起完善的 App 个人信息合规体系,从而实现企业的持续发展。

二、敏感个人信息治理逐步加强

(一)治理背景

因高度关注个人人身及财产安全,敏感个人信息在法律保护上具有独特地位。美国与欧盟等域外立法就将一般个人信息与敏感个人信息区别保护。我国敏感个人信息保护起步较晚、制度不够完善。根据《中国个人金融信息保护执法白皮书(2020)》②不完全统计,截至 2020 年 10 月 25 日,中国人民银行总行及各地分支行开出的行政处罚罚单中,涉及“个人金融信息”的共 181 张。2021 年,国家金融监督管理总局开出第一张罚单,某银行就因数据安全管理粗放,存在金融账户信息泄露风险,被罚 420 万元。

敏感个人信息保护意义重大,但我国面临制度不足的困境,未来敏感个人信息治理将持续成为个人信息保护领域的重点。

(二)立法规范

目前,我国《个人信息保护法》针对“敏感个人信息”的定义采“概括定义 + 列

① 《中共中央宣传部举行党的十八大以来工业和信息化发展成就发布会图文实录》,载国务院新闻办公室网 2022 年 6 月 14 日,http://www.scio.gov.cn/xwfbh/xwbfbh/wqfbh/47673/48356/wz48358/Document/1725462/1725462.htm。

② 《中国个人金融信息保护执法白皮书(2020)》,2020 年 11 月 3 日。

举＋兜底”模式，具体内容为“ 敏感个人信息是一旦泄露或者非法使用，容易导致自然人的人格尊严受到侵害或者人身、财产安全受到危害的个人信息，包括生物识别、宗教信仰、特定身份、医疗健康、金融账户、行踪轨迹等信息，以及不满十四周岁未成年人的个人信息。只有在具有特定的目的和充分的必要性，并采取严格保护措施的情形下，个人信息处理者方可处理敏感个人信息”①。

在《个人信息保护法》出台前，发布于2020年3月6日的《信息安全技术 个人信息安全规范》（GB/T 35273—2020）就曾对敏感个人信息进行举例释明（附录B），并列举了个人敏感信息的参考类别划分（见表2－4）：

表2－4 《信息安全技术 个人信息安全规范》个人敏感信息举例

类别	内容
个人财产信息	银行账户、鉴别信息（口令）、存款信息（包括资金数量、支付收款记录等）、房产信息、信贷记录、征信信息、交易和消费记录、流水记录等，以及虚拟货币、虚拟交易、游戏类兑换码等虚拟财产信息。
个人生理健康信息	个人因生病医治等产生的相关记录，如病症、住院志、医嘱单、检验报告、手术及麻醉记录、护理记录、用药记录、药物食物过敏信息、生育信息、以往病史、诊治情况、家族病史、现病史、传染病史等。
个人生物识别信息	个人基因、指纹、声纹、掌纹、耳廓、虹膜、面部识别特征等。
个人身份信息	身份证、军官证、护照、驾驶证、工作证、社保卡、居住证等。
其他信息	性取向、婚史、宗教信仰、未公开的违法犯罪记录、通信记录和内容、通讯录、好友列表、群组列表、行踪轨迹、网页浏览记录、住宿信息、精准定位信息等。

根据《个人信息保护法》和相关标准，我国针对敏感个人信息的保护主要围绕“生物识别、宗教信仰、特定身份、医疗健康、金融账户、行踪轨迹等信息，以及不满十四周岁未成年人的个人信息”领域展开，内容分散，笔者结合各领域具体规定，进一步细化《个人信息保护法》的规定，具体内容如表2－5所示：

① 《个人信息保护法》第二十八条。

表 2-5 《个人信息保护法》个人敏感信息举例

类别	文件名称	内容
生物识别	《信息技术 安全技术 生物特征识别信息的保护要求》	第4.1条 生物特征识别系统根据一个或多个生理(身体的物理特性,例如指纹)或者行为(个体所做的事情,例如行走)特征对个体进行自动识别,其中包括: (1)生理特征,包括但不限于指纹、人脸、虹膜、声纹、手型、指静脉/掌静脉、视网膜、DNA、掌纹。 (2)行为特征,包括但不限于步态、签名、语音。
宗教信仰	《宪法》	第三十六条第一款、第二款 中华人民共和国公民有宗教信仰自由。 任何国家机关、社会团体和个人不得强制公民信仰宗教或者不信仰宗教,不得歧视信仰宗教的公民和不信仰宗教的公民。
特定身份	《信息安全技术 个人信息安全规范》附录B	个人身份信息:身份证、军官证、护照、驾驶证、工作证、社保卡、居住证等。
医疗健康	《信息安全技术 健康医疗数据安全指南》	第3.1条 个人健康医疗数据系指单独或者与其他信息结合后能够识别特定自然人或者反映特定自然人生理或心理健康的相关电子数据。 附录A:个人健康医疗数据的种类 a.在向个人提供健康医疗服务过程中采集的有关个人的任何数据,例如既往病史、社会史、家族史、症状和生活方式等各类病历记载的数据; b.来自身体部位或身体物质,例如组织、体液、血、尿、便、气体,以及DNA、RNA、蛋白质等生物大分子、代谢小分子、肠道微生物等检查或检验的结果数据; ……
金融账户	《个人金融信息保护技术规范》	第4.1条 个人金融信息包括账户信息、鉴别信息、金融交易信息、个人身份信息、财产信息、借贷信息和其他反映特定个人金融信息主体某些情况的信息。
行踪轨迹	《网络安全标准实践指南——网络数据分类分级指引》	附录B 表B.2《敏感个人信息参考示例》 行踪轨迹是基于实时地理位置形成的个人行踪和行程信息,例如实时精准定位信息、GPS车辆轨迹信息、出入境记录、住宿信息(定位到街道、小区甚至更精准位置的数据)等。

续表

类别	文件名称	内容
未成年人保护	《个人信息保护法》《未成年人保护法》	应识别为：只要是不满十四周岁未成年人的个人信息，不论信息的类型和内容，一律属于敏感个人信息。

基于敏感个人信息的特殊性，最高人民法院、最高人民检察院发布《关于办理侵犯公民个人信息刑事案件适用法律若干问题的解释》。其中第五条规定，非法获取、出售或者提供“行踪轨迹信息、通信内容、征信信息、财产信息五十条以上的”“住宿信息、通信记录、健康生理信息、交易信息等其他可能影响人身、财产安全的公民个人信息五百条以上的”应当认定为《刑法》第二百五十三条之一规定的“情节严重”，应“从重处罚”。

围绕敏感个人信息的保护不应仅局限于《个人信息保护法》，企业针对敏感个人信息进行处理时，首先应识别信息类型，其次在规范适用上应以《个人信息保护法》为主，并结合《未成年人保护法》《信息技术　安全技术　生物特征识别信息的保护要求》《信息安全技术　个人信息安全规范》《信息安全技术　健康医疗数据安全指南》《个人金融信息保护技术规范》《网络安全标准实践指南——网络数据分类分级指引》等规定及标准规范。

未来，敏感个人信息保护的发展方向将进一步延伸至生物识别技术、企业员工敏感个人信息、政府采集敏感个人信息等方面，甚至涉及以脱敏个人信息为核心的数据流动。围绕敏感个人信息的保护不应仅局限于《个人信息保护法》，企业针对敏感个人信息进行处理时，首先应识别信息类型，其次在规范适用上应以《个人信息保护法》为主，并结合《未成年人保护法》《信息技术　安全技术　生物特征识别信息的保护要求》《信息安全技术　个人信息安全规范》《信息安全技术　健康医疗数据安全指南》《个人金融信息保护技术规范》《网络安全标准实践指南—网络数据分类分级指引》等规定及标准规范。

（三）执法实践

2022 年 11 月，辽宁银保监局官网发布辽银保监罚决字〔2022〕89 号行政处罚决定书，辽宁某银行因敏感用户信息存在泄露风险被罚 140 万元，另有 7 人被给予警告处罚。房产销售行业中违法开展人脸识别等敏感个人信息的利用问题受到关注，如房产销售公司在售楼处安装人脸识别系统，通过摄像头抓拍系统识别区分到访消费者来源，并将摄取到的所有到访售楼处客户人脸生物识别信息自动储存同步到云端，未事前明示收集、使用信息的目的、方式和范围，也未经消费者的同意①，监管部门对相关企业给予 10 万元至 25 万元的处罚。当前，相关监管部门在打击企业侵犯公民敏感个人信息的同时，经常开展多部门联合检查，因此相关企业应及时完善企业内部网络安全建设，特别注意对用户（客户）敏感个人信息的保护，在监管趋严的大背景下做好“敏感个人信息”的保护和合规利用工作。

三、儿童个人信息治理逐渐完善

（一）治理背景

国家互联网信息办公室《儿童个人信息网络保护规定》第二条规定：“本规定所称儿童，是指不满十四周岁的未成年人。”未成年人尤其是儿童，因其年龄小、社会阅历浅、自我保护意识不足，极易在当前纷繁复杂的互联网经济下泄露个人信息。根据最高人民检察院部署，浙江省人民检察院全面梳理自 2020 年 1 月以来各地上报的涉未成年人违法犯罪案件，共计 565 件。其中未成年人个人信息保护相关案件占比最高。② 凸显互联网服务商、企业对未成年人个人信息保护力度不足甚至违法收集使用的问题，未落实国家相关规定，企业内部合规体系构建不足。

（二）立法规范

立法层面，我国目前形成了包括《个人信息保护法》《未成年人保护法》《儿童个人信息网络保护规定》在内相对完善的儿童个人信息保护法规体系。根据《个人信息保护法》的规定，儿童即不满十四周岁的未成年人信息属敏感个人信息，只有在具有特定目的和必要的情况下方可收集，收集儿童个人信息的也应取得单独同意。在同意条件上，不仅应取得未成年人本人同意，还应取得其父母或者监护人同意。法律还要求个人信息处理者应针对儿童个人信息制定专门的个人信息处理规则并加以保护。

---

① 杭江市督局市监罚处〔2021〕32105151 号行政处罚决定书。

② 《全国首例未成年人网络保护民事公益诉讼案办结》，载最高人民检察院网 2021 年 3 月 17 日，https://www.spp.gov.cn/spp/zdgz/202103/t20210317_512919.shtml。

（三）执法实践

2022年央视“3·15晚会”曝光低配版儿童智能手表未经使用者本人及其父母同意，即能获取实时定位、人脸图像等隐私信息。同年，最高人民检察院发布141号指导案例，案例内容为“浙江省杭州市余杭区人民检察院对北京某公司侵犯儿童信息权益提起民事公益诉讼”。

当前，检察机关主要运用其民事公益诉讼及行政公益诉讼功能针对儿童个人信息开展治理行动，对企业、网络侵犯儿童个人信息权益进行监督。儿童因其身份的特殊性应给予特殊保护、特别关注。互联网运营商、涉及儿童产品的企业在用户使用服务初期需准确识别儿童用户身份，在《隐私政策》等规则之外专设《儿童个人信息保护政策》加以保护。对待儿童个人信息，应自收集之时就采取特殊的数据处理。互联网时代，儿童个人信息保护已成为国际共性问题，面对儿童网民低龄化的趋势，既要保障其上网权利，又要落地和细化多项措施，杜绝不法分子利用儿童个人信息实施犯罪，最终形成多方共治的局面。

四、算法（自动化决策）治理体系不断完善

（一）治理背景

算法在技术层面是指以计算机为载体的运算过程和公式，其外在表现包括自然语言、流程图、伪代码、编程语言等，是一种思维模式与技术实现的组合。自动化决策是指通过计算机程序自动分析、评估个人的行为习惯、兴趣爱好或者经济、健康、信用状况等，并进行决策的活动。自动化决策以算法为依托、以用户画像①为基础进行，先分析评估而后以此为基础进行决策，二者缺一不可。算法推荐服务是企业算法应用的具体体现之一，意在利用算法为用户提供个性化、精准化、智能化的信息服务，在加速互联网信息传播、繁荣数字经济、促进社会发展等方面发

---

① 用户画像通常利用用户的基本信息、互联网行为数据、操作记录等形成日志信息并进行技术处理，进而形成反映个体或群体行为的用户画像。系统可以根据用户自己提交的信息知道他们的性别、年龄；通过用户的搜索信息猜测用户的短期意图，分析用户的历史行为推测他们的长期兴趣爱好；用户的购买行为可以映射用户的购买偏好和消费能力。用户相关数据越多，对这些数据分析得越深入，机器就越能更准确地刻画用户的特征。参见《个性化广告合规发展研究报告》，《财经》商业治理研究院、中国社科院大学互联网法治研究中心2022年6月联合发布。

挥了重要作用。[①] 随着算法科技不断深入，算法歧视、“大数据杀熟”、“信息茧房”、诱导沉迷等负面新闻频发，对相关企业正常经营造成负面影响，同时对互联网安全绿色的环境发起挑战。

（二）立法规范

2020年中共中央印发的《法治社会建设实施纲要（2020—2025年）》提到“完善网络法律制度。推动现有法律法规延伸适用到网络空间。完善网络信息服务方面的法律法规，修订互联网信息服务管理办法，研究制定互联网信息服务严重失信主体信用信息管理办法，制定完善算法推荐、深度伪造等新技术应用的规范管理办法”。[②]《电子商务法》首次对网络交易平台的算法应用进行调整，第十八条规定了电商平台个性化推荐算法中的消费者保护义务。《个人信息保护法》第二十四条、第五十五条则从算法透明、个人获得算法解释的权利、事先进行算法影响评估义务展开。

2022年有关算法规制的规章集中出台。《互联网信息服务算法推荐管理规定》自2022年3月1日起施行，系我国首部专门针对算法推荐的部门规章。同年9月，《互联网弹窗信息推送服务管理规定》公布，对弹窗信息推送等算法问题进行了专门规定，明确不得设置诱导用户沉迷、过度消费等违反法律法规或者违背伦理道德的算法模型，更不得利用算法针对未成年人用户进行画像，向其推送可能影响其身心健康的信息。此外，《互联网信息服务深度合成管理规定》自2023年1月10日开始施行，该规定明确了对深度合成服务提供者的算法机制机理审核等方面的责任。

（三）执法实践

自2022年3月1日起，互联网信息服务算法备案系统（https://beian.cac.gov.cn）上线运行。备案主体通过官网填报备案信息，普通用户可通过官网查询备案信息。2022年4月，网信办发布《关于开展“清朗·2022年算法综合治理”专

---

① 参见《关于加强互联网信息服务算法综合治理的指导意见》（国信办发文〔2021〕7号），2021年9月17日国家互联网信息办公室等发布。

② 《中共中央印发〈法治社会建设实施纲要（2020—2025年）〉》，载中央人民政府网2020年12月7日，http://www.gov.cn/zhengce/2020-12/07/content_5567791.htm。

项行动的通知》，主要任务涉及督促企业尽快完成算法应用情况梳理并及时开展算法备案。相关企业应认识到，算法本身作为一种中立技术其好恶体现了使用者的选择，算法应用并不是毫无界限，保护个人隐私及国家安全应为其底线。算法执法实践凸显高频监督、高压审查，企业违反算法推荐等合规义务时，除被通报批评、责令限期整改外，还可能面临暂停信息、应用下架甚至刑事责任。立足算法合规的立法规范，及时完善企业内部算法推荐制度，已成企业发展的当务之急。

五、个人信息出境规则逐步确立

（一）治理背景

当前世界经济活动正面临数字化转型，数据能够在生产、流通、分配和消费方面产生重要影响，已成为新的生产要素之一。地区之间数据流通频繁，数据传输的规模和频率和规模加大，又因为数据跨境传输关系国家网络安全，该命题成为近年来立法机构和政府部门的重点关注领域。个人信息出境作为数据跨境传输下的命题，其重要性不言而喻。2023 年，北京友谊医院与荷兰阿姆斯特丹大学医学合作中心研究项目通过了数据安全评估，成为首个全国成功案例，中国国际航空股份有限公司作为全国第二例数据出境项目也成功获批。上述两个案例结合当前个人信息出境安全评估工作，对后续包括医院在内的相关企业开展个人信息出境申报具有示范效应，企业应时刻关注行业数据出境规范动向，协调好政府监管与企业内部数据出境安全评估之间的关系。

（二）立法规范

《个人信息保护法》第三十八条第一款规定，个人信息处理者因业务等需要，确需向中华人民共和国境外提供个人信息的，应当具备下列条件之一：(1)依照本法第四十条的规定通过国家网信部门组织的安全评估；(2)按照国家网信部门的规定经专业机构进行个人信息保护认证；(3)按照国家网信部门制定的标准合同与境外接收方订立合同，约定双方的权利和义务；(4)法律、行政法规或者国家网信部门规定的其他条件。2023 年 2 月，网信办发布了《个人信息出境标准合同办法》及其附件《个人信息出境标准合同》，明晰了《个人信息保护法》第三十八条下的三种个人信息出境合规路径：数据出境安全评估、个人信息保护认证、个人信息出境标准合同。三种路径对比如表2－6所示：

表2－6　个人信息出境合规路径对比

类别	数据出境安全评估	个人信息保护认证	个人信息出境标准合同
法律依据	《数据出境安全评估办法》	《个人信息保护认证实施规则》	《个人信息出境标准合同办法》
适用情形	第四条　数据处理者向境外提供数据，有下列情形之一的，应当通过所在地省级网信部门向国家网信部门申报数据出境安全评估： （一）数据处理者向境外提供重要数据； （二）关键信息基础设施运营者和处理100万人以上个人信息的数据处理者向境外提供个人信息； （三）自上年1月1日起累计向境外提供10万人个人信息或者1万人敏感个人信息的数据处理者向境外提供个人信息； （四）国家网信部门规定的其他需要申报数据出境安全评估的情形。	个人信息处理者开展个人信息跨境处理合同。	第四条　个人信息处理者通过订立标准合同的方式向境外提供个人信息的，应当同时符合下列情形： （一）非关键信息基础设施运营者； （二）处理个人信息不满100万人的； （三）自上年1月1日起累计向境外提供个人信息不满10万人的； （四）自上年1月1日起累计向境外提供敏感个人信息不满1万人的。 法律、行政法规或者国家网信部门另有规定的，从其规定。 个人信息处理者不得采取数量拆分等手段，将依法应当通过出境安全评估的个人信息通过订立标准合同的方式向境外提供。
实施主体	国家网信部门	特定认证机构	境外接收方、个人信息处理者
是否进行数据出境安全自评估	是	否	否
是否进行个人信息保护影响评估	是	是	是（需备案）
是否备案	否	否	是（合同生效后10个工作日内向省级网信部门备案）

对于有个人信息出境需求的企业或机构，应根据自身的业务场景及数据类别，结合《个人信息保护法》第三十八条规定的三种出境合规路径自行选择最合适的一种，并依据《数据出境安全评估办法》《个人信息保护认证实施规则》《个人信息出境标准合同办法》做好企业个人信息出境合规工作。

（三）执法实践

2022 年，某网约车头部企业因违反《网络安全法》《数据安全法》《个人信息保护法》的有关规定收到 80.26 亿元的罚单，根据网信办答记者问的回答，该企业共存在 16 项违法事实包括行为违法收集或过度收集用户个人信息、个人敏感信息，利用个人信息进行自动化决策未保证透明度，处理个人信息未同步告知处理目的，以及因涉及国家安全依法不公开的严重影响国家关键信息基础设施安全和数据安全的数据处理活动，其中最为关键的审查即为"重要数据和公民个人信息的出境安全风险"。①

执法实践中，网信部门逐步加大个人信息出境领域执法力度，通过执法约谈、责令改正、警告、通报批评、罚款、责令暂停相关业务、停业整顿、关闭网站、下架、处理责任人等处置处罚措施，依法打击危害国家网络安全、数据安全、侵害公民个人信息等违法行为②。个人信息出境绝不仅是关涉企业自身利益的行为，更关乎国家安全、公共利益、个人信息主体权益。企业应选择合适合法的路径，将个人信息出境安全合规放在首位。

本节以治理背景、立法规范、执法实践三方面开展 App、敏感个人信息、儿童个人信息、算法、个人信息跨境等重点领域的介绍，明确了个人信息保护的业务场景。亦以执法实践为例，提醒企业防范潜在风险，明确合规管理架构与实践痛点，帮助企业识别合规要求，通过内部管理合规实现整体业务合规。

---

① 中国信息安全研究院左晓栋：《对滴滴审查的重点是重要数据的出境安全风险》，载南方周末 2021 年 7 月 4 日，http://www.infzm.com/wap/#/content/209140。

② 中国信息安全研究院左晓栋：《对滴滴审查的重点是重要数据的出境安全风险》，载南方周末 2021 年 7 月 4 日，http://www.infzm.com/wap/#/content/209140。

第三节　重点法条解读

对《个人信息保护法》的理解关乎个人信息的治理效果与合规体系搭建。作为我国首部针对个人信息保护的专门立法，其颁布填补了该领域的法律空白。本节将以企业视角梳理《个人信息保护法》的重要规范，能够帮助企业迅速抓取合规制度搭建的要点，供企业规范利用个人信息以参考。

一、个人信息的定义与匿名化

（一）个人信息的定义

个人信息保护的前提是明晰何为个人信息。《个人信息保护法》出台的重要意义之一在于从顶层视角厘清重要的基本概念，个人信息的定义即在其中。早于《个人信息保护法》出台前，《网络安全法》已对个人信息作出定义。内容上，《民法典》沿用《网络安全法》的规定，同时将个人信息的范围扩大至“电子邮箱、健康信息、行踪轨迹”。《个人信息保护法》则将已识别和未识别作为认定个人信息的标准（见表2－7）。

表2－7　个人信息的定义

《个人信息保护法》	《民法典》	《网络安全法》
第四条第一款　个人信息是以电子或者其他方式记录的与已识别或者可识别的自然人有关的各种信息，不包括匿名化处理后的信息。	第一千零三十四条第二款　个人信息是以电子或者其他方式记录的能够单独或者与其他信息结合识别特定自然人的各种信息，包括自然人的姓名、出生日期、身份证件号码、生物识别信息、住址、电话号码、电子邮箱、健康信息、行踪信息等。	第七十六条第五项　个人信息，是指以电子或者其他方式记录的能够单独或者与其他信息结合识别自然人个人身份的各种信息，包括但不限于自然人的姓名、出生日期、身份证件号码、个人生物识别信息、住址、电话号码等。

（二）个人信息匿名化

大数据流通时代，个人信息匿名化是流通的合法基础之一，能够为信息主体建立起有效的保护屏障。《个人信息保护法》第七十三条第四项规定,“匿名化”是指“个人信息经过处理无法识别特定自然人且不能复原的过程”。匿名化的前提是“识别”,匿名化的结果为“无法识别特定自然人”。匿名化处理后的信息不再属于个人信息,个人信息处理者就匿名化后的信息也无义务对信息主体的删除权、访问权的权利行使提供义务。

有关匿名化处理场景主要规定在《信息安全技术　个人信息安全规范》(GB/T 35273—2020)中,具体内容见表2－8。

表2－8　个人信息匿名化处理场景相关规定

规定	内容
6.1　个人信息存储时间最小化	对个人信息控制者的要求包括: a)个人信息存储期限应为实现个人信息主体授权使用的目的所必需的最短时间,法律法规另有规定或者个人信息主体另行授权同意的除外; b)超出上述个人信息存储期限后,应对个人信息进行删除或匿名化处理。
6.4　个人信息控制者停止运营	当个人信息控制者停止运营其产品或服务时,应: a)及时停止继续收集个人信息; b)将停止运营的通知以逐一送达或公告的形式通知个人信息主体; c)对其所持有的个人信息进行删除或匿名化处理。
7.5　个性化展示的使用	c)在向个人信息主体推送新闻信息服务的过程中使用个性化展示的,应: 1)为个人信息主体提供简单直观的退出或关闭个性化展示模式的选项; 2)当个人信息主体选择退出或关闭个性化展示模式时,向个人信息主体提供删除或匿名化定向推送活动所基于的个人信息的选项。
8.5　个人信息主体注销账户	对个人信息控制者的要求包括: e)注销账户的过程需收集个人敏感信息核验身份时,应明确对收集个人敏感信息后的处理措施,如达成目的后立即删除或匿名化处理等; f)个人信息主体注销账户后,应及时删除其个人信息或匿名化处理。因法律规定需要留存个人信息的,不能再次将其用于日常业务活动中。

二、个人信息处理的合法性基础

个人信息处理的合法基础是体现了信息处理中个人利益与社会利益之间的博弈。《个人信息保护法》第十三条规定了处理个人信息的合法性基础,形式上,采“列举＋兜底”的方式。内容上,信息处理者处理个人信息的合法基础为:一是取得个人同意;二是基于法律规定(见表2－9)。

表2－9　信息处理者处理个人信息的合法基础

规定	内容
《个人信息保护法》第十三条	符合下列情形之一的，个人信息处理者方可处理个人信息： （一）取得个人的同意； （二）为订立、履行个人作为一方当事人的合同所必需，或者按照依法制定的劳动规章制度和依法签订的集体合同实施人力资源管理所必需； （三）为履行法定职责或者法定义务所必需； （四）为应对突发公共卫生事件，或者紧急情况下为保护自然人的生命健康和财产安全所必需； （五）为公共利益实施新闻报道、舆论监督等行为，在合理的范围内处理个人信息； （六）依照本法规定在合理的范围内处理个人自行公开或者其他已经合法公开的个人信息； （七）法律、行政法规规定的其他情形。 依照本法其他有关规定，处理个人信息应当取得个人同意，但是有前款第二项至第七项规定情形的，不需取得个人同意。

其中，第一项将于后文“告知同意原则”部分详细展开。

关于第二项，场景上可列举如企业和员工签订劳动合同时，企业要求员工提供的个人身份信息、学历证书、联系方式等，上述信息属员工入职有义务提供，无须以员工同意为前提。该规定与《劳动合同法》第八条“用人单位有权了解劳动者与劳动合同直接相关的基本情况，劳动者应如实说明”的规定保持一致。

关于第三项，法定职责或法定义务的“法”应解读为包括法律、行政法规、部门规章、地方政府规章等规范性文件。①

关于第四项，其背景基于新冠疫情发生时关于涉疫人员的行动轨迹等信息的统计、流调行为。未来还可能运用于某些国家机关在紧急情况下突破规定针对个人信息进行应急性处理。

关于第五项，其内容与《民法典》第一千零二十五条“新闻、舆论与名誉权侵害”规定的“为公共利益实施新闻报道、舆论监督等行为，在合理的范围内处理个人信息”一致。应严格限定其适用条件同时满足：为了公共利益、仅限“新闻与舆论监督”与必须在“合理范围内”处理。

关于第六项，以“合理性”与“合法性”为基础，将此类公开信息分为“自行公开”或者“其他已经合法公开”。前者如个人通过社交媒体向外界公开的信息，后

① 参见彭錞：《论国家机关处理个人信息的合法性基础》，载《比较法研究》2022年第1期。

者如中国裁判文书网公开的裁判文书中涉及的个人信息。

三、告知同意原则

“告知同意原则”由笔者较早提出，是《个人信息保护法》的基本原则之一，其规定了个人信息处理者在处理个人信息时要遵循的基础。2012 年，《全国人民代表大会常务委员会关于加强网络信息保护的决定》中就提到“网络服务提供者和其他企业事业单位在业务活动中收集、使用公民个人电子信息，应当遵循合法、正当、必要的原则，明示收集、使用信息的目的、方式和范围，并经被收集者同意”。2017 年《网络安全法》第四十一条、第四十二条将“告知—同意”原则以法律形式明确下来，并在规定中将其进一步细化。2020 年《民法典》人格权编第六章从民事基本法角度对“告知—同意”原则作出规范。2021 年《个人信息保护法》最终形成了“告知—同意”原则的框架体系。详述之，告知同意原则即个人信息处理者只有在取得信息主体的同意后才能处理相关的个人信息，分为信息处理者的“告知”与信息主体的“同意”。综观《个人信息保护法》，“告知”一词出现了 16 次，“同意”一词则出现了 27 次。从体系化视角出发，笔者对《个人信息保护法》中的“告知同意”原则作出如下解读。

（一）告知义务

1. 应当告知的情形及应当告知的内容

《个人信息保护法》中应当告知的情形及内容见表 2－10：

表 2－10 《个人信息保护法》中应当告知的情形及内容

序号	规范	应当告知的情形	应当告知的内容
1	第十七条	处理个人信息前以及已告知的相关事项发生变化时	1. 个人信息处理者的名称或者姓名和联系方式； 2. 个人信息的处理目的、处理方式，处理的个人信息种类、保存期限； 3. 个人行使《个人信息保护法》规定权利的方式和程序； 4. 法律、行政法规规定应当告知的其他事项。

续表

序号	规范	应当告知的情形	应当告知的内容
2	第二十三条	向其他个人信息处理者提供其处理的个人信息	接收方的名称或者姓名、联系方式、处理目的、处理方式和个人信息的种类。
3	第三十条	涉及敏感个人信息时	1. 上述事项； 2. 处理敏感个人信息的必要性以及对个人权益的影响。

2. 告知义务的豁免

《个人信息保护法》第十八条规定了豁免告知义务的情形，包括：（1）有法律、行政法规规定应当保密或者不需要告知的情形的，个人信息处理者不再承担告知义务；（2）在紧急情况下，为了保护自然人的生命健康和财产安全无法及时向个人告知的，可在紧急情况消除后告知。

3. 告知方式

根据《个人信息保护法》第十七条的规定，应注意以下几点：一是告知应当以显著、足以引起被收集者注意的方式。二是告知应以清晰易懂的语言，避免过多专业词汇难以为被收集者理解；真实、准确、完整地向个人告知，避免相关内容阐述不清、含糊其辞。三是告知方式上应以直接的方式呈现，避免给收集者带来太大负担。

（二）取得同意

1. 以取得同意为原则

《个人信息保护法》第十三条通过对征得个人信息提供者的同意做原则性规定并列举可以不征得同意的例外情形的方式确立了以取得相关主体同意为原则的个人信息处理制度，对该条的解读详见上文“个人信息处理的合法性基础”。

2. 一般同意与单独同意情形

《个人信息保护法》将取得个人信息提供者的同意作为处理个人信息的原则性前提，并在此基础上区分了一般性同意与单独同意。“单独同意”的核心要义是所同意的个人信息处理活动应针对具体且独立的目的或业务功能，不应与其他不相关的目的或业务功能相捆绑或混同在其他同意事项中。一般性同意以及取得单独同意的情形做如下梳理（见表2－11）：

表 2-11 《个人信息保护法》一般性同意的情形和单独同意的情形

序号	规范	内容
		一般性同意的情形
1	第二十一条	转委托他人处理个人信息。
2	第二十二条、第二十三条	个人信息处理者向他人转移或提供个人信息,个人信息接收方变更原先的处理目的、处理方式的。
3	第三十一条第一款	处理不满十四周岁未成年人个人信息的,应当取得未成年人的父母或者其他监护人的同意。
		单独同意的情形
1	第二十三条	个人信息处理者向其他个人信息处理者提供其处理的个人信息。
2	第二十五条	公开个人信息处理者处理的个人信息。
3	第二十六条	将公共场所安装图像采集、个人身份识别设备收集的个人图像、身份识别信息用于维护公共安全以外的其他目的。
4	第三十九条	向中华人民共和国境外提供个人信息。

3. 取得同意的方式:依法取得书面同意

《个人信息保护法》取得同意的方式见表 2-12:

表 2-12 《个人信息保护法》取得同意的方式

序号	规范	内容
1	第十四条第一款	法律、行政法规规定处理个人信息应当取得个人单独同意或者书面同意的,从其规定。
2	第二十九条	法律、行政法规规定处理敏感个人信息应当取得书面同意的,从其规定。

4. 撤销同意情形

根据《个人信息保护法》第十五条及第十六条的规定,基于个人同意而处理个人信息的,个人有权撤回其同意,个人撤回同意的,不影响撤回前基于个人同意已进行的个人信息处理活动的效力。除非相关信息是提供产品或者服务所必需的,个人信息处理者不得以个人不同意其处理个人信息或者撤回同意为由拒绝提供产品和服务。

四、必要性原则

必要性原则是笔者早期提出的《个人信息保护法》基本原则之一。溯其源，必要性原则最早与告知同意原则一起在《全国人民代表大会常务委员会关于加强网络信息保护的决定》中被提出，此后《网络安全法》第四十一条、《消费者权益保护法》第二十九条、《民法典》第一千零三十五条、《电子商务法》第二十三条等均对处理个人信息应遵循的必要性原则作出规定。所谓必要性原则，是指信息处理者在其业务活动中。只处理满足个人信息主体授权同意的目的所需的最少个人信息类型和数量。《个人信息保护法》第五条规定，处理个人信息应当遵循合法、正当、必要和诚信原则，不得通过误导、欺诈、胁迫等方式处理个人信息。

国家标准化管理委员会发布的《信息安全技术　个人信息安全规范》第5.2条从三个方面对“必要”加以列举：第一，收集的个人信息的类型应与实现产品或服务的业务功能有直接关联，直接关联是指没有上述个人信息的参与，产品或服务的功能无法实现；第二，自动采集个人信息的频率应是实现产品或服务的业务功能所必需的最低频率；第三，间接获取个人信息的数量应是实现产品或服务的业务功能所必需的最少数量。

五、分类分级原则

分类分级是笔者在2016年提出的数据安全、个人信息保护的立法制度和思路。《数据安全法》第二十一条对数据分类分级保护作出原则性规定，“国家建立数据分类分级保护制度，根据数据在经济社会发展中的重要程度，以及一旦遭到篡改、破坏、泄露或者非法获取、非法利用，对国家安全、公共利益或者个人、组织合法权益造成的危害程度，对数据实行分类分级保护”。可以说，分类分级是任何数据处理的起点，分类分级原则业已成为数据处理的最重要原则之一。

目前，我国针对个人信息分类分级并无统一指标。《个人信息保护法》在个人信息处理者义务中表述“（二）对个人信息进行分类处理”。[①] 此外，《个人信息保护法》将个人信息区分为一般的个人信息以及敏感个人信息，并施予了不同的保护措施，其贯彻的也是分类分级保护原则。

---

① 《个人信息保护法》第五十一条。

根据《个人信息保护法》第二十八条第一款的规定，敏感个人信息范围为"一旦泄露或者非法使用，容易导致自然人的人格尊严受到侵害或者人身、财产安全受到危害的个人信息，包括生物识别、宗教信仰、特定身份、医疗健康、金融账户、行踪轨迹等信息，以及不满十四周岁未成年人的个人信息"。

收集、处理敏感个人信息的基本原则为，只有在具有特定目的和充分的必要性，并采取严格保护措施的情形下才可以处理敏感个人信息。处理敏感个人信息在适用个人信息处理规则的一般规则外，还需要遵循一些特殊规定，如取得个人的单独同意或法律法规要求的书面同意，告知处理敏感个人信息的必要性以及对个人权益的影响，处理不满十四周岁的未成年人个人信息应当取得父母或其他监护人的同意并制定专门的个人信息处理规则。

六、个人在个人信息处理活动中的八项权利

《个人信息保护法》第四章较为全面地规定了信息主体在信息处理活动中所享有的基本权利，为保护信息主体提供准确的法律依据。全国人大常委会法工委经济法室相关负责人指出，《个人信息保护法》赋予个人在个人信息处理活动中的各项权利，包括知悉个人信息处理规则和处理事项、同意和撤回同意，将个人信息的查询、复制、更正、删除等总结提升为知情权、决定权，明确个人有权限制个人信息的处理。[①] 最值得关注的是，《个人信息保护法》第四十五条首次规定了可携带权，该规定借鉴了欧盟《通用数据保护条例》(GDPR)对数据可携带权[②]的规定，最大意义在于打破当前大型乃至超大型企业对数据的垄断，给予初创企业等小企业预期同等竞争的机会。但该权利也存在三个限制：一是应基于同意或者合同的合法性；二是与主张的个人有关；三是可以通过自动化方式取得。具体权利内容见表2－13：

---

① 《8章74条，个人信息保护法来了！权威解读十大亮点》，载中国网信网2021年8月21日，http://www.cac.gov.cn/2021－08/21/c_1631141677655320.htm。

② GDPR第20条规定，"数据主体应有权以结构化的、常用的和机器可读的格式接收其提供给控制者的个人数据，并有权将这些数据传递给另一个控制者，而不受提供此个人数据的控制者的阻碍"。

表 2-13　《个人信息保护法》个人权利

规定	内容	解读
第四十四条【知情权、决定权】	个人对其个人信息的处理享有知情权、决定权,有权限制或者拒绝他人对其个人信息进行处理;法律、行政法规另有规定的除外。	知情权:个人有权知晓其信息被处理的情况; 决定权:个人有权限制或拒绝他人对个人信息进行处理。
第四十五条【查阅权、复制权、可携带权】	个人有权向个人信息处理者查阅、复制其个人信息;有本法第十八条第一款、第三十五条规定情形的除外。 个人请求查阅、复制其个人信息的,个人信息处理者应当及时提供。 个人请求将个人信息转移至其指定的个人信息处理者,符合国家网信部门规定条件的,个人信息处理者应当提供转移的途径。	查阅权、复制权源于《民法典》第一千零三十七条规定,《个人信息保护法》新增查阅权、复制权行使的例外情形。
第四十六条【更正权、补充权】	个人发现其个人信息不准确或者不完整的,有权请求个人信息处理者更正、补充。 个人请求更正、补充其个人信息的,个人信息处理者应当对其个人信息予以核实,并及时更正、补充。	更正权区分个人信息不完整、不准确的情形,且规定了个人信息不完整时的补充权。
第四十七条【删除权】	有下列情形之一的,个人信息处理者应当主动删除个人信息;个人信息处理者未删除的,个人有权请求删除: (一)处理目的已实现、无法实现或者未实现处理目的不再必要; (二)个人信息处理者停止提供产品或者服务,或者保存期限已届满; (三)个人撤回同意; (四)个人信息处理者违反法律、行政法规或者违反约定处理个人信息; (五)法律、行政法规规定的其他情形。 法律、行政法规规定的保存期限未届满,或者删除个人信息从技术上难以实现的,个人信息处理者应当停止除存储和采取必要的安全保护措施之外的处理。	沿用于《网络安全法》第四十三条,内容上增加了个人信息处理者停止处理时的例外情形。

七、共同处理、委托处理、对外提供的规则

《个人信息保护法》中关于“共同处理”“委托处理”“对外提供”的规则规定见表 2-14:

表 2－14 《个人信息保护法》中关于“共同处理”“委托处理”“对外提供”的规则规定

共同处理	委托处理	对外提供
第二十条　两个以上的个人信息处理者共同决定个人信息的处理目的和处理方式的，应当约定各自的权利和义务。但是，该约定不影响个人向其中任何一个个人信息处理者要求行使本法规定的权利。 个人信息处理者共同处理个人信息，侵害个人信息权益造成损害的，应当依法承担连带责任。	第二十一条　个人信息处理者委托处理个人信息的，应当与受托人约定委托处理的目的、期限、处理方式、个人信息的种类、保护措施以及双方的权利和义务等，并对受托人的个人信息处理活动进行监督。 受托人应当按照约定处理个人信息，不得超出约定的处理目的、处理方式等处理个人信息；委托合同不生效、无效、被撤销或者终止的，受托人应当将个人信息返还个人信息处理者或者予以删除，不得保留。 未经个人信息处理者同意，受托人不得转委托他人处理个人信息。	第二十三条　个人信息处理者向其他个人信息处理者提供其处理的个人信息的，应当向个人告知接收方的名称或者姓名、联系方式、处理目的、处理方式和个人信息的种类，并取得个人的单独同意。接收方应当在上述处理目的、处理方式和个人信息的种类等范围内处理个人信息。接收方变更原先的处理目的、处理方式的，应当依照本法规定重新取得个人同意。

区分“共同处理”、“委托处理”还是“对外提供”适配多主体处理信息的场景，通过识别该商业场景下个人信息的处理模式，确定应适用的法律规则。不同的信息处理模式所对应的权利义务及责任边界也有所不同，具体见表 2－15：

表 2－15 《个人信息保护法》中不同信息处理模式所对应的权利义务及责任边界

项目	共同处理	委托处理	对外提供
个人信息处理者识别	均为信息处理者	委托方：处理者 受托方：不是处理者	均为信息处理者
信息处理目的和处理方式的决定	各处理方自主决定	委托方决定	提供方：按照自己的处理目的和处理方式继续处理个人信息 接收方：接收个人信息后，按照自己的方式决定处理目的和处理方式
告知同意义务履行	共同履行	委托方履行	共同履行
信息储存期限决定	共同决定	委托方决定	各自决定

续表

项目	共同处理	委托处理	对外提供
责任承担	个人信息处理者共同处理个人信息,侵害个人信息权益造成损害的,应当依法承担连带责任	受托人承担侵权责任	各自作为独立的信息处理者,根据自己的处理行为承担责任

八、个人信息处理者的义务

全国人大常委会法工委经济法室相关负责人在2021年就《个人信息保护法》解读时提及“强化个人信息处理者义务”为十大亮点之一,第五章集中规定了个人信息处理者应遵循的义务。内容上包括:个人信息处理者应当对其个人信息处理活动负责,并采取必要措施保障所处理的个人信息的安全,明确个人信息处理者的合规管理和保障个人信息安全等义务,要求个人信息处理者按照规定制定内部管理制度和操作规程,采取相应的安全技术措施,指定负责人对其个人信息处理活动进行监督,定期对其个人信息活动进行合规审计,对处理敏感个人信息、利用个人进行自动化决策、对外提供或公开个人信息等高风险处理活动进行事前影响评估,履行个人信息泄露通知和补救义务等。具体义务清单见表2－16:

表2－16　《个人信息保护法》信息处理者义务

规定	内容	解读
第五十一条【个人信息处理者的安全保护义务】	个人信息处理者应当根据个人信息的处理目的、处理方式、个人信息的种类以及对个人权益的影响、可能存在的安全风险等,采取下列措施确保个人信息处理活动符合法律、行政法规的规定,并防止未经授权的访问以及个人信息泄露、篡改、丢失: (一)制定内部管理制度和操作规程; (二)对个人信息实行分类管理; (三)采取相应的加密、去标识化等安全技术措施; (四)合理确定个人信息处理的操作权限,并定期对从业人员进行安全教育和培训; (五)制定并组织实施个人信息安全事件应急预案; (六)法律、行政法规规定的其他措施。	明确了个人信息处理者对个人信息负有安全保护义务。在具体情景上细化为内部管理制度和操作规程、个人信息分类管理、应采取的安全技术、内部操作权限配置、个人信息安全事件应急预案等。

续表

规定	内容	解读
第五十二条【设置个人信息保护负责人】	处理个人信息达到国家网信部门规定数量的个人信息处理者应当指定个人信息保护负责人，负责对个人信息处理活动以及采取的保护措施等进行监督。 个人信息处理者应当公开个人信息保护负责人的联系方式，并将个人信息保护负责人的姓名、联系方式等报送履行个人信息保护职责的部门。	明确了设置个人信息保护负责人的条件和履职信息公开要求，就个人信息保护负责人的设置提出框架性规定，还需要有关实施细则就职责划分、任职条件、责任承担等内容进一步规定。
第五十三条【在境外处理境内自然人个人信息的境外个人信息处理者应设立专门机构或指定代表负责个人信息保护相关事务并报送相关监管部门】	本法第三条第二款规定的中华人民共和国境外的个人信息处理者，应当在中华人民共和国境内设立专门机构或者指定代表，负责处理个人信息保护相关事务，并将有关机构的名称或者代表的姓名、联系方式等报送履行个人信息保护职责的部门。	要求在境外处理境内自然人个人信息的境外个人信息处理者应设立专门机构或指定代表负责个人信息保护相关事务并报送相关监管部门。其管辖对象为在境内设立专门机构的境外个人信息处理者。
第五十四条【个人信息处理者的个人信息安全审计要求】	个人信息处理者应当定期对其处理个人信息遵守法律、行政法规的情况进行合规审计。	针对个人信息处理者的安全审计要求作出原则性规定。
第五十五条【个人信息处理者的事前风险评估义务】	有下列情形之一的，个人信息处理者应当事前进行个人信息保护影响评估，并对处理情况进行记录： （一）处理敏感个人信息； （二）利用个人信息进行自动化决策； （三）委托处理个人信息、向其他个人信息处理者提供个人信息、公开个人信息； （四）向境外提供个人信息； （五）其他对个人权益有重大影响的个人信息处理活动。	规定了事前的个人信息保护评估义务，明确了需要进行个人风险评估的个人信息活动类别，为相关企业开展事前风险评估指明方向。

续表

规定	内容	解读
第五十六条【个人信息处理者的事前风险评估义务】	个人信息保护影响评估应当包括下列内容： （一）个人信息的处理目的、处理方式等是否合法、正当、必要； （二）对个人权益的影响及安全风险； （三）所采取的保护措施是否合法、有效并与风险程度相适应。 个人信息保护影响评估报告和处理情况记录应当至少保存三年。	该条承接第五十五条，对个人信息保护影响评估的具体内容作出规定，第一款第一项和第二项从处理行为本身出发，第三项则面向处理活动后的保护措施。
第五十七条【发现个人信息泄露时个人信息处理者的补救和通知义务】	发生或者可能发生个人信息泄露、篡改、丢失的，个人信息处理者应当立即采取补救措施，并通知履行个人信息保护职责的部门和个人。通知应当包括下列事项： （一）发生或者可能发生个人信息泄露、篡改、丢失的信息种类、原因和可能造成的危害； （二）个人信息处理者采取的补救措施和个人可以采取的减轻危害的措施； （三）个人信息处理者的联系方式。 个人信息处理者采取措施能够有效避免信息泄露、篡改、丢失造成危害的，个人信息处理者可以不通知个人；履行个人信息保护职责的部门认为可能造成危害的，有权要求个人信息处理者通知个人。	明确了发现个人信息泄露时个人信息处理者的补救和通知义务。
第五十八条【大型个人信息处理者的个人信息保护义务】	提供重要互联网平台服务、用户数量巨大、业务类型复杂的个人信息处理者，应当履行下列义务： （一）按照国家规定建立健全个人信息保护合规制度体系，成立主要由外部成员组成的独立机构对个人信息保护情况进行监督； （二）遵循公开、公平、公正的原则，制定平台规则，明确平台内产品或者服务提供者处理个人信息的规范和保护个人信息的义务； （三）对严重违反法律、行政法规处理个人信息的平台内的产品或者服务提供者，停止提供服务； （四）定期发布个人信息保护社会责任报告，接受社会监督。	面向头部互联网企业，就其个人信息处理量大且业务类型复杂的场景作出特别规定。

续表

规定	内容	解读
第五十九条【接受委托处理个人信息的受托人义务】	接受委托处理个人信息的受托人，应当依照本法和有关法律、行政法规的规定，采取必要措施保障所处理的个人信息的安全，并协助个人信息处理者履行本法规定的义务。	规定接受委托处理个人信息的受托人应适用与委托人一致的法律规定。其原因为受托人系委托人委托，其权利义务均来源于受托人。

九、法律责任

《个人信息保护法》第七章第六十六条至第七十一条就法律责任进行规定，内容上包括处罚方式、个人信息侵权的过错推定责任、救济途径等。第六十六条就个人信息违法法律责任上大幅提升了处罚金额的上限，凸显我国对个人信息保护的力度。“徒法不足以自行”，法律责任部分的规定有助于该领域内相关制度措施的落实，更需要依靠执法监管机构的实施。个人信息处理者应注意的法律责任梳理见表2－17：

表2－17 《个人信息保护法》法律责任

规定	内容
第六十六条【个人信息违法的法律责任】	违反本法规定处理个人信息，或者处理个人信息未履行本法规定的个人信息保护义务的，由履行个人信息保护职责的部门责令改正，给予警告，没收违法所得，对违法处理个人信息的应用程序，责令暂停或者终止提供服务；拒不改正的，并处一百万元以下罚款；对直接负责的主管人员和其他直接责任人员处一万元以上十万元以下罚款。 有前款规定的违法行为，情节严重的，由省级以上履行个人信息保护职责的部门责令改正，没收违法所得，并处五千万元以下或者上一年度营业额百分之五以下罚款，并可以责令暂停相关业务或者停业整顿、通报有关主管部门吊销相关业务许可或者吊销营业执照；对直接负责的主管人员和其他直接责任人员处十万元以上一百万元以下罚款，并可以决定禁止其在一定期限内担任相关企业的董事、监事、高级管理人员和个人信息保护负责人。

续表

规定	内容
第六十七条【对个人信息违法行为人的信用惩戒制度】	有本法规定的违法行为的，依照有关法律、行政法规的规定记入信用档案，并予以公示。
第六十八条【国家机关不履行个人信息保护义务的法律责任】	国家机关不履行本法规定的个人信息保护义务的，由其上级机关或者履行个人信息保护职责的部门责令改正；对直接负责的主管人员和其他直接责任人员依法给予处分。 履行个人信息保护职责的部门的工作人员玩忽职守、滥用职权、徇私舞弊，尚不构成犯罪的，依法给予处分。
第六十九条【个人信息侵权行为的民事责任】	处理个人信息侵害个人信息权益造成损害，个人信息处理者不能证明自己没有过错的，应当承担损害赔偿等侵权责任。 前款规定的损害赔偿责任按照个人因此受到的损失或者个人信息处理者因此获得的利益确定；个人因此受到的损失和个人信息处理者因此获得的利益难以确定的，根据实际情况确定赔偿数额。
第七十条【个人信息公益诉讼制度】	个人信息处理者违反本法规定处理个人信息，侵害众多个人的权益的，人民检察院、法律规定的消费者组织和由国家网信部门确定的组织可以依法向人民法院提起诉讼。
第七十一条【个人信息违法行为的行政责任和刑事责任】	违反本法规定，构成违反治安管理行为的，依法给予治安管理处罚；构成犯罪的，依法追究刑事责任。

《个人信息保护法》总体分为八章，分别对应“个人信息处理规则”“个人信息跨境提供的规则”“个人在个人信息处理活动中的权利”“个人信息处理者的义务”“履行个人信息保护职责的部门”“法律责任”等内容，企业应明确“个人信息”“敏感个人信息”等重要概念及适用范围、遵守个人信息处理的基本原则、规范自身个人信息处理活动、切实履行个人信息保护义务，以自身实践推动《个人信息保护法》落实，助力法治中国、数字中国、网络强国的社会建设。

第四节　典型案例解析

个人信息保护领域立法、执法逐步完善，法院、检察院、网信办发布多起典型案例，“重拳”出击个人信息保护乱象，以儆效尤，督促相关企业履行个人信息保护义务，切实保障用户个人信息权益，实现企业经营与用户保障更平衡更充分的发展。

一、App 个人信息治理

2023 年,网信办发布《2022 年全国网络执法工作持续发力增效》,据统计,全国网信系统全年累计依法约谈网站平台 8608 家,警告 6767 家,罚款处罚 512 家,暂停功能或更新 621 家,下架移动应用程序 420 款,会同电信主管部门取消违法网站许可或备案、关闭违法网站 25233 家,移送相关案件线索 11229 件[①]。自 2019 年 1 月 25 日起,网信办、工信部、公安部、市场监管总局发布《关于开展 App 违法违规收集使用个人信息专项治理的公告》,剑指 App 违法违规收集使用个人信息乱项治理;同时,全国信息安全标准化技术委员会、中国消费者协会、中国互联网协会、中国网络空间安全协会联合成立 App 专项治理工作组,负责对 App 隐私政策和个人信息收集使用情况进行评估。同年 11 月,工信部印发《关于开展 App 侵害用户权益专项整治工作的通知》,次年《关于开展纵深推进 App 侵害用户权益专项整治行动的通知》出台,将 App 个人信息治理的监管范围扩大至软件工具开发包(SDK)提供者领域。

2021 年 4 月 6 日,工信部通报了 60 款侵害用户权益且未按照工信部要求完成整改的 App。工信部在当年 3 月 11 日公布的《关于侵害用户权益行为的 App 通报(2021 年第 3 批,总第 12 批)》显示,下架的 136 款 App 违规问题主要表现为:(1)违规收集个人信息;(2)App 强制、频繁、过度索取权限;(3)违规使用个人信息。除工信部外,网信办、通信管理局、公安部等也对网络游戏违规收集数据 App 进行了通报。部分通报内容见表 2－18:

表 2－18 网络游戏违规收集数据 App 通报内容

序号	部门	App 名称	违规问题
1	网信办	××西游	1. 在 App 中无法找到隐私政策 2. 未建立并公布个人信息安全投诉、举报渠道 3. 第三方 SDK 类未逐一列出嵌入的第三方 SDK 收集使用个人信息的目的、类型 4. 未提供有效的注销用户账号功能;未提供更正、删除个人信息及注销用户账号功能

① 《2022 年全国网络执法工作持续发力增效》,载中国网信网 2023 年 1 月 19 日,http://www.cac.gov.cn/2023－01/19/c_1675676681798302.htm。

续表

序号	部门	App 名称	违规问题
2	工信部	宾果××	1. 私自收集个人数据 2. 超范围收集个人数据 3. 过度索取权限 4. 频繁申请权限 5. 账号注销难
3	通信管理局	××安吉拉	1. App 未明确告知收集使用拍照权限的目的、方式、范围 2. 应用内集成多个可收集个人数据的第三方 SDK,在隐私政策逐一说明以及是否向第三方共享信息
4	通信管理局	××管家	App 频繁自启动和关联启动
5	通信管理局	××天气	1. 超范围收集个人信息 2. App 强制、频繁、过度索取权限
6	通信管理局	××新闻	1. 超范围收集个人信息 2. 违规使用个人信息
7	通信管理局	××免费小说	应用分发平台上的 App 信息明示不到位
8	通信管理局	××万年历	1. 违规收集个人信息 2. 超范围收集个人信息 3. 违规使用个人信息 4. 欺骗误导用户下载 App 5. 应用分发平台上的 App 信息明示不到位

App 数量指数级增长的背景下,相关应用已经广泛渗透到我国经济社会生活的各领域,App 个人信息专项治理日趋深入。移动互联网应用企业应根据国家相关法律法规制定独立的《个人信息保护政策》或者《隐私政策》,在内容上符合国家标准,有利于维护企业形象,事先预防因不当处理使用用户个人信息导致企业陷入纠纷、行政处罚甚至被追究刑事责任的风险。

二、敏感个人信息治理:人脸识别第一案①

2021 年 4 月 9 日,浙江省杭州市中级人民法院就郭某与杭州野生动物世界有限公司(以下简称野生动物世界)服务合同纠纷二审依法公开宣判。二审法院在原判决基础上增加野生动物世界删除郭某办理指纹年卡时提交的指纹识别信息,此外,二审判决明确肯定在信息处理者涉及违法或违约的情形时,信息主体可向

① 参见浙江省杭州市中级人民法院(2020)浙 01 民终 10940 号民事判决书。

信息处理者主张删除权,属个人信息保护司法发展历程中的一个典型案例,该案也因此被誉为“人脸识别纠纷第一案”。

(一)案情简介

2019 年原告郭某支付 1360 元购买了园方“畅游 365 天”双人年卡。年卡要求使用指纹识别入园方式且办理流程中包含了拍照的规定。郭某与其妻子在园方留存了姓名、身份证号码、电话号码等个人信息,并录入了指纹识别信息。此后,原告与其妻子多次入园游览。

在双方服务合同履行过程中,野生动物世界将入园方式从指纹识别调整为人脸识别,并于 2019 年 10 月 7 日停用指纹识别闸机。2019 年 7 月、10 月,园方两次向原告发送短信,通知年卡入园识别系统更换事宜,要求激活人脸识别系统,否则将无法正常入园。原告与其妻子认为人脸信息属于高度敏感个人隐私,不同意接受人脸识别入园方式,要求园方退卡。双方协商无果,郭某提起诉讼。

(二)争议焦点

此案争议焦点见表 2-19:

表 2-19 此案争议焦点

焦点问题	一审法院(浙江省杭州市富阳区人民法院)	二审法院(浙江省杭州市中级人民法院)
1. 郭某能否要求野生动物世界删除个人信息	野生动物世界在订立合同之时,经征得当事人同意收集案涉信息,除人脸识别信息之外的其他信息收集行为符合合法、正当、必要原则,郭某要求野生动物世界删除相关信息,不予支持。	野生动物世界虽自述其未将收集的照片激活并处理为人脸识别信息,但其欲利用收集的照片扩大信息处理范围,超出事前收集目的,且存在侵害郭某面部特征信息之人格利益的可能与危险,故应当删除郭某办卡时提交的包括照片在内的面部特征信息。
2. 野生动物世界收集郭某及其妻子人脸识别信息是否合理	野生动物世界在办理年卡时通过拍照方式收集郭某及其妻子的人脸识别信息,超出了必要原则的要求,其收集人脸识别信息未告知收集的信息内容和目的,郭某与其妻子同意拍照的行为不应视为同意。	(1)指纹年卡的办理流程中包含了拍照的规定,野生动物世界对拍照不存在故意隐瞒或虚假告知,郭某也未因此而陷入错误的意思表示。野生动物世界通过拍照行为采集的是包含郭某面部特征图像的照片,鉴于郭某并未同意激活人脸识别,其实际上并未完成对人脸识别信息的处理。 (2)野生动物世界通过两条短信向郭某告知可以激活或注册人脸识别,系向郭某发出新的要约,郭某未予同意,故短信通知未成为双方之间的合同内容。

（三）影响和启示

本案系经营者使用消费者生物识别信息验证身份引发的服务合同纠纷。人脸识别信息属于生物识别信息，而生物识别信息又归属于敏感个人信息，在性质上具有唯一性与不可更改性，一旦泄露极易对个人人身及财产安全产生极大危害。

从《民法典》规定处理个人信息应当遵循合法、正当、必要的原则，《个人信息保护法》明确了敏感个人信息的处理规则，到最高人民法院发布《关于审理使用人脸识别技术处理个人信息相关民事案件适用法律若干问题的规定》，再到《信息安全技术　人脸识别数据安全要求》国家标准出台。针对人脸信息此类敏感个人信息，我国目前已形成相对完整的保护体系。以人脸识别规制为代表的敏感个人信息治理呼应数据时代个人信息保护的理念，相关企业收集使用敏感个人信息应在先期保证以合法合规的方式采集，防止因处理个人信息不当为企业带来风险。

三、儿童个人信息治理相关的典型案例①

（一）案情简介

2020 年 7 月，浙江省杭州市余杭区人民检察院在办理徐某某猥亵儿童案时，发现北京某公司侵犯儿童个人信息民事公益诉讼案件线索，遂依托互联网技术开展初步调查。调查过程中，余杭区人民检察院认为，北京某公司运营的短视频 App 在收集、存储、使用儿童个人信息过程中，未遵循正当必要、知情同意、目的明确、安全保障、依法利用原则，属于违法违规收集、使用儿童个人信息，侵犯儿童个人信息的行为。2020 年 12 月 2 日，余杭区人民检察院向杭州互联网法院提起民事公益诉讼，请求判令：北京某公司立即停止实施利用 App 侵犯儿童个人信息权益的行为，赔礼道歉、消除影响、赔偿损失。

根据最高人民检察院通报，处理结果为在法庭组织下双方在确认相关事实证据的基础上达成调解协议。首先，被告停止对儿童个人信息权益的侵权行为，对涉案 App 按照双方确认的整改方案、时间推进表执行整改；其次，被告完成整改后，对整改情况及效果进行评估，并向公益诉讼起诉人、人民法院出具报告书；再

---

①　参见最高人民检察院第三十五批指导性案例之检例第 141 号。

次，被告将整改方案及整改完成情况报送网信部门，接受审查；最后，被告在《法治日报》及涉案 App 首页公开赔礼道歉。

（二）争议焦点

某 App 是北京某公司开发运营的一款知名短视频应用类软件。该 App 在处理儿童个人信息存在以下问题：

1. 在未以显著、清晰的方式告知并征得儿童监护人明示同意的情况下，允许儿童注册账号，并收集、存储儿童网络账户、位置、联系方式，以及儿童面部识别特征、声音识别特征等个人敏感信息；

2. 运用后台算法，向具有浏览儿童内容视频喜好的用户直接推送含有儿童个人信息的短视频；

3. 未对儿童账号采取区分管理措施，默认用户点击“关注”后即可与儿童账号私信联系，并能获取其地理位置、面部特征等个人信息。

（三）影响和启示

在数字化时代下数量庞大但又涉世未深的儿童个人信息易遭泄露且带来严重后果，针对此类特殊信息主体，法律法规从内容上体现为对其倾斜保护，其范围涵盖《民法典》《未成年人保护法》《儿童个人信息网络保护规定》《个人信息保护法》。结合最高人民检察院发布的第 141 号典型案例，企业在业务场景中处理儿童个人信息时应采取严格保护措施，并将“告知监护人及监护人”同意作为首要原则。此外，还制定专门的儿童信息处理用户协议，以简单、易读的方式提请儿童用户及其监护人阅读并获得其同意。在企业内部，应制定专门的儿童个人信息保护制度，设立专门部门或成员处理儿童个人信息，并针对儿童信息安全事件设立应急预案并定期组织其演练。

四、算法（自动化决策）治理相关的典型案例

（一）案情简介

原告梁某是原告广东某实业公司的法定代表人，其无意中发现，被告某科技公司运营的企业信用信息查询平台上将与梁某无关的失信被执行人信息、限制高消费信息、终本执行案件信息等错误关联至其以及某实业公司名下。梁某、某实

业公司遂通过EMS邮件向某科技公司发送律师函，要求更正信息及赔礼道歉，并以上述行为侵害了两原告的名誉权以及梁某的个人信息权益为由，请求法院判令某科技公司依法承担赔礼道歉、赔偿经济损失等责任[①]。

（二）争议焦点

根据法院的生效裁判显示，算法结果反映了其运用者的目的，应对该算法造成的危险后果负责。案涉信用报告中记录内容属于梁某个人信息。被告某科技公司通过算法对梁某个人信息进行收集、加工、整合为信用报告并向平台用户提供，在该过程中存在对梁某的个人信息处理行为，该行为应在相关的法律法规范围内。现被告某科技公司提供有关梁某的个人信息存误，理应及时更正、补充。因该行为给梁某个人信息权益造成实际损害，故判决某科技公司向梁某及广东某实业公司赔礼道歉并赔偿经济损失。

（三）影响和启示

《个人信息保护法》实为我国个人信息保护的“基本法”，其不区分适用场景和具体个人，适用于所有与“个人信息”有关的场景及其保护，如算法主导的互联网场景。信息处理主体可通过算法收集、处理、加工个人信息，数字平台经营者亦可通过SDK（软件工具开发包）、IoT设备等收集用户个人信息后进行用户画像。算法在为个人用户提供更多便利的同时，也可能侵犯用户利益。以上述广州市中级人民法院发布的典型案例为起点，相关企业在适用算法时，应及时响应《个人信息保护法》中的合规需求。以个人信息为基础，用算法进行二次加工处理的相关结果也应根据个人信息内容的改变而及时调整，防止因过时信息给信息主体带来负面影响引发相关民事纠纷。

五、个人信息出境相关的典型案例

（一）案例简介

北京市互联网信息办公室公布了数据出境安全评估申报受理工作情况及重

① 《广州互联网法院发布个人信息保护典型案例》，载微信公众号“广州互联网法院”2022年11月2日，https://mp. weixin. qq. com/s/er1LUk8VNQoOHscISCWA2Q。

要突破，首都医科大学附属北京友谊医院普外中心和阿姆斯特丹大学医学中心普通外科作为全球牵头中心发起的国际多中心临床研究项目成为全国首个数据合规出境案例（编号 20220001）。

项目筹备阶段，该医院启动了该项目的数据出境审批申报工作。根据公示内容，第一步由医院科技处对该临床研究项目的前期执行情况、科学意义和产出价值、人类遗传资源等方面的情况进行了深入评估，确认数据出境的必要性和科学意义。第二步由信息中心对网络安全、数据安全进行了重新评估，确保医院网络安全制度完善、落实有力，安全防范技术能力符合等级保护等标准规范。为规范医院数据出境活动，保护患者个人信息权益，医院还出台了《数据出境安全管理办法》，建立重要数据出境的审核、评估和监督机制，数据出境安全管理坚持事前审核、安全评估和持续监督相结合，防范数据出境安全风险①。

（二）影响和启示

分析北京友谊医院进行数据出境安全评估程序的背景，一是可能因其作为大型三甲医院构成关键信息基础设施运营者，同时该机构因其庞大的接诊量构成处理“100 万人以上个人信息”规模的机构。二是在处理对象方面，友谊医院拟跨境传输的临床试验数据属于受试者的敏感个人信息，也涉及人类遗传资源出境。《个人信息保护法》第三十八条明确了我国个人信息出境的三条合规路径，或依据该法第四十条规定通过国家网信部门组织的出境安全评估，或按照国家网信部门认可的专业机构个人信息保护认证，或签订国家网信部门制定的出境标准合同。企业在拟跨境传输个人信息前应充分了解个人信息出境的法律规定、申报要求和流程步骤，向网信部门或者相关认证机构充分展示其在个人信息跨境传输过程中数据治理结构健全，采取的技术措施有效。在程序上经历合规自查、数据安全机构搭建、认证机构验证、现场审核后，方可完成完整的个人信息出境合规。

本节中的典型案例解析以实际案例的方式明确个人信息保护规则，为企业识别个人信息实践盲点、规范利用个人信息提供指引。企业应以此为鉴，在相关技

---

① 《全国首个获批数据出境安全评估案例落地北京友谊医院》，载首都医科大学附属北京友谊医院网，http://www.bfh.com.cn/Html/News/Articles/5797.html。

术公司、律师的合规经验基础上,充分推进合规体系建立,面对个人信息保护合规风险做到防患于未然。

第五节　合规指引

个人信息保护已迎来强监管时代,仅关注重点场景的个人信息保护已无法满足各类企业搭建符合自身合规体系的需求,需拥抱电子商务、金融、医疗健康、交通运输、人工智能、教育培训领域对个人信息处理者方面的最新要求,及时梳理调整已有的个人信息合规体系,避免产生合规风险。

一、重点场景合规指引

(一)App 运营个人信息合规指引

App 运营中面临网信部、市场监督管理部门、工信部以及公安机关等多部门联合监管,呈现特点为执法频次高、力度严。根据工信部 2022 年通报的六批侵害用户权益 App,相关企业运营个人信息合规存在的问题主要集中于信息收集超过必要范围、未经用户同意收集信息等。未来,App 运营个人信息合规指引应关注以下几点:

1. App 运营者应制定独立的《个人信息保护政策》(或称《隐私政策》)

《个人信息保护政策》是说明 App 的个人信息收集和使用情况,获得用户的合法授权以及保护用户个人信息主体权利的重要文档,其内容应符合国家相关法律法规、政策及标准的规定。首先,应参考《信息安全技术　个人信息安全规范》(GB/T 35273—2020),该文件列示个人信息示例、个人敏感信息判定、实现个人信息主体自主意愿的方法、个人信息保护政策模板的四份附录,对于 App 开发者和运营者理解个人信息保护要求和起草个人信息保护政策亦具有重要的参考价值。其次,应向终端用户明示在 App 中部署 SDK 收集使用个人信息的目的、方式和范围等,提供的保护标准应不低于 App 自身的隐私保护标准。最后,App 上线的《个人信息保护政策》中应披露第三方 SDK 的内容,如向终端用户逐一明示接入的第三方 SDK 收集使用个人信息的目的、方式和范围。

2. 完善针对第三方 SDK 安全检测

工信部此前要求互联网企业建立个人信息保护双清单(已收集个人信息清单和与第三方共享个人信息清单),并在 App 二级菜单中展示,以便用户查询。披露的内容包括已收集个人信息清单应简洁、清晰列出 App 包括内嵌第三方 SDK,已经收集到的用户个人信息基本情况,包括信息种类、使用目的、使用场景等。

3. 系统权限申请合规

《App 违法违规收集使用个人信息行为认定方法》《移动互联网应用程序(App)权限合规指南》中均有针对系统和接口权限获取的相关要求,信息处理者在获取具有个人信息处理功能的系统权限应注意以下两点:

(1)权限申请遵循最小必要、用户可知、不强制不捆绑、动态申请原则。坚持仅申请与 App 业务功能所必需的权限,并告知用户权限申请目的,不应强制申请系统权限,不提前申请与当前业务功能无关的权限。

(2)权限使用遵循一致性、不扩散、访问显性化原则。权限申请使用应与个人信息保护政策一致,App 获取的数据不应在未经用户授权的情况下私自提供给其他 App,使用相机、麦克风等系统权限获取敏感个人信息时,应以显性方式提示用户。

4. App 儿童用户个人信息合规

儿童用户的个人信息根据《个人信息保护法》规定属敏感个人信息。App 企业应设置专门的儿童个人信息保护规则和用户协议、指定专人负责儿童个人信息保护。收集、使用、转移、披露儿童个人信息的,应当以显著、清晰的方式告知儿童监护人,并应当征得儿童监护人的同意。不得违反法律及行政法规规定和双方约定的目的和范围收集、使用儿童个人信息。此外,还应默认关闭面向儿童用户的个性化推荐,也可创建向儿童用户个性化推荐的独立算法。

(二)敏感个人信息处理合规指引

《个人信息保护法》第二十八条中涉及的敏感个人信息范围包括金融账户、生物识别、行踪轨迹、医疗健康以及不满十四周岁未成年人的个人信息。关于敏感个人信息合规处理涉及各行各业,其中人脸识别技术被广泛运用于社会生活的各种场景,如特定区域的进出验证、智能手机登录解锁等。随之而来的是,实践中违规收集使用人脸信息的犯罪活动加剧。2021 年“3·15”节目中,央视就曝光了多家企业未经告知私自通过监控摄像头收集消费者人脸信息,包括某卫浴、某汽车等①。企业在处理用户敏感个人信息时一般要遵循：

1. 额外的告知义务。依据《个人信息保护法》第三十条的规定，处理敏感个人信息时，信息主体应知悉处理敏感个人信息的必要性以及对其个人权益的影响。

2. 取得用户单独同意。就该单独同意条款需要企业以明显、清晰的方式取得用户同意，如用户签署企业单独制作的《个人信息授权同意书》。

3. 事先进行个人信息保护影响评估。《个人信息保护法》第五十五条规定，企业处理敏感个人信息的应事先进行个人信息保护影响评估。此类评估可以帮助企业识别处理用户敏感个人信息的风险，以确保其采取相应的安全措施。本书以敏感个人信息中的人脸识别信息为例建立合规体系，企业在处理其他敏感个人信息可以此为参照进行（见表 2－20）。

表 2－20 人脸识别合规体系

类别	流程	内容
一般合规要求	进行个人信息保护的影响评估	第五十五条 有下列情形之一的，个人信息处理者应当事前进行个人信息保护影响评估，并对处理情况进行记录： （一）处理敏感个人信息； ……
全周期合规	收集	人脸识别数据的收集，具体分成四类，第一类告知义务：（1）告知信息处理者的身份、联系方式、信息处理规则、目的、方式、范围、保存期限。（2）收集人脸识别数据的必要性及对个人信息权益的影响。（3）个人的相关权利。（4）其他可替代性方案（如个人的身份证号码、姓名或者指纹验证等方式）。第二类单独同意，指对于刷脸的同意必须是单独的：（1）不得采取概括授权、捆绑授权（不同业务间、不同产品间）、兜底条款授权等方式。（2）自愿，不得以胁迫等方式获得授权。（3）单独勾选、点击同意。第三类最小必要，指不得超目的、超限度、超频次。第四类撤回同意，指便捷的撤回同意途径。 单独同意的例外：（1）为应对突发公共卫生事件，或者紧急情况下为保护用户的生命健康和财产安全所必需而处理人脸信息的。（2）为维护公共安全，依据国家有关规定在公共场所安装图像采集设备、人脸识别设备。（3）为公共利益实施新闻报道、舆论监督等行为在合理的范围内处理人脸信息。（4）已事前取得单独同意的。（5）单位内人力资源管理需要收集使用人脸信息的。（6）符合法律、行政法规规定的其他情形。

① 《央视 3·15 晚会曝光人脸识别滥用 个人信息安全规范你必须知道》，载湖南省质量和标准化研究院网 2021 年 3 月 24 日，http://www.hnis.cn/82/content_19145.html。

续表

类别	流程	内容
	存储	(1)人脸识别数据加密存储、区分存储(物理隔离或逻辑隔离)。(2)原则上不存储原始人脸图像,在完成身份验证或辨识之后,应当立即删除。(3)如果法律规定或者相关业务需要保存原始人脸图像,应当设置保存期间,到期后主动删除。(4)本地化存储 + 必要需求出境评估。
	使用	(1)在本地识别和远程识别方式均可适用时,应当适用本地人脸识别(收集和比对均在终端实现)。(2)生成可更新、不可逆、不可链接的人脸特征,同一人脸图像生成不同人脸特征、无法从人脸特征到人脸图像、同一人脸图像生成不同人脸特征之间不具备关联性。
	共享、转让	原则上不得向第三方进行共享、转让。但确有需要,需事前进行个人信息保护影响评估(告知用户共享、转让的目的、接收方身份、联系方式、接收方数据安全能力、可能产生的影响等相关信息)。如果涉及第三方,要对第三方数据保护能力进行审核,并签订数据共享协议。此外,还要取得个人单独同意。
	委托处理	委托处理指平台不具备处理的技术或选取委托给第三方进行个人信息处理合作模式的场景。其合规要求:(1)事前进行个人信息保护影响评估;(2)告知委托处理的目的;(3)对第三方数据保护能力进行审核,并签订数据委托处理协议。
	公开	使用单独同意模式,每一个环节的单独同意,都要在具体的环节中落实。
特殊合规要求	《信息安全技术 人脸识别数据安全要求》涉及人脸识别信息处理的主要包括三类场景	(1)人脸验证:将采集的人脸识别数据与存储的特定自然人的人脸识别数据进行比对(1∶1 比对),以确认特定自然人是否为其所声明的身份,主要包括机场、火车站的人证比对,移动智能终端的人脸解锁功能等。 (2)人脸辨识:将采集的人脸识别数据与已存储的指定范围内的人脸识别数据进行比对(1∶N 比对),以识别特定自然人,主要包括公园入园、居民小区门禁等。 (3)人脸分析:不开展人脸验证或人脸辨识,仅对采集的人脸图像进行统计、检测或特征分析,主要包括公共场所人流量统计、体温检测、图片美化等。

(三)儿童个人信息处理合规指引

《未成年人保护法》《个人信息保护法》《儿童个人信息网络保护规定》均强调儿童个人信息的重要性。结合我国针对儿童个人信息保护的相关规定,笔者建议,企业建立儿童个人信息数据合规体系应考虑以下几点:

1. 设定专门规则及专岗

设置专门的儿童个人信息保护规则和用户协议、设立专门部门负责儿童个人信息保护。

2. 告知及授权同意

《儿童个人信息网络保护规定》第十条规定了网络运营者征得同意时，应当同时提供拒绝选项，并规定了须明确告知的事项范围。[①] 收集、使用、转移、披露儿童个人信息的，应当以显著、清晰的方式告知儿童监护人，并应当征得儿童监护人的同意；向儿童监护人征得同意时，应当同时提供拒绝选项；向儿童监护人明确告知以下事项：收集处理目的、方式和范围；存储地点、期限和超期存储方式；信息安全保障措施；拒绝后果；用户反馈渠道和方式；用户行权途径和方式，等等。如前述事项发生实质性变化的，需再次征得同意。

3. 儿童个人信息处理流程合规

涉及儿童个人信息收集、存储、管理、移转等流程应做到如下几点，见表2－21：

表2－21　儿童个人信息处理流程合规

流程	内容
数据收集	不得违反法律、行政法规的规定和双方约定的目的和范围收集、使用儿童个人信息。因业务需要确需超出约定目的和使用范围的，应当再次征得儿童监护人同意。
数据存储	不得超过实现其收集、处理目的所必需的存储期限，采取加密等措施存储儿童个人信息。
内部管理	以最小授权为原则，严格设定内部信息访问权限，控制儿童个人信息知悉范围，记录数据访问情况；工作人员访问儿童个人信息的，应当经过儿童个人信息保护负责人或者其授权的管理人员审批，记录访问情况，并采取技术措施，避免违法复制、下载儿童个人信息。

① 《儿童个人信息网络保护规定》第十条规定：网络运营者征得同意时，应当同时提供拒绝选项，并明确告知以下事项：（一）收集、存储、使用、转移、披露儿童个人信息的目的、方式和范围；（二）儿童个人信息存储的地点、期限和到期后的处理方式；（三）儿童个人信息的安全保障措施；（四）拒绝的后果；（五）投诉、举报的渠道和方式；（六）更正、删除儿童个人信息的途径和方法；（七）其他应当告知的事项。前款规定的告知事项发生实质性变化的，应当再次征得儿童监护人的同意。

续表

流程	内容
数据移转	向委托方/第三方转移儿童个人信息的，应自行或者委托第三方机构进行安全评估；与委托方/第三方合作处理儿童个人信息的，应当通过签署数据处理协议明确双方责任、处理事项、处理期限、处理性质和目的等儿童个人信息保护相关义务，委托行为不得超出授权范围。
数据更正	个人信息主体权利。积极采取措施响应、更正儿童或其监护人发现的已收集、处理的个人信息中的错误。
数据安全应对	当发生儿童个人信息泄露、损毁、丢失等信息安全事件的，启动应急预案，立即向主管部门报告，并以任何可能的方式向受影响的儿童及其监护人告知。

（四）算法合规指引

企业在设立算法合规体系前应首先明确提供算法服务时应遵守法律法规、社会公德、商业道德等价值取向，不应利用算法扰乱社会经济秩序、损害国家和社会利益、传播不良信息。算法作为一项技术，其性质取决于算法的开发者或使用者，企业应根据《网络安全法》《数据安全法》《个人信息保护法》《互联网信息服务算法推荐管理规定》《关于加强互联网信息服务算法综合治理的指导意见》的规定坚持算法透明、安全、公平、向善的价值取向。具体合规指引中，应做到如下几点：

1. 向用户尽到告知义务

其包括告知用户提供算法推荐服务的情况，并公示算法的基本原理、目的意图和主要运行机制。

2. 为用户提供自主选择的权利

其包括对算法应用的结果性选择和过程性选择。结果性选择是指用户可选择直接关闭算法推荐服务（如未向用户提供不针对其个人的选项）；如用户选择关闭，则企业应当终止提供服务。过程性选择是指用户可选择或者删除针对其个人特征的用户标签；如用户选择或删除，企业不可再继续针对此等标签提供服务，但仍可能基于其他标签对该用户提供算法推荐服务。上述两种选择模式并非择一提供即可，而需要向用户并行提供两种选择模式。据此，企业应当评估自身是否已涵盖上述两种模式，若发现缺失应当尽快予以落实和部署。①

3. 主动进行风险评估和识别

企业对其算法应用场景主动进行风险评估和识别，并对处于信息不对称地位的用户予以说明，以保障其知情权。

4. 为用户设定算法推荐相关救济机制

其包括便捷有效的用户申诉和公众投诉、举报入口，并明确处理流程和反馈时限。

5. 加强算法安全意识

《互联网信息服务算法推荐管理规定》第七条与《关于加强互联网信息服务算法综合治理的指导意见》第四条要求企业强化责任意识，落实安全主体责任，包括建立健全相关管理制度和技术措施，制定并公开算法推荐服务相关规则，配备与算法推荐服务规模相适应的专业人员和技术支撑。操作上，首先，企业应当主动开展科技伦理审查、用户注册、信息发布审核、数据安全和个人信息保护、反电信网络诈骗、安全评估监测、安全事件应急处置等内部控制措施和外部防范措施；其次，企业应盘点和梳理算法应用的机制机理、模型、数据和应用结果并撰写说明文档，识别和评估风险，为算法的可解释性和透明性打下基础；最后，企业应组建专业团队提供技术支撑，确保包括应用过程、应用结果在内的算法运行生态的整体安全。②

（五）个人信息出境合规指引

2023 年数据出境领域相关文件、标准密集发布，成为数据合规领域关注的新焦点与新热点。我国个人信息传输制度的框架主要由《国家安全法》《网络安全法》《数据安全法》《个人信息保护法》构成，另外辅助《数据出境安全评估办法》《个人信息保护认证实施规则》《个人信息出境标准合同办法》，有关个人信息出境，目前依据《个人信息保护法》第三十八条规定存在三种路径，企业可以结合自身的业务场景及数据类别选择适合自己的路径与出境合规体系。

---

① 陈际红、陈煜烺：《算法推荐新规生效：五大视角厘清算法治理新格局》，载微信公众号“中伦视界”2022 年 3 月 1 日。

② 陈际红、陈煜烺：《算法推荐新规生效：五大视角厘清算法治理新格局》，载微信公众号“中伦视界”2022 年 3 月 1 日。

1. 满足个人信息出境的合法性前提

根据《个人信息保护法》第三十八条第一款的规定，个人信息处理者如因业务等需求确实需要向境外提供个人信息的，应当满足如下条件中的其中一种：(1)通过国家网信部门组织的安全评估；(2)按照国家网信部门的规定经专业机构进行个人信息保护认证；(3)按照国家网信部门制定的标准合同与境外接收方订立合同，约定双方的权利和义务；(4)法律、行政法规或者国家网信部门规定的其他条件。

2. 履行告知义务，征得信息主体同意

《个人信息保护法》第三十九条规定，企业向我国境外提供个人信息时，应当(1)履行告知义务：告知个人境外接收方的名称或者姓名、联系方式、处理目的、处理方式、个人信息的种类以及个人向境外接收方行使《个人信息保护法》规定权利的方式和程序等事项；(2)取得个人的单独同意。

3. 个人信息出境路径之一：数据出境安全评估

国家互联网信息办公室于 2022 年 7 月 7 日发布《数据出境安全评估办法》，该办法规定应当通过所在地省级网信部门向国家网信部门申报数据出境安全评估的情形、要求数据处理者在申报数据出境安全评估前需开展数据出境风险自评估、重点评估的事项、申报数据出境安全评估应当提供的材料、处理申报的期限、数据处理者与境外接收方订立的法律文件中应约定数据安全保护责任义务的具体内容。

(1)评估事项

《数据出境安全评估办法》第八条规定，数据出境安全评估主要包括以下事项：①数据出境的目的、范围、方式等的合法性、正当性、必要性；②境外接收方所在国家或者地区的数据安全保护政策法规和网络安全环境对出境数据安全的影响；境外接收方的数据保护水平是否达到中华人民共和国法律、行政法规的规定和强制性国家标准的要求；③出境数据的规模、范围、种类、敏感程度，出境中和出境后遭到篡改、破坏、泄露、丢失、转移或者被非法获取、非法利用等的风险；④数据安全和个人信息权益是否能够得到充分有效保障；⑤数据处理者与境外接收方拟订立的法律文件中是否充分约定了数据安全保护责任义务；⑥遵守中国法律、行政法规、部门规章情况；⑦国家网信部门认为需要评估的其他事项。

(2)申报材料

数据处理者申报数据出境安全评估，应当提交以下材料：①申报书；②数据出境风险自评估报告;③数据处理者与境外接收方拟订立的法律文件;④安全评估工作需要的其他材料。

(3)处理期限

根据《数据出境安全评估办法》第七条的规定,省级网信部门应当自收到申报材料之日起5个工作日内完成完备性查验。申报材料齐全的,将申报材料报送国家网信部门;申报材料不齐全的,应当退回数据处理者并一次性告知需要补充的材料。国家网信部门应当自收到申报材料之日起7个工作日内,确定是否受理并书面通知数据处理者。

2022年6月24日,全国信息安全标准化技术委员会秘书处发布《网络安全标准实践指南——个人信息跨境处理活动安全认证规范》,该规范从个人信息处理者和境外接收方之间的协议、双方对个人信息的组织管理方面提出了要求,并规定了个人信息跨境处理规则以及个人信息保护影响评估的要素。此外,还分别从个人信息主体权利以及个人信息处理者和境外接收方的责任义务两个方面作出了规定以保护个人信息主体的合法权益。

4. 个人信息出境路径之二:个人信息保护认证

2022年6月24日,全国信息安全标准化技术委员会发布了《网络安全标准实践指南——个人信息跨境处理活动认证技术规范》(TC260—PG—20222A)(以下简称《个人信息跨境处理活动认证技术规范》),数据跨境认证操作规范日益明确。应明确,该认证属于"自愿认证",认证成功的企业在满足"知情同意"等条件后,可以在认证范围内进行个人信息的跨境处理活动。以下将对该规范进行梳理,以便企业适用。

(1)适用情形

个人信息处理者开展个人信息跨境处理活动。

(2)认证主体

针对跨国公司或者同一经济、事业实体下属子公司或关联公司之间的个人信息跨境处理活动,由于存在多方主体,《个人信息跨境处理活动认证技术规范》规定,由涉及主体中的境内一方申请认证,并承担法律责任。境内个人信息处理者则是监管的主要抓手。

针对《个人信息保护法》第三条第二款适用的个人信息处理活动,则需要由境外个人信息处理者在我国境内设置的专门机构或者制定代表申请认证,并承担法律责任。

(3)基本原则

坚持合法、正当、必要和诚信原则,公开、透明原则,信息质量原则,同等保护原则,责任明确原则以及自愿认证原则。

(4)基本要求

①开展个人信息跨境处理活动的个人信息处理者(境内传输方)应当与境外接收方订立具有法律约束力和执行力的文件。

②境内传输方与境外接收方均应当指定个人信息保护负责人、设立个人信息保护机构。

③境内传输方与境外接收方应遵循统一的个人信息跨境处理规则,明确个人信息跨境传输各项事由、个人信息主体权益以及后续责任承担问题。

④境内传输方应当事前进行个人信息保护影响评估。

⑤境内传输方与境外接收方均应采取措施保障个人信息主体合法权益,包括但不限于知情权与查阅权、撤回同意权、信息更正权、要求处理方解释说明权、投诉与举报权以及诉权;同时,境内外双方均应严格履行《个人信息保护法》以及配套法律法规等规定的个人信息保护义务。

5. 个人信息出境路径之三:个人信息出境标准合同

如前所述,“按照国家网信部门制定的标准合同与境外接收方订立合同,约定双方的权利和义务”是一般情况下,数据出境合法化的渠道之一。2023 年 2 月 24 日,国家网信办发布了《个人信息出境标准合同办法》及其附件《个人信息出境标准合同》,该办法明确了个人信息处理者在何种情况下可以通过签订标准合同的方式向境外提供个人信息以及该标准合同的内容等。

(1)适用场景

根据《个人信息出境标准合同办法》的规定,合同适用场景为:非关键基础设施运营者、处理个人信息不满 100 万人、自上年 1 月 1 日起累计向境外提供个人信息不满 10 万或自上年 1 月 1 日起累计向境外提供敏感个人信息不满 1 万人。此外,该办法明确禁止个人信息处理者通过数量拆分等手段规避数据出境安全评估。

(2)合同内容

个人信息处理者和境外接收方的基本信息,包括但不限于名称、地址、联系人姓名、联系方式等;个人信息出境的目的、范围、类型、敏感程度、数量、方式、保存期限、存储地点等;个人信息处理者和境外接收方保护个人信息的责任与义务,以及为防范个人信息出境可能带来安全风险所采取的技术和管理措施等;境外接收方所在国家或者地区的个人信息保护政策法规对遵守本合同条款的影响;个人信息主体的权利,以及保障个人信息主体权利的途径和方式;救济、合同解除、违约责任、争议解决等。

(3)生效条件

《个人信息出境标准合同办法》第七条中规定,个人信息处理者应当在标准合同生效之日起十个工作日内向所在地省级网信部门备案。

(4)备案限制

个人信息处理者应当在标准合同生效之日起10个工作日内向所在地省级网信部门备案。备案应当提交以下材料:①标准合同;②个人信息保护影响评估报告。如果在合同有效期内发生重大的约定事项变化,个人信息处理者应当重新开展个人信息保护影响评估,补充或者重新签订标准合同并备案。

二、重点行业合规指引

(一)电子商务

电商数据已成为要素市场化配置体制中重要的一环,在数字经济时代发挥着重要作用。电商企业应结合其特殊性,在电商数据的收集、处理等方面符合更高标准的数据合规要求。

1. 数据处理合规

在数据收集层面,应当具备明确、具体、清晰的目的,符合信息保护规则。在数据处理层面,应结合具体的数据处理行为,分别遵从电商数据的使用、管理、存储、传输等规则。

2. 重点制定隐私政策与用户协议

隐私政策和用户协议作为平台规则的重要文件,应分别做好数据合规。就隐私政策而言,应主要从编制程序、易读性与易访问性、内容、发布和可视化、修订等方面着手。就用户协议而言,应着重关注账号注册与使用规则、平台与用户的权利义务等方面。

3. 开展对业务合作方及第三方 SDK 的合规审查

电商平台应对业务合作方提供的数据以及第三方 SDK 提供者进行合规审查。就业务合作方提供的数据而言，应建立数据识别与分类分级机制，采取多层次、差异化的合规审查模式。就第三方 SDK 提供者而言，应当遵循合法、正当、必要的原则选择 SDK，建立 SDK 安全规范，完善与第三方 SDK 提供者的合作协议等。

4. 消费者个人信息保护合规

电商企业应在消费者信息保护方面做好数据合规，充分落实《消费者权益保护法》与《电子商务法》中有关消费者信息保护的规则，在程序层面上多角度进行合规审查，尽到充分审查义务。

（二）金融

金融业机构应以“权责一致、目的明确、选择批准、至少够用、公开透明、保证安全、主体参与”的原则，设计并实施覆盖个人金融信息全生命周期的安全保护策略。①

1. 金融企业处理数据应遵循的基本原则

（1）权责一致：为防范和抵御金融数据安全风险，金融业机构应明确本机构数据安全防护工作相关部门及其职责，有关部门及人员应积极落实相关措施，履行数据安全防护职责。②

（2）目的明确：《个人信息保护法》第六条第一款规定，处理个人信息应当具有明确、合理的目的，并应当与处理目的直接相关，采取对个人权益影响最小的方式。金融业机构应制定金融数据安全防护策略，明确金融数据生命周期各环节的安全防护目的。

（3）选择同意：银行、支付机构处理消费者金融信息，应当遵循合法、正当、必要原则，经金融消费者或者其监护人明示同意，但是法律、行政法规另有规定的除外。银行、支付机构不得以金融消费者不同意处理其金融信息为由拒绝提供金融产品或者服务，但处理其金融信息属于提供金融产品或者服务所必需的除外。③

① 参见《个人金融信息保护技术规范》（JR/T 0171—2020）第 5 条。

② 参见《金融数据安全　数据生命周期安全规范》（JR/T 0223—2021）第六条。

③ 参见《中国人民银行金融消费者权益保护实施办法》第二十九条。

（4）最少够用：《个人信息保护法》第六条第二款规定，收集个人信息，应当限于实现处理目的的最小范围，不得过度收集个人信息。金融业机构应仅处理个人金融信息主体授权同意的金融数据，且处理的金融数据为业务所必需的最小金融数据类型和数量。银行、支付机构不得收集与业务无关的消费者金融信息，不得采取不正当方式收集消费者金融信息，不得变相强制收集消费者金融信息。

（5）公开透明：《个人信息保护法》第七条规定，处理个人信息应当遵循公开、透明原则，公开个人信息处理规则，明示处理的目的、方式和范围。

（6）确保安全：《个人信息保护法》第九条规定，个人信息处理者应当对其个人信息处理活动负责，并采取必要措施保障所处理的个人信息的安全。银行业金融机构在收集、保存、使用、对外提供个人金融信息时，应当严格遵守法律规定，采取有效措施加强对个人金融信息保护，确保信息安全，防止信息泄露和滥用。特别是在收集个人金融信息时，应当遵循合法、合理原则，不得收集与业务无关的信息或采取不正当方式收集信息。①

2. 保护个人金融信息主体的基本权利

个人金融信息主体依法享有查阅、复制、可携、更正、删除、解释说明的权利，金融企业应当及时、便捷响应信息主体的上述权利。

3. 健全内部个人信息控制制度

金融企业应制定个人金融信息保护管理规定，提出本机构个人金融信息保护工作方针、目标和原则。开展个人金融信息分类分级管理。应针对不同类别和敏感程度的个人金融信息，实施相应的安全策略和保障措施。建立日常管理及操作流程。应对个人金融信息的收集、传输、存储、使用、删除、销毁等环节提出具体保护要求，制定个人金融信息时效性管理规程，确保符合法律法规和行业主管部门有关规定。建立信息系统分级授权管理机制。应在不影响履行反洗钱等法定义务的前提下，制定本机构人员个人金融信息调取权限与使用范围，并制定专门的授权审批流程。建立个人金融信息安全检查及监督机制。应建立个人金融信息安全日常检查机制和工作流程，定期评估个人金融信息管理方面存在的不足，及时调整检查机制和工作流程。最后，应将个人金融信息泄露等相关事件处理纳入机构信息安全事件应急处置工作机制，制定专门的流程和预案。定期评估应急处

① 参见《关于银行业金融机构做好个人金融信息保护工作的通知》第二条。

理流程和预案，及时保障、有效应对个人金融信息安全事件，降低安全事件造成的损失及不利影响。

4. 完善金融业个人信息出境合规

原则上，在我国境内提供金融产品或服务过程中收集和产生的个人金融信息，其存储、处理和分析应当在中国境内进行。① 这是个人金融信息存储的原则，只有在符合国家法律法规及行业主管部门有关规定的情形下，且信息处理者需履行一定义务，才存在向境外提供个人金额信息的空间。此外，个人金融信息作为个人信息的一种类型，信息处理者在向境外提供个人金融信息时也应当遵守告知义务同时明确应获得个人金融信息主体明示同意。信息处理者在向境外提供个人金融信息前，应依据国家、行业有关部门制定的办法与标准开展个人金融信息出境安全评估，确保境外机构数据安全保护能力达到国家、行业有关部门与金融业机构的安全要求。最后，还应与境外机构通过签订协议、现场核查等方式，明确并监督境外机构有效履行个人金融信息保密、数据删除、案件协查等职责义务。应依据国家、行业有关部门制定的办法与标准开展个人金融信息出境安全评估，确保境外机构数据安全保护能力达到国家、行业有关部门与金融业机构的安全要求。

（三）医疗健康

我国医疗机构数量已达百万级，由于医疗行业的特殊性与敏感性，其数据安全和个人信息保护的合规程度更高，对医疗健康企业的数据合规也提出了更高要求。医疗健康企业在个人信息数据合规中应注意：

1. 数据分类准确识别个人信息

《信息安全技术　健康医疗数据安全指南》对健康医疗数据进行了分类，并给出了涵盖范围，其中具有个人属性的数据包括：(1)人口统计信息，包括姓名、出生日期、性别、民族、国籍、职业、住址、工作单位、家庭成员信息、联系人信息、收入、婚姻状态等；(2)个人身份信息，包括姓名、身份证、工作证、居住证、社保卡、可识别个人的影像图像、健康卡号、住院号、各类检查检验相关单号等；(3)个人通讯信息，包括个人电话号码、邮箱、账号及关联信息等；(4)个人生物识别信息，包括基

① 参见《个人金融信息保护技术规范》(JR/T 0171—2020)第7.1.3条。

因、指纹、声纹、掌纹、耳廓、虹膜、面部特征等；个人健康监测传感设备 ID 等。企业应严格遵从《信息安全技术　健康医疗数据安全指南》要求，对医疗数据进行识别并按照内容进行分类。

2. 结合分级数据细分适用场景

《信息安全技术　健康医疗数据安全指南》根据不同级别的数据的特点、使用场合、特征等予以公开应考虑的因素作出了详细规定，可供企业参考（见表 2－22）。

表 2－22　健康医疗数据分级及适用场景

数据分级	分级依据	数据特点	适用场合	适用场景举例	是否公开的考虑因素
第 1 级	对公众基本不会造成损害	业务要求：可公开发布 数据内容：某些统计值 数据接收与使用者：大众	公告	需要公众了解，如剩余床位信息、剩余可就诊号源信息	是否可公开需要评审
第 2 级	对公共卫生利益造成损害	业务要求：不需要识别个人 数据内容：一般人口信息、各类医疗、卫生服务信息 数据接收与使用者：科研教育等人员	管理、研究、教育与统计分析	例如病例分析、各类病种分布统计、流行病研究、疾病队列研究等场景举例：临床研究、医学健康教育、药品/医疗器械研发	宜进行去标识化处理，通过协议或领地公开共享模式管控，宜确保数据的完整性和真实性
第 3 级	会对患者和医务人员的工作和生活造成影响	业务要求：服务对象个人可识别，周边人不易识别 数据内容：部分个人可识别信息或代码，与其他信息内容分离，如张××、排队序号等 数据接收与使用者：局部小范围人群	服务对象告知	在公开场合通知服务对象，如门诊叫号、检查叫号、体检服务叫号等	个人信息需部分遮蔽，环境与接收人数量受到限制

续表

数据分级	分级依据	数据特点	适用场合	适用场景举例	是否公开的考虑因素
第 4 级	对机构权益造成损害	业务要求:必须准确识别个人 数据内容:包含完整准确的个人健康医疗数据 数据接收与使用者:比较小范围人员、有审计、有保护隐私义务	个性化服务与管理	针对个人的医疗服务、卫生健康服务、传染病管控、基因组测序 场景举例:医院互联互通、远程医疗、健康传感数据管理、移动应用、商保对接	由于涉及个人标识信息,环境与接收人宜严格管控,宜高标准保证数据完整性和可用性
第 5 级	对公共卫生利益造成损害	业务要求:特殊疾病诊疗所必需 数据内容:特殊病种详细资料 数据接收与使用者:极小范围人员、有审计、有保密义务	特殊疾病诊疗	疾病极其敏感,如艾滋病等	严格的身份鉴别、访问控制等措施

3. 医疗数据个人信息处理合规

数据处理者收集个人信息时,应当遵循合法、正当、必要原则,遵循知情同意原则,不得违反法律、行政法规的规定和双方的约定收集、使用个人信息,不得收集与其提供的服务无关的个人信息。《信息安全技术　健康医疗数据安全指南》以健康医疗数据的适用场景为基础,对健康医疗数据不同处理环节的合规要点作出了详细规定,可供企业参考(见表 2－23)。

表 2－23　健康医疗数据处理合规建议

序号	场景分类	合规环节	合规要点	场景与用户举例
1	主体—控制者间数据流通	采集安全	控制者:采集数据知情同意	场景举例:医生调阅、健康传感、移动应用 主体:个人 控制者:医疗机构、科研机构、医保机构、商业保险、公司、健康服务企业
		传输安全	控制者:加密、存储介质管控	
		存储安全	控制者:境内存储、加密、分类分级、去标识化、备份恢复、存储介质管控	

续表

序号	场景分类	合规环节	合规要点	场景与用户举例
2	控制者—主体间数据流通	传输安全	控制者:加密、存储介质管控	场景举例:患者查询 主体:个人 控制者:医疗机构
		使用安全	控制者:身份鉴别、访问控制、敏感数据控制	
3	控制者内部数据使用	收集安全	控制者:收集数据知情同意、审批	场景举例:内部数据使用 控制者:医疗机构
		处理安全	处理者:去标识化、权限管理、质量管理、元数据管理	
		使用安全	控制者:审批授权、身份鉴别、访问控制、审计	
		存储安全	控制者:境内存储、加密、分类分级、去标识化、备份 恢复、存储介质管控	
4	控制者—处理者间数据流通	传输安全	控制者:传输前的审查、评估、授权;加密、审计、流量控制、存储介质管控 处理者:数据传输加密、传输方式控制	场景举例:医疗器械维护 控制者:医疗机构、政府机构 处理者:科研机构、健康医疗信息服务企业、医疗器械厂商
		处理安全	处理者:去标识化、权限管理、质量管理、元数据管理、审计	
		存储安全	控制者:境内存储、加密、分类分级、去标识化、备份恢复、存储介质管控、管理处理者数据存储过程 处理者:境内存储、加密、分类分级、去标识化、备份恢复、存储介质管控、销毁机制	
5	控制者间数据流通	传输安全	控制者:对接安全、加密、审计、流量控制、存储介质管控	场景举例:互联互通、远程医疗 控制者:政府机构、医疗机构、医保机构
		使用安全	控制者:审批授权、身份鉴别、访问控制、审计	
		存储安全	控制者:境内存储、加密、分类分级、去标识化、备份恢复、存储介质管控、销毁机制	

续表

序号	场景分类	合规环节	合规要点	场景与用户举例
6	控制者—使用者间数据流通	传输安全	控制者:传输前的审查、评估、授权;加密、审计、流量控制、存储介质管控	场景举例:商保对接、临床研究、二次利用 控制者:医疗机构 使用者:商业保险公司、科研机构
		使用安全	使用者:审批授权、身份鉴别、访问控制、审计	
		存储安全	控制者:境内存储、加密、分类分级、去标识化、备份恢复、存储介质管控、管理使用者数据存储过程 使用者:境内存储、加密、分类分级、去标识化、备份恢复、存储介质管控、销毁机制	

4. 医疗数据个人信息出境合规

健康医疗数据中大部分涉及患者个人信息,根据《个人信息保护法》的规定,个人信息出境应当做到告知信息主体本人并取得个人的单独同意。企业应根据《数据出境安全评估办法》履行数据出境前的各项合规义务及落实健康医疗数据出境后的安全评估并持续关注。

(四)交通运输(含车联网)

车联网是指新一代网络通信技术与汽车、电子、道路交通运输等领域深度融合的新型产业形态。《数据安全法》《汽车数据安全管理若干规定(试行)》等规范性文件的颁布,使车联网交通企业构建完善的数据合规体系势在必行,交通运输企业构建用户个人信息合规应遵循以下要求:

1. 做好车联网用户个人信息分类分级

针对汽车数据的个人信息保护,《车联网信息服务用户个人信息保护要求》重点强调车联网数据个人信息的分类分级保护。《车联网信息服务用户个人信息保护要求》中首先对用户个人信息进行分类,具体见表 2 – 24:

表2－24 车联网用户个人信息分类

类别		范围	示例
用户身份证明类信息	A1:用户自然人身份和标识信息	A1－1:用户基本资料	姓名、证件类型及号码、年龄、性别等
		A1－2:用户身份证明	身份证、军官证、护照、机动车驾驶证等影印件
		A1－3:用户生理标识	指纹、声纹、虹膜、脸谱等
	A2:用户虚拟身份和鉴权信息	A2－1:普通车联网信息服务标识和鉴权信息	电话号码、账号、邮箱地址、用户个人数字证书等
		A2－2:车联网交易类信息服务身份标识和鉴权信息	各类交易账号和相应的密码、密码保护答案、解锁图案或者平台中登陆的个人银行账号等
车联网信息服务内容类用户数据信息	B1:用户服务内容信息	B1－1:驾驶及行车安全服务类信息	只能辅助驾驶相关服务场景下的车辆驾驶行为、行经路线等信息;车联网在车辆防碰撞中的相关用户个人信息
		B1－2:生活服务信息	车联网生活服务相关的内容信息,如个人数据文件
		B1－3:交通出行管理服务信息	车联网在交通动态信息通知服务中相关的个人信息;车联网在浮动车交通管理服务中相关的用户个人信息(如车辆信息动态交换采集)
		B1－4:涉车服务信息	车联网在涉车服务等相关的用户个人信息(如车辆检修保养救援)
		B1－5:行业营运服务信息	车联网在行业营运服务中的相关内容信息,如与车况和位置信息上报等相关的用户个人信息

续表

类别		范围	示例
	B2:用户资料信息	B2-1:联系人信息	通信录、好友列表等用户资料数据;车内蓝牙配对拷贝的联系人列表
		B2-2:用户私有资料数据	用户云储存、终端、SD卡等储存的用户文字、多媒体等资料数据信息
		B2-3:信息服务内容衍生信息	基于定位及导航服务内容分析获取的车辆活动轨迹、精准定位信息、个人生活习惯、健康状况的资料信息
用户服务相关信息	C1:用户服务使用信息	C1-1:业务订购、订阅关系	业务订购信息、业务注册时间、修改、注销状况信息等
		C1-2:服务记录	车联网信息服务平台、智能网联汽车及车联网智能终端中存储或缓存的直接或间接产生的用户操作记录
		C1-3:日志	反映用户操作记录的如日志信息、日志文件等
		C1-4:交易服务信息	交易信息、消费记录、流水记录等
	C2:用户车辆基本标识信息	C2-1:车辆基本资料	车辆类型、车辆品牌、车辆型号、车辆底盘型号、发动机号等
	C3:用户设备、系统和平台信息	C3-1:设备、系统或平台信息	硬件型号、唯一设备识别码IMEI、设备/系统/平台MAC地址等

在分级上,《车联网信息服务用户个人信息保护要求》考虑到车联网信息服务中相关的用户个人信息的敏感程度和发生用户个人信息泄露或滥用对用户人身和财产等方面的危害程度对相关数据内容进行敏感性分级,分级内容见表2-25:

表2-25 车联网信息服务用户个人信息敏感性分级

分级	内容	敏感性要素
个人敏感信息	是指在车联网信息服务过程中相关的个人信息,一旦被泄露、被非法滥用后会给用户人身和财产带来严重危害,极易导致个人名誉、身心健康受到损害或者歧视性待遇等个人信息	A1-2:用户身份证明 A1-3:用户生理标识 A2-2:车联网交易类信息服务身份标识和鉴权信息

续表

分级	内容	敏感性要素
个人重要信息	是指在车联网信息服务中相关的用户个人信息，在被泄露、被非法使用后会给用户人身和财产带来较大危害，甚至在一定程度上影响个人名誉和身心健康	A1－1：用户基本资料 A2－1：普通车联网信息服务身份标识和鉴权信息 B1－1：驾驶及行车安全服务信息 B1－2：生活服务信息 B1－3：交通出行管理服务信息 B1－4：涉车服务信息 B1－5：行业运营服务信息 B2－1：联系人信息 B2－2：用户私有资料数据 B2－3：信息服务内容衍生信息 C1－2：服务记录 C1－3：日志 C1－4：交易服务信息 C2－1：车辆基本资料 C3－1：设备、系统或平台信息
个人一般信息	是指在车联网信息服务过程中相关的用户个人信息，在被泄露、被非法使用后会给用户带来一定危害，但相对影响范围和程度有限，不会对财产和人身安全构成危害	C1－1：业务订购、订阅关系

交通运输企业应详细参考《车联网信息服务用户个人信息保护要求》中针对用户个人信息的分类分级要求，准确识别企业掌握的用户数据。可以说，分类分级处理用户个人信息是交通运输企业数据合规的起点也是必要一环。

2. 交通运输企业处理个人信息应遵循基本原则

（1）权责一致原则：采取技术和其他必要措施保障个人信息安全，对其个人信息处理活动对个人信息主体合法权益造成的损害承担责任。

（2）目的明确原则：具有合法、正当、必要、明确的个人信息处理目的。

（3）选择同意原则：向个人信息主体明示个人信息处理目的、方式、范围、规则等，征求其授权意见。

（4）最少够用原则：只处理满足个人信息主体授权同意的目的所需的最少个人信息类型和数量。目的达成后，应及时删除个人信息。

（5）公开透明原则：以明确、易懂和合理的方式公开处理个人信息的范围、目的、规则等，并接受外部监督。

(6)确保安全原则:具备与所面临的安全风险匹配的安全能力,并采取足够的管理措施和技术手段,保护个人信息的保密性、完整性、可用性。

(7)主体参与原则:向个人信息主体提供能够查询、更正、删除其个人信息,以及撤回同意、注销账户、投诉等方法。

3. 交通运输企业处理个人信息具体要求

针对个人一般信息,汽车企业应实施基本的技术和管理措施确保车联网用户个人信息访问控制安全。例如,应针对用户个人信息采取必要的访问控制措施。

针对个人重要信息,汽车企业应实施必要的技术和管理措施,保护用户的知情权和选择权,保护用户个人信息的机密性和完整性,确保用户个人信息访问控制安全,建立用户个人信息安全管理规范。例如,在收集和转移用户个人信息时应征得用户同意,在信息的收集和转移的传输过程应采取必要的加密措施,保障数据的机密性和完整性,应对信息采取严格访问控制措施,应定义严格的用户个人信息各生命周期安全管理规范,应设置内部的数据审批流程及制度。

最后,考虑到敏感个人信息的特殊性,汽车企业应实施严格的技术和管理措施,保护用户的知情权和选择权,保护用户个人信息的机密性和完整性,确保车联网用户个人信息访问控制安全,建立严格的用户个人信息安全管理规范以及数据实施监控机制。例如,在个人重要信息合规措施的基础上,在收集、转移和使用用户个人信息时应征得用户同意,在信息的储存以及收集和转移的传输过程中应采取高强度的加密措施,并对用户个人信息的使用进行实时监控及预警。

(五)教育培训

《教育信息化2.0行动计划》指出:“教育信息化具有突破时空限制、快速复制传播、呈现手段丰富的独特优势,必将成为促进教育公平、提高教育质量的有效手段,必将成为构建泛在学习环境、实现全民终身学习的有力支撑。”①“技术+教育”业已成为教育培训领域的新业态。面对教育培训领域的新变革,企业在进行线上教育转型的同时,应注意企业自身的数据安全,构建起符合其业务场景的数据合规体系。笔者就教育培训领域的数据合规构建思考如下:

---

① 《教育信息化2.0行动计划》(教技〔2018〕6号),2018年4月13日发布。

1. 坚持“知情同意、合法、正当、必要、诚信”原则

教培企业落实“知情同意”原则获取个人信息时，应要求提供方说明个人信息来源，并对其来源合法性进行确认；应主动了解个人信息提供方已获得的个人信息处理的授权同意范围，包括使用目的，个人信息主体是否授权同意转让、共享、公开披露、删除等。此外，基于其收集信息范围的广泛性，在产品或服务提供多项收集个人信息的业务功能时，应于个人信息隐私保护政策的基础上，在实际开始收集特定个人信息时，向个人信息主体提供收集该信息的目的、方式和范围。最后，在收集个人敏感信息前，应征得个人信息主体的明示同意，确保明示同意是在完全知情的基础上自主给出的具体清晰的意愿表示；对于个人生物识别信息应当单独告知收集的目的、方式和范围并征求明示同意；涉及未成年人尤其是不满14周岁未成年人信息的，可参见敏感个人信息保护部分内容。

合法、正当、必要、诚信是《个人信息保护法》对信息收集提出的明确要求，企业收集个人信息不得通过误导、欺诈、胁迫等方式，不得隐瞒产品或服务具有的收集个人信息的功能，不得从非法渠道获取个人信息。《常见类型移动互联网应用程序必要个人信息范围规定》中规定：“学习教育类，基本功能服务为‘在线辅导、网络课堂等’，必要个人信息为：注册用户移动电话号码”，除此之外，如产品或服务提供多项需收集个人信息的业务功能时，不得通过捆绑等方式要求个人信息主体一次性同意信息收集请求，不得仅以改善服务质量、提升使用体验、研发新产品、增强安全性等为由强制要求个人信息主体同意收集个人信息。

2. 合理使用用户个人信息

教育培训企业为提供个性化、定制化教学服务，往往会根据用户信息进行精准画像并通过自动化决策等机制为用户提供产品选择，如通过对学生的单词量等各类测试结果进行分析以推荐相应课程等，需注意用户画像的限制和自动决策机制的使用要求，如用户画像中对个人信息主体的特征描述，不应包含淫秽、色情、赌博、迷信、恐怖、暴力的内容，不应表达对民族、种族、宗教、残疾、疾病歧视的内容，而用个人信息进行自动化决策，应当保证决策的透明度和结果公平、公正；向个人进行信息推送、商业营销，应当同时提供不针对其个人特征的选项，或者向个人提供便捷的拒绝方式。

3. 与第三方共享用户个人信息合规

教育培训企业在与第三方共享用户个人信息可能面临侵害用户隐私权的合

规风险，应当贯彻“知情同意”原则，充分履行告知义务并取得用户明示同意，如教育培训机构在组织统一模考时，询问用户是否愿意公开其成绩及排名，此外应当严格遵守《信息安全技术　个人信息安全规范》中关于个人信息共享、转让的要求。①

《个人信息保护法》的出台仅是企业个人信息合规业务搭建的起点，远非终点。各企业应充分认识到当前个人信息保护专业化高、针对性强的发展趋势，意识到监管部门和社会公众的焦点逐渐转向各领域、业务场景下的具体个人信息保护。将企业自身的个人信息合规工作场景化、领域化发展，不仅是顺应监管趋势的要求，更是尊重用户权利的体现。用户个人信息合规，企业方能更好前行。

第六节　发展趋势展望

随着个人信息保护领域立法、实践逐渐成熟，未来应重点关注以数据交易平台为基础的个人信息交易合规，个人数据合规细分化专业化发展，AIGC 等新赛道企业个人信息保护需求的涌现。相关企业不应局限当下，更应展望未来，未雨绸缪，提前落地合规框架。

一、数据交易平台建设兴起，个人信息交易合规性提升

数据作为当今时代的一种重要发展资源，其商业价值不言而喻。截至 2022 年 12 月，全国各地新设数据交易平台的数量已达 40 余家。同时，各地相继出台了配套的促进数据要素流通的地方性法规，如《广东省数字经济促进条例》《上海市数据条例》《辽宁省大数据发展条例》《深圳经济特区数据条例》等，各条例均强调个人信息保护与数据交易并行。事实上，无论是《个人信息保护法》还是各地法规，均未明确规定禁止对个人信息的交易，但也对此严加限制，如《深圳经济特区数据条例》要求数据处理者向他人提供个人数据，原则上应当对个人数据进行去标识化或匿名化处理。理论上，个人信息的入场交易在规范上具有可行性，但在实践中各交易平台对此类数据仍持谨慎观望态度。2023 年，全国首笔个人数据合

① 参见《信息安全技术　个人信息安全规范》（GB/T 35273—2020）第 9.2 条。

规流转交易在贵阳大数据交易所场内完成,各环节均接受检查、监督、管理,属个人信息入场交易的创新实践(见图2-1)。

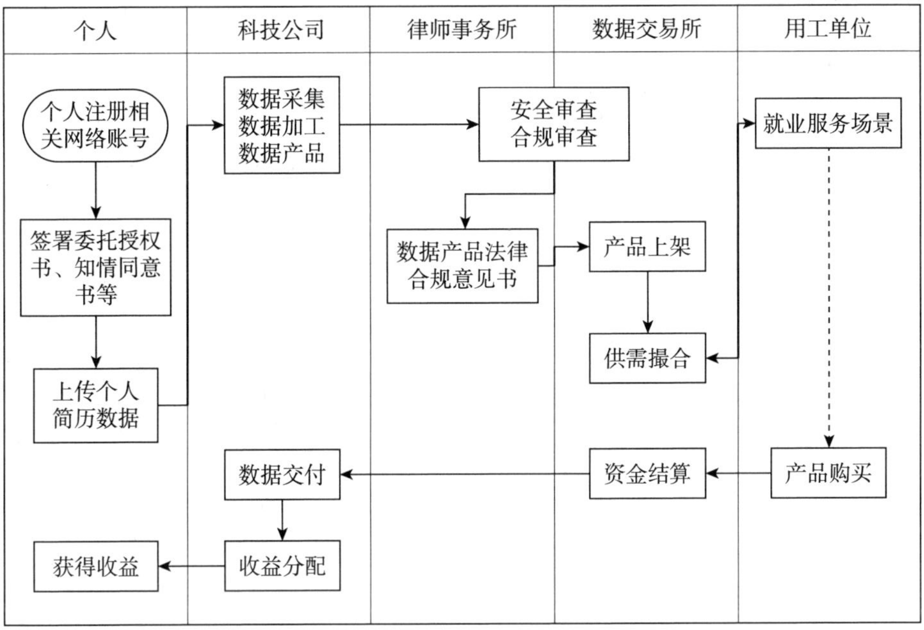

图2-1 个人简历数据合规流转场内交易流程

深圳市北鹏前沿科技法律研究院CTO表示,“此次全国首例场内个人数据试点流通交易,是首次实现个人作为数据要素市场直接参与方,且能实现个人用户在该场景下获得收益,不仅是业务创新尝试,也为国家在个人数据合规流转、流通交易方面提供了经验样板”。[①] 面对逐渐兴起的数据交易平台,未来个人数据合规流通交易将成为个人信息保护领域的新重点,通过探索合法合规的个人数据交易实践,是让数据主体、信息处理主体、市场三方获益的全新商业模式。

二、个人信息保护监管的多元化与针对性进一步提高

目前,个人信息保护监管多元化体现在由网信部门主导,工信部、市场监督管理部门、公安部门等协助在本部门职责范围内配合监管,主动执法、频发检查。从2019年至今以App为中心开展个人信息治理工作,监管措施多样,如集中约谈、

① 贵阳大数据交易所:《全国首笔个人数据合规流转场内交易完成》,载新浪财经网2023年4月26日,https://finance.sina.cn/2023-04-26/detail-imyrtprr4774856.d.html。

下架、通报、要求其整改落实等方式，已取得显著成效。在监管针对性上，《信息安全技术　健康医疗数据安全指南》《车联网信息服务用户个人信息保护要求》等行业个人信息保护专项文件出台，为该领域企业提供更为明晰的个人信息合规要求。未来，企业对个人信息的保护不仅应注意到敏感个人信息、儿童个人信息、个人信息出境等传统重点，还应及时跟进行业内部个人信息保护文件的发布与更新，电商、App 应用、医疗健康、车联网等领域在搭建企业内部的数据合规体系的同时都需要依据行业特点特别关注个人数据合规体系。

三、AIGC 新晋未来发力点，相关企业遵循个人信息保护相关法律法规

2023 年 4 月 11 日，网信办发布《生成式人工智能服务管理办法（征求意见稿）》向社会公开征求意见，回应以 ChatGPT、Midjourney 为代表的新兴人工智能技术。该征求意见稿第五条规定“利用生成式人工智能产品提供聊天和文本、图像、声音生成等服务的组织和个人（以下称‘提供者’），包括通过提供可编程接口等方式支持他人自行生成文本、图像、声音等，承担该产品生成内容生产者的责任；涉及个人信息的，承担个人信息处理者的法定责任，履行个人信息保护义务”。根据规定可知，如果 AIGC 服务提供者提供的服务内容涉及对个人信息的收集、存储、使用、加工、传输、提供、公开等环节，应履行个人信息处理者的法定义务。AIGC 行业成为新晋发力点，人工智能时代已悄然到来。AIGC 相关企业在有关个人信息保护的数据处理方面需严格遵守《网络安全法》《数据安全法》《个人信息保护法》《互联网信息服务深度合规管理规定》及未来出台的管理办法，搭建 AIGC 合规体。在个人信息跨境传输中还应按照《数据出境安全评估办法》、《关于实施个人信息保护认证的公告》和《个人信息出境标准合同办法》的规定选择适合自己的数据出境路径，维护我国数据安全，推动全行业合法合规发展。

个人信息保护体系相关内容在此已告一段落，但各企业个人信息合规业务搭建之路漫漫。个人信息合规不是一时之功，面对不断发展的业务场景与日益严厉的个人信息保护需求，企业更要不断打磨、完善自身的合规体系。如何平衡法治要求与技术发展，如何平衡企业逐利与用户保护，与其退缩，不如大胆拥抱个人信息保护的新时代，让合规融入企业文化的血脉。

第三章

网络与数据安全法律体系

随着数字经济的不断发展,网络安全与数据集聚开发应用所产生的个人隐私侵害、数据泄露等数据安全风险日益突出,在数据的收集、使用、共享等全生命周期中,如何保障网络与数据安全成为紧迫且关键的问题。本章将深入探讨我国网络与数据安全立法的背景、原则和制度框架,剖析我国网络与数据安全立法的重要法条,结合典型案例,为企业应对网络和数据安全问题提供合规建议。

第一节　立法背景与规则体系

在数字化时代,网络已经成为人们日常生活中不可或缺的一部分,同时催生了蓬勃发展的数字经济。然而,随着网络技术的不断进步和应用场景的扩大,网络与数据安全问题逐渐浮现,各类网络安全事件不断发生,给社会带来了严重的负面影响。针对这一问题,我国政府不断加强网络和数据安全立法,构建完善的网络和数据安全体系,保障人民群众的网络和数据安全。

一、立法背景

本节将探讨网络和数据安全立法的制度背景、现实背景以及国际背景,深入剖析我国网络和数据安全立法的动因和必要性,以期为构建更安全、更可信的网络和数据环境提供法律保障。

（一）制度背景：网络安全是国家安全的重要组成部分

我国政府长期以来高度重视信息化建设和网络安全。从 1994 年 2 月开始，国务院发布实施了《计算机信息系统安全保护条例》，标志着我国网络安全立法的起步。然而，随着科技的迅速发展和互联网的普及应用，网络安全面临日益复杂和严峻的挑战。

为了应对这一挑战，习近平总书记在 2014 年 2 月中央网络安全和信息化领导小组第一次会议上所作的重要发言中，突出强调了网络安全对国家安全和现代化建设的重要意义。习近平总书记指出，网络安全和信息化是事关国家安全和发展、事关广大人民群众工作生活的重大战略问题。这一重要论断为网络安全立法提供了坚实的制度基础。

在制度建设方面，我国相继出台了《网络安全法》和《数据安全法》等一系列法规，这些法规明确了网络和数据安全的基本原则、主体责任和监管措施。同时，政府通过制定标准、加强技术创新和加强网络安全宣传等措施，不断提升网络和数据安全保障能力，推动网络和数据安全法律体系的完善和实施。

这些举措旨在保障国家的信息主权和网络安全，维护国家安全和社会稳定，促进数字经济的健康发展。网络和数据的安全保护不仅关乎国家利益，而且事关个人隐私和公民权益的保护。因此，加强网络安全投入成为政府和企业的重要任务，国家通过建立健全的网络安全治理体系，确保网络空间的安全稳定和可持续发展。

（二）现实背景：数字经济的发展需求与技术进步的潜在隐患

数字技术正在逐渐成为推动我国经济增长和社会进步的关键因素。相关统计数据显示，2022 年中国数字经济规模已经超过 50 万亿元，占 GDP 比重超过 40%，继续保持在 10% 的高位增长速度，数字经济的重要性不言而喻。[①] 但是，随着数字经济规模的不断扩大，越来越多的安全风险和挑战也不断出现。

---

① 李盈：《加快数字中国建设，为高质量发展注入澎湃动能》，载中国经济网 2023 年 4 月 5 日，http://www.ce.cn/xwzx/gnsz/gdxw/202304/05/t20230405_38481692.shtml。

数字经济的发展离不开数据的流通和集聚，但是数据的安全性问题成为数字经济发展的“瓶颈”之一。数据安全不仅是企业和个人的核心利益之一，同时涉及国家安全、经济安全、社会稳定等重大利益。随着互联网和移动互联网的普及，大量的个人信息和企业数据被不断收集和利用，个人隐私泄露、信息窃取和数据泄露等问题日益突出，已经成为社会关注的热点问题。

与此同时，随着技术进步，网络犯罪也越来越猖獗，给社会带来了巨大的安全威胁和经济损失。网络犯罪的种类繁多，包括网络诈骗、网络侵犯个人隐私、网络版权侵权等，其中一些犯罪行为已经形成了一定的规模和产业链。例如，在网络诈骗方面，根据公安部公布的最新数据，2022 年全国公安机关共成功破获 46.4 万起电信网络诈骗案件，同时推送了 2.4 亿条预警指令；[①]此外，网安部门针对不法分子恶意窃取公民个人信息用于实施犯罪等突出情况，2022 年累计侦办了 1.6 万余起侵犯公民个人信息的案件。[②]

在此情形下，我国面临网络安全和数据安全方面的诸多挑战。其中，个人隐私泄露、网络攻击、网络诈骗等问题越来越突出，这些问题不仅损害了公民的合法权益，而且威胁到国家安全和社会稳定。此外，一些新兴技术，如人工智能、区块链等，也带来了新的安全风险。

因此，为了保护数字经济的健康发展，维护国家安全和社会稳定，应对技术进步带来的挑战和风险，我国需要建立一套完善的网络与数据安全立法体系。该体系应该包括对个人信息保护、网络安全管理、数据安全管理、网络犯罪处罚等方面的法律规定，并与国际标准和行业实践相衔接，形成系统的法律法规和标准规范，保障数字经济安全、促进数字经济可持续发展。

（三）国际背景：有关网络和数据安全国际政策的发展潮流

网络和数据安全已成为国际社会共同关注的问题。越来越多的国家开始制定相关法律法规，以保护其国家安全和公民利益。在国际舞台上，一些重要的国际组织和机构也积极推动网络和数据安全的国际合作。例如，欧盟于 2016 年 7

---

① 央视新闻：《[正点财经]2022 年全国共破获电信网络诈骗案件超 46 万起》，载央视网，http://tv.cctv.com/2023/03/28/VIDE2iKTWssoAeetwZmzWH91230328.shtml。

② 何春中：《公安部：“净网 2022”侦办侵犯公民个人信息案件 1.6 万余起》，载中国青年报客户端，https://s.cyol.com/articles/2023-01/09/content_5xxYRBHM.html。

月通过的《网络安全法案》(EU Cybersecurity Act),旨在加强欧盟成员国在网络安全领域的合作和协调。法案规定了一系列网络安全措施,包括建立欧盟网络安全机构、制定网络安全标准、加强网络安全培训等。① 除了欧盟,其他国家和地区也在积极制定网络和数据安全的相关立法,如美国2015年发布的《网络安全信息共享法案》(Cybersecurity Information Sharing Act,CISA)、2022年通过的《国家网络安全防范联盟法》(National Cybersecurity Preparedness Consortium Act)和2022年参议院提出的《未成年人在线安全法案》(Kids Online Safety Act);日本2014年通过的《网络安全基本法》(サイバーセキュリティ基本法);澳大利亚2021年新通过的《网络安全法》(Online Safety Act)等。

同时,数据泄露、网络攻击和其他安全威胁已经成为国际社会面临的共同挑战。近年来,一些国家通过网络攻击和黑客行为来窃取其他国家的商业机密、军事情报等敏感信息,这进一步加剧了国际网络安全形势的紧张程度。一方面,网络攻击和黑客行为的发展已经进入一个新的阶段。不仅是个体黑客,一些国家也组织起网络攻击团队,具备高度专业化和组织化的技术能力。这些国家可能利用自己的技术优势和资源,对其他国家的关键信息基础设施、政府机构、军事系统、企业网络等进行渗透和攻击,以获取敏感信息或者破坏对手的能力。另一方面,网络攻击和黑客行为的目标越来越倾向于商业机密和军事情报等敏感信息。在全球经济竞争日益激烈的背景下,一些国家利用网络攻击手段获取其他国家的商业机密,以谋取经济利益和技术优势。同时,在军事领域,网络攻击已成为一种重要的战争手段,国家之间在争夺军事优势的同时,也在网络空间上展开了一场隐蔽的军备竞赛。

在这一背景下,我国不仅需要加强网络和数据安全的立法,以保障国家安全和公民利益,维护网络空间秩序,还需要加强国际合作,推进全球网络和数据安全的治理。通过加强国际合作、分享经验和技术,各国可以共同应对网络安全威胁,建立信任和合作的国际网络安全框架,确保数字经济的安全发展和国际社会的和谐稳定。

---

① Shaping Europe's digital future, *The EU Cybersecurity Act*, European Commission (Apr. 18, 2023), https://digital-strategy.ec.europa.eu/en/policies/cybersecurity-act.

二、网络与数据安全体系简介

为了解决网络安全问题，保障网络与数据安全，我国先后颁布了一系列法律、法规、部门规章、政策性文件等，构建了网络与数据安全体系。

（一）立法体系

我国网络与数据安全立法体系，如图 3－1 所示：

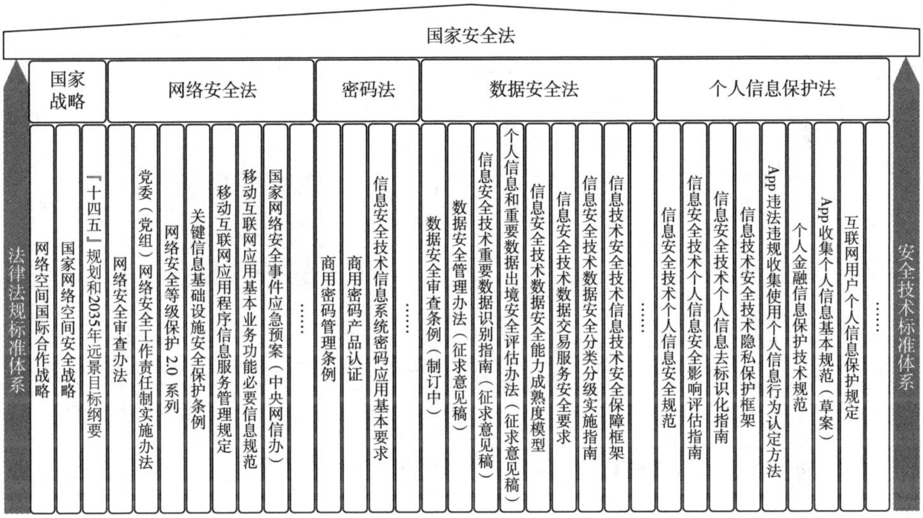

图 3－1　我国网络与数据安全立法体系

1. 法律

我国网络与数据安全问题的立法基础主要是《网络安全法》和《数据安全法》。此外，《个人信息保护法》中有关跨境个人信息、敏感个人信息、儿童个人信息的内容也与网络与数据安全高度相关。这三大上位法构成了我国网络与数据安全的基础法律体系，如图 3－2 所示：

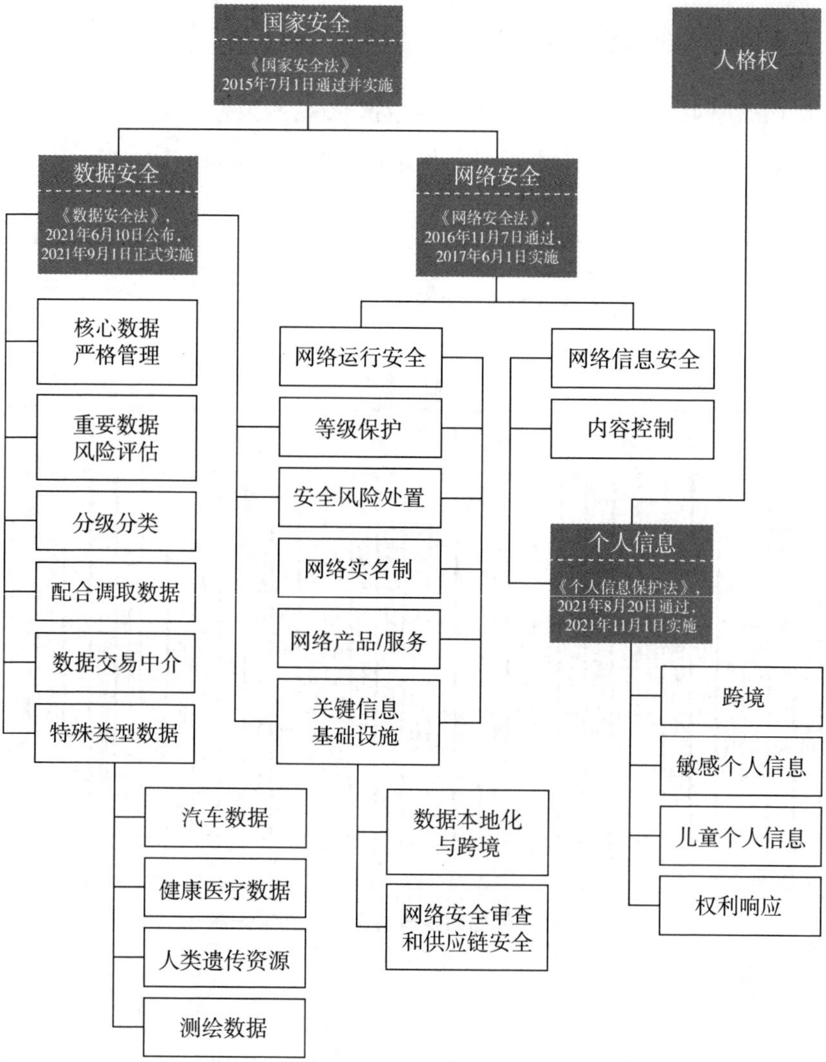

图3－2 我国网络与数据安全三大上位法

《网络安全法》于2016年11月7日颁布，自2017年6月1日起施行，是我国网络安全立法的第一部综合性法律。该法规定了网络安全的基本原则、网络安全的保障体系、网络安全的监督管理和网络安全的应急处置等方面的内容。

《数据安全法》于2021年6月10日经全国人民代表大会常务委员会审议通过，自2021年9月1日起施行。该法对数据的安全管理和保护作出了全面的规定，包括数据的收集、使用、存储、传输、处理、共享等全过程的管理，旨在保护公民、组织的数据安全，促进数据经济健康发展。

《个人信息保护法》于 2021 年 11 月 1 日正式施行，主要针对个人信息的收集、使用和保护进行规范。其中，法律对涉及跨境个人信息传输、个人敏感信息保护以及儿童个人信息的处理等方面作出了具体规定，以加强对个人信息的保护和隐私权的维护。

此外，还有《保守国家秘密法》《电子商务法》《反电信网络诈骗法》等相关法律，都涉及网络与数据安全的问题。

2. 行政法规、部门规章、国家标准

针对我国的网络与数据安全问题，行政法规、部门规章和国家标准也进行了规定和完善，如《关键信息基础设施安全保护条例》《网络安全审查办法》《工业和信息化领域数据安全管理办法（试行）》《数据出境安全评估办法》《信息安全技术 个人信息安全规范》（GB/T 35273—2020）等。

其中，由中国电子技术标准化研究院组织修订的《信息安全技术 个人信息安全规范》（GB/T 35273—2020）规定了个人信息安全的基本要求、保护措施和责任制度，针对 2017 年版加强了标准指导实践，同时支撑 App 安全认证，于 2020 年 10 月 1 日起正式施行。《关键信息基础设施安全保护条例》作为《网络安全法》的重要配套法规，主要规定了关键信息基础设施（CII）的认定标准、关键信息基础设施运营者（CIIO）的责任义务以及保障和促进、法律责任等方面，自 2021 年 9 月 1 日起与《数据安全法》同步施行。接着，国家网信办、发改委等十三个部门联合修订了《网络安全审查办法》，将网络平台运营者处理数据时涉及国家安全等问题纳入审查范围，并于 2022 年 2 月 15 日起施行。此外，2022 年 9 月 1 日起施行的《数据出境安全评估办法》要求网络运营者在数据出境前必须进行安全评估，确保境外数据处理活动不会影响国家安全和公共利益；2023 年 1 月 1 日起施行的《工业和信息化领域数据安全管理办法（试行）》规定了工业和信息化领域数据安全的基本要求、管理措施和责任制度。

除此以外，网信办、工信部、银保监会、中国人民银行、证监会、国家能源局等单位还出台了多部有关行业数据安全的法规和标准，如汽车数据安全领域的《汽车数据安全管理若干规定（试行）》《工业和信息化部关于加强智能网联汽车生产企业及产品准入管理的意见》，云计算服务领域的《云计算服务安全评估办法》，金融行业的《中国银保监会监管数据安全管理办法（试行）》、《金融数据安全 数据生命周期安全规范》(JR/T 0223—2021)、《证券期货业网络和信息安全管理办法》,电力行业的《电力行业网络安全等级保护管理办法》,等等。这些法律文件和规定在各自领域中起到了重要的作用,为相关行业提供了明确的数据安全管理要求和指导,促进了相关行业的网络和数据安全水平的提升,保护了数据的安全性和隐私性。同时,这些法规和规范也为企业和用户提供了操作指南,帮助他们更好地管理和保护相关数据,确保业务的顺利进行。

3. 政策性文件

近年来,我国也陆续出台了许多与网络安全相关的政策性文件,内容主要包括数据安全保护、加强网络安全防护、培育数据要素市场、构建数据基础制度体系等方面。其中,国务院于 2021 年发布的《"十四五"数字经济发展规划》(国发〔2021〕29 号)部署了八项重点任务,其中包括增强网络安全防护能力、提升数据安全保障水平、切实有效防范各类风险。随后,市场监管总局和网信办于 2022 年发布《关于开展数据安全管理认证工作的公告》(第 18 号),鼓励网络运营者规范网络数据处理活动,加强网络数据安全保护。同年,工信部发布《车联网网络安全和数据安全标准体系建设指南》(工信厅科〔2022〕5 号),提出到 2023 年年底初步构建起车联网网络安全和数据安全标准体系,到 2025 年形成较为完善的标准体系。此外,工业和信息化部等十六部门也发布了《关于促进数据安全产业发展的指导意见》(工信部联网安〔2022〕182 号),提出促进数据安全产业发展的总体要求和七项重点任务。最近,市场监管总局、网信办、工信部和公安部联合发布《关于开展网络安全服务认证工作的实施意见》(国市监认证规〔2023〕3 号),明确了目前网络安全服务认证目录的服务类别。

4. 地方性法规

地方性法规在网络安全和数据安全领域也起到了重要的作用。一些地方政府基于本地区的实际情况和需求,制定了相关法规来加强网络和数据安全的管理和保护。

其中,最早出台的是《湖南省网络安全和信息化条例》,于 2021 年 12 月 3 日通过,2022 年 1 月 1 日起施行,是我国第一部同时规范网络安全和信息化工作的省级地方性法规。随后,河南省于 2022 年 11 月 26 日公布《河南省网络安全条例》,2023 年 6 月 1 日起施行,该条例是继《湖南省网络安全和信息化条例》之后我国第二部网络安全地方性法规。最新公布的是西藏自治区制定的《西藏自治区网络信息安全管理条例》，该法规于2023年1月18日颁布，2023年2月1日起施行，旨在加强西藏自治区的网络信息安全管理，保护网络安全和个人信息的安全。

此外，杭州市、天津市、新疆维吾尔自治区和浙江省也都制定了相应的地方性法规来管理和保护网络和数据安全。例如，杭州市制定了《杭州市计算机信息网络安全保护管理条例》，天津市制定了《天津市网络虚假信息治理若干规定》，新疆维吾尔自治区制定了《新疆维吾尔自治区防范和惩治网络传播虚假信息条例》，浙江省制定了《浙江省人民代表大会常务委员会关于网络虚假信息治理的决定》。

这些地方性法规在本地区起到了指导和规范网络和数据安全工作的作用，有助于提升网络安全意识，促进网络安全技术的发展，保护本地区网络和数据的安全。地方性法规的制定和实施，对于建设安全可靠的网络和数据环境，维护地方网络和数据安全具有重要意义。

（二）司法体系

我国司法体系在维护网络安全秩序方面，主要承担着惩治网络犯罪、打击网络违法行为、保护网络用户合法权益等职责。我国设立了专门的互联网法院和知识产权法院，分别负责审理互联网和知识产权领域的案件。

最高人民法院、最高人民检察院等司法机关发布了多个涉及网络与数据安全问题的司法解释，为网络与数据安全领域的司法实践提供了重要的指导和支持。比如，2011年《最高人民法院、最高人民检察院关于办理危害计算机信息系统安全刑事案件应用法律若干问题的解释》、2019年《最高人民法院、最高人民检察院关于办理非法利用信息网络、帮助信息网络犯罪活动等刑事案件适用法律若干问题的解释》等，聚焦维护网络系统安全、数据安全，依法加大对危害计算机信息系统安全犯罪的惩治力度。

除以上职责外，我国的司法体系还通过审理网络与数据安全领域的案件，形成了一系列的典型案例，为相关行业提供了参考和借鉴。比如，中国司法大数据研究院于2022年8月1日发布的《涉信息网络犯罪特点和趋势（2017.1－2021.12）司法大数据专题报告》，重点分析了近五年来全国各级人民法院审结信息化网络犯罪案件的主要特点和发展趋势，同时指出了网络安全面临的严峻挑战。该报告还对网络犯罪的侦查、定性和量刑等方面提出了建设性的意见和建议，为网络安全的维护提供了有益的参考。

（三）执法体系

我国在网络和数据安全领域缺乏统一的执法机关，因此一直以来都存在“九龙治水”的多头监管局面。网信部门、工信部门、公安部门以及市场监督管理和其他行业主管部门都在各自的职责范围内进行相关执法活动，以网信部门尤其是国家网信办为核心。

随着《网络安全法》《数据安全法》《个人信息保护法》这三大数据保护法律的颁布，网信部门在网络安全、数据安全和个人信息保护方面被赋予了各项统筹和执法权力。此外，《网络安全审查办法》《关键信息基础设施安全保护条例》等法规进一步细化了网信部门的具体职权。2023 年 2 月通过的《网信部门行政执法程序规定》进一步规定了网信部门实施行政处罚等行政执法的相关要求。具体而言，国家网信办有关网络与数据安全的职能如表 3－1 所示：

表 3－1　国家网信办有关网络和数据安全的相关职权范围

法律依据	职权
《数据安全法》第六条第四款	统筹网络数据安全和相关监督工作。
《数据安全法》第三十一条	协调数据出境安全评估工作，会同国务院有关部门制定其他数据处理者在中华人民共和国境内运营中收集和产生的重要数据的出境安全管理办法。
《网络安全法》第八条第一款	统筹协调网络安全工作和相关监督管理工作。
《网络安全法》第二十三条	会同国务院有关部门制定、公布网络关键设备和网络安全专用产品目录，并推动安全认证和安全检测结果互认，避免重复认证、检测。
《网络安全法》第五十一条	统筹协调网络安全信息收集、分析和通报工作，按照规定统一发布网络安全监测预警信息。
《网络安全法》第五十三条第一款	协调建立网络安全风险评估和应急工作机制，制定网络安全事件应急预案，并定期组织演练。
《关键信息基础设施安全保护条例》第三条第一款	统筹协调关键信息基础设施的安全保护工作。
《网络安全审查办法》第四条	会同十二部门建立国家网络安全审查工作机制；网络安全审查办公室设在国家网信办，负责制定网络安全审查相关制度规范，组织网络安全审查。

续表

法律依据	职权
《关于加强互联网信息服务算法综合治理的指导意见》第三条	会同宣传、教育、科技、工信、公安、文化和旅游、市场监管、广电等部门，建立部门协同联动长效机制，履行监管职责，共同开展算法安全治理工作。
《网信部门行政执法程序规定》第四条	建立本系统的行政执法监督制度，对下级网信部门实施的行政执法进行监督。
《网信部门行政执法程序规定》第八条第一款	行政处罚由违法行为发生地的网信部门管辖；法律、行政法规、部门规章另有规定的，从其规定。
《网信部门行政执法程序规定》第十七条	对下列事项应当及时调查处理，并填写案件来源登记表： （一）在监督检查中发现案件线索的； （二）自然人、法人或者其他组织投诉、申诉、举报的； （三）上级网信部门交办或者下级网信部门报请查处的； （四）有关机关移送的； （五）经由其他方式、途径发现的。

作为信息产业技术领域业务最为熟悉的监管方，工信部在网络建设、新技术安全管理、信息系统安全和应急处置等方面具有监管职权。近年来，随着科技和数据领域的发展需求，工信部门的监管领域也逐步扩展至网络安全与管理、数据处理与安全等方面，但仍然偏重于技术监管方向。

除此之外，公安部门也对具体的案件拥有众多职权，其在网络和数据安全领域的执法具有更新速度快、覆盖面广等特点。市场监督管理部门则承担着市场交易活动中涉及的网络安全和数据保护的行政执法工作，负责监督经营者履行相关义务并对侵害消费者个人信息的行为进行处罚等。

（四）应急处置体系

在应急处置体系方面，中央网信办于 2017 年 1 月 10 日发布了《关于印发〈国家网络安全事件应急预案〉的通知》（中网办发文〔2017〕4 号，以下简称《预案》），规定了应急处置机制、应急响应等方面的内容，旨在建立健全全国范围内的网络安全应急处置机制，确保网络安全事件得到及时有效的处置。

其中，《预案》第二章详细介绍了应急处置的组织机构和职责。根据我国的行政区划，《预案》将应急处置机制划分为全国性和地方性两种。全国性的网络安全应急处置机制由国家互联网应急中心牵头负责，负责重大网络安全事件的应急处置工作。这意味着，一旦发生涉及全国范围的网络安全事件，国家互联网应急中心将担任主要的应急处置机构，负责协调各方面资源，组织应急处置。地方性的网络安全应急处置机制则由各省、自治区、直辖市的互联网应急中心负责。地方性应急处置机制的设立，可以更好地将应急处置工作分散到地方层面，方便地方政府和部门更快、更准确地掌握事件的情况，采取相应的措施。

在《预案》的指导下，目前，我国已逐步形成以"一案三制"（应急预案、应急管理体制、应急运行机制、应急法制）为核心的网络安全事件应急体系，并逐步完善了网络安全事件的信息共享机制、事件研判机制和跨部门协同机制，坚持事前预防、事发时注重监测与预警、事中做好应急处置、事后尽快调查评估与追责。

第二节　规范建设与治理实践

近年来，我国在网络与数据安全方面的规范建设与治理实践主要集中于以下五个领域：一是网络安全审查制度作为监管机构的重要执法工具逐步落实；二是算法监管作为数据安全领域的新兴内容，已搭建起初步的监管框架；三是数据出境规则纷纷落地，数据出境治理初具雏形；四是政府和企业加强网络安全投入，网络安全保障能力持续提升；五是网络空间治理和国际合作加强，形成国际社会共同治理网络和数据安全的格局。

一、网络安全审查逐步落实

（一）治理背景

我国网络安全审查制度的治理背景可以追溯到1997年公安部颁布的《计算机信息网络国际联网安全保护管理办法》。当时，我国已经进入互联网时代，但网络安全问题日益凸显，该办法首次对涉及国际联网的计算机信息网络实行全面的安全保护管理。随着我国网络技术的快速发展和广泛应用，网络安全威胁和挑战不断增加，尤其是近年来网络攻击、网络病毒、网络诈骗等问题频频发生，网络安全已成为我国安全和稳定的重要组成部分，网络安全审查制度是我国政府在网络安全领域加强管理和控制的必然举措。

（二）立法规范

《国家安全法》的颁布是我国网络安全审查制度的起点，该法第五十九条规定了对可能影响国家安全的网络信息技术产品和服务进行审查。《网络安全法》对关键信息基础设施运营者采购的网络产品和服务也明确了审查的要求，进一步完善了网络安全审查的适用对象。以《网络安全法》为依据，2020 年发布的《网络安全审查办法》规定了网络安全审查的适用场景、审查流程、审查要点等具体事项。随着《数据安全法》的颁布，2022 年修订的《网络安全审查办法》扩大了审查的触发场景，包括关键信息基础设施运营者采购网络产品和服务，涉及数据处理活动等。至此，我国网络安全审查制度完成基本构建，标志着国家网络安全和数据安全治理进入新阶段。随着新修订的《网络安全审查办法》的实施以及网络安全审查实践的不断推进，我国网络安全审查制度得到进一步完善，为我国网络安全和数据安全的保障体系建设打下了坚实的基础。

（三）执法实践

随着网络安全审查制度的逐步完善，相关网络安全审查案例也相继出现。例如，2021 年 7 月，网络安全审查办公室宣布对“滴滴出行”“运满满”“货车帮”“BOSS 直聘”进行网络安全审查。为了配合网络安全审查工作并防范风险扩大，审查期间这些公司暂停了新用户的注册，以确保网络安全问题得到妥善处理和解决。2022 年 6 月，网络安全审查办公室约谈同方知网（北京）技术有限公司负责人并宣布对该公司启动网络安全审查。作为一家提供学术文献、知识服务的知名互联网公司，此次约谈和审查是针对该公司在网络安全方面的问题和风险，旨在保障学术数据的安全和保密，防止不当的数据使用和泄露。这些案例表明，网络安全审查制度在实践中发挥了重要的作用。通过网络安全审查，政府能够发现和解决潜在的网络安全问题，防范网络风险，保护国家和人民的网络安全和信息安全。网络安全审查不仅是一种监管手段，而且是一种预防措施，有助于建立起安全、可靠的网络环境。

二、算法监管逐步强化

（一）治理背景

数据已经成为重要的生产资料，数据价值的挖掘离不开算法。大型平台拥有核心算法，能快速获取互联网用户的信息和轨迹，进而进行精准的市场判断，获得竞争优势。算法使平台在市场信息收集、用户偏好判断、资源配置优化、交叉网络外部性构建等方面具备了无法替代的计算优势，成为推动平台资本主义运转的“内燃机”。[①] 但是，算法的滥用也可能导致信息茧房、数字鸿沟、偏见歧视等潜在的社会风险。为了应对算法风险，我国以算法安全为导向，提出建立算法安全治理机制，构建完善算法安全监管体系的方针，促进算法的健康、有序、繁荣发展。

（二）立法规范

《关于加强互联网信息服务算法综合治理的指导意见》于2021年9月出台，其中明确提出了“坚持正确导向”的算法治理原则。其强调要充分发挥算法服务的正能量传播作用，营造风清气正的网络空间。《互联网信息服务算法推荐管理规定》于2022年3月开始施行，进一步规范了互联网信息服务算法推荐活动，并确立了算法治理的主要制度工具。这些工具包括提高算法透明度和可解释性、分级分类安全管理制度、算法备案制度和安全评估制度等，要求算法推荐服务提供者采取内容去重、打散干预等策略，优化规则的透明度和可解释性。针对具有舆论属性或社会动员能力的算法推荐服务提供者，要求其履行备案手续并进行安全评估。随着上述规则的不断出台和监管治理实践的不断展开，我国对算法技术的引导与监管逐步强化，并已经初步形成了较为全面且完备的算法治理框架。

（三）执法实践

自2022年3月1日起，我国启用互联网信息服务算法备案系统，这一举措旨在加强对互联网信息服务算法的管理和监督。备案主体可以通过官方网站填报备案信息并随时查看备案状态，而普通用户也可以在官方网站上查询相关备案信息，提高信息透明度和公开性。

为了进一步规范互联网算法的运营和使用，中央网信办于2022年4月8日发布了《关于开展“清朗·2022年算法综合治理”专项行动的通知》。该通知提出了一系列工作要求，包括组织自查自纠、现场检查、督促备案、压实主体责任和限期

---

① 参见王卫华、董逸：《平台资本主义：历史演进、现实逻辑和基本特征——基于政治经济学批判视角》，载《理论月刊》2022年第3期。

整改五个方面的内容。通过这些措施，旨在推动互联网企业加强自律，规范算法运营行为，确保算法的公正、透明和负责任的使用。①

为响应监管要求，许多知名的互联网应用程序（App）在2022年3月上线了算法关闭键。这项功能允许用户一键关闭个性化推荐，以减少算法对用户的影响。用户可以自主选择是否接受个性化推荐，从而更好地掌握自己的信息获取和浏览体验。

这些举措标志着我国对互联网信息服务算法进行全面治理的重要步骤。通过加强备案管理、开展专项行动以及提供用户自主选择的功能，旨在维护互联网信息服务的公平性、公正性和用户权益，推动互联网算法的健康发展。同时，这也呼应了当前社会对信息安全、隐私保护和个性化定制的关注，体现了政府和互联网企业积极应对社会需求的积极态度。

三、数据出境规则逐步落地

（一）治理背景

在全球化的背景下，数据交互频繁，企业在日常业务中，难免涉及数据出境。世界范围内的数据流动在很大程度上推动了经济增长。根据麦肯锡公司的估计，每多10%的数据通信量，就会为国内生产总值带来0.2%的增长。到2025年，世界范围内的数据流动预计会为经济带来11万亿美元的增长。近年来，我们已经发展成了一个“数字贸易”大国，据国际数据中心（IDC）预计，在2021—2025年，中国的数据总量将以30%的年均增速，跃居世界前列。② 如果跨境数据监管不当，可能会对国家安全、公共利益和个人权益造成风险甚至损害。

（二）立法规范

《网络安全法》首次规定了数据出境的安全评估制度。《数据安全法》则在规定关键信息基础设施运营者在中华人民共和国境内运营中收集和产生的重要数

---

① 《关于开展“清朗·2022年算法综合治理”专项行动的通知》，载中国网信网2022年4月8日，http://www.cac.gov.cn/2022-04/08/c_1651028524542025.htm。

② 《加强数据跨境流动探索　推动数字贸易高质量发展》，载国务院新闻办公室网2023年2月23日，http://www.scio.gov.cn/xwfbh/xwbfbh/wqfbh/49421/49661/xgbd49668/Document/1737102/1737102.htm。

据的出境安全管理适用《网络安全法》的基础上，进一步授权立法，对其他数据处理者在中华人民共和国境内运营中收集和产生的重要数据的出境安全管理进行了规定。《个人信息保护法》进一步明确了个人信息出境的相关路径，包括通过国家网信部门组织的安全评估，按照国家网信部门的规定经专业机构进行个人信息保护认证，以及按照国家网信部门制定的标准合同与境外接收方订立合同，约定双方的权利和义务。

在上述三部立法的基础上，相关主管机关、标准制定组织等陆续出台了《数据出境安全评估办法》《关于实施个人信息保护认证的公告》《网络安全标准实践指南——个人信息跨境处理活动安全认证规范 V2.0》《个人信息出境标准合同办法》等规范，进一步细化了数据出境的相关具体制度。目前，我国数据出境主要的三种路径逐渐落地，逐渐成型的法规体系既强调监管又方便数据流通，为涉及数据出境的市场主体提供了可供执行的指引。

（三）企业和执法实践

截至 2023 年 5 月 25 日，已经有 7 家企业完成数据出境安全评估的项目。在北京市，首都医科大学附属北京友谊医院与荷兰阿姆斯特丹大学医学中心的合作研究项目成为全国首个数据合规出境案例，为医疗健康数据出境安全管理树立了榜样。此外，中国国际航空股份有限公司也成功通过了数据出境安全评估，成为全国第二个案例。北京现代汽车有限公司的数据出境安全评估项目在国家互联网办公室的审批中成功通过，这成为我国汽车领域首个在全系统盘点、全业务申报和全场景方面获得批准的数据出境安全评估案例。

在上海市，马自达（中国）企业管理有限公司和丝芙兰（上海）化妆品销售有限公司也通过了数据出境安全评估。上海市网信办将以此为契机，广泛开展调研，解决企业在数据出境合规工作中的难点问题，为企业提供高效申报数据出境安全评估的服务，促进数据安全合规有序跨境流通，激活数据要素潜能，支撑数字经济的高质量发展，提升开放型经济的能级和水平。

此外，江苏省焦点科技股份有限公司的“中国制造网外贸电商平台业务”也成功通过了国家网信办的数据出境安全评估，成为全国跨境电商领域的首个数据合规出境案例。这为促进跨境电商行业的安全健康发展提供了重要的实践指导，并为江苏省加强和改进数据出境安全管理工作提供了有益的参考。

这些取得的成果表明，各地网信部门在数据出境安全评估工作中发挥了积极的作用。他们不仅发布相关信息，开展宣讲活动，推动企业开展数据出境安全评估申报工作，而且积极指导和解答企业的疑问，提供必要的支持和服务。这些举措为企业顺利进行数据出境安全评估提供了重要的保障和指引。

在整个过程中，监管部门的执法活动尚不明确，但地方网信部门已经采取了积极的措施，加强了对企业的指导和监督。他们发布了相关信息，组织了现场检查，并督促企业进行备案和整改工作。这些举措体现了监管部门对数据出境安全评估工作的重视，以及对企业合规的要求。随着过渡期的结束，可以预计监管部门将在之后集中开展执法活动，加强对数据出境活动的监管和控制。这将有助于确保企业按照规定进行整改，促进数据出境安全评估工作的全面推进和落地实施。

总体而言，我国在数据出境安全评估领域取得了积极的进展。各地网信部门积极推动企业开展数据出境安全评估申报工作，企业也表现出了良好的合作态度。这为数据出境安全管理提供了坚实基础，进一步加强了我国数据安全的保障和管理水平。监管部门将继续加大执法力度，确保数据出境活动符合规定，并推动数据安全合规管理工作不断提升，为我国数字经济的健康发展提供有力支持。

四、政府和企业加强网络安全投入

（一）治理背景

随着信息技术的快速发展和广泛应用，网络安全风险也随之增加，网络攻击手段不断升级，网络犯罪活动呈现多样化、跨国化、智能化的特点，对国家安全、经济发展、社会稳定等方面造成严重威胁。在这样的背景下，政府和企业需要加强网络安全投入，通过加强网络安全技术研究和应用、完善网络安全法律法规体系、加强网络安全管理和监督等措施，来提高网络安全保障能力和水平，保障国家信息安全和社会稳定。

（二）政府实践

在政府方面，我国出台了一系列政策和法规来保障网络和数据安全，如《网络安全法》《数据安全法》等。为了国家安全和长远发展，我国成立了中央网络安全和信息化委员会。该小组负责统筹协调各个领域涉及经济、政治、文化、社会及军事等重大网络安全和信息化问题,致力于研究制定网络安全和信息化发展战略、宏观规划和重大政策。此外,政府进一步加大在网络和数据安全领域的投入,推进网络安全技术和设备的研发和应用,旨在提高网络安全保障能力,为国家和社会的信息安全提供保障。根据国际数据中心(IDC)2023 年 V1 版的《全球网络安全支出指南》(Worldwide Security Spending Guide),中国始终处于亚太地区网络安全投资前列,2023 年将占亚太地区网络安全总支出的 40% 以上,预计到 2026 年中国网络安全支出规模近 288.6 亿美元,以 18.8% 的复合增速位列全球第一。①

(三)企业实践

在企业方面,随着数字化和信息化的深入推进,企业对网络和数据安全的重视程度也越来越高。越来越多的企业开始注重建立健全的网络和数据安全体系,加强对网络和数据安全的投入和保障。通过扩大对网络安全技术和设备的采购和应用,建立完善的网络和数据安全管理制度,企业增强了网络和数据安全保障能力,为企业自身的信息安全和业务发展提供保障。

例如,中国电子和奇安信合作打造 PK－S 体系,构建开放式的互联网安全生态系统,形成自主可控的网络安全"中国架构",双方强强联合,在本质安全和过程安全领域深度融合,布局网络安全国家队。所谓 PK－S 体系,是指基于国产飞腾(Phytium)CPU 和麒麟(Kylin)操作系统的技术和产业体系,被誉为"中国架构"。PK－S 体系通过"关后门、防漏洞、防断供"等措施,实践本质安全、过程安全、产业安全三大战略,重塑网络安全防护新格局。

除了奇安信,360 也积极投入网络安全实践,推出 360 安全大脑和 360 全视之眼两项网络安全技术和产品。其中,360 安全大脑是一种基于人工智能和大数据分析的网络安全技术。它利用深度学习、机器学习和数据挖掘等技术,对大量的网络数据进行分析和处理,以识别和预测网络威胁。通过分析恶意代码、网络攻击行为和异常网络流量等信息,安全大脑可以提供实时的网络安全情报和威胁情

① IDC Media Center, *Asia/Pacific * Security Spending to Grow* 16.7% *in* 2023 *With Government Taking the Lead*, IDC(Mar. 15, 2023), https://www.idc.com/getdoc.jsp?containerId=IDC_P33461.

报，帮助企业和个人及时发现和应对各种网络攻击和威胁。360 全视之眼是一种网络威胁监测和防御系统。它通过实时监控网络流量、日志数据和系统行为等信息，检测和分析潜在的网络攻击和威胁。360 全视之眼可以对恶意软件、网络攻击、异常行为等进行实时识别和响应，帮助阻止和防范各种网络安全威胁。同时，它还提供了实时的安全报警和日志分析功能，帮助用户了解网络安全事件的发生和演变，以便采取相应的安全措施。

综合来看，我国的网络和数据安全领域正在不断加大投入、加强治理，通过政府和企业的共同努力，网络和数据安全保障能力得到了不断提升，为我国的数字化和信息化进程提供了坚实的保障。

五、网络空间治理和国际合作加强

（一）治理背景

在国际层面，网络和数据安全已经成为全球性的问题。各国政府都认识到网络和数据安全的重要性，并采取了一系列措施来保障自身的网络和数据安全。由于网络和数据跨越国界，各国之间的网络和数据安全问题相互影响，需要在全球范围内加强合作来解决。

（二）国际实践

为此，各国政府和国际组织之间进行了多方面的合作，包括加强信息共享、开展网络安全培训、加强技术合作等，但迄今为止尚未形成全球性的统一国际网络安全规则，网络空间的治理主要局限于区域内的合作，如欧盟 2023 年最新出台的《关于在欧盟全境实现高度统一网络安全措施的指令》（Directive on measures for a high common level of cybersecurity across the Union，NIS2 Directive），将网络安全规则的范围扩大到新的部门和实体，进一步提高了公共和私营实体、主管当局和整个欧盟的应变能力和事件应对能力；[①]北约于 2021 年 6 月布鲁塞尔峰会通过的

---

① Shaping Europe's digital future, *Directive on measures for a high common level of cybersecurity across the Union*（*NIS2 Directive*）, European Commission（Apr. 18, 2023）, https://digital - strategy. ec. europa. eu/en/policies/nis2 - directive #: ~ : text = The% 20Directive% 20on% 20measures% 20for% 20a% 20high% 20common, preparedness% 2C% 20by% 20requiring% 20them% 20to% 20be% 20appropriately% 20equipped.

《综合网络防御政策》(Comprehensive Cyber Defence Policy),该政策支持北约的核心任务以及整体威慑和防御态势,以进一步增强联盟的弹性。[①] 此外,还有一些国际组织和倡议,如联合国互联网治理论坛、全球网络倡议等,也在推进国际社会共同治理网络和数据安全的格局。

(三)我国实践

与此同时,我国积极投入网络空间的国际治理。习近平总书记在党的二十大报告中指出,“推动全球治理朝着更加公正合理的方向发展”。当前全球网络空间由西方发达国家尤其是美国主导,一些发展中国家甚至失去保护国家网络主权的基本权利。中国作为发展中国家,始终旗帜鲜明反对网络大国的垄断,强调关注多方利益,尤其是处于弱势的发展中国家的利益。2020 年 9 月 8 日,中国外交部部长王毅在“抓住数字机遇,共谋合作发展”国际研讨会上提出了《全球数据安全倡议》,号召各国坚持发展与安全并重的原则,平衡处理技术进步、经济发展和维护国家安全及社会公共利益之间的关系。此倡议还呼吁各国致力于维护开放、公正、非歧视性的营商环境,推动实现互利共赢和共同发展。2022 年 11 月 7 日,国务院新闻办公室发布了《携手构建网络空间命运共同体》白皮书,阐释了全球网络空间治理的中国主张,旨在构建更为紧密的网络空间命运共同体,关注网络空间的发展、治理、安全和合作等方面。这些举动充分展示了中国在全球治理中发挥的积极作用,为国际社会构建了更加平等和开放的网络治理框架,有利于全球网络空间与网络安全的繁荣与发展。

第三节 重点法条解读

实践的推进立基于对法律的深度应用。《网络安全法》和《数据安全法》作为两部重要法律文件,详细规定了网络和数据安全保护的相关原则和措施,对于维护国家安全和个人、组织合法权益具有重要的意义。下文将重点解读这两部法律

---

① What we do, *Cyber defence*, North Atlantic Treaty Organization (Apr. 17, 2023), https://www.nato.int/cps/en/natohq/topics_78170.htm#:~:text=The%20policy%20establishes%20that%20cyber%20defence%20is%20part, the%20networks%20owned%20and%20operated%20by%20the%20Alliance.

以及配套法规《关键信息基础设施安全保护条例》中的相关条款，深入分析重点法条的具体内容和实际应用，以期更好地推进网络和数据安全保护工作。

一、《网络安全法》

（一）网络运行基本安全要求

【法条】

第二十一条　国家实行网络安全等级保护制度。网络运营者应当按照网络安全等级保护制度的要求，履行下列安全保护义务，保障网络免受干扰、破坏或者未经授权的访问，防止网络数据泄露或者被窃取、篡改：

（一）制定内部安全管理制度和操作规程，确定网络安全负责人，落实网络安全保护责任；

（二）采取防范计算机病毒和网络攻击、网络侵入等危害网络安全行为的技术措施；

（三）采取监测、记录网络运行状态、网络安全事件的技术措施，并按照规定留存相关的网络日志不少于六个月；

（四）采取数据分类、重要数据备份和加密等措施；

（五）法律、行政法规规定的其他义务。

【解读】

1. 含义：要求网络运营者在网络建设、运营和管理中，必须采取必要的安全措施，确保网络安全和信息安全。旨在确保网络安全和信息安全，保障网络的稳定运行，防范网络安全威胁。

2. 应用：适用于所有网络运营者，包括网络设备和安全设备的生产厂商、服务提供商和应用开发者等。在网络建设、运营和管理中，网络运营者应当按照规定的要求采取必要的安全措施，确保网络安全和信息安全。同时，有关部门也可根据《网络安全法》第二十一条的规定，对网络运营者进行监管，对违法违规行为进行处罚。

（二）明确网络实名制

【法条】

第二十四条　网络运营者为用户办理网络接入、域名注册服务，办理固定电话、移动电话等入网手续,或者为用户提供信息发布、即时通讯等服务,在与用户签订协议或者确认提供服务时,应当要求用户提供真实身份信息。用户不提供真实身份信息的,网络运营者不得为其提供相关服务。

国家实施网络可信身份战略,支持研究开发安全、方便的电子身份认证技术,推动不同电子身份认证之间的互认。

【解读】

1. 含义:要求网络运营者落实实名制,确保用户身份信息的真实性,防范网络环境中使用虚假身份、网络欺诈等行为。同时,网络运营者也应保护用户的个人信息,不得滥用或泄露。旨在加强网络空间的管理和规范,促进网络安全和个人信息保护。

2. 应用:该条规定可以应对互联网平台匿名信息导致的网络谣言、网络色情、网络暴力等情况。适用于各类网络运营者,皆需要依照有关规定,实施用户实名制,并保护用户个人信息。对于违反该条法规的网络运营者,相关主管部门将会对其进行处罚。

(三)应急预案与响应要求

【法条】

第二十五条　网络运营者应当制定网络安全事件应急预案,及时处置系统漏洞、计算机病毒、网络攻击、网络侵入等安全风险;在发生危害网络安全的事件时,立即启动应急预案,采取相应的补救措施,并按照规定向有关主管部门报告。

【解读】

1. 含义:要求网络运营者建立信息安全管理制度,采取技术和其他措施确保网络安全。若有事件,应立即处置并报告主管部门。旨在最大限度地减少安全事件对网络造成的危害。

2. 应用:该条适用于所有的网络运营者,包括互联网服务提供商、网络信息服务提供商、企事业单位、社会组织等。网络运营者需要制定和执行信息安全管理制度,采取措施保障网络安全。如果发生了网络安全事件,网络运营者需要采取紧急措施进行处置,并及时向有关主管部门报告。同时,网络运营者还需要保留相关的记录和数据,并进行安全评估,以便日后的追溯和分析。

（四）重点保护关键信息基础设施

【法条】

第三十一条　国家对公共通信和信息服务、能源、交通、水利、金融、公共服务、电子政务等重要行业和领域，以及其他一旦遭到破坏、丧失功能或者数据泄露，可能严重危害国家安全、国计民生、公共利益的关键信息基础设施，在网络安全等级保护制度的基础上，实行重点保护。关键信息基础设施的具体范围和安全保护办法由国务院制定。

国家鼓励关键信息基础设施以外的网络运营者自愿参与关键信息基础设施保护体系。

【解读】

1. 含义：针对重要行业和领域以及其他关键信息基础设施，国家将实施重点保护措施，避免其受到破坏而威胁国家和公共利益。旨在保障国家重要行业和领域的网络安全，提高信息基础设施的安全性和可靠性。

2. 应用：该条适用于所有涉及关键信息基础设施的单位和组织，包括电信运营商、金融机构、能源供应商等。在实际应用中，这些单位和组织需要加强对信息基础设施的安全保护和风险管理，建立健全的安全监测、预警和应急处置机制，并定期进行演练和评估，以确保关键信息基础设施的稳定运行。同时，还需要加强技术和人才培训，增强网络安全意识和应急处置能力。

（五）关键信息基础设施运营者的安全保护义务

【法条】

第三十四条　除本法第二十一条的规定外，关键信息基础设施的运营者还应当履行下列安全保护义务：

（一）设置专门安全管理机构和安全管理负责人，并对该负责人和关键岗位的人员进行安全背景审查；

（二）定期对从业人员进行网络安全教育、技术培训和技能考核；

（三）对重要系统和数据库进行容灾备份；

（四）制定网络安全事件应急预案，并定期进行演练；

（五）法律、行政法规规定的其他义务。

【解读】

1. 含义：要求关键信息基础设施运营者除了必须遵守本法第二十一条的规定外，还需要履行一些特定的安全保护义务。旨在保障关键信息基础设施的安全，防止网络安全事件的发生。

2. 应用：该条依然针对关键信息基础设施运营者，此类运营者应该落实这些义务，确保其运营的设施和系统正常运行。具体来说，运营者可以建立网络安全管理体系，加强对信息安全风险的识别、评估、防范和处理，采取多种技术和管理措施保障网络安全，增强从业人员的安全意识和技能，确保应急响应机制的有效性和高效性。同时，运营者还应该不断完善自身的安全保护措施，适应网络安全形势的发展变化，提高安全保护水平和能力。

（六）关键信息基础设施运营者安全等级保护测评

【法条】

第三十八条　关键信息基础设施的运营者应当自行或者委托网络安全服务机构对其网络的安全性和可能存在的风险每年至少进行一次检测评估，并将检测评估情况和改进措施报送相关负责关键信息基础设施安全保护工作的部门。

【解读】

1. 含义：对关键信息基础设施进行安全等级评估和风险评估，以确保其网络安全防护能力和风险管理能力符合国家要求。旨在加强关键信息基础设施的安全保护工作，确保其网络系统的稳定性和安全性。

2. 应用：关键信息基础设施运营者需要通过自行或委托网络安全服务机构进行每年至少一次的安全等级保护测评。测评主要包括以下几个方面：网络设备和系统的配置、管理和控制；网络拓扑结构和数据传输安全；网络安全事件处理和响应机制；关键信息基础设施物理环境安全保障等。通过测评，运营者可以了解其网络安全的实际情况，发现潜在的风险和漏洞，并采取相应的措施加以改进和加强。同时，运营者需要将测评结果和改进措施报送相关负责关键信息基础设施安全保护工作的部门，以便监管部门对其进行监督和指导。

（七）网络信息安全投诉制度

【法条】

第四十九条　网络运营者应当建立网络信息安全投诉、举报制度，公布投诉、举报方式等信息，及时受理并处理有关网络信息安全的投诉和举报。

网络运营者对网信部门和有关部门依法实施的监督检查，应当予以配合。

【解读】

1. 含义：网络运营者应当建立网络信息安全投诉制度，并公布联系渠道的相关信息，及时受理相关投诉和举报。旨在加强对网络运营者的监督，并充分考虑用户在使用过程中的具体问题。

2. 应用：该条适用于各类网络运营者，可以建立投诉举报热线、电子邮件或者在线提交投诉举报的渠道，并在网站或者移动应用程序上公示相关信息，告知用户如何进行投诉举报。网络运营者需要及时处理用户的投诉和举报，并且积极采取措施解决网络信息安全问题，防止安全问题的进一步扩大。此外，网络运营者还应当配合网信部门和有关部门依法实施的监督检查，向有关部门提供必要的信息和数据，协助有关部门开展监督检查工作，对于所涉问题及时纠正。

二、《数据安全法》

（一）我国数据保护的法律效力

【法条】

第二条　在中华人民共和国境内开展数据处理活动及其安全监管，适用本法。

在中华人民共和国境外开展数据处理活动，损害中华人民共和国国家安全、公共利益或者公民、组织合法权益的，依法追究法律责任。

【解读】

1. 含义：规定了本法适用范围，包括在中国境内的数据活动以及涉及国家安全、公共利益和个人合法权益的数据活动，特别是在第二款中提及了有关境外数据处理活动的法律效力认定问题。境外数据处理活动的主体包括在中国境外的数据处理者以及在中国境内但其数据处理行为在境外的数据处理者。只要这两类数据处理者的行为损害了我国国家安全、公共利益以及公民和组织的合法数据权益,均由我国法律管辖,并追究法律责任。①

2. 应用:该条适用于各种类型的数据活动,包括个人数据和企业数据。要求数据处理者对数据活动进行严格管理,以确保数据的安全、合法和可控。同时,该法还对国家安全、公共利益和个人合法权益予以规定,以确保数据的合法性和权益的保护。

(二)数据分类分级保护制度

【法条】

第二十一条　国家建立数据分类分级保护制度,根据数据在经济社会发展中的重要程度,以及一旦遭到篡改、破坏、泄露或者非法获取、非法利用,对国家安全、公共利益或者个人、组织合法权益造成的危害程度,对数据实行分类分级保护。国家数据安全工作协调机制统筹协调有关部门制定重要数据目录,加强对重要数据的保护。

关系国家安全、国民经济命脉、重要民生、重大公共利益等数据属于国家核心数据,实行更加严格的管理制度。

各地区、各部门应当按照数据分类分级保护制度,确定本地区、本部门以及相关行业、领域的重要数据具体目录,对列入目录的数据进行重点保护。

【解读】

1. 含义:将数据分为不同等级,根据等级制定不同的保护措施。国家数据安全工作协调机制统筹协调有关部门制定重要数据目录,加强对重要数据的保护。

2. 应用:各单位和个人在处理涉及国家核心数据的业务时,需要按照国家规定的相关标准和程序,进行严格的保密措施,并依法保护这些数据。各地区、各部门和相关行业、领域需要按照数据分类分级保护制度,确定重要数据具体目录,并对列入目录的数据进行重点保护。根据数据分类分级保护制度的要求,相关部门需要对不同级别的数据制定不同的安全保护措施和应急预案,确保数据在存储、传输、处理等过程中的安全。对于违反数据分类分级保护制度规定,泄露、篡改、破坏、

---

① 王春晖:《〈中华人民共和国数据安全法〉十大法律问题解析》,载《保密科学技术》2021 年第 9 期。

非法获取或利用重要数据的行为,国家将依法追究相关单位和个人的法律责任。

(三)数据安全审查制度

【法条】

第二十四条　国家建立数据安全审查制度,对影响或者可能影响国家安全的数据处理活动进行国家安全审查。

依法作出的安全审查决定为最终决定。

【解读】

1. 含义:国家有权对任何可能影响国家安全的数据处理活动进行审查。具体来说,数据处理者在进行任何与国家安全相关的数据处理活动之前,都需要先进行国家安全审查。国家安全审查的范围包括但不限于:数据采集、存储、处理、传输、发布等环节。对于涉及国家安全的数据处理活动,必须经过国家安全审查机构的批准才能实施。此外,对于新兴技术、新型业务、新业态等可能对国家安全产生风险的数据处理活动,也需要进行国家安全审查。

2. 应用:该条的应用范围非常广泛,适用于涉及国家安全的各种数据处理活动。包括但不限于:涉及国家重要部门和关键信息基础设施的数据处理活动,如涉及国防、外交、能源、交通、水利、金融等部门以及电信、互联网、电力、交通、水利等领域的关键信息基础设施的数据处理活动;涉及重要数据的处理活动,如涉及国家安全、国民经济命脉、重要民生、重大公共利益等数据的处理活动;涉及国际合作和跨境传输的数据处理活动,如涉及国际条约、协定、公约等的数据处理活动及涉及跨境传输的数据处理活动。

(四)数据处理者的合规义务

1. 加强安全管理

【法条】

第二十七条　开展数据处理活动应当依照法律、法规的规定,建立健全全流程数据安全管理制度,组织开展数据安全教育培训,采取相应的技术措施和其他必要措施,保障数据安全。利用互联网等信息网络开展数据处理活动,应当在网络安全等级保护制度的基础上,履行上述数据安全保护义务。

重要数据的处理者应当明确数据安全负责人和管理机构,落实数据安全保护责任。

【解读】

(1)含义:要求数据处理者有效地管理其所处理的数据,采取必要的技术和管理措施,以预防数据被非法获取、篡改、泄露等风险,确保数据的完整性、保密性和可用性。此外,必须加强数据安全教育培训,确保员工认识到数据安全的重要性,增强其数据安全和防范意识。

(2)应用:数据处理者建立健全数据安全管理制度,并通过数据安全教育培训、技术和管理措施等多种手段,保障数据安全。此外,针对重要数据的处理者,还要落实数据安全保护责任,采取更加严格的措施确保数据安全。

2. 为民造福、符合伦理

【法条】

第二十八条　开展数据处理活动以及研究开发数据新技术,应当有利于促进经济社会发展,增进人民福祉,符合社会公德和伦理。

【解读】

(1)含义:规定了开展数据处理活动和研究开发数据新技术应当具备的条件。其一,应当有助于提升经济效益和社会效益,促进经济社会发展;其二,应当有利于提升人民生产生活水平,保障人民的基本权益和福利;其三,应当符合社会公德和伦理,尊重个人隐私和个人信息保护的原则,不得违反法律法规和社会道德。

(2)应用:数据处理者在进行相关活动时不仅需要遵守法律法规和技术标准,还需要考虑社会效益和道德标准,确保数据处理活动符合公共利益和社会伦理,不会对社会产生负面影响。例如,当进行人脸识别等新技术的研究时,需要考虑该技术可能带来的隐私保护问题,以及可能产生的社会伦理问题,确保该技术的应用符合公共利益和社会道德规范。

3. 加强风险监测

【法条】

第二十九条　开展数据处理活动应当加强风险监测,发现数据安全缺陷、漏洞等风险时,应当立即采取补救措施;发生数据安全事件时,应当立即采取处置措施,按照规定及时告知用户并向有关主管部门报告。

【解读】

(1)含义:规定了数据处理活动的风险监测和事件处置要求。其中,风险监测是指对数据处理活动进行持续监测和评估，及时发现数据安全缺陷、漏洞等风险。数据安全缺陷包括软件、硬件等方面的缺陷，数据安全漏洞则是指由于技术或管理等方面的不当，导致数据安全受到威胁的漏洞。一旦发现这些风险，相应的补救措施应当被采取。

(2)应用：当发生数据安全事件时，包括数据泄露、丢失、损坏等情况，相关责任方应当立即采取相应的处置措施，以最大程度地减少损失，并按照规定及时告知用户并向有关主管部门报告。告知用户的内容应当包括事件的类型、影响范围、已采取的处置措施以及用户可自主采取的防范措施等。向有关主管部门报告的内容应当包括事件的基本情况、已采取的处置措施以及可能产生的后果等信息。

4. 重要数据处理者定期风险评估

【法条】

第三十条　重要数据的处理者应当按照规定对其数据处理活动定期开展风险评估，并向有关主管部门报送风险评估报告。

风险评估报告应当包括处理的重要数据的种类、数量，开展数据处理活动的情况，面临的数据安全风险及其应对措施等。

【解读】

(1)含义：要求对处理重要数据的实体定期开展风险评估，将评估结果报告给有关主管部门。风险评估报告应包括相关实体处理的重要数据种类、数量、处理活动情况，以及所面临的数据安全风险和应对措施等信息，以便主管部门全面了解其数据安全状况。

(2)应用：重要数据的处理者应当按照规定定期开展风险评估，并向有关主管部门报送评估报告，主管部门可以根据评估报告要求处理者采取必要的措施，减少数据泄露和其他安全风险的发生。同时，通过风险评估报告的内容，主管部门可以了解数据处理者所面临的风险和应对措施，从而制定更为有效的监管政策。

(五)重要数据出境安全管理制度

【法条】

第三十一条　关键信息基础设施的运营者在中华人民共和国境内运营中收集和产生的重要数据的出境安全管理，适用《中华人民共和国网络安全法》的规定；其他数据处理者在中华人民共和国境内运营中收集和产生的重要数据的出境安全管理办法，由国家网信部门会同国务院有关部门制定。

【解读】

1. 含义：对关键信息基础设施运营者和其他数据处理者在处理出境重要数据时需要遵守的内容进行了明确，并且强调重要数据的出境安全必须得到有效保护。

2. 应用：针对关键信息基础设施运营者收集和产生的重要数据的出境，应按照《网络安全法》相关规定进行安全管理，以保障国家网络安全和数据安全。对于其他数据处理者在中华人民共和国境内运营时收集和产生的重要数据的出境，则需遵循由国家网信部门会同国务院有关部门制定的安全管理办法，以确保数据出境时遵循相应的安全管理措施。

（六）提供数据服务行政许可准入制度

【法条】

第三十四条　法律、行政法规规定提供数据处理相关服务应当取得行政许可的，服务提供者应当依法取得许可。

【解读】

1. 含义：规定了提供数据处理相关服务的行政许可要求。服务提供者应当依法取得相应的许可，以此加强对数据处理服务提供者的监管，确保其服务符合数据安全的相关要求。

2. 应用：该条主要是对提供数据处理相关服务的企业或个人进行规范和管理，以确保其在提供服务时符合法律、行政法规的规定，保障数据安全。如果这些企业或个人需要取得行政许可，就必须满足一系列的准入条件，如资质、技术水平、设施设备等，然后按照相关程序和要求去申请许可，否则将可能面临处罚。

三、《关键信息基础设施安全保护条例》

（一）关键信息基础设施的定义

【法条】

第二条　本条例所称关键信息基础设施，是指公共通信和信息服务、能源、交通、水利、金融、公共服务、电子政务、国防科技工业等重要行业和领域的，以及其他一旦遭到破坏、丧失功能或者数据泄露，可能严重危害国家安全、国计民生、公共利益的重要网络设施、信息系统等。

【解读】

该条重点关注关键信息基础设施的范围认定，包括重要行业和领域的列举、功能保障和危害后果等因素。明确了设施范围及核心标准，使用描述如“一旦遭到破坏、丧失功能或者数据泄露，可能严重危害国家安全、国计民生、公共利益”，针对重要网络设施和信息系统所面临的威胁和风险。这表明在关键信息基础设施的安全保护中，需要综合考虑物理安全、功能安全和信息安全等方面，彰显了我国对关键信息基础设施安全保护核心价值的深刻认知。

【法条】

第九条　保护工作部门结合本行业、本领域实际，制定关键信息基础设施认定规则，并报国务院公安部门备案。

制定认定规则应当主要考虑下列因素：

（一）网络设施、信息系统等对于本行业、本领域关键核心业务的重要程度；

（二）网络设施、信息系统等一旦遭到破坏、丧失功能或者数据泄露可能带来的危害程度；

（三）对其他行业和领域的关联性影响。

【解读】

该条明确指出，关键信息基础设施的主管和监督部门负责制定关键信息基础设施认定规则，并将这些规则上报公安部门备案。根据公安部 2020 年发布的《贯彻落实网络安全等级保护制度和关键信息基础设施安全保护制度的指导意见》，可能被认定为关键信息基础设施的重点保护对象包括“基础网络、大型专网、核心业务系统、云平台、大数据平台、物联网、工业控制系统、智能制造系统、新型互联网、新兴通讯设施等”。

（二）各部门的职责分工

【法条】

第三条　在国家网信部门统筹协调下，国务院公安部门负责指导监督关键信息基础设施安全保护工作。国务院电信主管部门和其他有关部门依照本条例和有关法律、行政法规的规定，在各自职责范围内负责关键信息基础设施安全保护和监督管理工作。

省级人民政府有关部门依据各自职责对关键信息基础设施实施安全保护和监督管理。

【解读】

该条坚持了统筹协调和共同治理的原则。通过这种安全监管体制的设计，采用了“1 + X”的方式，可以确保各方责权清晰、齐抓共管，共同保护关键信息基础设施的安全。这种设计高度契合了我国当前关键信息基础设施与现实社会深度融合的特点，同时符合保护和监管的实际需求。

（三）运营者九大义务

《关键信息基础设施安全保护条例》规定的运营者九大义务见表3－2：

表3－2 运营者九大义务

义务	内容	解读
第六条【网络安全保护义务】	运营者依照本条例和有关法律、行政法规的规定以及国家标准的强制性要求，在网络安全等级保护的基础上，采取技术保护措施和其他必要措施，应对网络安全事件，防范网络攻击和违法犯罪活动，保障关键信息基础设施安全稳定运行，维护数据的完整性、保密性和可用性。	运营者需完成基础的等级保护义务 + 技术保护措施和其他必要措施。该条同时列举了义务的其他来源包括有关法律、行政法规的规定以及国家标准的强制性要求。
第十一条【认定报告义务】	关键信息基础设施发生较大变化，可能影响其认定结果的，运营者应当及时将相关情况报告保护工作部门。保护工作部门自收到报告之日起3个月内完成重新认定，将认定结果通知运营者，并通报国务院公安部门。	已经确定为关键信息基础设施的运营者在关键信息基础设施发生较大变化，且可能影响认定结果时，有报告保护工作部门的义务。该条说明了认定机制的动态性，也是运营者脱离条例约束的路径之一。
第十三条【建立健全网络安全保护制度和责任制义务】	运营者应当建立健全网络安全保护制度和责任制，保障人力、财力、物力投入。运营者的主要负责人对关键信息基础设施安全保护负总责，领导关键信息基础设施安全保护和重大网络安全事件处置工作，组织研究解决重大网络安全问题。	在条例刚刚施行时，运营者应抓紧建立网络安全保护制度和责任制，并在后续有继续健全制度的义务。同时，运营者的主要负责人对关键信息基础设施安全保护负总责，违反本条例规定，给他人造成损害的，主要负责人可能涉及民事责任、刑事责任或受到治安管理处罚。

续表

义务	内容	解读
第十四条【设置专门安全管理机构义务】	运营者应当设置专门安全管理机构,并对专门安全管理机构负责人和关键岗位人员进行安全背景审查。审查时,公安机关、国家安全机关应当予以协助。	专门安全管理机构的设置说明安全管理要具有一定的独立性和专业性,同时,安全背景审查也是必要内容,主要关注犯罪纪律和诚信状况,涉及公安机关和国家安全机关掌握的信息,可以由两机关予以协助。
第十六条【保障专门安全管理机构运行义务】	运营者应当保障专门安全管理机构的运行经费、配备相应的人员,开展与网络安全和信息化有关的决策应当有专门安全管理机构人员参与。	该条加强了对专门安全管理机构的强调,运营者不但应当设立,而且应当保障运行,配备相应专业人员。
第十七条【年审和报送义务】	运营者应当自行或者委托网络安全服务机构对关键信息基础设施每年至少进行一次网络安全检测和风险评估,对发现的安全问题及时整改,并按照保护工作部门要求报送情况。	网络安全检测和风险评估可以自行进行也可以委托进行,需要持续关注保护工作部门要求报送的时间和内容,每年完成报送。
第十八条【重大网络安全事件或威胁报告义务】	关键信息基础设施发生重大网络安全事件或者发现重大网络安全威胁时,运营者应当按照有关规定向保护工作部门、公安机关报告。 发生关键信息基础设施整体中断运行或者主要功能故障、国家基础信息以及其他重要数据泄露、较大规模个人信息泄露、造成较大经济损失、违法信息较大范围传播等特别重大网络安全事件或者发现特别重大网络安全威胁时,保护工作部门应当在收到报告后,及时向国家网信部门、国务院公安部门报告。	在检测到威胁和发生重大网络安全事件时,运营者有义务首先向保护工作部门、公安机关报告。报告采取逐层报送的方式,关键信息基础设施运营者报送到保护工作部门,由保护工作部门报送到网信和公安部门。
【第二十条】采购网络产品和服务合规义务	运营者采购网络产品和服务,应当按照国家有关规定与网络产品和服务提供者签订安全保密协议,明确提供者的技术支持和安全保密义务与责任,并对义务与责任履行情况进行监督。	该义务设定了较强的保密义务要求,保密协议需要明确保密义务和责任,并需要持续性监督保证落实。采取了合同法路径将保密的义务扩展到了网络产品和服务提供方。
【第二十一条】主体变更安全义务	运营者发生合并、分立、解散等情况,应当及时报告保护工作部门,并按照保护工作部门的要求对关键信息基础设施进行处置,确保安全。	运营者的主体变更受限,需要进行报告并按要求处置设施。此部分可能涉及关键信息基础设施运营者之间和关键信息基础设施运营者和其他运营者合并、分立的不同情况,需要重点关注。

（四）保护工作部门六大义务

《关键信息基础设施安全保护条例》规定的保护工作部门六大义务见表3－3：

表3－3　保护工作部门六大义务

义务	内容	解读
第二十四条【预警义务】	保护工作部门应当建立健全本行业、本领域的关键信息基础设施网络安全监测预警制度，及时掌握本行业、本领域关键信息基础设施运行状况、安全态势，预警通报网络安全威胁和隐患，指导做好安全防范工作。	保护工作部门的预警义务在于监测网络安全状态，并通过预警通报提供及时有效的指导和支持，以协助各方采取必要的安全措施，防范和化解可能的安全风险和威胁。
第二十五条【应急预案和演练义务】	保护工作部门应当按照国家网络安全事件应急预案的要求，建立健全本行业、本领域的网络安全事件应急预案，定期组织应急演练；指导运营者做好网络安全事件应对处置，并根据需要组织提供技术支持与协助。	预案的制定应根据不同行业和领域的具体情况，确保适应性和实用性。通过模拟实际情况并进行演练，可以让相关人员熟悉应急响应流程，掌握必要的技能和知识，增强应对网络安全事件的能力。保护工作部门在应急情况下不仅需要自身能力的发挥，还需要与运营者密切合作，共同应对网络安全事件，确保应急工作的顺利进行。
第二十六条【定期安全检测义务】	保护工作部门应当定期组织开展本行业、本领域关键信息基础设施网络安全检查检测，指导监督运营者及时整改安全隐患、完善安全措施。	保护工作部门负责组织安全检查检测活动，包括对关键信息基础设施的安全状况、漏洞、风险等进行评估和检查。这些检测活动应当按照一定的周期进行，以保证全面覆盖和及时发现潜在安全隐患。
第四十四条【职务行政责任】	网信部门、公安机关、保护工作部门和其他有关部门及其工作人员未履行关键信息基础设施安全保护和监督管理职责或者玩忽职守、滥用职权、徇私舞弊的，依法对直接负责的主管人员和其他直接责任人员给予处分。	处分措施可能包括警告、记过、记大过、降职、撤职等，具体处分将根据违法违规行为的性质和严重程度而定。

续表

义务	内容	解读
第四十五条【廉洁行政责任】	公安机关、保护工作部门和其他有关部门在开展关键信息基础设施网络安全检查工作中收取费用,或者要求被检查单位购买指定品牌或者指定生产、销售单位的产品和服务的,由其上级机关责令改正,退还收取的费用;情节严重的,依法对直接负责的主管人员和其他直接责任人员给予处分。	该条的设立体现了对廉洁行政的重视,为防止腐败现象和不当利益输送提供了明确的规范。通过规定相应的追责和处罚措施,有效遏制公安机关、保护工作部门和其他有关部门的不当行为,维护检查工作的公信力和权威性。
第四十六条【滥用信息责任】	网信部门、公安机关、保护工作部门等有关部门、网络安全服务机构及其工作人员将在关键信息基础设施安全保护工作中获取的信息用于其他用途,或者泄露、出售、非法向他人提供的,依法对直接负责的主管人员和其他直接责任人员给予处分。	该条的目的是保护从关键信息基础设施安全保护工作中获取的信息的安全和机密性,防止信息被滥用、泄露或用于其他不当目的,有助于维护信息的保密性和机密性,确保关键信息基础设施的安全性和稳定性。

总体来说,《关键信息基础设施安全保护条例》通过问题导向、责任压实和与相关法律衔接等方式,为关键信息基础设施的安全保护提供了具体的法律依据和操作指南。在法律层面强调了关键信息基础设施安全的重要性,并促使各方共同努力,确保网络空间的安全和稳定。

第四节　典型案例解析

近年来,随着网络安全与数据保护领域法律法规的逐步完善,数据监管执法走向常态化、规范化、体系化,由此出现了以下典型案例,对企业履行数据合规义务起到了督促作用。

一、滴滴网络安全审查案

(一)案情简介

2021 年 6 月 30 日,滴滴全球股份有限公司在美国上市,市值一度超过 5000 亿元人民币,当天收盘 4400 亿元。然而,就在两天后,网络安全审查办公室发布了对滴滴出行 App 启动网络安全审查的公告。7 月 4 日,国家网信办通知全国应用商店下架滴滴出行 App。7 月 16 日,国家网信办会同国家安全部等六部门联合进驻滴滴出行科技有限公司,开展网络安全审查。7 月 21 日,国家网信办依据多部法律对滴滴公司处人民币 80.26 亿元罚款,对滴滴公司董事长兼 CEO 程某、总裁柳某各处人民币 100 万元罚款。①

(二)争议焦点

国家网信办对滴滴公司作出行政处罚的理由主要有两点。第一,违法收集。《个人信息保护法》第七条和第十七条规定了个人信息处理者的明示告知义务,并且要求这等告知应当是"以显著方式、清晰易懂的语言"呈现的,符合"真实、准确、完整"的要求。滴滴公司在获取"乘车人出发地、到达地、位置信息、行踪轨迹"等必要个人信息时,因未能满足"明确告知"处理方式以及"未准确、清晰说明……个人信息处理目的",故而受到处罚。此外,滴滴公司收集的信息中身份证信息、人脸识别信息以及行踪轨迹信息均为敏感个人信息,未取得个人单独授权同意,违反了《个人信息保护法》第二十九条、第三十条,属于违法收集行为。第二,过度收集。《个人信息保护法》规定,"处理个人信息应当遵循合法、正当、必要和诚信原则"②"不得过度收集个人信息"。③ 滴滴公司违法收集了用户截图、剪切板信息、乘客人脸识别信息、年龄段信息等"非必要个人信息",触犯了数据安全的红线,因此受到行政部门的处罚。

(三)影响和启示

1. 对涉案企业的影响

本案对滴滴出行的经营带来了重大影响,滴滴被迫下架多个业务线,停止新用户注册,影响了企业的业绩和商业信誉。此外,本案也促使滴滴公司重新审视安全管理和用户隐私保护等方面,加强企业自身的安全保障能力。

---

① 《国家互联网信息办公室对滴滴全球股份有限公司依法作出网络安全审查相关行政处罚的决定》,载中国网信网 2022 年 7 月 21 日,http://www.cac.gov.cn/2022-07/21/c_1660021534306352.htm。

② 参见《个人信息保护法》第五条。

③ 参见《个人信息保护法》第六条。

2. 对所涉行业的影响

本案对整个互联网行业产生了较大的震动，引起了企业对于数据安全的重视。很多企业开始进行信息安全体系建设，加强对用户隐私数据的保护。此外，为了满足监管要求，一些企业选择将数据存储在本地数据中心，而非使用云服务。这对云计算和大数据产业带来了一定的影响。

3. 对其他企业的影响

本案给其他企业敲响了警钟，提醒企业不能忽视数据安全和用户隐私保护，不能为了发展而牺牲用户的利益。企业需要建立健全的安全管理和审查机制，强化对用户数据的保护和合规运营，提升企业在数据安全方面的自我保护能力。企业应当通过收集的节点、场景和关联信息等综合判断相关信息结合后可能产生的内涵，以及是否的确与实现产品或服务功能直接相关，防止过度收集数据信息而承担被行政处罚的风险。

4. 对相关法律的影响

本案是网络安全审查第一案，仅仅在对滴滴启动安全审查 8 日后，国家网信办就发布了《网络安全审查办法（修订草案征求意见稿）》，增加了“数据处理者”和“数据处理活动以及国外上市行为”的审查范围，几乎涵盖了所有互联网企业。此外，2021 年 8 月公布、10 月起施行的《汽车数据安全管理若干规定（试行）》更是针对汽车全产业，对于数据处理的要求比之前所有涉及汽车行业数据保护的法律法规都更加详细和严格。

二、“大数据杀熟”第一案

（一）案情简介

2020 年 7 月，胡某某通过一款在线旅游平台的 App 预订了舟山希尔顿酒店的豪华湖景大床房，并支付了 2889 元的价款。然而，在离开酒店时，胡某某意外发现该房型的实际挂牌价仅为 1377.63 元。随后，胡某某联系该在线旅游平台的运营方，但对方声称其只是平台方，不是涉案订单的合同相对方，只退还了部分差价。胡某某因此将其告上法庭，指责该平台进行了“大数据杀熟”等行为，并要求退一赔三。此外，他还要求该 App 增加选项，允许用户不同意“服务协议”和“隐私政策"时仍然能够使用该 App。①

（二）争议焦点

一审法院判决支持了胡某某上述两项请求，某在线旅游平台不服提起上诉。二审法院认为民事责任的承担方式应与侵权行为相适应，某在线旅游平台并未对用户个人信息肆意披露和以极端方式加以侵害，给其否定性评价并要求其承担惩罚性赔偿已可达到消费者使用 App 的预期效果和合同订立初衷。据此，二审仅支持了退一赔三的诉请，驳回了胡某某的其他诉讼请求。

本案中，原告提到的"大数据杀熟"并非法律术语，法院也并未对"大数据杀熟"进行具体认定，而是以"欺诈"和"侵犯个人信息"为由判定平台承担责任，但实际上该类行为的内涵与要求已经在我国相关法律中有所体现。《电子商务法》第十八条第一款规定："电子商务经营者根据消费者的兴趣爱好、消费习惯等特征向其提供商品或者服务的搜索结果的，应当同时向该消费者提供不针对其个人特征的选项，尊重和平等保护消费者合法权益。"《个人信息保护法》第二十四条第一款规定："个人信息处理者利用个人信息进行自动化决策，应当保证决策的透明度和结果公平、公正，不得对个人在交易价格等交易条件上实行不合理的差别待遇。"

（三）影响和启示

1. 对涉案企业的影响

本案提醒该在线旅游平台注意平台用户的权益保护，以及企业自身的社会责任和品牌形象。该平台应当加强对个人信息的管理和保护，不断完善个人信息保护制度，规范企业行为，加强对数据分析和算法运用的监管和控制，提高用户满意度和信任感。

2. 对所涉行业的影响

本案引发了人们对平台企业在数据分析和算法运用方面的关注和讨论，以及对平台企业责任和义务的思考。平台企业应当加强对算法规则的制定和公示，提

---

① 参见浙江省绍兴市柯桥区人民法院（2021）浙 0603 民初 790 号民事判决书；浙江省绍兴市中级人民法院（2021）浙 06 民终 3129 号民事判决书。

高算法透明度和公正性，同时加强对用户个人信息的保护和管理，建立健全的个人信息保护制度，保障用户权益，树立信任。

3. 对其他企业的影响

算法技术本身是中立的，但平台经营者等往往单方面制定算法规则，过度攫取和利用用户信息，以至于用户对"大数据杀熟"行为甚至是算法技术产生了防备心理。对此，平台企业理应负有更高的社会责任和使命，聚焦为何消费者会认为其存在"大数据杀熟"以及如何改进提升自身的服务等问题，建立合规制度，规范自身行为，以消除消费者疑虑，促进提升消费者对网络服务平台经营者的信任感。平台企业应当尊重用户的权益，加强对个人信息的保护和管理，建立健全的个人信息保护制度，提高算法透明度和公正性。

4. 对相关法律的影响

本案再次强调了个人信息保护的重要性，平台企业应当遵守相关法律法规、保护用户的个人信息。此案发生一年后，《个人信息保护法》得以颁布和施行，进一步加强对企业的监管和对用户个人信息的保护，对于类似的"大数据杀熟"行为，也提供了更为明确的法律依据。

三、向境外非法提供高铁数据案

（一）案情简介

2021 年 12 月 31 日，上海市国家安全局成功侦破了一宗涉及非法提供高铁数据给境外的严重案件。该案的主要犯罪嫌疑人是上海某信息科技公司销售总监王某等人，他们为了利益驱动而非法收集、提供铁路 GSM－R 敏感信号等高铁数据给境外公司。仅仅在一个月内，这些人就收集了超过 500GB 的信号数据，严重违反了《数据安全法》等法律法规。最终，因涉嫌为境外刺探和非法提供情报罪，王某等人被执行逮捕。[①]

（二）争议焦点

该案是《数据安全法》施行以来首例涉案数据被鉴定为情报的案件，也是我国

---

① 《全民国家安全教育日 | 央视〈焦点访谈〉：失算的数据买卖》，载澎湃网 2022 年 4 月 13 日，https://m.thepaper.cn/baijiahao_17629377。

首例涉及高铁运行安全的危害国家安全类案件。关于“情报”的外延，虽然《刑法》并未明确指出，但企业可以参考《网络安全法》《数据安全法》中对“重要数据”以及“国家核心数据”的规定，判断数据是否涉嫌构成情报。《网络安全法》中首次提出了“重要数据”的概念，指的是直接关系到等级保护与数据跨境运输两大制度的数据。①《数据安全法》第二十一条第二款明确，关系国家安全、国民经济命脉、重要民生、重大安全利益等数据属于“国家核心数据”，应当实行更加严格的管理制度。本案中，王某等人传输给境外的数据涉及铁路 GSM－R 敏感信号，而 GSM－R 是高铁移动通信专网，直接用于高铁列车运行控制和行车调度指挥，承载着高铁运行管理和指挥调度等各种指令，关系到国家安全、重要民生及重大安全利益，因此本案中的数据被认定为情报，王某等人也因此承担了相应的刑事责任。

（三）影响和启示

1. 对所涉行业的影响

随着更多的设备联网，越来越多的服务和系统从线下走到线上，数据的价值与日俱增。这些数据既可以为系统效率提升做出正向积极的贡献，也有可能被攻击窃取，成为境外组织破解我国高科技和重要组织信息的抓手，本案就是典型的负面案例。因此，对于与数据相关的行业，如金融、医疗、教育、交通等，需要高度重视数据安全问题，加强对数据的保护和管理，建立完善的数据安全管理体系，防范数据泄露和非法利用等安全风险。

2. 对其他企业的影响

相关企业应当引以为戒，对经营过程中涉及的跨境数据安全问题予以重视，慎重审查境外合作方背景，初步研判境外合作方要求的数据及信息是否涉嫌构成情报。如确有必要进行跨境数据合作或输出的，应当首先与相关政府部门进行沟通，依照法定程序提出申请。有关部门提出整改意见及要求的，企业经营者及决策层应积极履行，从而避免数据非法泄露风险。

3. 对相关法律的影响

本案为首例涉及数据被鉴定为情报的案件，对《数据安全法》的执行以及与之

① 参见《网络安全法》第三十七条。

相关的法律法规的修订提出了更高的要求。突出了数据安全对于国家安全的重要性，为加强数据安全管理、保障国家安全提供了实践基础。同时，本案也提示相关部门在日常执法中需要加强对数据安全的审查和管理，建立更加严格的数据安全管理制度。

四、银行因信息安全受罚案

（一）案情简介

案件一：2022 年 7 月 28 日，中国建设银行上海市分行因信息安全和员工行为管理严重违反审慎经营规则，被上海银保监局责令改正并罚款 50 万元。[①] 同时，相关责任人被禁业 10 年。[②]

案件二：2022 年 11 月 4 日，盘锦银行股份有限公司因存在多项违法违规行为，包括监管要求未落实、敏感数据信息泄露风险、外包管理职责缺失等，被辽宁银保监局处罚 140 万元。[③] 数名员工因以上原因被警告。[④]

（二）争议焦点

这两起案件都源于银行因部分员工行为违反规定而导致的信息安全问题。其中，中国建设银行上海市分行的行为违反了银行管理规定和《银行业监督管理法》第四十八条第三项，导致客户个人信息泄露、账户资金被盗刷等事故发生，银保监局对其采取了相对严厉的行政处罚措施；盘锦银行的行为违反了《银行业监督管理法》第四十六条、多名涉事员工的行为违反了该法第四十八条的规定。

作为客户资金和信息的重要载体，银行承担着保障客户网上交易安全和信息安全的重要责任。一般的信息泄露途径包括员工违法出售数据、利用外网通信软件传输数据和病毒攻击数据盗窃等。两地银保监会在行政处罚决定文书中未具体说明违法行为，但通过惩罚措施可以反映出事态的严重性。银行在信息保护方面负有高度安全保障义务，按照危险控制理论，银行经营者能够更好地预见潜在

---

① 参见沪银保监罚决字〔2022〕52 号行政处罚决定书。

② 参见沪银保监罚决字〔2022〕53 号行政处罚决定书。

③ 参见辽银保监罚决〔2022〕89 号行政处罚决定书。

④ 参见辽银保监罚决〔2022〕83 号至 88 号、90 号行政处罚决定书。

的危险和损害,从而采取必要措施,排除潜在的危险,防止或减轻损害的发生。

(三)影响和启示

1. 对金融行业和机构的影响

本案凸显了数据安全和网络安全对于金融行业的重要性,也对全球金融行业提出了更高的安全标准要求。本案是对银行业信息安全管理的一次警醒,将引起其他银行和金融机构的高度重视。金融机构必须加强员工行为管理,建立科学合理的内部管理制度和安全防范措施,保障客户的信息安全和个人隐私。同时,要严格落实信息安全责任制和监督管理机制,加强信息安全宣传教育,提升员工信息安全防范意识和技能,切实保障客户利益和隐私安全。

2. 对相关法律的影响

本案反映了中国金融机构信息安全管理方面的缺陷和问题,因此有望促进更加严格和规范的金融信息安全法规和标准的制定。此外,本案可能会影响法律责任的界定和处罚力度。对于违规者,法律责任将会更加明确和具体,处罚也会更加严厉,甚至可能面临刑事责任的追究。同时,法律也将更加重视企业对于员工行为的管理和监督,对于员工的违规行为要求企业承担相应的责任和处罚。

五、蔚来数据泄露案

(一)案情简介

2022 年 12 月 11 日,一封外部电子邮件声称掌握了蔚来公司 2.28 万条员工数据、39.9 万条车主用户身份证数据、65 万条用户地址数据、36 万条车主亲密关系信息、17 万条车主贷款数据等敏感信息,要求支付 225 万美元的赎金。12 月 20 日,蔚来公司发表声明确认用户数据遭到泄露,被窃取的数据是 2021 年 8 月之前部分用户的基本信息和车辆销售信息。在蔚来创始人李斌发表道歉声明后,12 月 21 日,蔚来公司在港交所发布公告承诺将对因数据泄露给用户造成的损失承担责任,同时将与相关政府部门合作调查此事件,并采取必要措施以控制潜在损失①。

---

① 澎湃新闻记者汪琦雯等:《蔚来:去年 8 月前的部分用户数据遭窃,被勒索 225 万美元等额比特币》,载澎湃网 2022 年 12 月 20 日,https://www.thepaper.cn/newsDetail_forward_21241139。

（二）争议焦点

该案作为《个人信息保护法》颁布后的第一起大型数据泄露案，目前仍处于蔚来汽车公司与用户协商阶段，还未涉及具体诉讼。在本案完成调查和合规审计后，蔚来公司可能面临监管机构的处罚和民事诉讼。

根据《数据安全法》第四十五条“开展数据处理活动的组织、个人不履行本法第二十七条、第二十九条、第三十条规定的数据安全保护义务……造成大量数据泄露等严重后果的，处五十万元以上二百万元以下罚款……”和《个人信息保护法》第六十六条“违反本法规定处理个人信息，或者处理个人信息未履行本法规定的个人信息保护义务的，由履行个人信息保护职责的部门责令改正，给予警告，没收违法所得……”的规定，如果监管部门查实蔚来公司存在不履行安全保护义务的，将根据两法对蔚来公司加以处罚。此外，根据《网络安全法》第四十条“网络运营者应当对其收集的用户信息严格保密，并建立健全用户信息保护制度”和第四十二条第二款“网络运营者应当采取技术措施和其他必要措施，确保其收集的个人信息安全，防止信息泄露、毁损、丢失……”的规定，蔚来公司采取的保护措施未能有效防止信息泄露。因此，即使是用户数据泄露的直接原因是黑客侵入，蔚来公司也至少需要承担相应的民事赔偿责任。

（三）影响和启示

1. 对涉案企业的影响

作为数据泄露发生的主要责任方，蔚来公司需要及时通知受影响的客户，并提供相应的赔偿和保护措施。消费者可能会对该公司的数据隐私和安全性产生更多疑虑，这可能会导致公司失去客户和受到品牌形象上的打击。但经过此次事件，蔚来公司势必会加强自身数据安全合规体系的建设。

2. 对所涉行业的影响

本案提示整个汽车行业需要注意数据安全和隐私保护，以维护用户信任。同时可以催生行业的技术迭代，对于黑客通过破解加密方式进行流量回放导致的数据泄露问题，可以探寻更加兼顾反应效率和安全防护需求的解决方式。

3. 对其他企业的影响

对于汽车行业的其他企业来说，通过本案可以意识到应当加强其数据安全措施，以确保其客户的隐私和敏感信息不被窃取或泄露，如强化数据安全措施、加强员工培训等，来防止类似事件的发生。企业应当投入更多资源和资金用于信息安全，通过采用最新的技术和策略，提高信息系统的安全性和可靠性。此外，汽车企业应该积极应对潜在的数据安全威胁，制订应急响应计划，建立完备的安全体系，并对员工进行相关培训，提高应对危机事件的能力。

4. 对相关法律的影响

目前，国家已经发布的《汽车数据安全管理若干规定（试行）》《信息安全技术汽车数据处理安全要求》等法规、标准仍主要集中于新能源车企对用户和车辆安全的日常维护，尚未明确规定新能源车企在黑客入侵等突发事件中应承担的网络安全管理责任，以及用户信息泄露后新能源车企应负的具体责任界定，如经济赔偿等。本案能够推动相关立法进一步完善，以消除新能源车企与用户权责不对等的现象。

第五节　合规指引

随着网络安全与数据合规领域监管的日益强化，为有效把控和应对数据保护的相关风险，企业可从如下方面着手，搭建企业网络安全和数据合规管理制度，提升数据合规水平。

一、加强数据分类分级和数据全生命周期合规体系建设

新修订的《网络安全审查办法》将网络平台运营者开展数据处理活动影响或者可能影响国家安全等情形纳入网络安全审查，同时在滴滴网络安全审查案中，滴滴因违法收集、过度收集等数据处理不合规行为而遭到处罚，因此企业应当重视数据合规工作，加强数据分类分级和数据全生命周期合规体系建设。

（一）建立数据分类分级制度

笔者于2016年即发表文章提出了数据分类分级保护与利用制度，该制度已成为《数据安全法》的重要原则，也是国家、行业、企业保障数据安全的较重要方式之一。

根据《数据安全法》的要求，企业应当建立数据分类分级保护制度。对于重要数据单独制定目录，加强重要数据的保护。企业应当对收集的数据进行即时分

类,根据收集到数据的类型、泄露后可能造成的影响等因素对各个类别的数据进行分级。企业严格按照分类分级制度的标准与要求,对不同类别与级别的数据制定配套的数据安全保护制度,采取不同程度、足够的安全保障措施。

(二)建立数据安全管理机制

按照数据处理全流程,构建覆盖数据全生命周期的安全管理机制,从数据收集、存储、使用、传输、销毁等关键环节出发,在每个阶段都满足数据合规的要求,做到全生命周期的数据合规管理,具体而言:

1. 数据收集阶段

企业应完善用户协议和隐私政策,以清晰明示的方式展示给用户,提供关闭选择。用户在选择同意后的使用过程中,需要有方便的途径撤回同意。应采取合法、正当方式,不得窃取或者以其他非法方式获取数据。对于间接收集到的数据,企业除应当采取相应的保护措施,还需要建立供应商管理制度,在筛选供应商时进行尽职调查,对数据来源进行合法性、安全性等审查,尽可能完善定期审核机制,及时发现、及时制止供应商违规行为。

2. 数据存储阶段

在国家对数据出境日益谨慎的态度下,企业应当积极考虑建立境内服务器,重要数据原则上应当进行本地化存储。同时,数据的存储应当满足技术安全要求。数据存储技术安全是数据安全的重要部分,尤其是随着云计算技术的发展,存储数据的利用率大大提高,但是也带来了更大的开放性,企业可采取加密、去标识化等技术保障数据存储安全。

3. 数据使用、加工阶段

企业应当建立内部数据访问权限制度,结合数据的分类分级情况,明确各级权限。同时,应分离信息系统运维权限和经办业务角色,并根据经办人员职责区分业务操作与数据查询范围。若企业利用个人信息和算法提供定向推送信息服务,应同时提供非定向推送信息服务选项。此外,企业在开展转换、汇聚、分析等数据加工活动的过程中,知道或者应当知道可能危害国家安全、公共安全、经济安全和社会稳定的,应立即停止加工活动。

4. 数据共享、委托处理阶段

企业应当提前进行安全影响分析和风险评估,若可能危害国家安全、公共安全、经济安全和社会稳定，则不应向他人提供。如果涉及向他人提供个人信息，应向信息主体告知接收方的名称、联系方式、处理目的、处理方式等内容，并获得个人同意。同时，应监督接收方或受托处理方的数据处理情况，并建立风险处置制度，一旦发现违规行为，应立即要求其停止相关行为，并要求采取有效的补救措施。

5. 数据备份、恢复和删除阶段

为了保障数据安全，企业应当设置数据备份和自动化恢复机制。在计算机系统中，数据备份是为了避免由于操作失误或系统故障而导致数据丢失的过程，可以将全部或部分数据从计算机挂接的硬盘或磁盘阵列复制到其他存储介质中。而数据恢复则是指在数据存储设备出现物理损坏或由于人员误操作、操作系统故障导致数据不可见、无法读取、丢失等情况时，通过已备份的数据将其恢复的过程。同时，企业按照规定需要删除数据的，应当立刻做不可恢复性删除。

二、强化算法合规管理体系

为了确保算法安全与合规，有效应对监管风险，企业可以从如下方面搭建网络与算法合规管理制度。

（一）加强算法推荐服务管理

企业需以显著方式告知用户提供该服务的情况，并公示服务的基本原理、目的意图及主要运行机制。此外，企业应向用户提供不针对其个人特征的选项，或提供关闭算法推荐服务的便捷选项。就前者而言，企业可将推送对象泛化（由个人变为集体），即以间接用户画像代替直接用户画像，如基于特定地理位置展示搜索结果，且展示内容和排序结果不因个人身份不同而异；就后者而言，可在企业应用程序的“设置—隐私”中加入“是否允许向用户展示程序化广告”的开关，并在用户关闭后提示未来广告相关度降低，但广告数量不变，满足提供拒绝方式的合规要求。

（二）加强具有舆论属性的算法治理

若算法具有舆论属性或者社会动员能力，企业应当在提供服务之日起十个工作日内履行备案手续，包括填报服务提供者的名称、服务形式、应用领域、算法类型、算法自评估报告、拟公示内容等信息，以备案信息向互联网信息服务算法备案系统报送。当备案信息发生变更时，企业应当在变更之日起十个工作日内办理变更手续。若终止服务,也应当在终止服务之日起二十个工作日内办理注销备案手续,并做出妥善安排。完成备案后,企业还应当在其对外提供服务的网站、应用程序等的显著位置标明其备案编号并提供公示信息链接。除备案外,企业还应当开展安全评估。

(三)加强涉及特定群体的算法治理

对于面向未成年人和老年人的算法服务,企业应注重适宜性。对于未成年人,应通过提供适合其使用的模式和服务来帮助其获取有益的身心健康信息。企业不得利用算法向未成年人推送可能引发模仿不安全行为、违反社会公德行为或诱导不良嗜好等可能影响未成年人身心健康的信息。对于老年人,应保障其依法享有的权益,充分考虑其出行、就医、消费和办事需求,并按照国家规定提供智能化适老服务,合法开展涉电信网络诈骗信息的监测、识别和处置。

三、搭建数据出境合规管理制度

企业应当深入研究贯彻《网络安全法》《数据安全法》《个人信息保护法》有关数据出境的规定,从以下几个方面建立、优化围绕数据出境的合规管理制度。

(一)结合自身业务对数据出境场景进行梳理,并开展相应的评估工作

由于企业经营活动的动态性与复杂性,不同企业涉及数据出境的场景不尽相同,但主要还是涵括在外商投资、境外证券发行、境外投资、中外合作、跨境业务、涉外执法与司法等场景之中,企业对此应当慎重审查。同时,鉴于安全评估、跨境认证和标准合同路径均规定企业应当自行开展相关的风险评估工作,所以企业应尽快对照规定的评估内容,准备相应材料,以便后续提交,且妥善保存评估结果。

(二)基于不同的数据出境场景,选择适当的出境路径

根据《网络安全法》《数据安全法》《个人信息保护法》的规定,我国数据合法出境路径包含以下三种:经过网信部门的安全评估、经专业机构进行个人信息保护认证、与境外接收方订立个人信息出境标准合同。一般来说,规模较小、跨境需求不多并且满足条件的中小型企业,以及一次性的跨境投资并购交易,可选择适用标准合同,减少合规成本。但对于创新型企业或行业头部,由于用户量极大,且

往往涉及重要数据和敏感个人信息，因此难以避免适用安全评估。此外，企业进行员工管理的场景可选择适用保护认证，避免频繁重新签订合同以及重新备案的情况。

（三）通过约定合同条款避免合规问题带来的违约风险

实践中，企业可能会在安全评估结束之前与境外接收方订立合同，但可能面临因为安全评估未通过而无法向境外提供数据的违约风险。对此，企业应当在合同中格外注意双方在合规方面的陈述保证，还可以增加免责条款或约定以通过安全评估作为合同生效的条件，从而避免因合规问题导致违约风险。

（四）在境外上市过程中，审慎评估是否需要主动申报网络安全审查

《数据出境安全评估办法》第四条规定了四种应当通过所在地省级网信部门向国家网信部门申报数据出境安全评估的情形，拟上市企业应参考该法条对自身及主要商业合作伙伴进行评估，研判数据处理活动是否涉及核心数据和重要数据、是否存在大量个人信息非法出境的风险、是否构成关键信息基础设施运营者等。根据评估结果，企业应审慎决定是否主动申报网络安全审查。

（五）根据自身情况，适时建立数据库管理体系

企业应采取规范数据全生命周期的安全技术措施，在数据传输过程中实施加密传输，在数据存储过程中进行去标识化和加密存储，对拥有的数据、资料库等进行分类分级管理，保障出境数据安全。在数据访问和使用过程中开展身份认证、权限控制、脱敏处理和行为审计等。同时，企业应完善合规体系，建立合规组织机构和管理流程，定期开展内部或第三方合规审计，加强员工培训，确保数据出境合法合规。

四、加强员工的网络和数据安全教育培训

企业应定期组织相关培训和演练，增强员工的信息安全意识和技能，如密码管理、网络钓鱼攻击防范等方面的知识，具体包括以下几个方面。

（一）制订全面的网络和数据安全教育培训计划

企业应该根据自身的网络和数据安全现状，制订一套全面的网络和数据安全

教育培训计划。这项计划应该包括安全意识培训、安全技能培训、安全管理培训等不同方面的内容。其中,安全意识培训应该是基础,培训内容包括识别安全威胁、保护企业信息、遵守规定和条例等;安全技能培训应该针对不同岗位,如网络管理员、系统管理员、安全分析师等,提供相关技能的培训;安全管理培训则应该着重于企业安全管理的流程和规定,如事件响应计划、审计和合规等。

(二)针对不同岗位的员工制订个性化的培训计划

不同岗位的员工面临的安全威胁和安全工作内容不同,因此需要根据不同岗位的需求制订个性化的培训计划。例如,网络管理员需要掌握网络安全基础知识、防范 DDoS 攻击等技能;数据分析师需要学习数据安全保护、数据备份等知识。因此,企业需要针对不同岗位的员工进行识别,制订相应的培训计划,确保培训内容切合实际需求,从而增强员工的安全意识和技能水平,减少网络和数据安全事件的发生。

(三)持续性开展网络和数据安全教育培训

网络和数据安全是一个不断发展和变化的领域,因此教育培训也需要不断跟进和更新。企业需要建立一个持续性的网络和数据安全教育培训计划,确保员工始终保持最新的知识和技能,不断增强自身的安全意识和能力。为此,企业可以制订每年的网络和数据安全教育培训计划,定期对员工进行培训,如每季度或半年度开展一次培训,以确保员工持续学习和掌握最新的安全知识。

(四)激励员工参与网络和数据安全教育培训

企业可以为员工参与培训设置奖励机制,如发放学习积分或提供晋升机会等。通过激励员工参与培训,企业可以增强员工的安全意识和能力,也可以推进企业的网络和数据安全工作。此外,企业可以开展网络和数据安全知识竞赛等活动,提高员工的参与度和学习效果,为企业构建一个良好的安全文化氛围。

五、落实数据访问控制措施

数据访问控制是数据安全的重要组成部分,它可以帮助企业防止未经授权的数据访问和数据泄露。以下是企业可以考虑的数据访问控制措施的建议。

（一）制定访问控制策略

企业应该针对不同的数据类型和敏感程度，制定相应的访问控制策略。比如，对于非公开数据和个人信息，应该设定更为严格的访问控制，只允许特定岗位的员工访问。同时，企业还应该制定访问控制的流程和规范，确保访问请求得到审批和记录。

（二）限制数据访问权限

企业应该对员工的访问权限进行分类管理，仅授权给需要访问相关数据的员工。对于离职员工和临时工等人员，应该及时取消其访问权限。此外，企业还应该对访问权限进行定期审计和检查，及时发现并限制未授权访问行为。限制数据访问权限还需要采用技术手段，如访问控制列表（ACL）、身份验证、数据加密等来保障数据访问的安全性。

（三）建立审计与监控机制

企业应建立数据访问审计和监控机制，对所有访问敏感数据的操作行为进行实时监控和记录，包括访问者、时间、操作类型等信息。当发现异常访问行为时，及时启动应急响应机制，防止数据泄露或滥用。

（四）实施数据安全备份和恢复

企业应该定期备份重要数据，并建立数据备份和恢复机制，确保在数据泄露或丢失时，能够及时恢复数据。备份的数据应该进行加密和存储，且备份数据的存储位置应与生产数据隔离开来，以防止备份数据被未授权访问。同时，备份数据也应该定期测试恢复，确保备份数据的完整性和可恢复性。

六、加强供应商管理和合规要求落实

供应商管理是企业数据安全合规的重要环节之一，企业应当从以下几个方面落实供应商管理活动。

（一）制定供应商管理制度

企业应该制定完善的供应商管理制度，明确供应商的数据安全要求和合规要求，并对供应商的数据合规情况进行监督和检查。供应商管理制度应该包括供应商准入、供应商考核、供应商退出等方面的要求。

（二）制定严格的供应商审查流程

企业应该建立完善的供应商审查流程，对供应商的数据安全措施和合规情况进行审查，确保供应商的数据安全风险得到有效控制。供应商审查流程应该包括供应商资质审查、数据安全风险评估、安全合规检查等方面的要求。

（三）建立供应商管理平台

企业可以通过建立供应商管理平台，实现对供应商的统一管理，包括供应商信息管理、数据合规检查、合同管理、评估管理等方面。这可以帮助企业更好地了解供应商的数据安全情况，及时发现和处理数据安全问题。

（四）签署数据安全协议

与供应商签署数据安全协议是一种有效的控制风险的措施，该协议应该详细规定供应商处理企业数据的义务和责任，明确规定数据的机密性、完整性和可用性要求，以及如何处理数据泄露和安全事故。另外，协议应该规定供应商在违反协议时的处罚措施，以及相关违规行为的通知和报告程序。

（五）监督和管理供应商

对供应商进行监督和管理是确保其遵守数据保护法规的重要手段。企业可以要求供应商定期向企业报告数据处理情况，并进行定期审查，发现问题及时进行整改。另外，可以采取技术措施，如访问控制和数据加密等，确保供应商只能访问其需要的数据，并且限制只有授权人员才能访问该数据。

七、建立数据安全事件应急预案

为了预防潜在的突发事件，建立数据安全事件应急预案是企业保障数据安全的重要措施，具体可以从以下几个方面着手。

（一）建立应急响应机制

企业应建立一套完整的应急响应机制，明确事件发生时的应急处置流程和责任人，并定期进行演练和测试，以确保响应机制的有效性。这个过程需要评估可能的安全风险，识别数据遭到攻击或泄露的迹象，并确定处理这些事件的流程。应急响应机制应该包括明确的责任分工、有效的通信渠道、快速响应的流程以及及时的跟进和修复。

（二）制订数据备份和恢复计划

企业应定期备份重要数据，并建立完善的数据恢复计划，以便在发生数据丢失或损坏的情况下能够快速恢复数据。备份数据需要考虑数据的重要性、备份的频率、备份的存储位置、备份的验证和测试等方面。备份数据应当保存在多个地点，并定期进行测试以确保其可恢复性。同时，需要制订数据恢复计划，明确数据丢失或遭受攻击时的恢复流程和时间要求。

（三）建立应急响应团队和培训应急响应人员

应急响应团队应该包括安全专家、IT 人员、法律顾问、公关专家等，以确保在发生数据安全事件时可以迅速响应并协同工作。应急响应团队的培训应该包括对安全威胁的识别和分析、对应急事件的处理流程、沟通技巧等方面。

（四）提供实时监测和警报

企业应部署实时监测和警报系统，及时监测和响应可能的安全事件，并采取必要的措施以最大限度地减少损失。此外，企业应与内外部各方建立联系和协作机制，及时通报和共享信息，确保协调一致地响应和处置。

第六节　发展趋势展望

《中共中央、国务院关于构建数据基础制度更好发挥数据要素作用的意见》提出，以维护国家数据安全、保护个人信息和商业秘密为前提，以促进数据合规高效流通使用、赋能实体经济为主线。随着数字经济的进一步发展，作为数字经济发展基础性保障的网络安全和数据安全治理将进一步向纵深发展，并呈现如下发展趋势。

一、算法监管将会更加综合且全面

目前我国算法监管的主要关注点在于算法安全能力评估和备案。例如，2022年4月，国家网信办启动了"清朗·2022算法综合治理"专项行动，深入排查整改互联网企业平台算法的安全问题，对算法的安全能力进行评估。此次行动重点检查了具有较强舆论属性或社会动员能力的大型网站、平台及产品，并督促企业利用算法加强正能量的传播，处理违法和不良信息，整治算法滥用乱象，并积极进行算法备案。随着算法治理的不断深入，预计未来会有配套的规范性文件进一步推动并指引一系列新要求的落地。

此外，2022年11月发布的《反不正当竞争法（修订草案征求意见稿）》明确规定，经营者不得利用数据和算法、技术以及平台规则等手段，通过影响用户选择或其他方式扰乱市场公平竞争秩序。经营者不得利用算法，通过分析用户偏好、交易习惯等特征，在交易条件上对交易相对方实施不合理的差别待遇或进行不合理限制，损害消费者、其他经营者的合法权益和社会公共利益，扰乱市场公平竞争秩序。预计未来监管部门会进一步加强对利用算法实施的不正当竞争行为的监管。

二、数据出境监管的行业化特征日趋凸显

科学清晰的数据分类分级是实现跨境数据安全有序流动的基础。由于数据分类分级与数据自身的特征具有高强度的关联性，而且数据资源本身及其应用场景在不同行业间存在较大差异。这就意味着未来随着企业数据跨境流动的持续开展，为了满足不同行业跨境数据流动的实际需求，在法律法规、制度和规范层面都将围绕不同行业典型的数据类型及应用场景不断细化，将会出台与不同行业本身特征相适应的管理规则体系与技术方案。

除此之外，重要数据的概念也将愈加明晰，目前全国信息与安全标准化委员会已正式发布《信息安全技术　重要数据识别指南（征求意见稿）》，以国家标准的形式梳理了重要数据的定义、范围，规定了重要数据识别的基本原则和因素，以及重要数据的描述范式。预计未来，随着重要数据识别目录的出台，数据出境监管将具备更强的行业化特质。

三、隐私计算技术将成为网络与数据安全治理的重要技术支撑

在满足数据融合需求的同时，如何增强数据要素安全防护是数据流通面临的关键

问题。隐私计算是一套跨学科的技术体系,涉及人工智能、密码学、数据科学等众多领域的交叉融合。隐私计算以保护数据全生命周期的隐私安全为基础,实现对加密数据的计算与分析,从而实现促进数据要素流通融合、有效提取数据要素价值的目标。

目前,常见的隐私计算技术包括多方安全计算、联邦学习、机密计算(可信执行环境)、数据可证去标识化等。隐私计算在金融、医疗等行业的典型场景中的应用已经逐步发展起来,随着隐私计算技术进一步向纵深发展与逐步成熟,将进一步成为可信数据要素流通的关键技术。随着计算效率、资源消耗、安全保障、互通标准等技术问题的进一步解决,以及与区块链、边缘计算等相关技术的进一步融合,隐私计算的未来应用场景将会更加广泛,催生新的数据要素流通商业生态,并成为网络与数据安全治理的重要技术支撑。

四、智能化安全防御将成为网络安全发展的重要趋势

智能化安全防御是未来网络安全发展的重要趋势之一。随着大数据和人工智能技术的快速发展,安全防御也将更加智能化和自动化。这种趋势的发展原因是,传统的安全防御手段往往只能对已知攻击进行防御,而无法应对未知攻击,智能化安全防御可以通过自学习和分析攻击者行为,及时发现并应对未知攻击。

智能化安全防御的发展还可以通过机器学习、深度学习和自然语言处理等技术实现对大量数据的实时分析和识别,提高攻击检测和预防的准确性。此外,智能化安全防御可以为企业提供更加全面和个性化的安全服务,满足企业的不同需求,提高安全防御的灵活性和针对性。

未来,随着物联网、云计算和5G技术的普及和应用,网络攻击的种类和数量将进一步增加,智能化安全防御将成为更加重要的趋势。智能化安全防御的发展将依赖于更加高效的硬件和算法,以及更加全面的安全数据采集和分析。同时,随着《网络安全法》等相关法规的出台,企业也将越来越重视网络安全,进一步推动智能化安全防御的发展。

五、区块链技术或将得到广泛应用

区块链技术是一种基于去中心化、分布式的数据存储和交换技术,其特点是安全、不可篡改和去中心化。在我国,区块链技术的应用正在快速发展,尤其是在金融、物流、供应链等领域。目前,国内已经出现了一些区块链应用的典型案例,如

数字货币、供应链金融、物联网、版权保护等领域。与传统的中心化数据存储和交换方式相比，区块链技术具有更高的数据安全性和可信度，可以有效降低数据被篡改或泄露的风险。因此，区块链技术被认为是未来网络和数据安全的重要趋势之一。

区块链技术在我国的应用前景非常广阔。政府、企业和个人都可以从中受益。目前，我国政府已经出台了一系列支持区块链技术发展的政策措施，并且在金融、物流、供应链等领域推动了大量的区块链应用项目。同时，我国也有着庞大的技术人才储备和强大的市场需求，这为区块链技术在中国的发展提供了充足的条件。

在未来，随着区块链技术的不断发展和完善，它的应用场景也将不断拓展。特别是在数据安全和网络安全领域，区块链技术将会扮演重要的角色，通过分布式存储和加密算法等手段，有效降低数据被篡改或泄露的风险。同时，随着技术的不断进步，区块链技术也将更加智能化和高效化，进一步提高安全防御能力。

六、网络安全的国际化趋势将日益明显

随着全球化的加剧和网络技术的快速发展，网络安全已成为全球范围内关注的焦点，网络安全的国际化趋势日益明显。首先，随着网络攻击手段的不断升级，网络攻击呈现跨国境犯罪的样态。其次，数据的全球流动性也使网络安全随时面临数据跨境流动带来的具体问题。因此，国际合作是应对网络安全威胁的必要手段。在这种情况下，国际标准的制定和推广将成为网络安全的重要趋势，这可以有效地推动各国之间的信息共享和合作。此外，越来越多的跨国公司和机构面对网络安全威胁，需要制定和执行全球范围内的网络安全计划和战略，这也加速了网络安全国际化的发展趋势。

网络安全的国际化趋势将推动国际组织和国家加强合作，如国际标准的制定、网络安全信息共享平台的建立等。同时，网络安全的国际化也意味着各国需要加强国际合作，对于跨境网络攻击加强协调和合作，共同维护全球网络安全。

在当前数字化时代，网络和数据安全问题日益突出，相关法律体系的建设和完善对于保护企业和个人的利益至关重要。本章探讨了网络和数据安全的法律体系，也通过一些典型案例给企业提供了适当的合规指引。未来，随着技术的不断进步和网络威胁的不断演变，企业将面临更加复杂和严峻的安全挑战。只有企业紧跟安全技术的发展，加强合规建设，全面落实安全措施，并将安全文化融入企业运营的各个层面，才能在未来的网络环境中应对各种挑战，确保企业的可持续发展和安全稳定。

第四章 电子签名法律体系

第一节 《电子签名法》

一、立法背景

20 世纪末到 21 世纪初，全球电子商务获得飞速发展。电子商务的便利、高效大大促进了我国商务活动的发展，但同时，它的虚拟性、开放性也给我国立法机关提出了许多亟待解决的法律问题，其在合同领域表现得尤为明显。“在电子商务中，合同的意义和作用并没有发生改变，但是其形式却发生了极大的变化。”[①]传统的合同形式主要有口头形式和书面形式两种。电子商务的发展带来了一种新的形式，即数据电文形式。

网络的开放性、虚拟性和无纸化给这种新形式带来了新的特点，从而引出了许多新的法律问题。其主要集中在：数据电文的法律效力、数据电文的形式要求，数据电文归属、数据电文的证据力，电子合同的成立等方面。此外，电子交易安全问题也日益凸显。一般认为，为满足电子交易安全，安全的电子商务系统应当达到以下几点要求：第一，信息的保密性；第二，交易各方身份的认证；第三，信息的防抵赖性；第四，信息的完整性、防篡改。[②] 电子交易的安全在很大程度上依托于电子签名技术。

---

① 参见李双元、王海浪：《电子商务法》，北京大学出版社 2004 年版，第 115 页。

② 张楚主编：《电子商务法教程》，清华大学出版社 2005 年版，第 82 页。

为了应对电子商务带来的法律问题，国际和国外都通过一系列法律来进行规制。国际方面，联合国国际贸易法委员会 1992 年就开始起草电子商务方面的法律规则，最终在 1996 年的第 29 次会议上通过了《联合国国际贸易法委员会电子商务示范法》（以下简称《电子商务示范法》），该对电子商务问题进行了规定，其中也包括电子签名等问题。该法虽然对各国没有约束效力，但给各国提供了参考文本。

此后，联合国贸法会又专门针对电子签名问题制定了《联合国国际贸易法委员会电子签名示范法》（以下简称《电子签名示范法》），该示范法对电子签名问题进行了较为全面的规定。2005 年 11 月联合国贸法委通过了《联合国国际合同使用电子通信公约》（以下简称《电子通信公约》），该公约专门针对在国际合同中使用电子通信手段的问题提供了可行的解决办法。

在国外，1995 年美国犹他州通过了世界上第一部数字签章法。世界各国诸如德国、马来西亚、意大利、新加坡、加拿大、日本、英国、法国、澳大利亚、瑞典等，为推广电子商务与电子化政府亦已通过或正进行其国内相关立法。①

就我国而言，早在全国性的电子商务法制定之前，广东、上海等经济发达地区，电子商务发展较早也较为成熟，因而制定了与电子商务有关的地方性法规和规章，如广东省政府 1996 年 10 月 11 日颁布了《广东省对外贸易实施电子数据交换（EDI）暂行规定》（1997 年 1 月 1 日施行）。其后，我国 1999 年《合同法》借鉴了《电子商务示范法》的有关规定，针对实践中亟待解决的问题作了规定。它对数据电文采取开明的态度，其中有 6 条涉及电子合同。但由于规定得较早，其规定还是过于原则，缺乏可操作性，因而业界和学界都强烈呼吁对电子商务相关法律问题专门立法。

2003 年 4 月，国务院法制办会同信息产业部、国务院信息化工作办公室着手电子签名法起草工作，在借鉴和比较联合国贸法会《电子商务示范法》和《电子签名示范法》、欧盟的《电子商务指令》和《电子签名指令》、美国的《统一电子交易法》和《国际国内商务电子签名法》以及新加坡、日本、韩国等国家和组织的有关立法，并结合我国具体国情的基础上，制定了《电子签名法》。②

---

① 万以娴：《电子签章法律问题研究》，人民法院出版社 2001 年版，第 119 页。

② 《国务院关于〈中华人民共和国电子签名法（草案）〉的说明》。

全国人大常委会在初次审议《电子签名法》时，就《电子签名法》的必要性进行了激烈的讨论。有些常委会委员认为，目前网上交易的安全性还存在问题，我国电子商务交易的数额也比较小，制定电子签名法的时机还不成熟。法律委员会、法制工作委员会会同财经委员会、国务院法制办、国务院信息办、原信息产业部等部门认真研究了常委委员的审议意见，并多次组织专家和有关单位研究论证，认为：

目前，我国电子商务交易量虽与传统商务相比数额还比较小，但发展迅猛，数据电文、电子签名在电子商务等活动中得到日益广泛的应用。但是，由于现行法律对数据电文和电子签名的效力等法律问题缺乏相应规定，使电子商务的发展遇到法律障碍。为了解决类似问题，包括发达国家和发展中国家、地区在内的60多个国家和地区都已经制定了各自的电子商务、电子签名法律。在借鉴国外电子签名立法例的基础上，尽快制定我国的电子签名法，确立可靠的电子签名的法律效力和法定标准，规范电子认证行为，以促进电子商务和电子政务的发展。是必要的。[①]

2004年8月28日，第十届全国人大常委会第十一次会议表决通过了《电子签名法》，并于2005年4月1日起施行。该法根据“功能等同”和“技术中立”原则确认了数据电文和电子签名的合法性，并赋予了可靠电子签名具有与手写签名或盖章同等的法律效力。该法的颁布解决了电子商务发展过程中面临的诸多关键性问题，极大地改善了我国电子商务发展的法治环境。该法也被学界称为我国第一部真正意义上的电子商务法。

二、重点法条解读

【法条】

第二条第一款　本法所称电子签名，是指数据电文中以电子形式所含、所附用于识别签名人身份并表明签名人认可其中内容的数据。

【解读】

第二条第一款通过立法确定了电子签名的合法性。根据规定，电子签名构成要件主要为：第一，表现形式——电子形式；第二，与数据信息的联系——附着于

① 《全国人大法律委员会关于〈中华人民共和国电子签名法（草案）〉修改情况的汇报》。

数据电文中;第三,功能与目的——识别电子签名人的身份及表明签名人认可数据电文的内容。

电子签名具有与传统签名不同的特点:第一,电子签名一般是通过在线签署的,是一种远距离的认证方式,而传统签名一般需要签名人亲自到场;第二,电子签名本身是一种数据,它很难像纸面签名一样将原件向法庭提交;第三,大多数人只有一种手写签名样式,虽然事实上它可能发生演变,但一个人可能同时拥有许多个电子签名,每使用一个信息系统,就有可能配发一个;第四,传统签名几乎不存在被签名人完全忘却的情况,而电子签名则有可能被遗忘;第五,传统手书签名可以通过视觉进行比较,而电子签名一般需要计算机系统进行鉴别。① 电子签名与传统签名存在以上诸多差异,那么电子签名能否替代传统签名在实践中得到有效应用呢? 从理论上分析,若电子签章②(包括数位签章)能够实现传统签名相同的一些功能,就应可替代后者而得到广泛的应用。③ 联合国欧洲经济委员会促进国际贸易程序工作组在一份题为"签名以外方式的贸易文件认证"的报告中指出:"贸易文件上的签名,主要有三项功能:一是表明文件的来源,即签名者;二是能表明签字者已确认文件的内容;三是能构成证明签字者对文件内容的正确性和完整性负责的证据。"④该工作组根据"功能等同"和"技术中立"原则,不对签名的形式作要求,只要求电子签名满足签名实质性标准即可。事实上,"功能等同"和"技术中立"原则是电子签名得以在法律上确立的根本因素。就目前而言,电子签名具有多种表现形式,如电子化签名⑤、生理特征签名⑥、数字

---

① 秦成德主编:《电子商务法》,重庆大学出版社 2004 年版,第 92 页。

② 此处的"电子签章"概念等同于"电子签名"概念,只是学者基于不同的角度出发在名称上有所侧重,但就"电子签章"和"电子签名"的概念分析,两者无本质差别。

③ 张楚:《电子商务法初论》,中国政法大学出版社 2000 年版,第 164 页。

④ 李双元、王海浪:《电子商务法》,北京大学出版社 2004 年版,第 50 页。

⑤ 电子化签名将手写签名和数字化技术有机结合,使用者在特别设计的感应板上亲笔书写其签名,电脑感应后经过密码化处理,将该签名资料与其所要签署的文件相绑定,达到签名所欲实现的目的。这种签名仍维持了传统手写签名方式,因而易被使用者接受。

⑥ 曾更莹在其著作《网际网路上运用电子签名所涉法律问题研究》中将生理特征签名定义为借由使用者之指纹、声波纹及脑波等生理特征作为辨识使用者之工具。由于生理特征具有唯一性,因而有生理特征所产生的签名一般也就具有了唯一性的特征,但这种签名对技术要求就高,且所需识别设备较为昂贵,因而实际应用中较少。

签名[①]等。可以预见,随着技术的发展,电子签名的种类会越来越多。目前,对于多样化电子签名的立法选择,国际上存在不同的类型,主要有以下几种:第一种,技术非特定主义。即法律不对电子签名的具体技术方案做选择,只规定电子签名应具有的基本功能,至于实践中采用何种技术交由市场和消费者决定。如《电子商务示范法》第七条规定:"(1)如法律要求要有一个人签字,则对于一项数据电文而言,倘若情况如下,即满足了该项要求:(a)使用了一种方法,鉴定了该人的身份,并且表明该人认可了数据电文内含的信息;和(b)从所有各种情况来,包括根据任何相关协议,所用方法是可靠的,对生成或传递数据电文的目的来说也是适当的……"第二种,技术特定主义。目前主要是采用"数字签名方案",其认为,电子签名作为一项新兴出现的事物,虽然是网络时代发展的必然趋势,但仍存在很多不足之处,贸然予以宽容对待可能会对交易安全造成不利影响。为了协调电子签名这种不平衡状态,有些国家将技术比较成熟的数字签名作为电子签名的唯一法定方式。如欧盟制订的《欧洲电子签名标准化行动计划》就只承认数字签名的法律效力。第三种,折中主义。这种方案一方面为电子签名技术设定要求,赋予其最低限度的法律效力;另一方面赋予某些广泛使用且技术成熟的签名以更大的法律效力。如《电子签名示范法》第二条规定:"电子签名系指在数据电文中,以电子形式所含、所附或在逻辑上与数据电文有联系的数据,它可用于鉴别与数据电文相关的签名人和表明签名人认可数据电文所含信息";同时该示范法在第六条第三款中又对可靠电子签名作出了规定:"就满足第1款所述要求而言,符合下列条件的电子签名视作可靠的电子签名:(a)签名制作数据在其使用的范围内与签名人而不是还与其他任何人相关联;(b)签名制作数据在签名时处于签名人而不是还处于其他任何人的控制之中;(c)凡在签名后对电子签名的任何更改均可被觉察;以及(d)如果签名的法律要求目的是对签名涉及的信息的完整性提供保证,凡在签名后对该信息的任何更改均可被觉察。"

第二条中的电子签名定义与联合国《电子签名示范法》中的定义基本相同:电

---

① 关于数字签名目前还没有统一定论。新加坡电子交易法将数字签名定义为"通过使用非对称加密系统和哈希函数来进行电子记录变换的电子签名"。我国香港特别行政区电子交易条例规定"就电子记录而言,数码签署指签署人的电子签署,而该签署是用非对称密码系统及散列函数将该电子记录作数据变换产生的"。实务界和理论界对数字签名的定义虽存在差异,但仍存在共同点,如就数字签名的技术而言,都认定为非对称加密系统和哈希函数,都将数字签名定为电子记录的一种。

子签名系指在数据电文中,以电子形式所含、所附或在逻辑上与数据电文有联系的数据,它可用于鉴别与数据电文相关的签字人和表明签字人认可数据电文所含信息。

联合国《电子签名示范法》在起草"电子签字"的定义时,主要考虑了三个问题:

(1)概念的广泛性。考虑到概念适用范围较广,应有较大的涵盖面和较灵活的解释,故将电子商务活动中的数据签字、电子签名、电子签章等具有相同内容的不同表述统一起来,使概念可以被各国所接受。

(2)不偏重任何技术的原则。综合考虑数字加密技术的安全性问题①,考虑其他电子签名方式的发展问题,如使用生物测定法或其他一些此类技术,因此,没有片面地强调某一技术。

(3)电子签名的实质。区别"签名"的法律概念和"电子签名"的技术概念,应将电子签名看作一种与数据电文相关联的电子数据,而这一数据是在制作电子签名的过程形成的,并产生了对签名人和相关信息的核证作用,而没有简单地将其看作一种方法和一种结果。

需要注意的是,我国《电子签名法》中对电子签名的表述与联合国《电子签名示范法(中译本)》提出的电子签字概念基本相同:"电子签字系指在数据电文中以电子形式所含、所附或在逻辑上与数据电文有联系的数据,它可用于鉴别与数据电文相关的签字人和表明签字人认可数据电文所含信息。"但我国《电子签名法》和联合国《电子签名示范法(中译本)》都存在一个共同的问题,两者都认为电子签名是包含在"数据电文中"的。实际上,电子签名是以电子形式附在数据电文上的数据,或是在逻辑上与数据电文有联系的数据,并不是存在于数据电文内。

就我国而言,如何在法律上选择电子签名面临一个两难境地。一方面,如果只确定一种电子签名技术,则安全认证等所有制度都必须围绕这种技术设置,这样做虽然会使电子签名制度清楚简明,但是忽略了技术不断发展、日趋多样化的

---

① 据报道,目前在国内外广泛应用的为电子文件加密的杂凑函数 MD5 已经被国内学者破译(王振国、刘春雷:《挑剔电子签名的女博导》,载《齐鲁晚报》2004 年 9 月 17 日)。所以要保证电子签名的可靠性,必须采取一种与时俱进的理念,鼓励现有技术的改造和新技术的采用。但从目前情况看,数字加密技术仍然是一种使用简便、保密性能强、成本最低的加密技术,所以,联合国《电子签名示范法》和我国《电子签名法》都对它进行了重点阐述。

事实。① 另一方面，电子签名不仅是一项技术问题，同时也涉及人们的具体权利义务，就目前而言，电子签名作为一种新兴事物，其中有些签名技术还有待进一步完善，如果不妥善处理各电子签名定性问题，会给人们的生活带来很多困扰。基于以上两种因素的考虑，我国《电子签名法》基本沿用了《电子签名示范法》的规定，即采取折中主义。首先，规定当事人约定使用电子签名的文书，不得仅因为其采用电子签名而否定其法律效力，赋予电子签名应有的法律地位；其次，以目前国际上比较公认的成熟技术为基础，规定可靠电子签名的认定标准；再次，基于意思自治原则规定当事人可以选择使用符合其约定的可靠条件的电子签名；最后，通过立法确定可靠的电子签名具有与手写签名或者盖章同等的法律效力。相关内容会在下面提到，故在此不再赘述。

就电子签名的构成要件中“表明签名人认可其中内容”这一点，具体是指电子签名人认可数据电文的全部信息还是只认可部分信息，我国法律未作明确规定。为避免争议，我国《电子签名法》有对该问题进行明确规定的必要。

【法条】

第二条第二款　本法所称数据电文，是指以电子、光学、磁或者类似手段生成、发送、接收或者储存的信息。

【解读】

我国原《合同法》没有直接规定数据电文的定义，但是它从外延上进行了规定，即认为数据电文包括：电报、电传、传真、电子数据交换和电子邮件。《电子签名法》在原《合同法》基础上进一步明确了数据电文的定义，即认为数据电文是以电子、光学、磁或者类似手段生成、发送、接收或者储存的信息。

根据全国人大法工委的相关释义，数据电文的概念包含两层意思：第一，规定数据电文的使用手段包括：电子、光、磁手段或者其他具有类似功能的手段；第二，规定数据电文的实质：各种形式的信息。

“数据电文”一词最早在国际法律文件中出现是在1986年联合国欧洲经济委员会和国际标准化组织共同制定的《行政、商业和运输、电子数据交换规则》。该规则规定，贸易数据电文是指当事人之间为缔结或履行贸易交易而交换的贸易数据。1996年联合国《电子商务示范法》采用了这一概念。

① 杨路明等编著：《电子商务法》，机械工业出版社2007年版，第62页。

关于数据电文的具体含义,《电子商务示范法》第二条中规定:"(a)'数据电文'系指经由电子手段、光学手段或类似手段生成、储存或传递的信息,这些手段包括但不限于电子数据交换(EDI)、电子邮件、电报、电传或传真";联合国国际贸易法委员会在《电子商务示范法颁布指南》中对数据电文作了更为详细的解释:第一,"数据电文"的概念并不仅限于通信方面,还应包括计算机产生的并非用于通信的记录。"电文"这一概念应包括"记录"这一概念。第二,所谓类似手段,并不仅指现有的通信技术,而且包括未来可预料的各种技术。"数据电文"定义的目的是要包括所有以无纸形式生成、储存或传输的各类电文。为此,所有信息的通信与储存方式,只要可用于实现与定义内所列举的方式的相同功能,都应当包括在类似手段中。第三,"数据电文"的定义还包括其废除或修改的情况。

《电子通信公约》和《电子签名示范法》都对数据电文的定义作了规定。《电子通信公约》第 4 条中规定:"(c)'数据电文'系指经由电子手段、电磁手段、光学手段或类似手段生成、发送、接收或存储的信息,这些手段包括但不限于电子数据交换、电子邮件、电报、电传或传真。"《电子签名示范法》第 2 条中规定:"(c)'数据电文'系指经由电子手段、光学手段或类似手段生成、发送、接收或储存的信息,这些手段包括但不限于电子数据交换(EDI)、电子邮件、电报、用户电报或传真。"由此可见,《电子通信公约》和《电子签名示范法》基本上沿用了《电子商务示范法》的规定。我国《电子签名法》虽然没有具体规定数据电文的外延,但是从其对内涵的规定来看与前三部法律的规定几乎相同。因为对于数据电文的定义侧重于"信息"本身而非传输方式,所以它没有专门规定数据电文的外延,我们可以结合原《合同法》来理解。但是我们又不能仅局限于原《合同法》规定的那几种方式,因为随着技术的发展,数据电文的传输方式已经远远不只电报、电传、传真、电子数据交换和电子邮件这几种了(其中电报和电传在很多场合已经过时了),如在互联网上发布信息;网上购物;通过手机短信交易等。

各国电子签名法或电子商务法也对数据电文作了规定,有一些与以上三大公约对数据电文的定义基本相同,但是其对"数据电文"概念的表述有所不同。其中,具有代表性的有如下几种情况:

其一,采用"电子通信",其典型代表是:澳大利亚和新西兰。澳大利亚《电子交易法》第五条规定:"(一)任何信息通讯以资料、文字或影像形式,并通过引导及/或非引导的电子电磁性能源进行,或(二)任何信息通讯以语言形式,并通过引导及/或非引导的电子电磁性能源，而该语言在其目的地被自动声音识别系统处理过。”

其二，采用“电子记录”，其典型代表是：美国、新加坡、印度和我国香港特别行政区。《美国统一电子交易法（修订稿）》第二条规定：“‘电子记录’系指通过电子手段创制、生成、发送、传播、接收或存储的记录。”《新加坡电子交易法》第二条规定：“电子记录指经由电子、电磁、随机或其他信息系统中的方式创建，或从一个信息系统向另一个信息系统传递的方式创建、传递、接收或储存的记录。”

其三，采用“电子信息”，其典型代表是韩国。《韩国电子商务基本法》第二条规定：“电子信息以使用包括计算机在内的电子数据处理设备的电子或类似手段生成、发送、接收或储存的信息。”

其四，采用“电子形式的信息或记录”，其典型代表是加拿大。《加拿大统一电子商务法》第一条对电子的概念进行了规定：“电子包括由电、磁或光等手段或其他任何具有生成、记录、传输或存储能力的类似手段，以数字形式或其他无形的形式生成、记录、传输或储存，‘电子’具有相应的含义。”

大多数国家和地区的电子商务立法之所以没有沿用《电子商务示范法》采用“数据电文”，有其自己的理由。美国律师协会《数字签名指南》认为：首先，数据电文虽如贸法会所解释，包括但不限于电子数据交换（EDI）、电子邮件、电报、电传或传真呈现的信息，但从文义上看，尤其是英文“message”一词，又很难涵盖文本、图像、数据库形式的数据、视频、音频、图像或多媒体等；其次，英文“data message”可以较好地描述电子邮件等信息，但如将其指向“文件”，则较难理解。[①] 换言之，用“电子记录”可以很好地解决这个问题。

从各国的相关规定来看，虽然许多国家对“数据电文”的概念作了不同的规定，但是其含义的核心仍然是两层意思：其一，使用的手段是电子手段或其他具有类似功能的任何手段：其二，其实质是信息。其核心与《电子商务示范法》并无不同。在我国对于是否使用“数据电文”这一概念，学界也有分歧，有的学者认为“数据电文”的含义过于狭窄、呆滞，并明显带有电报文书的痕迹[②]，应以“数据信息”取而代之；有的学者支持“数据电文”概念认为：该词已经在原《合同法》中使用，

① 参见美国律师协会：《数字签字指南》。转引自阚凯力、张楚主编：《外国电子商务法》，北京邮电大学出版社2000年版，第456页。

② 参见张楚主编：《电子商务法教程》，清华大学出版社2005年版，第65页。

在社会公众中得到了一定程度的认同，继续在电子商务立法中使用，也有利于实现我国法律体系中法律术语一致性。我国《电子签名法》最后沿用了原《合同法》中的概念，采用数据电文进行表述。

【法条】

第三条　民事活动中的合同或者其他文件、单证等文书，当事人可以约定使用或者不使用电子签名、数据电文。

当事人约定使用电子签名、数据电文的文书，不得仅因为其采用电子签名、数据电文的形式而否定其法律效力。

前款规定不适用下列文书：

（一）涉及婚姻、收养、继承等人身关系的；

（二）涉及停止供水、供热、供气等公用事业服务的；

（三）法律、行政法规规定的不适用电子文书的其他情形。

【解读】

《电子签名法》采用不歧视原则，明确赋予了数据电文以法律效力。指出在法律规定的范围内，如果当事人约定使用电子签名、数据电文的文书，则不能区别对待纸面文件和电子文书，不能将出示或保存某一信息的形式作为否认该信息具有法律效力和作为证据使用的唯一理由。

该条的规定同时体现着意思自治原则，当事人可以在法定的范围内自由约定使用或者不使用电子签名、数据电文。不过，在现有技术水平和经济条件下，某些方面还不适合通过数据电文形式实现，所以立法机关规定了三个例外的情形：(1)涉及人身关系的；(2)涉及停止供水、供热、供气等公用事业服务的；(3)兜底条款：法律和行政法规规定的不适用电子文书的其他情形。

是否承认数据电文的法律效力，是指相对于传统的合同形式，法律是否存在歧视数据电文的行为，是否平等对待数据电文与传统的合同形式。对数据电文的法律承认是指不能将出示或保存某一信息的形式作为否认该信息具有法律效力的唯一理由，这是不歧视原则的具体体现。但是，在理解这一法条时，我们又要排除另一种极端，即不能因此而认为任何特定的电子信息或其中所载的任何信息具有绝对的法律效力。

《电子商务示范法》在这方面的规定相当全面，共分 4 个条文予以规定。

首先，该法确立了不应歧视数据电文的基本原则，第五条规定：“不得仅仅以某项信息采用数据电文形式为理由而否定其法律效力、有效性或可执行性。”

其次，由于数据电文的证据效力问题是电子商务应用的主要障碍之一，因此，该法专门针对数据电文的可接受性和证据力作了规定。第九条规定：“(1)在任何法律诉讼中，证据规则的适用在任何方面均不得以下述任何理由否定一项数据电文作为证据的可接受性：(a)仅仅以它是一项数据电文为由……”

再次，在有些国家中，对于合同是否能以电子方式订立存在不确定性，所以该法在合同领域进一步重申数据电文的法律效力，第十一条规定：“就合同的订立而言，除非当事各方另有协议，一项要约以及对要约的承诺均可通过数据电文的手段表示。如使用了一项数据电文来订立合同，则不得仅仅以使用了数据电文为理由而否定该合同的有效性或可执行性。”

最后，针对《电子商务示范法》缺乏与合同订立无关的，却又是履行合同义务的数据电文的规定，其第十二条规定：“(1)就一项数据电文的发端人和收件人之间而言，不得仅仅以意旨的声明或其他陈述采用数据电文形式为理由而否定其法律效力、有效性或可执行性……”

《电子通信公约》第八条第一项沿用了《电子商务示范法》的规定，采取不歧视这一一般原则，赋予数据电文一般的法律效力。同时该条第二款还规定：“本公约中的规定概不要求当事人使用或接受电子通信，但可以根据当事人的行为推断其是否同意使用或接受电子通信。”这实际上指出法律赋予了当事人选择保存和传递信息形式的自由，并不需要明确表明或以任何特定形式表明同意使用电子通信，依据《电子通信公约》的规定，当事人的用意可以从行为中推断得出。

【法条】

第四条　能够有形地表现所载内容，并可以随时调取查用的数据电文，视为符合法律、法规要求的书面形式。

【解读】

《电子签名法》第四条针对数据电文作了专门的规定，即认为符合法律法规要求的书面形式需要具备以下两个要件：(1)能够有形地表现所载内容；(2)可以随时调取查用。

传统的书面形式一般指的是纸张这种有形体，而数据电文在产生、传输、储存的过程中一般都是无形的，这样数据电文便不符合传统的书面形式。对此，《电子商务示范法》利用功能等同的方法予以解决。该法第六条规定：“(1)如法律要求信息须采用书面形式，则假若一项数据电文所含信息可以调取以备日后查用，即满足了该项要求。（2）无论本条第（1）款所述要求是否采取一项义务的形式，也无论法律是不是仅仅规定了信息不采用书面形式的后果，该款将适用。”《电子通信公约》基本上沿用了《电子商务示法》的规定。《电子通信公约》第九条第二款规定：“凡法律要求一项通信或者一项合同应当采用书面形式的，或规定了不采用书面形式的后果的，如果一项电子通信所含信息可以调取以备日后查用，即满足了该项要求。”《新加坡电子交易法》第七条、《香港电子交易条例》第五条也作了类似的规定。

该规定的目的并不是要求数据电文在所有情况下都要发挥书面形式可能发挥的一切功能。我们知道，对于书面形式的要求通常不同于书面形式的概念，如签字和原件是结合在一起的。因此，对于“书面形式”的要求应被视为各个层次的形式要求中最低的一层，这些要求规定了与纸面文件有关的不同程度的可靠性、可追踪性和完整性。因此，以书面形式提供数据的要求不能和“经过签字的书面形式”“原件”“视为证据的数据电文”等更严格的要求混为一谈。这两部法律均对数据电文书面形式提供了一种客观标准，即一项数据电文内所含的信息必须是可以随时查找到以备日后查阅。使用“可以调取”字样是指计算机数据形式的信息应当是可读和可解释的，使这种信息成为可读所必需的软件应当保留。“以备”一词并非仅指人的使用，还包括计算机的处理。至于“日后查用”概念，它指的是“耐久性”“不可更改性”等会确立过分严厉的标准的概念和“可读性”“可理解性”等会构成过于主观的标准的概念。①

《电子商务示范法》的规定在国际上影响很大，我国《电子签名法》规避了原《合同法》中相关规定的弊端，其条件之二是“可以随时调取查用”，基本上沿用了《电子商务示法》中“可以调取以备日后查用”的规定，一方面体现了书面形式最基本的特征：可以重复展示、随时查阅；另一方面也给予了电子商务充分发展的空间。

【法条】

第五条　符合下列条件的数据电文，视为满足法律、法规规定的原件形式要求：

---

① 参见联合国贸易法委员会《电子商务示范法及其颁布指南》（1996）。

（一）能够有效地表现所载内容并可供随时调取查用；

（二）能够可靠地保证自最终形成时起，内容保持完整、未被更改。但是，在数据电文上增加背书以及数据交换、储存和显示过程中发生的形式变化不影响数据电文的完整性。

【解读】

本条规定了数据电文符合原件要求的法律条件，即（1）能够有形地表现所载内容；（2）可供随时调取查用，这两条是对书面形式基本要求的规定；（3）能够可靠地保证自最终形成时起，内容保持完整、未被更改；（4）在数据电文上增加背书以及数据交换、储存和显示过程中发生的形式变化不影响数据电文的完整性。可以看出它是在符合书面形式要求的基础上进一步规定的，要求数据电文在最终形成时起，保持内容的完整性和不被作任何实体性的更改，但是也应该明确更改的范围，不能将在数据电文上增加背书以及数据交换、储存和显示过程中发生的形式变化误认为这里所说的更改。

所谓原件，即原始文件、原始资料，总是与书面形式联系在一起，意指信息内容首次以书写、印刷等形式固定于其上的纸质或其他有形媒介物。原件的概念是从证据法规则中产生的，根据最佳证据规则，当事人必须出示原件；除非不可能取得原件，方可接受诸如复印件、记录或证词等二手证据。[①] 不仅如此，原件还在其他方面运用广泛，如原件还与物权凭证和流通票据有关，因为原件的独一无二概念对这种单据特别重要。涉及“原件”要求的文件还有：贸易文件，如重量证书、农产品证书、质量或数量证书、检查报告、保险证书等。但是若从通常意义上理解，“原件”即指信息首次固定于其上的媒介物，则几乎说不上数据电文有什么“原件”，因为数据电文的收件人所收到的总是“原件”的拷贝，而不是载有原始信息的那张软盘、光盘之类的媒介物。[②] 这样一来，原件的形式要求将构成电子商务的一个主要障碍。

为了解决这个问题，《电子商务示范法》给我国提供了很好的借鉴，该法第八条规定：“原件（1）如法律要求信息须以其原始形式展现或留存，倘若情况如下，则一项数据电文即满足了该项要求：（a）有办法可靠地保证自信息首次以其最终形

---

① 参见李适时：《各国电子商务法》，中国法制出版社2003年版，第86－87页。

② 参见安建、张穹、杨学山主编：《中华人民共和国电子签名法释义》，法律出版社2005年版。

式生成,作为一项数据电文或充当其他用途之时起,该信息保持了完整性;和(b)如要求将信息展现,可将该信息显示给观看信息的人。(2)无论本条第(1)款所述要求是否采取一项义务的形式,也无论法律是不是仅仅规定了不以原始形式展现或留存信息的后果,该款均将适用。(3)为本条(1)款(a)项的目的:(a)评定完整性的标准应当是,除加上背书及在通常传递、储存和显示中所发生的任何变动之外,有关信息是否保持完整,未经改变;和(b)应根据生成信息的目的并参照所有相关情况来评定所要求的可靠性标准。"《电子通信公约》基本上沿用了《电子商务示范法》的规定,该法第九条规定:"……4. 凡法律要求一项通信或一项合同应当以原件形式提供或保留,或规定了缺少原件的后果的,对于一项电子通信而言,在下列情况下,既满足了该项要求:(a)该电子通信所含信息的完整性且其初次以最终形式——电子通信或其他形式——生成之时起即有可靠保障;而且(b)要求提供电子通信所含信息的,该信息能够被显示该要求提供信息的人。5. 在第(4)款第(a)项中:(a)评价完整性的标准应当是,除附加任何签注以及正常通信、存储和显示过程中出现的任何改动之外,信息是否仍然完整而且未被更改;而且(b)所要求的可靠性标准应该根据生成信息的目的和所有相关情况加以评价。"

《电子商务示范法》强调了原件信息完整性的重要性,规定了评定信息完整性时应予考虑的标准,它侧重于下列要求:关于数据"完整性"的简单标准;阐明评估完整性时应考虑的要素;灵活性要素,亦即提及根据具体情况。我国立法者在《电子签名法》中借鉴国际上的做法即利用功能等同方法进行解决,同时将完整性视为原件形式要求的重要因素。第五条第二项明确了完整性的标准:"能够可靠地保证自最终形成时起,内容保持完整、未被更改。但是,在数据电文上增加背书以及数据交换、储存和显示过程中发生的形式变化不影响数据电文的完整性。"看似很简单的标准,但是在实践中要注意如下两点:第一,对于可靠性保证的理解应该灵活,根据《电子商务示范法》第八条第三款规定:"……(b)应根据生成信息的目的并参照所有相关情况来评定所要求的可靠性标准。"例如,要考虑内容是出于什么目的生成的,该交易的标的额以及其他有关情况。如大标的额的交易比小标的额的交易对可靠性的要求高得多,因此可靠性判定需要根据个案的不同情况来具体确定,适用时要灵活处理。第二,完整性要求内容保持完整,未被更改。但是注意将在数据电文上增加背书以及数据交换、储存和显示过程中发生的形式变化,与之区别开来。一份数据电文只要其内容保持完整,对数据电文做必要的添加并不影响其“原件”性质，如在上面作背书；一些形式变化是由数据传输的技术特点决定的，假设一份数据电文是利用WORD字处理软件编辑的“.doc文档”，当它在WPS系统中显示时，其形式（如字体、字号、页面设置等）显然会发生变化，但这些变化并不影响该文档内容的完整性。①

【法条】

第六条 符合下列条件的数据电文，视为满足法律、法规规定的文件保存要求：

（一）能够有效地表现所载内容并可供随时调取查用；

（二）数据电文的格式与其生成、发送或者接收时的格式相同，或者格式不相同但是能够准确表现原来生成、发送或者接收的内容；

（三）能够识别数据电文的发件人、收件人以及发送、接收的时间。

【解读】

本条规定了数据电文符合文件保存要求的几个法定要件：（1）能够有效地表现所载内容并可供随时调取查用，这是符合书面形式的基本条件；（2）数据电文的格式与其生成、发送或者接收时的格式相同，或者格式不相同但是能够准确表现原来生成、发送或者接收的内容，这是为保存完整性的要求，最好能够准确、完整地保存原始的数据电文，但是必要的技术处理除外；（3）能够识别数据电文的发件人、收件人以及发送、接收的时间，这是对原始性的要求，即要求在保存后，能够识别数据电文的发件人、收件人以及发送、接收的时间。②

文件保存通常是行政管理法方面的要求，如会计、税收等。在现在开放网络谈判中，存在这样的具体风险，即当事人可能被要求同意由销售商昭示的某些条款和条件，但之后可能无法再检索到这些条款和条件，如有些上网购买的货物出现质量问题后，网站不履行售后服务条款，不承担“三包”责任，若没有文件保存方面的规定，消费者将无法通过法律来保障自己的权利。这些条款不只关系到消费者，也可能出现在商业实体或专业交易员的谈判中，这对接受对方当事人的合同条款的一方当事人来说可能是不利的。因此，相较于传统的书面环境，网络环境更加需要数据电文能满足文件保存的要求。

---

① 参见安建、张穹、杨学山主编：《中华人民共和国电子签名法释义》，法律出版社2005年版。

② 参见李适时：《各国电子商务法》，中国法制出版社2003年版，第89页。

《电子商务示范法》针对现有的信息储存要求作了相应的替代规定。该法第十条规定:“(1)如法律要求某些文件、记录或信息须留存,则此种要求可通过留存数据电文的方式予以满足,但要符合下述条件:(a)其中所含信息可以调取,以备日后查用;和(b)按其生成、发送或接收时的格式留存了该数据电文,或可以证明能使所生成、发送或接收的信息准确重现的格式留存了该数据电文;和(c)如果有的话,留存可据以查明数据电文的来源和目的地以及该电文被发送或接收的日期和时间的任何信息。(2)按第(1)款规定留存文件、记录或信息的义务不及于只是为了使电文能够发送或接收而使用的任何信息。(3)任何人均可通过使用任何其他人的服务来满足第(1)款所述的要求,但要满足第(1)款(a)、(b)和(c)项所列条件。”《电子通信公约》第十三条规定:“一方当事人通过交互电子通信的方式谈判部分或全部合同条款的,本公约中的规定概不影响使用任何可能要求其以某种特定方式向另一方当事人提供含有合同条款的电子通信的法律规则,也不免除一方当事人未能这样做的法律后果。”《电子通信公约》为了不偏离“《电子通信公约》不应造成分别管辖纸面合同和电子交易的双重制度这一政策”①,没有直接规定保存合同条款的义务,而是提醒当事人,公约中的便利规则并没有免除其遵守国内法相关规定的义务。《美国统一电子交易法(修订稿)》第十二条、《新加坡电子交易法》第九条都对数据电文的保存问题作了类似的规定。

首先,通过比较《电子商务示范法》和我国《电子签名法》的相关规定,发现两部法律关于留存或保存条件的规定基本相同,都要求数据电文必须首先满足书面文件的要求;其次,对于保存的完整性,只需所存储的信息精确地反映当初发出的数据电文即可,并不要求形式完全相同;最后,他们都对保存的内容作了更高的规定,都需要除保存数据电文本身外,还能识别数据电文的来源,包括发件人、收件人以及发送、接收的时间等信息。不过,两者还是有以下几点不同之处:首先,对于保存的原始性要求,后者规定:“如果有的话,留存可据以查明数据电文的来源和目的地以及该电文被发送或接收的日期和时间的任何信息。”它没有将留存可据以查明数据电文来源、目的地和收发时间的信息作为法定的强制条件,而《电子签名法》则将其作为法定的条件之一予以规定,我国立法机关根据电子商务在我国的发展情况,对数据电文的保存作了更为严格的要求。其次,《电子签名法》的

---

① 参见贸易法委员会秘书处关于《联合国国际合同使用电子通信公约》的解释性说明。

规定尚存在遗漏之处,《电子商务示范法》专门规定将一些对数据电文的毫无价值的信息排除在保存范围之外,即“只是为了使电文能够发送或接收而使用的任何信息”,如美国和新加坡的相关立法也作了排除性的规定,并且还规定该条件同样适用于中间人保存的情况,而《电子签名法》没有作进一步的规定。

总之,我国的网络法律环境还不健全,法律应该给当事人提供更多的指引,让司法机关、执法机关和当事人有更明确的法律作指导,更好地适应网络环境。

【法条】

第七条　数据电文不得仅因为其是以电子、光学、磁或者类似手段生成、发送、接收或者储存的而被拒绝作为证据使用。

第八条　审查数据电文作为证据的真实性,应当考虑以下因素:

(一)生成、储存或者传递数据电文方法的可靠性;

(二)保持内容完整性方法的可靠性;

(三)用以鉴别发件人方法的可靠性;

(四)其他相关因素。

【解读】

第七条使用否定句的形式规定了数据电文的证据地位,即指出“在裁判活动中,不得仅仅以所提供的证据是数据电文为由而否定其证据地位。但这并不意味着,在具体的个案中,以数据电文形式提出的证据就是认定事实的根据”。①

第八条是在数据电文作为证据使用时,如何判断其真实性的规定。证据的真实性也就是“证据的客观性,是指证据必须是客观存在的事情,是独立于人的主观意志之外,不以人的意志为转移的客观存在”。② 这是证据最基本的特征。本法规定了以下四个因素:(1)生成、储存或者传递数据电文方法的可靠性;(2)保持内容完整性方法的可靠性;(3)用以鉴别发件人方法的可靠性;(4)其他相关因素。

在考察时,应该从操作人员、操作程序和信息系统三方面的可靠性入手,如在审查生成、储存或者传递数据电文方法的可靠性时,可以审查数据电文是否由合

---

① 安建、张穹、杨学山主编:《中华人民共和国电子签名法释义》,法律出版社2005年版。

② 常怡主编:《民事诉讼法学》,中国政法大学出版社2005年版,第190页。

法操作人员生成、储存、传递，是否经未授权者侵入、篡改；数据电文是否严格按照操作程序来生成、储存、传递，有无违规改动、删除；用以生成、储存、传递数据电文的信息系统是否稳定、可靠，是否容易招致非法侵入等。对于第二、三个条件还必须审查所用的技术方法，如经过加密的数据电文比未加密的数据电文更难被人篡改。①

第七条再次强调了本法第三条规定的总原则——不歧视原则，以否定之否定的方式承认了数据电文的证据地位，让数据电文与书面文件在证据法中处于同等地位，对于不歧视原则已经在前面详细阐述过，在此不再赘述。

在承认数据电文证据地位的基础上，第八条针对在对证据的审核认定中证据的真实性问题作出了规定。在对证据进行审核认定时，一般首先要看具体的证据材料是否同时具有证据的三大基本特征：客观性（真实性）、关联性和合法性。其中，关联性是指作为证据的事实必须与案件中的待证事实有客观的联系，能够证明案件中的有关待证事实。这方面要根据具体情况判断，没有必要也不适合作出统一的规定。合法性是指作为证据的某些事实必须以法律规定的特殊形式存在，并且证据的提供、收集、调查和保全应符合法定程序。合法性是客观性和关联性的重要保证，也是法律为人们追求证据的客观真实性的活动提供的基本规范，对于合法性的要求具有普遍性，不过我国《电子签名法》对合法性没有作具体的规定。客观性也就是法条中所说的真实性，正如上文的解释，《电子签名法》对需要考虑的因素作了专门的规定。

《电子商务示范法》对这方面也作了相应的规定，该法第九条规定："（1）在任何法律诉讼中，证据规则的适用在任何方面均不得以下述任何理由否定一项数据电文作为证据的可接受性：（a）仅仅以它是一项数据电文为由；或（b）如果它是举证人按合理预期所能得到的最佳证据，以它并不是原件为由。（2）对于以数据电文为形式的信息，应给予应有的证据力。在评估一项数据电文的证据力时，应考虑到生成、储存或传递该数据电文的办法的可靠性，保持信息完整性的办法的可靠性，用以鉴别发端人的办法，以及任何其他相关因素。"比较《电子商务示范法》和我国《电子签名法》，它们有如下两个方面的共同点：一方面，都承认了数据电文的证据效力；另一方面，都对证明力作了类似的规定。不过，它们有一个显著的区

---

①　参见安建、张穹、杨学山主编：《中华人民共和国电子签名法释义》，法律出版社2005年版。

别:前者规定了最佳证据规则,后者未提及。从联合国贸易法委员会《电子商务示范法及其颁布指南》(1996)的一段话中可以看出,我国对"最佳证据"规则持保留态度是有道理的。"'最佳证据'一语是普通法系某些法域容易理解的用语,也是必要的用语。但是,对于尚未熟知这一规则的法律系统,'最佳证据'概念有可能产生很多不确定性。凡这一词语会被认为毫无意义甚至会产生误解的那些国家,在颁布实施《示范法》时,似宜避免提及第(1)款中的'最佳证据'规则。"①其意为"最佳证据"概念在普通法域里较容易理解,然而,在其对该概念不清晰的情况下,可能会产生大量的不确定性,一些国家(如大陆法系国家)在制定电子商务法时,则可以不使用"最佳证据"规则。我国《电子签名法》为了避免由于概念不清晰导致的不确定性,所以没有规定"最佳证据规则"。

示范法和我国《电子签名法》虽然规定了数据电文作为证据的可采性,承认了数据电文在法律上的效力,但是他们对于数据电文在证据法中的具体地位均未规定,然而,这一问题非常重要,极大地影响着数据电文的证据力,同时对于构建网络法律环境起到举足轻重的作用。因此,这一问题一直是法学界争论的热点。

【法条】

第九条　数据电文有下列情形之一的,视为发件人发送:

(一)经发件人授权发送的;

(二)发件人的信息系统自动发送的;

(三)收件人按照发件人认可的方法对数据电文进行验证后结果相符的。

当事人对前款规定的事项另有约定的,从其约定。

【解读】

本条是关于数据电文归属的规定。本处"所谓的发件人,即数据电文以其名义发送的那个人。这里所说的发件人,不一定是实际完成发送行为的人"。② 对于发件人自己发送数据电文的情况比较直观,本条没有作专门的说明。它规定了三种不是发件人本人发送,但是可以推定为发件人发送的情况:

其一,经发件人授权发送,这属于代理的情况,可以依据《民法典》有关代理的规定予以适用。其二,发件人的信息系统自动发送,这种叫作"自动交易",这种信

---

① 联合国贸易法委员会《电子商务示范法及其颁布指南》(1996)。

② 安建、张穹、杨学山主编:《中华人民共和国电子签名法释义》,法律出版社 2005 年版。

息系统也被称为“电子代理人”,在电子数据交换中,这种情况很普遍。其三,收件人按照发件人认可的方法对数据电文进行验证后结果相符的。发件人与收件人可以事先约定:如果收件人采用某种验证程序对所收到的数据电文进行验证后,验证结果表明该数据电文是发件人发出的,则收件人可以认定该数据电文归属于发件人。发件人也可以单方面认可该种验证程序,或者经过与中间人(如认证机构)的协议确定该验证程序,并同意凡符合该程序要求条件的数据电文,均承担受其约束的义务。同时本条规定了意思自治原则,即当事人对前款规定的事项另有约定的,从其约定。

数据电文的归属问题,即如何认定数据电文的发出者或发出主体问题。在传统的交易中,当事方对于有关交易材料、文件来源的判断一般不会存在很大的问题。但是,在网络环境下,由于互联网的虚拟性和全球性,尤其是在电子商务自动信息处理和传输系统的运用中,对形形色色的电子文件来源的判断就变得越来越困难,为了及时确定所接收信息的发送人,有效防止当事人对其意思表示的事后抵赖。我国《电子签名法》对此作了较详细的规定。

正如上文所说,《电子签名法》规定了三种推定为发件人发送的情况:其一,“经发件人授权发送的”,是代理制度在其中的运用,应该遵守《民法典》在这方面的相关规定。

其二,“发件人的信息系统自动发送的”。此处涉及电子代理人的问题,本书将在下文中论述。本处以零售商与其上游供货商之间的电子数据交换的例子为典型①。零售商利用信息化手段管理其商品库存情况。当某种产品库存低于一定数量时,电脑即自动生成一项订货单,传送到供货商的信息系统中。由于实现自动化管理,订货单从生成、发送直到供货商的信息系统接收到该订货单,都没有人的介入。虽然其中没有人的介入,但是零售商仍然要为这项由机器自动发出的订货单负责。因为计算机是按照编程者的指令和信息来运行的,所以计算机的控制者应当为其自动交易负责。

其三,“收件人按照发件人认可的方法对数据电文进行验证后结果相符的”。在有些情况下,可能有人会盗用发件人的系统或签名生成数据等信息来发送数据电文。收到数据电文后,只要正确地使用了事先经发件人同意的验证程序来进行

---

① 参见安建、张穹、杨学山主编:《中华人民共和国电子签名法释义》,法律出版社 2005 年版。

验证,收件人即有权视该数据电文为发件人发送。因为发件人有义务防止自己的系统或者有关信息被盗用,一旦发件人疏于这项义务,即应为其疏忽负责。当然,根据民法中的诚实信用原则,如果收件人明知或应知所收到的数据电文不是发件人发送的,则收件人无权将该数据电文视为发件人发送。如果发件人在知道他人冒用了自己的系统或有关信息后,立即对收件人发出通知告知这一情况,则收件人自知悉这一情况时起,不应继续将该数据电文归属于发件人。①

《电子商务示范法》第十三条规定:(1)一项数据电文,如果是由发端人自己发送,即为该发端人的数据电文。(2)就发端人与收件人之间而言,数据电文在下列情况下发送时,应视为发端人之数据电文:(a)由有权代表发端人行事的人发送:或(b)由发端人设计程序或他人代为设计程序的一个自动动作的信息系统发送。(3)就发端人与收件人之间而言,收件人有权将一项数据电文视为发端人的数据电文,并按此推断行事,如果:(a)为了确定该数据电文是否为发端人的数据电文,收件人正确地使用了一种事先经发端人同意的核对程序;或(b)收件人收到的数据电文是由某一人的行为而产生的,该人由于与发端人或与发端人之任何代理人的关系,得以动用本应由发端人用来鉴定数据电文确属源自其本人的某一方法。(4)第(3)款自下列时间起不适用:(a)自收件人收到发端人的通知,获悉有关数据电文并非该发端人的数据电文起,但收件人要有合理的时间相应采取行动;或(b)如属第(3)款(b)项所述的情况,自收件人只要适当加以注意或使用任何商定程序便知道或理应知道该数据电文并非发端人的数据电文的任何时间起。(5)凡一项数据电文确属发端人的数据电文或视为发端人的数据电文,或收件人有权按此推断行事,则就发端人与收件人之间而言,收件人有权将所收到的数据电文视为发端人所要发送的电文,并按此推断行事。当收件人只要适当加以注意或使用任何商定程序便知道或理应知道所收到的数据电文在传送中出现错误,即无此种权利。(6)收件人有权将其收到的每一份数据电文都视为一份单独的数据电文并按此推断行事,除非它重复另一数据电文,而收件人只要加以适当注意或使用任何商定程序便知道或理应知道数据电文是一份复本。《电子通信公约》没有对数据电文的归属作出规定。《新加坡电子交易法》第十三条作了与《电子商务示范法》非常相似的规定。

---

① 参见安建、张穹、杨学山主编:《中华人民共和国电子签名法释义》,法律出版社2005年版。

我国《电子签名法》作了比较详尽的规定，它规定了“视为发件人发送”的三种情形，在此基础上还体现了当事人意思自治的原则。但是通过与《电子商务示范法》的比较来看，该法规定的并不全面。我国《电子签名法》缺少对收件人推定限制方面的规定，《电子商务示范法》则分别作了规定：首先，收件人收到发件人的通知，获悉有关数据电文并非该发件人的数据电文发起，收件人应在合理的时间内停止其依据推断进行的行动，关于“合理的时间”的含义，应理解为，通知的发出应足以使收件人有充分时间采取行动。例如，假若要求按时供货，应让收件人有时间调整其生产环节。其次，对于收件人收到的数据电文是由某一人的行为而产生的，该人由于与发端人或与发端人之任何代理人的关系，得以动用本应由发端人用来鉴定数据电文确属源自其本人的某一方法，收件人只要适当加以注意或使用任何商定程序便知道或理应知道该数据电文并非发端人的数据电文的任何时间起，即应该停止按其推定行事。再次，对于推定的所有情况，收件人只要适当加以注意或使用任何商定程序便知道或理应知道所收的数据电文在传递中出现错误，即无此种权利。最后，对于收件人有权将其收到的每一份数据电文都视为一份单独的数据电文并按此推断行事这种情况，收件人只要加以适当注意或使用任何商定程序便知道或理应知道数据电文是一份复本，即不得将其视为单独的文件并以此推断行事。收件人的推定在有些时候可能会出错，在收件人明知（如收到发件人的通知）或只要适当加以注意或使用任何商定程序便知道或理应知道推定错误的情况下，收件人便丧失依推定行事的权利。

【法条】

第十条 法律、行政法规规定或者当事人约定数据电文需要确认收讫的，应当确认收讫。发件人收到收件人的收讫确认时，数据电文视为已经收到。

【解读】

为了保证合同的有效成立，原《合同法》规定当事人采用信件、数据电文等形式订立合同的，当事人可以约定在合同成立前签名确认书，此时签订确认书的时间即为合同成立的时间。《电子签名法》规定了数据电文确认收讫的情形，以及确认收讫的法律作用。确认收讫有两种情形：一种是强制性确认收讫，即法律、行政法规规定数据电文须经确认收讫。这种情形最有可能发生于电子政务活动中，立法者出于某种考虑，要求确认收讫。另一种是当事人约定数据电文须经确认收讫。在第二种情形中，还包括发件人要求确认收讫的情况。发件人可以在发送数据电文之时或之前提出该要求,也可以通过该数据电文本身提出该要求。除上述情形外,确认收讫不是数据电文产生法律效力的要件。①

确认收讫可以有许多方式。如果发件人与收件人约定必须采用某种特定形式或方法确认收讫,或发件人单方面要求如此,则收件人应以该方式确认收讫。如果未约定特定方式,则收件人可以通过任何一种方式确认收讫,包括由其信息系统自动发出确认收讫函,只要该方式能明确表示该数据电文已经收到。有时发件人要求得到一项确认收讫,但并未明确表示在收到确认之前,该数据电文无效。如果在约定的时间内,未收到确认收讫,或者在没有约定时间的情况下,经过一段合理时间仍未收到确认收讫,发件人可以向收件人发出通知,说明并未收到确认收讫,并定出必须收到该项确认的合理时限。在该时限内仍未收到该项确认的,发件人可以通知收件人,将该数据电文视为从未发送。通过这样处理,可以使法律关系趋于明确、稳定的状态。②

同时《电子签名法》规定了确认收讫的法律作用,对于法定或约定必须经过确认收讫的,在收到确认之前,数据电文可视为从未发送。发件人收到确认的,可以推定有关数据电文已经由收件人收到。但这并不表明收件人收到的信息与发件人发送的信息相符;也不能将确认收讫理解为收件人对发件人作出的承诺。确认收讫是否可以视为承诺,要看该确认收讫的具体内容而定。③

确认收讫类似于邮政系统中的回执制度。由于通信技术的缺陷、网络的故障、机器的问题,互联网的开放性等原因,有些数据电文往往不能送达或不能按时送达目的系统,为了给电子交易增加一层保险,原《合同法》规定了签订确认书的情况,《电子签名法》规定了确认收讫制度,确认收讫不仅适用于电子商务,而且适用于电子政务等方面。

《电子商务示范法》对确认收讫作了详细的规定。《电子商务示范法》第十四条规定:"(1)本条第(2)至(4)款适用于发端人发送一项数据电文之时或之前,或通过该数据电文,要求或与收件人商定该数据电文需确认收讫的情况。(2)如发端人未与收件人商定以某种特定形式或某种特定方法确认收讫,可通过足以向发端人表明该数据电文已经收到的(a)收件人任何自动化传递或其他方式的传递,

---

① 参见安建、张穹、杨学山主编:《中华人民共和国电子签名法释义》,法律出版社2005年版。
② 参见安建、张穹、杨学山主编:《中华人民共和国电子签名法释义》,法律出版社2005年版。
③ 参见安建、张穹、杨学山主编:《中华人民共和国电子签名法释义》,法律出版社2005年版。

或(b)收件人的任何行为,来确认收讫。(3)如发端人已声明数据电文须以收到该项确认为条件,则在收到确认之前,数据电文可视为从未发送。(4)如发端人并未声明数据电文须以收到该项确认为条件,而且在规定或商定时间内,或在未规定或商定时间的情况下,在一段合理时间内,发端人并未收到此项确认时:(a)可向收件人发出通知,说明并未收到其收讫确认,并定出必须收到该项确认的合理时限;(b)如在(a)项所规定的时限内仍未收到该项确认,发端人可在通知收件人之后,将数据电文为从未发送,或行使其所拥有的其他权利。(5)如发端人收到收件人的收讫确认,即可推定有关数据电文已由收件人收到。这种推断并不含有该数据电文与所收电文相符的意思。(6)如所收到的收讫确认指出有关数据电文符合商定的或在适用标准下规定的技术要求时,才可推定这些要求业已满足。(7)除涉及数据电文的发送或接收外,本条无意处理源自该数据电文或其收讫确认的法律后果。"《新加坡电子交易法》第十四条也对此作了类似的详细规定。

《电子商务示范法》对不同的情况进行了详细的阐述,让当事人有章可循,最突出的就是它明确了不同情况下确认收讫的法律效力:已声明数据电文须以收到该项确认为条件时,在收到确认之前,数据电文可视为从未发送;对于未声明数据电文须以收到该项确认为条件,又分为在规定、商定或合理时间未收到确认和在规定、商定或合理时间收到了确认等,它将不同情况引起的法律后果分得很详细。而且还明确规定了该条的适用范围,防止滥用。《电子签名法》虽然作了规定,但是其规定过于原则,有待进一步说明。

【法条】

第九条 数据电文有下列情形之一的,视为发件人发送:

(一)经发件人授权发送的;

(二)发件人的信息系统自动发送的;

(三)收件人按照发件人认可的方法对数据电文进行验证后结果相符的。

当事人对前款规定的事项另有约定的,从其约定。

【解读】

《电子签名法》没有直接规定电子代理人问题,只是在有关数据电文归属的条文中规定:发件人的信息系统自动发送的数据电文,应该视为发件人发送的。实际上,它在一定程度上承认了电子代理人行为的法律效力。

在现代信息社会,信息量大而繁多,要从大量的信息源中定位、识别、应答、处理,这些都给人们带来了很大的不便。计算机和网络通信技术使人们通过自动化、智能化的交易系统对传输、储存中的信息数据进行处理成为可能。这种网上的自动化信息处理系统即我们所说的“电子代理人”(Electronic Agent),又称为“智能代理人”,它是协助人们工作并代表其办事的软件。“智能代理人使人们将本可由自己办理的事情交由代理软件办理。代理人可以做到如同助手一样,自动处理重复的工作,即使人们可能忘记的事情,聪明地汇总复杂的数据,向人们学习。甚至可向人们提出建议。”①这一概念被《美国统一电子交易法》和《美国统一计算机信息交易法》正式引入,两部法律均明确规定了电子代理人的定义。电子代理人,是指“不需要人的审核或操作,而能用于独立地发出、回应电子记录,以及部分或全部的履行合同的计算机程序、电子或其他自动化手段”。②

关于电子代理人的实质,电子代理人并不是具有法律人格的主体,只是一种能够执行人的意思的、智能化的交易工具。这是因为它的思维能力是预设、有限的,不像自然人那样具有综合判断行为后果的能力,并且其本身也没有自身独立的利益和承担义务的财产基础,所以它不可能具有法律人格。③

关于电子代理人行为的效力,以及如果其行为有效,行为后果由谁承担呢?《电子商务示范法》很早就注意到“电子代理人”现象并对之作了原则性的规定,第十三条规定:“就发端人与收件人之间而言,数据电文在下列情况下发送时,应视为发端人之数据电文:(a)由有权代表发端人行事的人发送:或(b)由发端人设计程序或他人代为设计程序的一个自动动作的信息系统发送。”《电子商务示范法》虽然没有明确规定电子代理人的行为效力,但是规定了“电子代理人”行为归属,即一般情况下其行为后果由发端人或发件人来承担。《美国统一电子交易法》、《美国统一计算机信息交易法》和《美国电子通信公约》明确规定了电子代理人的法律效力。其中《美国电子通信公约》第十二条规定:“通过自动电文系统与自然人之间的交互动作或者通过若干自动电文系统之间的交互动作订立的合同,不得仅仅因为无自然人复查或干预这些系统进行的每一动作或由此产生的合同而被否定效力或可执行性。”该公约明确规定了电子合同可以通过双方电子代理

---

① [美]玛丽莲·格林斯坦、[美]托德·M.法因曼:《电子商务:安全、风险管理与控制》,机械工业出版社2000年版,第330页。转引自李适时:《各国电子商务法》,中国法制出版社2003年版,第122页。

② 张楚主编:《电子商务法教程》,清华大学出版社2005年版,第132页。

③ 参见张楚主编:《电子商务法教程》,清华大学出版社2005年版,第132-133页。

人的交互作用形成，也可以通过电子代理人和自然人的相互作用形成。同时该公约还规定了自动电文系统的行为归属问题，“作为一项一般原则，计算机的编程所代表的人终究应当对该机器生成的任何电文承担责任”。[①] 它并不允许自动电文系统或计算机成为权利和义务的主体，承担责任的仍然只是计算机的编程所代表的人。

在当事人一方是电子代理人的网上交易过程中，可能会出现由于以下两种错误。其一，电子代理人出错。电子代理人出现故障未能反映当事人的真实意思表示，此时电子代理人的行为后果由谁来承担？如北京市海淀区人民法院于2000年3月审理的张某诉北京金贸网拍电子技术有限公司（承办者）、国安五龙国际拍卖有限公司（主办者）网上拍卖纠纷案。1999年被告应卖方的委托拍卖8台电脑，被告定于1999年10月6日至10日拍卖该电脑，并未公布拍卖底价。由于网络故障，拍卖程序于10月1日启动，并于4日后自动发布了几台计算机拍卖成功的结果。原告在10月1日至5日的拍卖期内参加了竞拍，最后以最高竞价购得3台电脑，并在网站公布的拍卖结果中被确认成交。后因被告拒绝交付拍卖标的，原告将其诉至北京市海淀区人民法院，请求法院判决被告给付原告所购得的三台电脑；补偿因不及时给付电脑所造成的差价损失12103元；并承担诉讼费用。法院根据《拍卖法》的规定，竞买人最高应价未达到最终成交保留价时，应价不发生效力，认为原告的竞买无效，驳回原告要求被告给付标的的诉讼请求。该案中《拍卖法》第五十条的规定起了决定性的作用，最终导致原被告双方的合同无效。但是在此之后还有一个问题也值得我们深思，若没有《拍卖法》的相关规定支持，谁应该为电子代理人的错误行为负责呢？由于技术和网络的局限性，电子代理人出错是在所难免的事情，其被代理人应该能预见到这一点，并且有义务采取积极的防御措施，如定期检查和维护等，一旦出现错误，被代理人的责任在所难免。法律有必要明确在这种情况下，电子代理人行为后果由谁承担。[②]

其二，电子错误。根据《美国统一计算机信息交易法》的规定，所谓电子错误，是指如果没有提供检测并纠正或避免错误的合理方法，消费者在使用一个信息处理系统时产生的电子讯息中的错误。在B2C交易的情况下，一般来说，所使用的

① 参见贸易法委员会秘书处关于《联合国国际合同使用电子通信公约》的解释性说明。
② 参见刘满达：《电子交易法研究》，知识产权出版社2004年版，第20－21页。

信息系统都是由商家根据自己的判断购买或定制的。采取什么样的信息处理系统,如何最大限度地防止出错,都是商家根据自己的意愿预先设定的,消费者并没有预先选择并确定的机会,所以商家有义务提供检测并纠正或避免错误的合理方法。

基于此,法律规定了出现电子错误的情况下,处于弱势的消费者应该获得一定的保护。由于《电子商务示范法》并不论及合同订立中出现的实质性问题,该范围论及在电子订阅中出现差错和错误的法律后果,所以《电子商务示范法》在这方面未作规定。《电子通信公约》作了相应的规定,其第十四条中规定:“1. 一自然人在与另一方当事人的自动电文系统往来的电子通信中发生错误,而该自动电文系统未给该人提供更正错误的机会,在下列情况下,该人或其代表的当事人有权撤回电子通信中发生输入错误的部分:(a)该自然人或其所代表的当事人在发生错误后尽可能立即将该错误通知另一方当事人,并指出其在电子通信中发生了错误;而且(b)该自然人或其所代表的当事人既没有使用可能从另一方当事人收到的任何货物或服务所产生的任何重大利益或价值,也没有从中受益。”该法规定的适用情况是:自动电文系统未向自然人提供纠错机会,自然人与自动电文系统之间的传输上发生的错误,并且仅涉及自然人的错误。它赋予了该人或其代表的当事人撤回了在电子通信中输入错误的部分,当然,该权利的行使也必须符合下面两个条件,即(a)款要求该自然人或其所代表的当事人将迅速发现的错误通知对方当事人并指出其在电子通信中发生的错误并非其本来意图。(b)款规定了撤回电子通信权力的丧失。因为对方当事人可能在收到通知以前,已经根据所谓错误的通信提供货物或服务。针对这作用情况公约对发生错误的当事人可根据该款行使撤回权规定了严格的要求,从而避免了自然人或其所代表的当事人获得不当暴利。根据该条的规定,当事人如果从通信中获得了重大利益或价值,则丧失其撤回权。当然如果未满足第一款规定的先决条件,则错误的后果将以其他法律的规定为准,包括错误的法律和当事人之间的任何约定。《美国统一计算机信息交易法》第二百一十四条也对电子错误作了详细的规定。

【法条】

第十三条　电子签名同时符合下列条件的,视为可靠的电子签名:

(一)电子签名制作数据用于电子签名时,属于电子签名人专有;

(二)签署时电子签名制作数据仅由电子签名人控制;

（三）签署后对电子签名的任何改动能够被发现；

（四）签署后对数据电文内容和形式的任何改动能够被发现。

当事人也可以选择使用符合其约定的可靠条件的电子签名。

第十四条　可靠的电子签名与手写签名或者盖章具有同等的法律效力。

【解读】

第十三条解决了可靠电子签名的相关问题：一是可靠电子签名的确定标准，即法定标准和约定标准两大类；二是法定标准的具体要件。主要包括四点：(1)电子签名制作数据用于电子签名时，属于电子签名人专有；(2)签署时电子签名制作数据仅由电子签名人控制；(3)签署后对电子签名的任何改动能够被发现；(4)签署后对数据电文内容和形式的任何改动能够被发现。第十四条确定了可靠电子签名的法律效力。

从规定来看，对于可靠电子签名我国确立了两种标准：(1)法定标准。即《电子签名法》第十三条第一款规定的四个条件，符合这四个条件的电子签名"视为"可靠电子签名。需要注意的是，《电子签名法》对于可靠电子签名的条件只是参考性质的，并非决定性，也即当事人可以提出相反证据证明符合上述条件的电子签名不可靠。(2)当事人自由约定。《电子签名法》主要适用于民事领域，民事活动遵从意思自治原则，因而当事人可以根据实践需要自由确定可靠电子签名的条件。当事人既可以确定高于第十三条第一款所列条件的标准，也可确定低于第十三条第一款所列条件的标准，具体标准完全由当事人自由决定。

《电子签名示范法》第六条第三款规定："满足第1款所述要求而言，符合下列条件的电子签名视作可靠的电子签名：(a)签名制作数据在其使用的范围内与签名人而不是还与其他任何人相关联；(b)签名制作数据在签名时处于签名人而不是还处于其他任何人的控制之中；(c)凡在签名后对电子签名的任何更改均可被觉察；以及(d)如果签名的法律要求目的是对签名涉及的信息的完整性提供保证，凡在签名后对该信息的任何更改均可被觉察。"同时其在该条第四款又规定："第3款并不限制任何人在下列任何方面的能力：(a)为满足第1款所述要求的目的，以任何其他方式确立某一电子签名的可靠性；或(b)举出某一电子签名不可靠的证据。"

对于可靠电子签名的法定标准，我国《电子签名法》和联合国贸法会《电子签名示范法》只是在阐述上有些差异，但其基本意思是一致的。电子签名制作数据是指在电子签名过程中使用的，将电子签名与电子签名人可靠地联系起来的字符、编码等数据。从定义可知，电子签名制作数据应该和电子签名人具有唯一对应性，进而决定电子签名制作数据必须具备第十三条第一款第一项、第二项规定的条件，即电子签名制作数据仅由签名人专有和单独控制。“建立这种签署者与电子签名之间的独特联系，才能使数据电文及其签名的归属具有唯一性。它排除了任何其他人对电子签名主张权利的可能；同时，也阻止了签署者否认其签名的可能。”[①]对于电子签名人“专有或单独控制”在此应做扩大解释，在电子签名人单独控制情形下，签名人有保留授权他人以自己名义签名的权利，即电子签名人授权的第三人使用电子签名时仍应认定为“电子签名制作数据由电子签名人专有或单独控制”。如代理情形下，根据代理原理，代理人基于被代理人的授权使用电子签名，而其结果由被代理人承担，这种情况下，代理人使用电子签名也应认定为“电子签名制作数据由电子签名人控制”。上文中笔者提到签名的功能，从其功能可以得出，电子签名应该为当事人自己行为的结果，如果不是其自己行为，而是别人所为，该电子签名的可靠性自然应受到否定，因此可靠电子签名要求“签署后对电子签名的任何改动能够被发现”。电子签名很重要的另一个功能在于它表明了签名人对数据电文内容的认可，因此如果数据电文被修改了应该能够被发现，否则将会在签名人到底认可何种信息问题上产生纠纷。需要说明的是，无论是联合国贸法会《电子签名示范法》还是我国《电子签名法》在认定可靠电子签名时都使用了“视为”一词，这也就意味着当事人若能证明符合法律规定的“可靠”标准的电子签名实际上不可靠，该电子签名就不具有可靠电子签名的效力。

对于当事人能否自行约定可靠电子签名的条件，我国《电子签名法》和联合国贸法会《电子签名示范法》则存在区别。《电子签名法》规定当事人可以选择使用符合其约定可靠条件的电子签名。《电子签名示范法》中则规定：“第 3 款并不限制任何人在下列任何方面的能力：(a) 为满足第 1 款所述要求的目的，以任何其他方式确立某一电子签名的可靠性。”从规定看，对于可靠电子签名，我国法律持一种更为开放的态度，当事人可以自由约定可靠电子签名的方式和种类，没有条件限制。《电子签名示范法》虽然允许当事人自由确立一种可靠电子签名，但有基本限制条件，即任何人只有确定不低于其法定标准的电子签名才有效。

---

① 秦成德主编：《电子商务法》，重庆大学出版社 2004 年版，第 113 页。

两种规定各有利弊,《电子签名示范法》虽然能保障交易安全,但对于复杂多样的电子商务来说却具有一定的保守性。《电子签名法》虽赋予电子签名各方更多的自由,但在电子商务活动过程中同样存在交易安全问题。一般而言,电子签名可靠性越高交易风险就会越低,但往往也就需要越高的成本;反之,成本越低。如何协调电子签名在成本与安全之间的比例在电子商务中具有重要的现实意义,尤其反映在电子商务各方经济、技术地位不对等的情况中。如交易一方为经济、技术实力较为雄厚的经营者,而另一方为经济、技术力量处于弱势地位的消费者时,经营者基于成本的考虑可能会通过格式合同约定使用可靠性较低的电子签名,这增大了消费者的交易风险,在这种情况下如果仍规定当事人的约定有效,对于消费者无疑不公平。事实上,对于可靠电子签名,从促进电子商务发展的角度分析,法律不应做过多限制。

电子签字必须"既是适当的,也是可靠的",这一要求不应使法院或事实检验者即便在对签字人的身份或签字这一事实没有任何争议,即电子签字的真实性没有任何问题的情况下,仍以电子签字并不适当可靠为由判定整个合同无效。这种结果将非常令人遗憾,因为这将允许一桩需要签字的交易的当事人以否认其签字(或另一当事人的签字)有效的方式来设法逃避承担其义务,其所持的理由并不是所称的签字人未予签字或所签字的文件遭到篡改,而只是所使用的签字方法在这些情形中既不可靠也不适当。为了避免出现这种情况。第3(b)(2)项规定,所用的签字方法无论原则上是否可靠,只要事实上被证明已经鉴别了签字人的身份并表明了该签字人对电子通信所含信息的意图,即应认为该签字方法有效。"可靠性"最为根本的标准在于其能否确认电子签名人,如果答案为肯定,则可认定该电子签名为可靠电子签名,即使当事人约定的可靠性标准低于法定标准。同时对交易各方地位不平等状况下也可以规定某些例外。

对于可靠电子签名的法律效力,根据"功能等同原则",我国法律赋予其与传统签名以同样的效力。

【法条】

第十五条　电子签名人应当妥善保管电子签名制作数据。电子签名人知悉电子签名制作数据已经失密或者可能已经失密时,应当及时告知有关各方,并终止使用该电子签名制作数据。

第二十条第一款　电子签名人向电子认证服务提供者申请电子签名认证证

书，应当提供真实、完整和准确的信息。

【解读】

《电子签名法》第十五条和第二十条第一款是关于电子签名人法定义务的规定。电子签名人在使用和申请电子签名时的义务主要为三项：(1)妥善保管电子签名制作数据的义务；(2)电子签名制作数据已经失密或可能已经失密时，及时告知和终止使用电子签名的义务；(3)提供真实、完整和准确信息的义务。

我国《电子签名法》关于电子签名人的法定义务和《电子签名示范法》的规定基本一致。《电子签名示范法》第八条规定："1. 签名制作数据可用于制作具有法律效力签名的，各签名人应当做到如下：(a)采取合理的谨慎措施，避免他人未经授权使用其签名制作数据；(b)在发生下列情况时，毫无不应有的迟延，利用认证服务提供人依照本法第9条提供的手段，或作出合理的努力，向签名人可以合理预计的依赖电子签名或提供支持电子签名服务的任何人发出通知：(一)签名人知悉签名制作数据已经失密；或(二)签名人知悉导致签名制作数据可能已经失密的重大风险情况；(c)在使用证书支持电子签名时，采取合理的谨慎措施，确保签名人作出的关于证书整个寿命周期的或需要列入证书内容的所有实质性表述均精确无误和完整无缺。2. 签名人应当对其未能满足第1款的要求承担法律后果。"《电子签名法》关于电子签名人的法定义务规定也主要为以上几种方式，上文也提到，电子签名制作数据与电子签名人具有唯一对应性，且由电子签名人控制，因而电子签名人应当妥善保管电子签名制作数据，当电子签名制作数据发生失密或可能失密时，电子签名人应当及时履行通知义务，以避免给其他人造成损失。电子签名人申请电子认证从而与电子认证机构之间形成了合同关系，根据诚信原则，电子签名人应当提供真实、准确、完整的信息。需要注意的是，电子签名人的义务并非止于此，以上只是电子签名人的法定义务规定，即不论电子签名人是否就上述情况与电子认证服务机构或电子签名依赖方[①]达成协议均应遵守。如果电子签名人与电子认证服务机构或电子签名依赖方就电子签名的使用还有其他约定义务，根据合同自由原则，只要该约定不违反法律规定和社会公共利益，电子签名人就应该遵守约定义务。此外，电子签名人的行为作为一种民事行为，自然也受《民

① 我国《电子签名法》中规定"电子签名依赖方，是指基于对电子签名认证证书或者点子签名的信赖从事有关活动的人"。联合国贸法会《电子签名示范法》命名为"信赖人"，从本质上看，两者为同一概念，只是名称上有所差异而已。

法典》等民事法律的调整。

我国《电子签名法》主要规定了电子签名人的法定义务，对于电子签名依赖方的权利义务未作规定。《电子签名示范法》第十一条规定："如果信赖方没有采取合理步骤查证电子签名的可靠性；或者在有一证书支持电子签名的情况下，采取合理步骤：查证证书的有效性，证书的中止或撤销；并且注意关于证书的任何限制，那么他将承担因其自身疏忽导致的法律后果。"虽然从整个电子签名的使用过程来看，电子签名依赖方对电子签名的接受具有被动性，但在某些情况下，电子签名依赖方基于诚实信用原则和归责的过错原则，也有可能需要承担责任，《电子签名示范法》对电子签名依赖方的义务作出规定体现出考虑问题的周全性。电子签名依赖方义务在我国虽然可以通过其他法律进行规范和调整，但从制定一部完整系统的法律的角度出发，有必要在《电子签名法》中对电子签名依赖方的义务进行具体规定，具体内容可以借鉴《电子签名示范法》的相关规定。

【法条】

第二十七条　电子签名人知悉电子签名制作数据已经失密或者可能已经失密未及时告知有关各方、并终止使用电子签名制作数据，未向电子认证服务提供者提供真实、完整和准确的信息，或者有其他过错，给电子签名依赖方、电子认证服务提供者造成损失的，承担赔偿责任。

【解读】

第二十七条规定的是电子签名人的责任以及归责原则。对于电子签名人承担责任的情形，采取列举式规定和兜底条款相结合的方式，责任情形基本与《电子签名法》第十五条、第二十条相呼应。同时为了适应多样复杂的电子商务，在列举了各主要常见情形后，还规定了兜底条款，即"其他过错"，以防止出现法律空白的情况。

就电子签名人的责任情形，联合国贸法会《电子签名示范法》也规定了类似的义务，如示范法规定，签名人知悉签名制作数据已经失密或者签名人知悉导致签名制作数据可能已经失密的重大风险情况时，应毫不迟疑地作出合理的努力，向签名人可以合理预计的依赖电子签名或提供支持电子签名服务的任何人发出通知。如果未满足以上要求，应承担由此引起的法律后果。但对具体的责任形式，《电子签名示范法》没有作出明确规定。对于归责原则，目前我国法律规定的方式主要有过错责任、无过错责任、公平责任等几大类。从第二十七条"或者有其他过错”分析来看，可以推定电子签名人的归责原则为过错责任。在过错责任的归责原则下，举证责任又包括过错责任和过错推定两种方式，电子签名人的过错行为的举证责任是适用过错责任还是过错推定责任呢？从该法条来看，是无法得出明确结论的。对于过错推定责任情形，我国原《民法通则》等法律一般采取列举式规定方式，而在列举式规定里并没有《电子签名法》第二十七条这种情形，由此我们可以得出，在电子签名人出现上述过错时，举证责任为过错责任。如果适用过错责任，也就意味着受损方须举证证明电子签名人存在过错，如果受损方举证不能，则要承担败诉的不利后果。“但是，根据法律规定，电子签名制作数据由签名人完全控制，受损方无从了解签名人对失密是否有过错，因此，采用过错责任将使受损方无法证明，也就无法要求签名人承担责任。因此，适用过错推定原则是比较妥当的。”①《电子签名法》规定电子签名人在不履行第十五条和第二十条规定的义务或有其他过错时，需要对因其行为遭受损失的人承担民事损害赔偿责任。损害赔偿是指以金钱的方式赔偿对方的损失。损害赔偿的民事责任，除法律有特别规定外，应当赔偿受害人的全部损失。即不仅只为直接损失，在有间接损失的情况下，违约方或侵权方同样是需要进行赔偿的。

【法条】

第三十二条　伪造、冒用、盗用他人的电子签名，构成犯罪的，依法追究刑事责任；给他人造成损失的，依法承担民事责任。

【解读】

第三十二条主要是对干扰电子签名正常使用的行为进行法律规制。就主体而言，其主体范围比较广泛，不仅限于电子签名使用过程中的主体。在客观方面，主要表现为伪造、冒用、盗用他人的电子签名。在主观方面，表现为故意。

保障电子签名的有效使用，不仅需要电子签名各方付出努力，对于第三人而言，对他人权利的不干涉同样是保护电子签名的应有之义。从实践来看，伪造、冒用、盗用他人签名的案件时有发生，如云南“3·10”特大网上银行盗窃案②。这些

---

① 高慧云主编：《电子商务法教程》，华文出版社2005年版，第38－39页。

② 案情介绍：2007年3月10日，云南省昆明市发生了“3·10”特大网上盗窃案。犯罪嫌疑人白某和葛某通过淘宝网发送信息的方法，将病毒植入被害人蔡某的电脑中，进而获取了蔡某的银行账号、密码和认证证书。他们通过修改密码的方式，在网上银行中分11次转出蔡某的银行账户资金人民币163014元（不包括转账手续费）。昆明警方在云南警方的协助下，于2007年3月28日在昆明市金沙小区将犯罪嫌疑人葛某和白某抓获。犯罪嫌疑人已如实供述了犯罪过程。

行为不仅侵害了电子签名人的合法权利,更为重要的是,这种行为极大地增加了电子商务活动的不安全性,严重打击人们进行电子商务活动的信心,并进而阻碍整个电子商务健康有序地发展,因而有必要对这些行为根据具体情况给予相应的民事、刑事处罚。本条对伪造、冒用、盗用电子签名问题进行了规定。本条所讲的"伪造"是指未经电子签名合法持有人的授权而创制电子签名或者创制一个认证证书虽列明但实际并不存在用户的签名等情形。本条所讲的"冒用"是指非电子签名持有人未经电子签名人的授权以电子签名人的名义实施电子签名的行为。本条所讲的"盗用"是指秘密窃取并使用他人电子签名的行为。按照本条规定,伪造、冒用、盗用他人电子签名,构成犯罪的,依法追究刑事责任。如构成《刑法》第二百八十条关于妨害国家机关公文、证件、印章的犯罪,伪造公司、企业、事业单位、人民团体印章的犯罪。《刑法》第二百八十条第一款、第二款规定,"伪造、变造、买卖或者盗窃、抢夺、毁灭国家机关的公文、证件、印章的,处三年以下有期徒刑、拘役、管制或者剥夺政治权利,并处罚金;情节严重的,处三年以上十年以下有期徒刑,并处罚金。伪造公司、企业、事业单位、人民团体的印章的,处三年以下有期徒刑、拘役、管制或者剥夺政治权利,并处罚金"。这里的"情节严重",主要是指多次实施伪造他人电子签名的行为;造成政治影响很坏、经济损失很大等严重后果的,等等。行为人在实施伪造、盗用、冒用电子签名等违法行为过程中,还可能实施其他犯罪行为,如利用计算机实施金融诈骗、盗窃、贪污、挪用公款、窃取国家秘密等。[①]在伪造、盗用、冒用电子签名实施犯罪行为时,应根据其主观状态、客观情况具体分析行为的性质,予以定罪量刑。对于单纯的民事责任,根据主体的不同,可能承担的责任形式也有所区别,但主要为合同责任(行为人为电子签名人合同的另一方当事人时)和侵权责任(行为人为合同当事人以外的第三人),因而处理时应主要适用我国《民法典》的规定。

事实上,干扰电子签名正常使用的行为并非只有这三种,《电子签名法》的这种列举式规定无疑具有一定的局限性。尽管涉及电子签名方面的某些违法犯罪行为可以通过我国传统法律予以规制,但由于电子签名的特殊性,在适用时仍可能面临解释难的问题,同时若在《电子签名法》中明示规定还可以起到警示作用。据此,可以对干扰电子签名正常使用的行为采取列举式和兜底条款相结合的方

① 安建、张穹、杨学山主编:《中华人民共和国电子签名法释义》,法律出版社2005年版。

式，既可以对典型违法犯罪行为予以明文规定，又可以使《电子签名法》适应复杂多变的社会生活。

三、典型案例解析

案情简介：2004 年 1 月，杨先生结识了女孩韩女士。同年 8 月 27 日，韩女士发短信给杨先生，向他借钱应急，短信中说："我需要 5000，刚回北京做了眼睛手术，不能出门，你汇到我卡里"。杨先生随即将钱汇给了韩某。一个多星期后，杨先生再次收到韩女士的短信，又借给韩女士 6000 元。因都是短信来往，二次汇款杨先生都没有索要借据。此后，因韩女士一直没提过借款的事，而且又再次向杨先生借款，杨先生产生了警惕，于是向韩女士催要。但一直索要未果，于是起诉至北京市海淀区人民法院，要求韩女士归还其 11000 元钱。原告提供了如下证据：银行汇款单存单两张，还有自己使用的号码为"1391166 × × × ×"的飞利浦移动电话一部，其中记载了部分短信息内容。例如："2004 年 8 月 27 日 15：05，那就借点资金援助吧"等韩女士发来的 18 条短信内容。后经法官核实，杨先生提供的发送短信的手机号码拨打后接听者是韩女士本人。韩女士本人也承认，自己从去年七八月开始使用这个手机号码。

法庭判决：法院经审理认为，依据《最高人民法院关于民事诉讼证据的若干规定》中关于自认的相关规定，"1391173 × × × ×"的移动电话号码是否由韩女士使用，韩女士在第一次庭审中明确表示承认，在第二次法庭辩论终结前韩女士委托代理人撤回承认，但其变更意思表示未经杨先生同意，亦未有充分证据证明其承认行为是在受胁迫或者重大误解情况下作出，原告杨先生对该手机号码是否为被告所使用不再承担举证责任，应由被告对该手机其没有使用过承担举证责任，被告未能提供相关证据，故法院确认该号码系韩女士使用。

案例解析：依据 2005 年 4 月 1 日起施行的《电子签名法》中的规定，电子签名是指数据电文中以电子形式所含、所附用于识别签名人身份并表明签名人认可其中内容的数据。数据电文是指以电子、光学、磁或者类似手段生成、发送、接收或者储存的信息。移动电话短信息即符合电子签名、数据电文的形式。同时移动电话短信息能够有效的表现所载内容并可供随时调取查用；能够识别数据电文的发件人、收件人以及发送、接收的时间。经法院对杨先生提供的移动电话短信息生成、储存、传递数据电文方法的可靠性；保持内容完整性方法的可靠性；用以鉴别发件人方法的可靠性进行审查,可以认定该移动电话短信息内容作为证据的真实性。根据证据规则的相关规定,录音录像及数据电文可以作为证据使用,但数据电文可以直接作为认定事实的证据,还应有其他书面证据相佐证。

通过韩女士向杨先生发送的移动电话短信息内容中可以看出:2004 年 8 月 27 日韩女士提出借款 5000 元的请求并要求杨先生将款项汇入其卡中,2004 年 9 月 8 日韩女士向杨先生询问款项是否存入,2004 年 8 月 29 日中国工商银行个人业务凭证中显示杨先生给韩女士汇款 5000 元;2004 年 9 月 7 日韩女士提出借款 6000 元的请求,2004 年 9 月 8 日韩女士向杨先生询问款项是否汇入,2004 年 9 月 8 日中国工商银行个人业务凭证中显示杨先生给韩女士汇款 6000 元。2004 年 9 月 15 日至 2005 年 1 月韩女士屡次向杨先生承诺还款。

杨先生提供的通过韩女士使用的号码发送的移动电话短信息内容中载明的款项往来金额、时间与中国工商银行个人业务凭证中体现的杨先生给韩女士汇款的金额、时间相符,且移动电话短信息内容中亦载明了韩女士偿还借款的意思表示,两份证据之间相互印证,可以认定韩女士向杨先生借款的事实。据此,杨先生所提供的手机短信息可以认定为真实有效的证据,证明事实真相,法院对此予以采纳,对杨先生要求韩女士偿还借款的诉讼请求予以支持。

该案判决书中有这样一句话:“根据证据规则的相关规定,录音录像及数据电文可以作为证据使用,但数据电文不可以直接作为认定事实的证据,还应有其他书面证据相佐证。”法院根据原告提供的短信息内容中载明的款项往来金额、时间与中国工商银行个人业务凭证中体现的原告给被告汇款的金额、时间相符,证据之间相互印证,从而认定借款事实。本案中,法官根据《民事诉讼法》,将数据电文与录音录像视为同类,即均为视听资料。《民事诉讼法》规定:“人民法院对视听资料,应当辨别真伪,并结合本案的其他证据,审查确定能否作为认定事实的根据。”所以认为数据电文不能独立作为认定案件事实的根据,需要其他证据予以佐证。该案涉及一个热点问题即如何给数据电文具体定位。

学术界和立法部门对于数据电文如何定位主要有以下六种观点,即“视听资料说”“独立证据说”“书证说”“物证说”“鉴定结论说”“混合证据说”。其中前三种观点占主要的地位,本书在此仅仅介绍前面三种观点。

“视听资料说”认为：电子证据是视听资料的一种，在早期这几乎是通说。①支持该观点的理由主要是：数据电文与视听资料有很大的相似之处，它们都需要借助一定的技术存储和读取。我国有关诉讼法及相关司法解释多将电子证据作为视听资料看待。《最高人民法院关于民事诉讼证据的若干规定》(2001 年)第二十二条规定：“调查人员调查收集计算机数据或者录音、录像等视听资料的，应当要求被调查人提供有关资料的原始载体……”《最高人民法院关于行政诉讼证据若干问题的规定》(2002 年)第十二条规定：“根据行政诉讼法第三十一条第一款第(三)项的规定，当事人向人民法院提供计算机数据或者录音、录像等视听资料的……”若将电子证据视为视听资料的一种，电子证据的证据力也相应地会受影响。根据我国《民事诉讼法》规定：“人民法院对视听资料，应当辨别真伪，并结合本案的其他证据，审查确定能否作为认定事实的根据。”因此，作为视听资料的电子证据，在案件中是不能独立地直接证明案件待证事实的。② 只能作为间接证据结合其他证据认定案件事实。法官在本案中即采取了这种观点。

“独立证据说”认为：应该把数据电文作为一种独立性的证据，即另立门户，赋予其与传统的书面形式和视听资料同等的法律效力。该观点认为将数据电文归入上面的任何一类均不妥当。一方面，数据电文和视听资料有很大的区别：视听资料的本质是通过影像和声音来表现，声音证据是通过单一媒体来表现，影像证据有单一媒体形式，也有符合媒体形式，而数据电文则多媒体性质，既可以是文字、图像，也可以是声音，还可以是两者的结合。它可以以单一媒体和多种符合媒体来表现，这是视听资料所不具备的特点。而且若采视听资料说过于保守，不符合国际惯例的规定。另一方面，数据电文和书证有很大的区别：书证能够直接再现内容，而数据电文必须借助于技术设备；书证具有不易被篡改，保真性较好的特点，一旦被涂改很容易被发现，而数据电文很脆弱，易被删除，易被复制，且一经删除不仅不留痕迹，而且很难恢复。③ 也有学者从构建有利于电子商务法律环境的角度，得出了类似的结论。因为所有数据电文均是以电子数据为交易手段，以商事交易的现实需要来说，完全有理由将其作为一种新类型证据来对待，为电子商

---

① 参见常怡、王健：《论电子证据的独立地位》，载《法学论坛》2004 年第 1 期。

② 参见张虹：《电子证据的证明力刍议》，载《重庆邮电学院学报(社会科学版)》2006 年第 3 期。

③ 参见张楚主编：《电子商务法教程》，清华大学出版社 2005 年版，第 224 页。

务关系的法律调整提供一个完整的法律平台。[①] 反对者认为：若将数据电文作为一种新的证据形式加以规定，需要确立起数据电文自身统一的收集、审查、判断规则，将要对现有的诉讼法作大的变动，严重影响法律的稳定。

“书证说”认为：电子证据是书证的一种。1982 年欧洲理事会《电子处理资金划拨》秘书长报告以及 1982 年英国 A. 克尔曼和 R. 赛泽的《计算机在法庭上的地位》，已经明确计算机记录相当于书面文件作为证据的看法。我国原《合同法》第十一条即采用这种观点，它通过扩大书面形式的范围将数据电文纳入其中，《民法典》也沿用了此种观点。笔者认为将数据电文视为书证更为科学，合理。理由如下：首先，数据电文的核心特征与书证相同，即两者均是以其所载的内容作为认定案件事实的依据。其次，数据电文通常以其代表的内容来证明案件某一问题时，必须输出、打印在纸上形成计算机打印材料之类的书面材料后，才能为人们所感知与运用，因而具有书证的特征[②]。再次，《电子签名法》确定的“功能等同方法”，为数据电文的“原件”问题扫清了障碍。阻碍数据电文作为书证的主要原因是“原件”的问题，即诉讼法要求书证必须提供原件，并且无法与原件核对的复印件不得单独作为认定案件事实的依据，而按照我国法律传统的原件定义，数据电文无疑属于复印件，这将严重限制数据电文的证据力。现在《电子签名法》沿用《电子商务示范法》中的“功能等同方法”，规定了数据电文作为原件的条件，基本上填平了原件与数据电文之间的鸿沟，所以原件问题基本上不再成为阻碍数据电文作为书证的理由了。最后，将数据电文视为书证，一方面可以促进电子商务的发展，书证的证据力在一定程度上是大于视听资料的，采取书证说更有利于提高人们网上交易的积极性。另一方面又可以很好地适应我国立法现状，使我国立法不会因为为数据电文确立全新的规则而影响法律的稳定性，所以笔者认为“书证说”更为科学、合理。

四、合规指引

在互联网蓬勃发展的今天，电子签名技术已越来越广泛地应用到了金融、电商、汽车、医疗、建筑、房地产等诸多行业中。根据艾媒咨询数据，2020 年我国电子

① 参见曾庭基：《论电子商务中数据电文的法律效力》，复旦大学 2004 年硕士学位论文。

② 参见曾庭基：《论电子商务中数据电文的法律效力》，复旦大学 2004 年硕士学位论文。

签名行业市场规模已突破百亿元大关,2016—2020 年电子签名行业年复合增长率高达 66.3% 。在行业生态渐趋完善、电子签名渗透率日益升高的同时,电子签名被盗用及滥用的风险也随之而来。电子签名的安全性与合规性已然成为行业关注的焦点。

对此,我国《电子签名法》中,针对电子签名人在电子签名使用中的法定义务和电子认证服务提供者在提供认证服务中的义务都作出了明确规定,同时明确了其未履行义务时各自应负的法律责任。

(一)电子签名人的合规义务

《电子签名法》中关于电子签名人法定义务的规定,主要集中在第十五条和第二十条。这两个条文中涉及的电子签名人在使用和申请电子签名时的义务主要为三项:(1)电子签名制作数据的妥善保管义务;(2)电子签名制作数据失密时的及时告知和终止使用义务;(3)向电子认证服务提供者提供真实、完整、准确申请信息的义务。

1. 电子签名制作数据的妥善保管义务

《电子签名法》第十五条中规定,电子签名人应当妥善保管电子签名制作数据。电子签名制作数据是将电子签名与电子签名人可靠联系起来的重要手段。电子签名人应当妥善保管电子签名制作数据,一旦电子签名制作数据失密,他人有可能利用电子签名人的电子签名制作数据从事违法行为或者牟取非法利益,给电子签名人和电子签名依赖方造成损失。在实践中,电子签名制作数据的载体包括磁盘、光盘等,尽管这些载体在使用过程中需要加入电子签名人的安全指令才能启动,但是这些载体一旦丢失或者为他人窃取,则他人通过破解这些相对简单的安全指令就可以在互联网上以电子签名人的名义从事交易活动。与传统交易不同,网上交易过程中当事人之间往往并不见面,当事人之间主要凭借的是对方当事人的电子签名来验证和核实相互间的身份,电子签名制作数据的丢失会给不法分子提供可乘之机。因此,电子签名人应当妥善保管电子签名制作数据,防止丢失或者为他人所窃取,以免给自己和对方当事人造成不必要的损失。①

---

① 参见安建、张穹、杨学山主编:《中华人民共和国电子签名法释义》,法律出版社 2005 年版。

2. 电子签名制作数据失密时的及时告知和终止使用义务

《电子签名法》第十五条还规定，电子签名人知悉电子签名制作数据已经失密或者可能已经失密时，应当及时告知有关各方，并终止使用该电子签名制作数据。即便电子签名人尽到妥善保管的义务，电子签名制作数据仍然存在泄密的可能。本条中的“知悉电子签名制作数据已经失密或者可能已经失密”包含两层意思：一是电子签名人已经明确知道电子签名制作数据已失密，如电子签名人发现未经自己允许，有人在互联网上以电子签名人的名义从事商业活动；二是电子签名人知悉电子签名制作数据有可能已经失密，如电子签名人发现自己存放电子签名制作数据的磁盘丢失，在这种情况下，丢失的磁盘中的安全指令有可能被破译，电子签名制作数据有可能被他人用于非法活动。在这两种情况下，依据本条的规定，电子签名人应当采取以下几种措施：一是立即停止使用电子签名制作数据。因为在电子签名制作数据已经失密或者可能已经失密的情况下，电子签名人继续使用其电子签名制作数据有可能使电子签名依赖方更加难以确认电子签名的真伪，给交易安全带来更多的不确定性。二是及时告知有关各方当事人，避免各方当事人因继续信赖电子签名人的签名而造成损失或损失的进一步扩大。[①]

3. 向电子认证服务提供者提供真实、完整、准确申请信息的义务

《电子签名法》第二十条第一款规定，电子签名人向电子认证服务提供者申请电子签名认证证书，应当提供真实、完整和准确的信息。在电子认证关系中，电子签名人是电子认证服务提供者的客户，是接受电子认证服务的一方。电子签名人除应履行一般的支付费用义务外，还应当履行一些与电子认证服务关系的特性相应的义务。本条规定的真实诚信义务就是其中的重要方面。电子签名人申请电子签名认证证书，要承担起保证所提供的信息的真实性、准确性和完整性的义务。诚实信用义务最直接的表现是真实陈述的义务，即真实陈述电子认证服务提供者颁发证书时要求其提供的事项。这是电子签名人在申请证书时所应当履行的基本义务，因为就其身份、地址、营业范围、证书信赖等级的真实陈述，是证书可信赖性产生的前提，否则将构成对证书体系信赖性的损害，应承担相应的法律责任。[②]

① 参见安建、张穹、杨学山主编：《中华人民共和国电子签名法释义》，法律出版社 2005 年版。

② 参见安建、张穹、杨学山主编：《中华人民共和国电子签名法释义》，法律出版社 2005 年版。

（二）电子认证服务提供者的合规义务

电子认证服务提供者，处于整个数字签名认证法律关系的中心地位。《电子签名法》第十六条至第二十五条提到了电子认证服务提供者，规定了电子认证服务提供者的申请条件、许可流程、应履行的义务、电子签名认证证书的内容、业务暂停与终止、主管部门等内容。其中，对于电子认证服务提供者的法定义务，具体包括：

1. 依法申请许可资格

根据《电子签名法》第十八条第一款的规定，从事电子认证服务，应当向国务院信息产业主管部门提出申请，并提交符合本法第十七条规定条件的相关材料。第十七条规定了提供电子认证服务应当具备的六个条件：一是取得企业法人资格；二是具有与提供电子认证服务相适应的专业技术人员和管理人员；三是具有与提供电子认证服务相适应的资金和经营场所；四是具有符合国家安全标准的技术和设备；五是具有国家密码管理机构同意使用密码的证明文件；六是法律、行政法规规定的其他条件。申请人申请从事电子认证服务的，应当备齐符合上述条件的相关资料，以证实其具有从事电子认证服务活动的能力。

2. 公开名称、许可证号等消息

根据《电子签名法》第十八条第二款的规定，取得认证资格的电子认证服务提供者，应当按照国务院信息产业主管部门的规定在互联网上公布其名称、许可证号等信息。电子认证服务提供者应当遵守这一规定，公布相关信息。

3. 电子认证业务规则的制作、公布、备案

根据《电子签名法》第十九条第一款的规定，电子认证服务提供者应当制定、公布符合国家有关规定的电子认证业务规则，并向国务院信息产业主管部门备案。电子认证服务是专业性很强的活动，由电子认证服务提供者制定有关业务规则是合理的，也是符合实际的。当然，电子认证服务者不能制定损害电子签名人和电子签名依赖方利益的、不公平的“霸王条款”。为了防止这种情况出现，本条第一款规定了两项要求：一是电子认证服务提供者制定的电子认证业务规则要符合国家有关规定，而且还要公布；二是电子认证业务规则要向国务院信息产业主

管部门备案，以接受监督。①

4. 身份查验和材料审查义务

《电子签名法》第二十条第二款规定，电子认证服务提供者收到电子签名认证证书申请后，应当对申请人的身份进行查验，并对有关材料进行审查。电子认证服务提供者的谨慎审核义务要求电子认证服务提供者在收到电子签名认证证书申请后，对申请者所提交的有关材料的真实性，应当谨慎地加以审核，因为证书的发布、信赖方的信赖都依赖于对这些材料真实性的审查。另外，还要严格查验申请人的身份，如要求个人申请者提供个人身份证的原件以及复印件、联系电话、住址等，单位申请者提供单位组织机构代码、单位有效证件的原件与复印件等资料。这些都是为了保证其所发放的证书具有可靠的权威性和信任度。

5. 相关保证义务

《电子签名法》第二十二条规定了电子认证服务提供者的相关保证义务，即保证电子签名认证证书内容在有效期内完整、准确，并保证电子签名依赖方能够证实或者了解电子签名认证证书所载内容及其他有关事项。

电子认证服务提供者最重要的任务就是制作、发放和管理电子签名认证证书，所以其首要义务就是保证认证证书的真实性、完整性和准确性，即所发放认证证书的公共密钥同某个确定身份的人是一一对应的，以保证发放的证书具有可靠的权威性和信任度。电子认证服务提供者要使发布的认证信息及时可靠，这其中还包括要让有关当事人能够随时证实证书申请人所拥有的身份证、许可证或者营业执照等关系该人行为能力的文书或者证件的效力。因此，本条规定了电子认证服务提供者的两项保证义务：一是保证电子签名认证证书内容在有效期内完整、准确；二是保证电子签名依赖方能够证实或者了解电子签名认证证书所载内容及其他有关事项。②

6. 业务承接要求

《电子签名法》第二十三条明确要求，电子认证服务提供者拟暂停或者终止电子认证服务时应妥善安排后续业务承接工作。因为，电子认证服务提供者拟暂停或者终止电子认证服务的，将会影响相关方的利益，因此法律必须对电子认证服

---

① 参见安建、张穹、杨学山主编：《中华人民共和国电子签名法释义》，法律出版社 2005 年版。

② 参见安建、张穹、杨学山主编：《中华人民共和国电子签名法释义》，法律出版社 2005 年版。

务提供者的业务事项的维持予以特别规定,才能有效地保护电子签名人和电子签名依赖方的利益。

对此,本条第一款规定,电子认证服务提供者应当在暂停或者终止服务九十日前,就业务承接及其他有关事项通知有关各方。此外,电子认证服务提供者拟暂停或者终止电子认证服务的,还应当履行以下义务:

(1)报告。电子认证服务提供者应当在暂停或者终止服务六十日前向国务院信息产业主管部门报告,使其了解情况。

(2)协商承接。电子认证服务提供者除在法定期限内向国务院信息产业主管部门报告外,还要与其他电子认证服务提供者就业务承接进行协商,协商达成一致意见的,对业务承接事项作出妥善安排。

(3)指定承接。电子认证服务提供者未能就业务承接事项与其他电子认证服务提供者达成协议的,应当申请国务院信息产业主管部门安排其他电子认证服务提供者承接其业务。

对于电子认证服务提供者被依法吊销电子认证许可证书的,其业务承接事项的处理按照国务院信息产业主管部门的规定执行。①

7. 妥善保存与认证相关信息的义务

《电子签名法》第二十四条规定,电子认证服务提供者应当妥善保存与认证相关的信息,信息保存期限至少为电子签名认证证书失效后五年。由于电子签名人向电子认证服务提供者申请电子签名认证证书时需要提供真实、完整和准确的信息。这些信息涉及的面比较广,既可能包括申请人的个人隐私,也可能涉及申请人的商业秘密,如果这些信息被泄露,可能会损害电子签名人的利益,因此,本条规定了电子认证服务提供者妥善保存与认证相关的信息的义务,并规定信息保存期限至少为电子签名认证证书失效后五年。如果电子认证服务提供者违反上述规定,依照本法第三十一条的规定,由国务院信息产业主管部门责令限期改正;逾期未改正的,吊销电子认证许可证书,其直接负责的主管人员和其他直接责任人员十年内不得从事电子认证服务。②

---

① 参见安建、张穹、杨学山主编:《中华人民共和国电子签名法释义》,法律出版社 2005 年版。

② 参见安建、张穹、杨学山主编:《中华人民共和国电子签名法释义》,法律出版社 2005 年版。

五、发展趋势展望

自 2005 年 4 月 1 日《电子签名法》颁布施行以来，电子签名行业迅速发展壮大。电子签名已逐渐渗透我们工作、生活的方方面面，行业规模持续增长。据 36 氪研究院发布的《2021 年中国电子签名行业研究报告》指出，我国电子签名行业规模由 2016 年的 8.5 亿元快速增长至 2020 年的 108.2 亿元，年均复合增长率高达 66.3%。

作为企业数字化的"基础设施"，电子签名在政务、房地产、人力资源等应用场景都受到了国家政策的高度支持。一系列政策法规的出台，为电子签名行业的发展提供了良好的政策环境。例如，《数据安全法》出台，国务院发布《优化营商环境条例》推广电子签名，"十四五"规划推广政务服务"一网通办"，人社部发布《电子劳动合同订立指引》等。除这些政策利好外，受底层技术渐趋成熟的驱动，以及国内数字经济的发展等因素的影响，我国电子签名行业逐渐向更合规、更安全方向发展。

未来，我国对电子签名行业的政策监管将更加深入，主要集中在以下几个方面：

（一）逐步修改和完善配套法律，优化电子签名法的应用环境

《电子签名法》的正式施行，明确了电子签名的法律效力和电子认证的市场准入制度，为电子签名在电子商务、电子政务及其他领域中的应用提供了法律依据。为进一步优化电子签名法的应用环境，还需要全面系统地协调《电子签名法》与其他法律部门的关系。比如，与数据电文和电子签名有关的公司、证券、票据、拍卖、税收等一系列法律都应加以修改和完善，使其与电子签名法相配套。

（二）进一步规范电子认证服务，保障电子签名的法律效力

电子签名的法律效力由电子认证服务加以保障，因此电子认证服务在整个电子交易系统中处于重要地位。要真正实现电子签名的效力，就要进一步规范我国的电子认证服务。首先，要明确电子认证服务机构的法律地位，保证认证服务机构的权威性。如果认证服务机构不具有权威性或者权威性不够，则信任就无法得到保障，交易也就难以进行。其次，要保障电子认证服务的安全性，建立严格的准

入制度。电子认证服务必须具有安全性,即确保自身系统资源的安全,防止外部的攻击和窃取。

(三)全面加强社会信用体系建设,丰富、整合信用资源

《电子签名法》的实施在一定程度上增强了电子商务交易中的信用,但整个社会的信用体系建设目前还处在初始阶段,数据共享度不高。电子签名和电子认证服务是一种宝贵的信用资源,如能与其他信用资源整合,则可以使整个社会的信用资源更加丰富和实用。

(四)积极推进统一电子印章平台建设,实现“社会化电子印章”

由于政府电子签名的应用多以区域为主体,即使在省级层面拥有了统一的电子印章平台,但企业跨省进行业务办理依然存在困难。不同区域的电子签名标准不一,难以实现互认,导致企业需要在多个平台分别申领电子印章,与“一网通办”的理念相悖。建设标准规范、兼容互认的统一电子印章平台,不仅能够便利企业的“跨省通办”,还将作为电子签名的基础设施,赋能跨区域、跨平台的企业间电子签名,进而实现“社会化电子印章”。

第二节 《电子认证服务管理办法》

一、立法背景

在传统的交易过程中,买卖双方一般都是面对面地进行交易,这种方式既能够使交易双方通过直接的交流建立信任关系,也有利于保障交易安全。电子商务将传统的商业交易转移到因特网这一运行平台上进行。买卖双方借助因特网的开放性、虚拟性、速度快、跨越地域性和时间性等特点,更为便捷地进行交易。但在这种环境下建立彼此之间的信任相对于传统方式而言,也更为困难。

电子签名技术的应用在一定程度上解决了网络环境下的信任危机。电子签名通过公私密钥的应用确保了数据电文不被篡改或破坏,并将电子文件和签署人联系起来,从而保证了数据电文本身的安全性问题。但在网络世界里,不仅存在

数据电文被丢失、被盗、被破译的风险，同时还可能存在电子签名人抵赖否认，或者他人盗用电子签名的情形，如何解决这一问题，电子认证正是在此情况下应运而生的。世界各主要国家多通过电子认证服务机构（Certification Authority，CA）进行电子认证服务，如澳大利亚、美国等电子商务较为发达的国家，此外，国际上也存在一些涉及电子认证的示范性规定，如联合国贸法会的《电子签名示范法》。

就我国而言，电子认证的实践已经存在很久，截至目前，电子商务市场上已经存在过 140 余家电子认证服务机构，但大部分电子认证服务机构还很不规范。从原信息产业部电子认证服务管理办公室 2007 年 4 月公布的《关于 2006 年电子认证服务机构年检结果的通告》来看，截至 2006 年年底，只有 20 家电子认证服务机构获得行政许可，包括山东省数字证书认证管理有限公司、广东省电子商务认证有限公司、上海市数字证书认证中心有限公司、北京数字证书认证中心有限公司等。[①] 事实上，为了有效地贯彻实施电子签名法，我国原信息产业部从 2004 年 10 月起就着手起草电子认证的相关法规，在大量调查研究的基础上，2005 年 2 月 8 日，原信息产业部以部令形式公布了《电子认证服务管理办法》，自 2005 年 4 月 1 日起施行。2009 年 2 月 18 日以中华人民共和国工业和信息化部令第 1 号公布了新《电子认证服务管理办法》，自 2009 年 3 月 31 日起施行。2005 年发布的原《电子认证服务管理办法》予以废止。后根据 2015 年 4 月 29 日中华人民共和国工业和信息化部令第 29 号《工业和信息化部关于修改部分规章的决定》修订。

《电子认证服务管理办法》以电子认证服务机构为主线，主要围绕电子认证服务机构的设立，电子认证服务行为的规范，对电子认证服务提供者实施监督管理的内容作了具体规定，以解决电子认证服务行为许可的实施和电子认证机构的监督管理问题，从而保证电子签名法能够如期顺利实施。[②] 为有效配合《电子认证服务管理办法》的实施，国家密码管理局制定了电子认证服务密码的使用管理办法，对电子认证服务机构的密码使用进行规范和管理。此外，原信息产业部还成立了电子认证服务管理办公室对电子认证服务机构进行专门的管理。电子认证服务管理办公室建立了专门的认证服务网站，发布认证服务业务规则规范，指导规范电子认证服务机构工作。原信息产业部通过各种途径促进我国的电子认证服

---

① 信息产业部电子认证服务管理办公室：《关于 2006 年电子认证服务机构年检结果的通告》，2007 年 4 月 20 日发布。

② 参见季金奎司长在电子认证服务许可证颁发仪式上的讲话。

务的健康有序发展。下文将对《电子认证服务管理办法》的主要内容作简要分析。

二、重点法条解读

【法条】

第二条　本办法所称电子认证服务，是指为电子签名相关各方提供真实性、可靠性验证的活动。

本办法所称电子认证服务提供者，是指为需要第三方认证的电子签名提供认证服务的机构(以下简称“电子认证服务机构”)。

向社会公众提供服务的电子认证服务机构应当依法设立。

【解读】

第二条第一款对电子认证服务从其功能角度出发作出定义。第二款则是对电子认证服务提供者的定义。结合第一款、第二款的规定可知，电子认证服务提供者的作用主要是为电子签名人和电子签名依赖方提供真实性、可靠性的电子验证。就其地位而言，电子认证服务提供者为中立的第三方。

网络环境的开放性、虚拟性、数字化等特征使人们能够跨越时间、地域的限制进行民事活动。但网络是把“双刃剑”，它在给人们带来方便快捷的同时，也带来了一系列的法律难题。某些意图不良的人利用网络虚拟性的特征进行不法行为，在这种现实背景下，网络环境下活动的安全性就成为影响网络活动的重要因素。电子签名的产生使当事人双方能够确认彼此发送信息的真实性。但这只是问题的一方面，电子签名依赖方如何确保所收到的信息是电子签名人所为这一问题仍没有得到解决。这一问题的有效解决就依赖于电子认证的应用。电子认证是以特定的机构对电子签名及其签署者的真实性进行验证的具有法律意义的服务。[①]

电子认证的实现手段具有多样化的特征，但基于成本与技术的考量，目前电子认证主要是通过查证生成数字签名的公钥和私钥对，即公钥密钥系统，来核实数字签名与签名人的联系而发挥作用。因而，电子认证也就主要针对狭义的电子签名，即数字签名而言。[②] 一般而言，认证证书的生成主要包括如下步骤：(1)认证证书申请人将申请证书所需要的内容信息提供给认证机构；(2)认证机构确认

---

① 李双元、王海浪：《电子商务法》，北京大学出版社2004年版，第76页。

② 李适时：《各国电子商务法》，中国法制出版社2003年版，第171页。

申请人所提交信息的正确性（严格来说是验证申请人身份与对象的一致性，而不仅是提交信息的正确性，这是认证机构可以提供认证证书的信赖来源）；(3)由持有认证机构私钥的签证设备给证书加密；(4)将证书的一个副本传送给申请人；(5)将证书的一个副本传送到证书数据库如目录服务，以便公布；(6)作为一种可供选择的服务，证书的一个副本可以由认证机构或其他实体存档，以加强服务、提供验证服务（在法律上其实是没有所谓的不可否认性的服务）；(7)认证机构将认证证书生成过程中的相关细节以及其他在证书发放过程中的原始活动都记录在其日志中。[①] 电子认证可以是交易双方之间的双方认证，但在实践生活中，基于网络的开放性、虚拟性等特征，由中立的第三方进行电子认证更为普遍。中立的第三方根据其在社会上的信用度中立地给电子认证证书用户和电子签名依赖方提供信用担保。与其说电子签名依赖方的信任源于电子签名人，毋宁说更多的源于对认证机构的信任。通过上面的分析可知，电子签名和电子认证在保障交易安全方面有着异曲同工之处。但两者在实现这一目的的途径方面存在一定的差异。电子签名的目的是保护数据电文的安全，防止其内容被仿冒、更改或留存证据。法律强调对电子签名安全技术标准的认定。电子认证的目的是把电子签名和交易方联系起来，确保对方得到的电子签名来自该“电子签名”的真正代表方，而不是别人假冒。法律强调对电子认证机构的组织机构和权利、义务的分配，以及认证机构的设立和监管，认证机构的归责原则及其赔偿责任。[②]

《电子签名示范法》第二条规定：“认证服务提供人是指签发证书和可能提供与电子签名有关的其他服务的人。”根据其规定，认证服务提供者包括两类：一是签发证书的人，二是提供与电子签名有关的其他服务的人。在此，“与电子签名有关的其他服务”具体指何种服务，《电子签名示范法》并未明确规定，视具体实践而定。《电子签名示范法》将电子认证服务的主体定义为“人”，但根据其第九条、第十条的规定可认定为广义上的人的概念，即包括自然人和法人。对于电子认证服务的主体，不同国家对此有不同的认识，有些国家规定自然人和组织都可，如新加坡；有些国家则否认自然人的电子认证服务主体地位。我国法律规定的民事主体包括自然人、法人及其他组织。就电子认证服务机构的承担主体，《电子认证服务

---

① 李双元、王海浪：《电子商务法》，北京大学出版社 2004 年版，第 91 页。

② 李双元、王海浪：《电子商务法》，北京大学出版社 2004 年版，第 74 页。

管理办法》对于自然人的主体地位持否定态度。一般认为如果由自然人担当，由于自然人会发生生老病死等多种不确定的突发事件，具有不稳定性，而电子认证服务又是网络环境下民事活动顺利进行的重要前提之一，电子认证服务需要持续稳定，自然人的特性和电子认证服务机构的特点之间存在不可调和的矛盾。此外，以自然人为主体，其责任能力也受限制，从电子商务长远发展的角度出发，将电子认证的主体扩大到具有不稳定因素的自然人会使整个电子商务活动也处于一种不确定状态，这将极大地影响电子商务健康有序地发展，因而将电子认证服务承担主体限于法人组织更为合理。我国《电子认证服务管理办法》即是将电子认证服务机构承担主体限制在企业法人的范围内。

第二条第三款中规定，“电子认证服务机构应当依法设立”，这里的“依法设立”，代表的是机构获得了国家认可，具备国家授权，也就是该机构取得了由工信部所颁发的《电子认证服务许可证》。从经营场所、安全标准、技术、设备、人员、资本、管理等多方面严格符合国家的安全合规要求，接受定期、不定期检查，并且要承担相应的义务责任。

【法条】

第五条　电子认证服务机构应当具备下列条件：

（一）具有独立的企业法人资格。

（二）具有与提供电子认证服务相适应的人员。从事电子认证服务的专业技术人员、运营管理人员、安全管理人员和客户服务人员不少于三十名，并且应当符合相应岗位技能要求。

（三）注册资本不低于人民币三千万元。

（四）具有固定的经营场所和满足电子认证服务要求的物理环境。

（五）具有符合国家有关安全标准的技术和设备。

（六）具有国家密码管理机构同意使用密码的证明文件。

（七）法律、行政法规规定的其他条件。

第六条　申请电子认证服务许可的，应当向工业和信息化部提交下列材料：

（一）书面申请。

（二）人员证明。

（三）企业法人营业执照副本及复印件 。

（四）经营场所证明。

(五)国家有关认证检测机构出具的技术、设备、物理环境符合国家有关安全标准的凭证。

(六)国家密码管理机构同意使用密码的证明文件。

第七条 工业和信息化部对提交的申请材料进行形式审查。申请材料齐全、符合法定形式的,应当向申请人出具受理通知书。申请材料不齐全或者不符合法定形式的,应当当场或者在五日内一次告知申请人需要补正的全部内容。

第八条 工业和信息化部对决定受理的申请材料进行实质审查。需要对有关内容进行核实的,指派两名以上工作人员实地进行核查。

【解读】

以上条文主要是关于工业和信息化部对电子认证服务机构的监督管理规定。其主要内容包括创制规范和进行业务监督两大方面,业务监督主要包括审批监督、信息监管认证、审计监督三类。

对电子认证服务机构的设置与管理目前在国际上主要存在三种模式:第一种是国家集中管理型,这种方式由法律授权的政府机构对电子认证服务机构进行管理。如美国犹他州就采用这种模式。第二种是民间合同约束型。政府只规定电子认证所需的最低限度要求,电子认证服务机构只要满足了最低限度要求即可,至于电子认证服务机构业务的设立和具体操作完全由当事人自己决定,这种模式也被许多国家所采用,如澳大利亚。第三种模式为行业自律型,这种模式下,电子认证服务机构并非完全自由,其也有管理机构,但该管理机构非政府机构,而是电子认证服务机构自己组建的认证机构协会。这种方式对前面两种方法进行折中。需要说明的是,该方法目前尚处在一些国家待审议的法律提案中,既没有法律效力,也未付诸实施,效果如何有待实践检验。① 以上三种模式各有利弊。采用国家管理的方式,依靠国家力量,有利于确保电子认证服务机构的安全性,但缺乏一定的灵活性和效率。通过市场和行业自律则可以使电子认证服务机构发挥主观能动性,以最佳状态来适应社会需要,但"最低限度要求"也会带来巨大的市场风险。此外,这种自由宽松的交易环境,或许有利于电子商务企业施展才华,却不利于广大消费者的参与,势力弱小的消费者,在缺乏明确规范的网络空间里,只能由于没

① 秦成德:《电子商务法》,重庆大学出版社2004年版,第139页。

有安全感而退避三舍。没有成千上万消费者的加入,电子网络仅仅成为大企业的俱乐部,也就自然失去了开放型网络的优势。这种“无为”政策,在电子商务发展的初期,还能算作一种策略,但它绝不是解决问题的长久之计。[①] 第三种模式由于没有付诸实践,因而其作用效果如何目前还不能确定。事实上,采用何种模式受一国综合因素的影响。我国电子认证实务早于我国电子认证服务立法,由于没有法律限制,电子认证服务机构建立的类别比较混乱,归纳起来有以下三种类型:一是大行业和政府部门建立的,以政府拨专款或由多家机构投资。如中国金融 CA 认证中心(CFCA)是由中国人民银行牵头组织国内商业银行建立的。二是地方 CA 中心。如上海认证中心,它是 1998 年 2 月成立的由上海邮电、人民银行上海分行、上海信息投资公司和上海联合投资有限公司共同投资建立的。三是非政府的商业 CA 中心。如自筹资金建立的天威诚信有限公司。[②]“目前我国市场经济体系不够完善、有效的信用制度及第三方认证体系尚未建立、电子商务与信息化发展很不均衡及电子商务安全性不高,在这样的大环境下,《电子签名法》及《电子认证服务管理办法》采取通过行政许可的政府集中管理的模式是与我国目前电子商务与信息化发展水平相适应的。”[③]通过立法规定,将多样化的电子认证服务机构由原信息产业部进行监督管理。

工业和信息化部对电子认证服务机构的管理主要体现在创制规范和业务监督两方面。就创制规范而言,主要体现在颁布《电子认证业务规则规范(试行)》等规范。这些规范对电子认证服务机构的设立和运行均能起到很好的指导作用,发起人在设立电子认证服务机构时以此为导向可以提高设立的效率,避免不必要的无用功。业务监督主要体现在以下几个方面:一是审批监督,主要是对电子认证服务机构的设立、变更、终止等涉及电子认证服务机构经营资格方面的审批。《电子签名法》第十七条至第十九条规定了电子认证机构设立的要求,但这些规定都是原则性规定。因而《电子认证服务管理办法》细化了这些规定。电子认证服务机构要获得许可,首先其本身需具备一定的实质性条件,如人员要求,提供电子认证服务是一项复杂的技术工程,因而需要懂技术的专门人员从事该服务才能确

---

① 秦成德:《电子商务法》,重庆大学出版社 2004 年版,第 138 页。

② 严红、刘恺:《电子签名的法律效力与 CA 认证》,载《广西社会科学》2003 年第 5 期。

③ 张楚、谭华霖:《网络时代的身份认证——〈电子认证服务管理办法〉述评》,载《信息网络安全》2005 年第 9 期。

保认证活动的安全性。资金既是电子认证服务技术发展的有力保障，也是电子认证服务提供者承担法律责任的重要前提。美国犹他州《数字签名法》规定，除政府官员或者机关申请经营 CA 业务外，其他申请者必须提供营业担保。其《实施细则》规定在申请注册时，应交纳 7.5 万美元的担保金。在我国，没有规定电子认证服务机构缴纳保证金的规定。从保护消费者角度出发，交纳保证金能够能更为有力地保护因电子认证服务机构的过错而遭受损失的消费者的利益。电子认证服务在经营活动过程中需使用密码技术和密码产品，因而电子认证服务提供者必须具有国家密码管理机构统一使用密码的证明文件。出于保证电子认证安全的考虑，《电子认证服务管理办法》对电子认证机构的设备和技术也有一定的要求。由于网络技术的发展速度和更新频率较快，因而对于电子认证服务机构的设备和技术不应做具体化的要求，但应设定一些基本条件，主要考虑以下因素：a. 要能应付大批量用户、信赖方的在线申请；b. 安全程度达到有关国家标准，能有效阻挡黑客、病毒的攻击。① 经营场所对于电子认证服务机构而言，由于其从事的是一种在线认证服务，因而其实并非十分必要，但各国往往都对经营场所作出了规定，这主要是基于地域管辖原则考虑。通过对经营场所作出规定有利于对电子认证服务机构行使管辖权，保护本国用户和依赖方的利益。此外，电子认证服务机构作为法人组织需要符合我国《公司法》等法律规定的要求。电子认证服务机构在我国设立的程序主要包括：提出申请；工业和信息化部对申请作形式和实质审查；工业和信息化部征求有关部门意见；颁发《电子认证服务许可证》；办理工商登记。二是信息监管认证。工业和信息化部在批准设立电子认证服务机构后，有必要对电子认证服务机构的相关信息进行公布，以确保公众的知情权，同时构成对电子认证服务机构以后活动的监督管理依据。当电子认证服务机构不符合工业和信息化部公布的信息，无论是工业和信息化部还是任何公众均可对此提出异议。三是审计监督，对电子认证服务机构定期进行审计监督，确保电子认证服务机构的内部财务管理的科学化，从而保证电子认证服务机构的责任能力。

【法条】

第二十九条　有下列情况之一的，电子认证服务机构可以撤销其签发的电子签名认证证书：

---

① 李双元、王海浪：《电子商务法》，北京大学出版社 2004 年版，第 111 页。

（一）证书持有人申请撤销证书。

（二）证书持有人提供的信息不真实。

（三）证书持有人没有履行双方合同规定的义务。

（四）证书的安全性不能得到保证。

（五）法律、行政法规规定的其他情况。

【解读】

第二十九条采列举式和兜底条款相结合的方式规定电子认证服务机构在特定情况下撤销证书的权利。

电子认证证书依赖方依赖电子认证机构签发的电子认证证书确认电子认证证书用户的身份和电子认证证书用户发送信息的真实性，进而进行电子商务，因而电子认证证书对于电子商务具有的重要意义也就不言而喻了。电子认证机构颁发电子认证证书后，不仅须根据合同对电子认证证书用户承担合同义务，同时对电子认证证书依赖方产生了法定义务。电子认证服务机构如果不适当履行义务，就需要承担责任。当电子认证证书出现瑕疵时，电子认证服务机构应及时撤销电子认证证书。对于电子认证服务机构的这种权利（也是一种职责）及范围法律应该进行明确规定。因为这直接关系到电子认证服务机构的义务和责任。如撤销不当或未及时撤销时，电子认证服务机构可能就需要对其用户甚至包括电子认证证书依赖方承担责任。

电子认证证书的撤销包括证书持有人申请撤销电子认证证书和电子认证服务机构主动撤销电子认证证书两种。证书持有人申请撤销电子认证证书可基于电子签名制作数据丧失或可能丧失等电子签名制作数据不安全的状况申请撤销电子认证证书。电子认证服务机构和证书持有人之间为合同关系，双方都有诚实履行合同的义务，就电子认证服务机构而言，主要是提供安全可靠的电子认证证书，而证书持有人的主要义务则在于提供真实信息和使用电子认证证书，当证书持有人履行义务出现瑕疵时，如不履行合同义务，电子认证服务机构可以对电子认证证书予以撤销。此外，当电子认证服务机构发现认证证书不安全时，基于诚实信用原则，可以撤销认证证书，但其应就认证证书的“不安全”状态举证证明，否则需承担责任。《电子认证服务管理办法》对电子认证服务机构和电子认证证书用户之间合同的履行问题进行剖析，列举了撤销电子认证证书的主要问题。同时设定兜底条款以应对不断发展的多样化的社会生活。

电子认证服务机构在撤销电子认证证书后应及时公布或通知相关当事人,撤销电子认证证书与公布撤销信息之间间隔越长,由此带来的风险也就越大。目前,通知电子认证证书撤销的方法主要有[①]:一是通过证书撤销表通知,证书撤销表是一个被撤销证书的时间戳列表,该列表经过认证机构的电子签名后分发,能被证书用户获取,可以将其公布在认证机构的网站上。证书撤销表由电子认证服务机构定期公布,如一周、一小时等,这种方法的局限性在于撤销证书的时间间隔会收到证书撤销表发放周期的限制。二是广播证书撤销表,当有新的证书撤销被公布时,电子认证服务机构会立即将证书撤销表广播给证书使用系统。这种方式具有快捷性的优势,但如果所有的证书在被撤销时都采用这种方法来广播证书撤销表的话,会产生很大的通信量,因此,这种方法一般只能用于通知那些非常紧急的证书撤销事件。三是在线状态检查,这种方法使拥有电子签名公钥的人能够通过公钥使用系统借助电子认证服务机构服务器上的在线事务处理程序,了解证书的当前撤销状态信息。这种方法具有及时性,但对于电子认证服务机构的信息处理能力要求较高,成本大。四是通过间接证书撤销表进行通知。间接证书撤销表是指某一个电子认证服务机构所发放的证书撤销表当中包括了其他认证机构所发放的证书,一个证书撤销表包括了许多个认证机构的证书撤销通知。实践中,电子认证服务机构可根据电子认证证书的内容、服务的等级、证书撤销的紧急性等多方面综合考虑应用何种通知方式。

【法条】

第十二条　取得认证资格的电子认证服务机构,在提供电子认证服务之前,应当通过互联网公布下列信息:

(一)机构名称和法定代表人。

(二)机构住所和联系办法。

(三)《电子认证服务许可证》编号。

(四)发证机关和发证日期。

(五)《电子认证服务许可证》有效期的起止时间。

第十六条　电子认证服务机构应当按照公布的电子认证业务规则提供电子

---

① [美]沃里克·福特、迈克尔·鲍姆:《安全电子商务——为数字签名和加密构造基础设施》,劳帼龄等译,人民邮电出版社2002年版,第130－131页。

认证服务。

第十七条　电子认证服务机构应当保证提供下列服务：

（一）制作、签发、管理电子签名认证证书。

（二）确认签发的电子签名认证证书的真实性。

（三）提供电子签名认证证书目录信息查询服务。

（四）提供电子签名认证证书状态信息查询服务。

第十八条　电子认证服务机构应当履行下列义务：

（一）保证电子签名认证证书内容在有效期内完整、准确。

（二）保证电子签名依赖方能够证实或者了解电子签名认证证书所载内容及其他有关事项。

（三）妥善保存与电子认证服务相关的信息。

第二十条　电子认证服务机构应当遵守国家的保密规定，建立完善的保密制度。

电子认证服务机构对电子签名人和电子签名依赖方的资料，负有保密的义务。

【解读】

以上条文较为具体和集中地规定了电子认证服务机构的义务。这些义务主要有：公布信息的义务；提供可靠系统义务；保密义务；告知义务；签订合同义务；谨慎审核义务。

电子认证服务机构的义务根据与相对方关系的不同而有所区别。在电子认证过程中，电子认证服务机构与证书持有人、证书依赖方发生法律关系，其中电子认证机构与证书持有人之间存在合同关系，电子认证机构与证书依赖方之间的关系大致可分为四类：社区认证服务型、单方证书用户型、交叉认证型、混合认证型。社区认证服务型是指交易双方均为同一认证机构的证书用户，又都是同一认证机构的证书信赖人。单方证书用户型是指交易双方中只有一方是认证机构的证书用户，而另一方作为该认证机构的证书信赖人与认证机构之间存在关系。交叉认证型是指交易双方分别是不同认证机构的用户而与对方认证机构之间发生关系。混合认证型是指认证机构既提供认证服务又提供其他服务时与证书信赖人之间发生关系。[1] 在这四种类型中，只有社区认证服务型中电子认证服务机构与证书依赖方之间是合同关系，其他类型中电子认证服务机构与证书依赖方之间并不存在合同关系，但基于交易安全，法律赋予了电子认证服务机构对于证书依赖方公布信息的义务和对证书依赖方信息的保密义务。如《电子认证服务管理办法》第十八条第二项规定："电子认证服务机构应当履行下列义务：保证电子签名依赖方能够证实或者了解电子签名认证证书所载内容及其他有关事项。"此外，《电子签名法》也有类似规定。这种规定虽然为电子签名依赖方提供了一定的保护依据，但就内容而言，太过于简单。联合国贸法会《电子签名示范法》对于电子认证服务机构的义务不明确区分相对方主体，只做统一规定，具体包括以下几个方面：(1)兼顾行业政策和惯例，严格依据其所作的声明行事。(2)运行合理的注意义务，在证书的整个有效期内，保证所有和证书有关的，或者已包括在证书内的重要陈述具有准确性和完整性。(3)提供合理的查证途径，使相对方能够通过证书及相关资料确认：a. 证书服务者的身份；b. 证书所标明人在签名时已经控制着签名设施；c. 签名设施在证书签发时运行正常。(4)a. 用以识别签署者身份的方法；b. 对签名设施及使用到的证书的目的和价值的限制；c. 签名设施运行正常，没有受到损害；d. 证书服务者约定的对责任范围或者程度的限制；e. 是否为签署者提供签名设施受损的通知方式；f. 是否提供及时地撤销服务。(5)为签署者提供签名设施受损的通知方式，并确保可获得及时地撤销服务。(6)使用绝对可靠的系统、程序和人员来完成其服务。我国关于电子认证服务机构对于电子认证证书依赖方的义务规定可以借鉴联合国贸法会《电子签名示范法》的规定来加以完善。我国《电子签名法》规定电子认证服务机构应履行信息披露义务，披露的信息内容包括其自身的相关信息、所颁发证书的信息及其业务信息等几方面。证书用户和证书依赖方可以通过其公布的自身信息查证该电子认证服务机构的合法性问题。电子认证服务机构应公布所颁发证书的信息，这样才能实现证书所欲实现的功能。此外，对申请认证证书应具备什么条件，如何申请，证书中止、撤销等事项进行公布才能使申请者在申请过程中有的放矢。电子认证服务机构为了提高交易效率，往往采取格式合同的方式对双方权利义务予以规定，为平衡保护另一方的利益，《电子签名法》赋予电子认证服务机构明确的义务，要求提供格式合同一方

---

① 周忠海主编：《电子商务法导论》，北京邮电大学出版社2000年版，第90－92页。

对合同中双方的权利义务给予明确规定。证书申请者限于对电子认证服务认识的局限性,往往对于电子认证合同中的具体内容缺乏必要的认知,法律为了保障处于弱势地位的证书申请者的利益,规定了电子认证服务机构必须明确规定的合同信息,主要包括:(1)电子签名认证证书和电子签名的使用条件;(2)服务收费的项目和标准;(3)保存和使用证书持有人信息的权限和责任;(4)电子认证服务机构的责任范围;(5)证书持有人的责任范围;(6)其他需要事先告知的事项。合同成立后,电子认证服务机构应善意履行其义务,主要包括:(1)保证电子签名认证证书内容在有效期内完整、准确;(2)保证电子签名依赖方能够证实或者了解电子签名认证证书所载内容及其他有关事项;(3)妥善保存与电子认证服务相关的信息。此外,基于诚实信用原则,电子认证服务机构还应履行一定的附随义务,主要包括告知义务、保密义务等。电子认证服务机构在申请人申请电子认证证书、证书持有人变更、撤销电子认证证书时应认真审查申请人的身份,这不仅是电子认证服务机构履行合同的应有之义,更多的在于保护信赖人的利益,因为证书的发布、信赖方的信赖都依赖于对这些材料真实性的审查。

【法条】

第二十三条　电子认证服务机构在《电子认证服务许可证》的有效期内拟终止电子认证服务的,应当在终止服务六十日前向工业和信息化部报告,并办理《电子认证服务许可证》注销手续。

第二十四条　电子认证服务机构拟暂停或者终止电子认证服务的,应在暂停或者终止电子认证服务九十日前,就业务承接及其他有关事项通知有关各方。

电子认证服务机构拟暂停或者终止电子认证服务的,应当在暂停或者终止电子认证服务六十日前向工业和信息化部报告,并与其他电子认证服务机构就业务承接进行协商,作出妥善安排。

第二十五条　电子认证服务机构拟暂停或者终止电子认证服务,未能就业务承接事项与其他电子认证服务机构达成协议的,应当申请工业和信息化部安排其他电子认证服务机构承接其业务。

第二十六条　电子认证服务机构被依法吊销电子认证服务许可的,其业务承接事项的处理按照工业和信息化部的规定进行。

【解读】

以上条文主要涉及电子认证服务机构的暂停、终止程序,以及电子认证服务提供者的业务承接规定。

电子签名和电子认证服务从其产生来看，都是为了保障电子商务的有序进行。但两者的侧重点有所不同，电子签名侧重于保障数据电文本身的安全性。电子认证则侧重于整个交易过程的安全性。在网络环境下，民事活动的当事人彼此不熟悉甚至是根本不认识，他们之间能够进行交易，与其说是对彼此的信任，毋宁说更多的是出自对电子认证服务机构的电子认证证书的信任。因而可以说电子认证服务机构的认证服务对于电子商务的发展具有举足轻重的作用。一个签发了成千上万个电子认证证书的电子认证服务机构如果突然暂停或终止其业务而没有作出任何承接工作或后续安排，其造成的交易动荡是可想而知的。如何在公众利益和电子认证服务机构的自主经营权之间进行利益平衡。我国法律规定的做法是电子认证服务机构可以暂停、终止其业务，但前提是应该妥善安排好其业务承接问题。

电子认证服务机构暂停、终止业务前必须履行一定的程序。由于暂停只是在某段时间内暂时不提供认证服务，而终止则是永久性停止认证服务，因而两者在具体程序上又有所不同。就终止而言，电子认证服务机构应履行以下程序：(1)就相关事项通知有关各方。(2)报告和协商，电子认证服务机构拟终止电子认证服务的，应当在终止电子认证服务六十日前向信息产业部报告，并与其他电子认证服务机构就业务承接进行协商，作出妥善安排。(3)申请工业和信息化部安排业务的承接。申请业务承接主要发生在电子认证服务机构未能就业务承接事项与其他电子认证服务机构达成协议的情况下，因而这一程序并非必然发生。(4)在妥善处理好前几项事务后，电子认证服务机构应向工商行政管理部门注销登记或变更登记。如电子认证服务机构取消其法人资格，则其应作注销登记，如果电子认证机构只是终止电子认证服务，但其他业务继续进行，则只需进行变更登记即可。电子认证服务机构暂停业务由于影响范围和力度不如终止业务，因而其程序也相对较为简单，主要涉及终止业务中的第一、二、三项。

就业务承接，我国法律规定了两种方式：一是协商承接；二是指定承接。协商承接具有优先地位，指定承接一般只有在电子认证服务机构协商承接不成的情况下才发生，但也有例外，即当电子认证服务机构是被依法吊销许可证时不适用协商承接，只适用指定承接。指定承接由工业和信息化部安排。

【法条】

第二十八条　电子签名认证证书应当准确载明下列内容：

（一）签发电子签名认证证书的电子认证服务机构名称。

（二）证书持有人名称。

（三）证书序列号。

（四）证书有效期。

（五）证书持有人的电子签名验证数据。

（六）电子认证服务机构的电子签名。

（七）工业和信息化部规定的其他内容。

【解读】

本条是关于电子认证服务提供者签发的电子签名认证证书内容的规定。

电子签名认证证书是指可证实电子签名人与电子签名制作数据有联系的数据电文或者其他电子记录。电子签名认证证书应包括哪些内容，关乎电子签名认证证书用户的隐私权和电子认证证书依赖方知情权的平衡。电子签名认证证书内容的确定需要考虑电子签名认证证书设置的目的。就电子认证的作用而言，主要有两个方面：对外防止欺诈，对内防止否认。防止欺诈是防范交易当事人以外的人，故意入侵而造成风险所必需的；防止否认则是针对交易当事人之间可能产生的误解或抵赖而设置的，以便在电子商务当事人之间预防纠纷。[①]

电子认证的最终目的在于实现交易安全。电子认证主要是为了证明证书持有人和电子签名数据之间的联系，因而证书必然需要包括证书持有人和电子签名验证数据。电子认证服务机构和电子证书用户之间是一种合同关系，合同必然有时间限制，对于电子签名认证证书而言，则表现为有效期。超过该时期，电子认证服务机构则不对该证书负责。就其性质而言，电子认证证书是证书持有人和电子认证服务机构之间合同关系的证明，因而其应包括作为认证服务合同另一方当事人即电子认证服务机构的必要信息，如名称、电子签名等。此外，就电子证书依赖方而言，如果其对电子认证服务机构不信任，可以就电子认证服务机构的电子签名到该电子认证服务机构的上一级电子认证服务机构进行认证。需要说明的是，以上的信息是电子认证证书必须具备的信息，即具有法定性。

除此之外，电子认证服务机构还可根据实践需要确定其他任意性信息，或者证书持有人和电子认证服务机构约定公布其他信息。对于电子签名认证证书的

---

① 张楚主编：《电子商务法教程》，清华大学出版社2005年版，第96页。

内容，联合国贸法会《电子签名示范法》也作出了规定，根据其第九条的规定，电子认证服务机构应提供合理可及的手段，使依赖方得以从证书中证实下列内容：(1)认证服务提供人的身份；(2)证书中所指明的签名人在签发证书时拥有对签名制作数据的控制；(3)在证书签发之时或之前签名制作数据有效。此外，电子认证服务机构可以在证书或通过其他方式告知信赖人以下信息：(1)用以鉴别签名人的方法；(2)签名制作数据或证书的可能用途或使用金额上的任何限制；(3)签名制作数据有效，且未发生失密；(4)认证服务提供人规定的责任范围或程度上的任何限制；(5)是否存在签名人依照本法第八条第1(b)款发出通知的途径；(6)是否开设及时地撤销服务。

将我国的规定和《电子签名示范法》进行比较可以发现，对于电子认证证书的内容，两者之间并没有实质性的区别。尽管从规定看，好像《电子签名示范法》规定的电子认证证书内容还包括"认证服务机构是否开设及时的撤销服务""用以鉴别签名人的方法"等较之于我国《电子认证服务管理办法》更多的内容，但《电子签名示范法》同时规定，对于这些内容，"可以通过证书"也可以通过"其他方式"来告知信赖人。我国对于这些信息的规定就采用"通过其他方式"履行告知义务。如《电子认证服务管理办法》第十七条规定：" 电子认证服务机构应当保证提供下列服务：(一)制作、签发、管理电子签名认证证书。(二)确认签发的电子签名认证证书的真实性。(三)提供电子签名认证证书目录信息查询服务。(四)提供电子签名认证证书状态信息查询服务。"我国《电子认证服务管理办法》通过强制公开的方式和证书规定在功能上具有异曲同工之处。

【法条】

第三十八条　电子认证服务机构向工业和信息化部隐瞒有关情况、提供虚假材料或者拒绝提供反映其活动的真实材料的，由工业和信息化部责令改正，给予警告或者处以5000元以上1万元以下的罚款。

第四十条　电子认证服务机构违反本办法第十三条、第十五条、第二十七条的规定的，由工业和信息化部依据职权责令限期改正，处以警告，可以并处1万元以下的罚款。

第四十一条　电子认证服务机构违反本办法第三十三条的规定的，由工业和信息化部依据职权责令限期改正，处以3万元以下的罚款，并将上述情况向社会公告。

【解读】

对电子认证服务机构的责任应根据与电子认证服务机构发生法律关系的相对方的不同而有所不同。以上条文由于主要处理的是电子认证服务管理关系，因而责任形式主要为行政责任。对于电子认证服务机构的责任主要规定在《电子签名法》和《电子认证服务管理办法》中，两者的相关规定共同构成了电子认证服务机构责任的具体内容。

从责任类型来看，我国法律规定的责任主要有民事责任、刑事责任、行政责任三大类。从规定来看，我国《电子签名法》和《电子认证服务管理办法》就电子认证服务机构的责任主要规定为民事责任和行政责任。电子认证服务一般涉及四大主体，即电子签名人、电子签名依赖方、电子认证服务机构、电子认证服务机构的监督管理机构。电子认证服务机构与其他三大主体之间存在不同的法律关系，进而决定了电子认证服务机构承担的责任类型不同。电子认证服务机构的监督管理机构与电子认证服务机构之间是管理与被管理的关系，两者之间存在行政管理关系，当电子认证服务机构违反规定时，必然需要承担行政责任。

根据我国《电子签名法》和《电子认证服务管理办法》的规定，电子认证服务机构承担行政责任的具体情况主要包括以下几点：第一，隐瞒有关情况、提供虚假材料或者拒绝提供反映其活动的真实材料的；第二，未按照公布的电子认证业务规则提供电子认证服务；第三，未根据原信息产业部的安排承接其他机构开展的电子认证服务业务；第四，在电子认证服务许可的有效期内降低其设立时所应具备的条件；第五，电子认证服务提供者暂停或者终止电子认证服务，未在暂停或者终止服务六十日前向国务院信息产业主管部门报告的（《电子签名法》第三十条）；第六，电子认证服务提供者不遵守认证业务规则、未妥善保存与认证相关的信息，或者有其他违法行为的（《电子签名法》第三十一条）。责任形式包括警告、责令改正、罚款、吊销电子认证许可证书、责令直接负责的主管人员和其他直接责任人员一定时期内不得从事电子认证服务等多种形式。我国《电子签名法》第二十八条规定："电子签名人或者电子签名依赖方因依据电子认证服务提供者提供的电子签名认证服务从事民事活动遭受损失，电子认证服务提供者不能证明自己无过错的，承担赔偿责任。"

电子认证服务机构与电子签名人之间是基于合同而发生法律关系的，因而两者之间的关系可以依据《民法典》等法律来规范。电子认证服务机构与电子签名人之间的合同关系是买卖合同还是服务合同直接关乎双方的权利与义务。目前在我国普遍认为这是一种服务合同。[①] 电子认证服务机构与电子签名依赖方之间的关系法律目前并没有明文予以确定。但电子签名依赖方基于对电子认证服务机构的信任而采取相应的法律行为，并由此受到损害，如果电子认证服务机构不负责任，则与公平原则相违背。我国《电子签名法》第二十八条的规定解决了电子签名依赖方的保护问题。但如果说电子签名人与电子认证服务提供者之间可依据传统法律规定进行调整的话，电子签名依赖人与电子认证服务提供者之间的权利义务无疑需要法律作出进一步的明确规定。《电子签名法》规定电子认证服务机构的归责原则为过错责任。就电子认证服务机构的归责原则，在审议修改过程中存在两种意见。一种意见认为，电子认证服务提供者所提供的认证服务，对于民事活动中的交易安全起着至关重要的作用，如果由于电子认证服务提供者的原因使电子签名人或者电子签名依赖方遭受损失，电子认证服务提供者应当承担无过失责任严格责任，无论是否有过错。另一种意见则认为，电子认证服务作为一项新兴的产业，且对电子交易的安全又是必不可少的，因此，应当对这一行业以鼓励为主，大力扶持，不应规定过于严格的法律责任。电子认证服务属于高风险的行业，规定的民事责任过于严格，可能会不利于这一行业的发展。[②] 立法最终采纳了后一种意见，规定电子认证服务机构责任的归责原则为过失责任，但就举证责任上，则采用推定过失原则。这种做法主要是考虑到电子认证是一项技术含量较高的服务，并且证据多控制在电子认证服务机构处，因而由电子认证服务机构承担举证责任更为合理和公平。尽管《电子签名法》对电子认证服务机构的民事责任作出了规定，但内容比较粗糙，其对于什么情况构成电子认证服务机构的过失并没有明确规定。美国犹他州《数字签名法》第 46 – 3 – 303 条规定："经批准成立的认证机构，对证书所载的申请人签发的证书必须做出下列担保：(1)该证书没有认证机构所知道的虚假信息；(2)该证书符合本章规定的所有实质条件；(3)该认证机构在签发该证书时没有超越其权限。认证机构不得拒绝或者限制上述担保。"对于其证书的颁发，其需要对所有合理信赖书上所载内容的人保证以下事项："(1)证书所载信息正确；(2)所有可预见的对信赖证书具有重大影响的信息

① 李双元、王海浪：《电子商务法》，北京大学出版社 2004 年版，第 107 页。
② 安建、张穹、杨学山主编：《中华人民共和国电子签名法释义》，法律出版社 2005 年版。

已通过参数的方式载入证书;(3)用户已经接受证书;(4)认证机构是在遵守相关法律规定的情况下签发证书。如果电子认证机构没有履行这些担保,其对于申请人和信赖方须承担责任。”我国对于电子认证服务机构义务的规定基本包括了美国犹他州《数字签名法》第 46 -3 -303 条规定的内容,但在认定责任上却未予以明确化,从进一步促进电子认证服务规范化发展角度出发,我国有借鉴美国犹他州《数字签名法》的必要。

【法条】

第四十二条　经工业和信息化部根据有关协议或者对等原则核准后,中华人民共和国境外的电子认证服务机构在境外签发的电子签名认证证书与依照本办法设立的电子认证服务机构签发的电子签名认证证书具有同等的法律效力。

【解读】

本条是关于我国境外的电子认证服务提供者在境外签发的电子签名认证证书的法律效力的规定。

我国对于境外电子认证服务机构颁发的电子签名认证证书根据协议或对等原则进行核准,也就是说,不是所有的境外电子认证服务机构颁发的电子认证证书我们都予以认可。本条中“有关协议”是指政府之间的协议,“对等原则”是指别国政府或法律对境内的电子认证服务提供者提供的认证服务的态度与我们对其电子认证服务提供者提供的认证服务的态度相对等。对境外电子认证服务机构在境外签发的电子认证证书实施核准的机关是工业和信息化部。同时对于境外电子签名认证证书的认定标准,规定条件有二:(1)颁发电子签名认证证书的电子认证服务机构设在境外;(2)该电子签名认证证书在境外颁发,两者缺一不可。对于经核准的境外电子签名认证证书的效力,该办法规定具有与依本法认定的电子认证服务机构颁发的电子签名认证证书相同的法律效力。

联合国贸法会《电子签名示范法》第十二条规定 :(1)决定一个证书或一个电子签名是否具有法律效力,或具有多大的法律效力时,不应受以下因素制约:(a)证书签发地或电子签名产生地、使用地的地理位置;(b)证书签发人或签名人的营业地的地理位置。(2)在某个管辖国内,在该国之外签发的某个证书如果具有与在该国内签发的证书实质上相等的可信度,前者应与后者具有相同的法律效力。(3)在(颁布国)境外生成或使用的电子签字,如具有同等的可靠程度,则应在(颁布国)境内具有同在(颁布国)境内生成或使用的电子签字同样的法律效力。(4)为了本条2或3款的目的,决定一个证书或一个电子签名是否提供实质性相等的可信度,应该考虑被认可的国际标准和任何相关的其他因素。(5)尽管有2、3和4款的规定,当事各方约定,同意使用某些类型的电子签名或证书,这种约定被认为对跨界承认而言是充分的,除非这种约定依据法律无效或没有法律效力。

从《电子签名示范法》的规定来看,对于电子签名认证证书的效力,其采用"功能等同原则",即只要该证书与国内的证书实质上相同,即可赋予其法律效力,在此不对地域条件作限制性规定。《电子签名示范法》作为示范法,为了更广泛地给各国提供范本,对证书采取了宽容的态度。这种方式有利于电子认证服务的广泛应用。但上文中亦提到,电子商务的顺利进行在很大程度上依赖于电子认证,如果证书拥有者和证书依赖方基于对电子认证的信任从事,并由于电子认证机构的过失而遭受损害,电子认证机构就有必要承担责任。就目前而言,对于在境外设立并在境外签发电子签名认证证书的认证机构,我们很难行使管辖权,因而法律规定对于电子认证机构签发的认证证书采取核准制,以确保电子认证的安全性。

三、典型案例解析

(一)数字证书用户起诉CA机构侵权首案①

案情简介:2018年9月,董某在浙江某融资租赁有限公司经营的天猫网店通过融资租赁方式分期购买小汽车,双方在网上签订一系列电子合同。其中,杭州某科技公司为融资租赁公司提供电子合同签署服务,CFCA为该科技公司提供数字证书服务。董某表示,直到2020年,她才意识到与融资租赁公司之间是融资租赁关系,而不是普通车辆买卖关系。她认为该公司涉嫌合同欺诈,于是停止还款并将融资租赁公司起诉至杭州市余杭区人民法院。融资租赁公司同时提起反诉,要求董某按照合同约定履行还款义务。董某在诉讼中认为自己从未与融资租赁公司签署过电子合同,因此他们之间的电子合同应当无效。但该案两审法院均认为案涉电子合同合法有效,董某败诉。2021年,董某向法院提起诉讼,认为其从未向CFCA申请过数字证书,主张CFCA非法获取其个人信息制作数字证书,请求

① 资料来源:中国裁判文书网,https://wenshu.court.gov.cn/,2023年6月。

法院认定其名下数字证书无效。经开庭审理,一审董某败诉。2022 年,董某上诉至北京市第二中级人民法院。

法庭判决:北京市第二中级人民法院作出终审判决,判决 CFCA 不构成侵权,驳回董某全部诉讼请求。北京市第二中级人民法院在判决中称,CFCA 持有工信部颁发的《电子认证服务许可证》,有资格依法开展电子认证业务。同时,CFCA 与提供电子合同签署服务的科技公司存在数字证书服务合作关系,通过合同委托该科技公司开展订户身份和意愿核验,该行为合法有效。该科技公司在董某在线办理汽车贷款业务时,向其名下手机号发送了签署电子合同的短信通知,董某也回填了短信验证码,法院认为 CFCA 有理由相信董某本人通过该科技公司向 CFCA 申请颁发数字证书,其为董某颁发数字证书并无不当。综上,由于董某无法举证证明 CFCA 在颁发数字证书过程中存在过错,亦无法证明其因此遭受了损害,因此认定 CFCA 无过错。

案例解析:本案中,董某主张其为被侵权人,CFCA 作为工信部颁发证书的 CA 机构,在董某不知情且未实名认证的情况下生成了电子证书并且导致第三人冒用董某的电子签名从事民事活动,使董某遭受了财产损失,应承担相应责任。

本案的争议焦点为 CFCA 是否对董某构成侵权,其应否赔偿董某主张的相关损失。

首先,就诉争侵权行为而言,行为人因过错侵害他人民事权益,应当承担侵权责任。结合前述规定,构成侵权需要具备以下四个要件:一是存在侵权行为;二是有损害结果;三是侵权行为与损害结果之间存在因果关系;四是行为人具有主观过错。现董某主张 CFCA 对其构成侵权,应当举证证明 CFCA 同时符合以上要件。

其次,关于 CFCA 的举证责任,根据《电子签名法》的规定,应当适用过错推定原则认定 CFCA 是否应承担侵权赔偿责任。在本案中,CFCA 提交了某科技公司与 CFCA 之间的合作协议,也提交了某科技公司向董某所使用手机发送短信的记录与文本内容。就董某是否收到案涉短信并根据短信内容回填了短信验证码这一问题,董某在法院作出释明仍然不明确表示肯定或否定的回答。据此根据《最高人民法院关于民事诉讼证据的若干规定》第四条的规定,应视为董某对该事实的承认。在此情况下,法院认为 CFCA 有理由相信董某本人通过某科技公司向 CFCA 申请颁发数字证书,而 CFCA 于 2018 年 10 月 11 日为董某颁发案涉数字证书并无不当之处，据此应认为 CFCA 完成了证明己方不存在过错的证明责任。

此外，就损害事实是否存在而言，董某所提交证据亦不足以证明其因 CFCA 颁发的数字证书遭受到客观现实的财产损失，特别是考虑到案涉机动车目前仍然登记在董某名下，且被董某占有。若未来发生客观现实的损失，董某可另行向其他责任方主张权利。

综上所述，在 CFCA 举证证明自身在案涉数字证书颁发过程中不存在可归责过错的情况下，法院对于董某关于 CFCA 应当承担侵权责任的主张不予支持。

（二）因事件证书的签发和使用引起的行政诉讼案①

案情简介：2019 年 12 月 16 日，北京数字认证公司受平安科技公司的委托，对一份名称为“光大银行查询使用个人信用信息基础数据库授权书”的 PDF 格式电子合同进行电子签名验证并出具《电子签名验证报告》。2020 年 4 月 29 日，工信部收到薛某某提交的举报信及相关材料，薛某某举报事项为北京数字认证公司向光大银行上海永和新城支行及深圳平安普惠小额贷款公司提供虚假电子签名验证报告。薛某某请求工信部依法调查被举报人，给予其严厉的行政处罚，并就针对此次事件给其造成的损失要求赔偿、书面道歉。工信部经调查，北京数字认证公司与平安科技公司签订了《数字证书应用产品购销合同》，并向平安科技公司提供电子认证数字证书，用于固化签名行为业务场景信息，不存在违反电子认证业务规则的情况。2020 年 6 月 18 日，薛某某向国家信访局网站进行网上信访，要求工信部对薛某某的举报事项进行书面答复，工信部于同年 7 月 30 日作出被诉答复，薛某某对工信部的处理不服，于同年 8 月 7 日诉至一审法院。

法庭判决：一审法院经审理认为，薛某某的诉讼理由均缺乏事实和法律依据，对其诉讼请求，不予支持。薛某某不服一审判决，提起上诉。二审法院认为，被诉答复认定事实不清、主要证据不足，依法应予撤销，工信部对薛某某投诉举报事项应当重新进行调查处理。综上，二审法院认定，一审判决认定事实不清、适用法律错误，应予纠正。薛某某上诉请求具有事实及法律根据，应予支持。

案例解析：《电子签名法》第二十五条规定，国务院信息产业主管部门依照本法制定电子认证服务业的具体管理办法，对电子认证服务提供者依法实施监督管

---

① 资料来源：中国裁判文书网，https://wenshu.court.gov.cn/，2023 年 6 月。

理。《电子认证服务管理办法》第四条规定，中华人民共和国工业和信息化部依法对电子认证服务机构和电子认证服务实施监督管理。根据上述规定，工信部具有对电子认证服务机构的违法行为进行查处的职责。

根据《电子签名法》第十三条的规定，可靠的电子签名，其条件包括电子签名制作数据用于电子签名时，属于电子签名人专有；签署时电子签名制作数据仅由电子签名人控制等。该法第二十一条规定，电子认证服务提供者签发的电子签名认证证书应当准确无误，应当载明的内容包括证书持有人名称、证书持有人的电子签名验证数据等。本案中，北京数字认证公司对“光大银行查询使用个人信用信息基础数据库授权书”的PDF格式电子合同进行电子签名验证后出具《电子签名验证报告》，验证结论中确认：“1. 该电子合同中‘授权人(签字)’落款处的电子签名，电子签名人身份通过身份证信息核实、人脸识别比对等在线方式进行了身份核实，电子签名使用的数字证书由数字认证签发，证书持有者信息：‘薛某某’，证书序列号128281000000664F4A。2. 该电子签名采用数字签名技术，通过数字签名验证，电子签名时间为2018－02－22 00:13:23，该电子签名通过验证有效。3. 电子合同自电子签名后未发生任何改动。”其附件二“验证过程说明”记载：“1. 根据平安向数字认证提供的资料，该电子合同中‘授权人(签字)’落款处的电子签名人身份的真实性通过身份证信息核实、人脸识别比对等方式进行在线核实，核实结果为电子签名人姓名：‘薛某某’，身份证号：×××。2. 通过解析证书信息，该电子合同中‘授权人(签字)’落款处的电子签名使用的数字证书显示证书持有者：‘薛某某’，证书序列号128281000000664F4A；通过解析证书路径，验证该数字证书由Trust－SignSM2CA－2000181证书体系签发，属于数字认证的证书体系。因此该电子合同中‘授权人(签字)’落款处的电子签名‘薛某某’的数字证书由数字认证签发。3. 通过数字签名验签运算，计算数字证书、签名值，与附件一电子合同数字摘要值进行对比，验证电子合同中‘授权人(签字)’落款处的电子签名有效，证明电子合同内容自电子签名时间(2018－02－22 00:13:23)起，内容完整，未发生篡改。”上述《电子签名验证报告》内容明确，指向清晰，表明：“光大银行查询使用个人信用信息基础数据库授权书”的PDF格式电子合同中“授权人(签字)”落款处“薛某某”的电子签名使用的数字证书的证书持有者为“薛某某”，该电子签名验证有效。亦即，薛某某使用数字认证签发的数字证书在“光大银行查询使用个人信用信息基础数据库授权书”上进行电子签名，该电子签名经北京数字认证公司验证有效。但工信部在被诉答复中认定的事实为:北京数字认证公司向平安科技公司签发“事件型证书”,平安科技公司持有电子签名制作数据,为“电子签名人”;验证报告中载明的“证书持有者信息:‘薛某某’”不是电子签名法上的“电子签名人”。该事实认定与北京数字认证公司出具的涉案《电子签名验证报告》的内容明显不同。

《行政诉讼法》第三十四条第一款规定,被告对作出的行政行为负有举证责任,应当提供作出该行政行为的证据和所依据的规范性文件。该法第七十条第一项规定,行政行为主要证据不足的,人民法院判决撤销或者部分撤销,并可以判决被告重新作出行政行为。《电子签名法》第三十四条第一项规定,电子签名人,是指持有电子签名制作数据并以本人身份或者以其所代表的人的名义实施电子签名的人。本案中,工信部认定平安科技公司是持有电子签名制作数据的电子签名人,“证书持有者薛某某”非电子签名人,但未提供北京数字认证公司签发的相关数字证书、当事人实施相关电子签名等认定本案实际电子签名人的主要证据。故法院最终认定被诉答复认定事实不清、主要证据不足,依法应予撤销,工信部对薛某某投诉举报事项应当重新进行调查处理。

四、合规指引

《电子认证服务管理办法》作为一部全面规范电子认证服务的实施细则,主要规定了提供电子认证服务应具备的具体条件、申请电子认证服务的具体程序、电子认证业务规则的内容要求、电子签名认证证书的格式和安全保障措施、电子签名各方的权利义务、法律责任等核心内容。《电子认证服务管理办法》的颁布和实施,对电子认证服务机构依法经营产生了积极的促进作用,进一步保障了电子商务和信息化的安全,极大地改善了我国电子商务的法治环境,对我国电子认证服务业的发展起到了全面规范和促进的作用。

其中,电子认证服务机构作为《电子认证服务管理办法》规范的主体,明确其在提供电子认证服务过程中的合规义务,更是保障电子认证服务全面规范、依法经营的关键。电子认证服务机构的合规要求主要包括机构设立要求,提供认证服务的要求,暂停、终止服务要求,电子签名认证证书的管理要求,接受工业和信息化部监督管理的要求(见表4－1、表4－2、表4－3、表4－4、表4－5)。

表 4－1 机构设立要求

合规要点	具体要求	法条依据
准入条件	要设立电子认证服务机构,必须具备下列条件:(一)具有独立的企业法人资格。(二)具有与提供电子认证服务相适应的人员。从事电子认证服务的专业技术人员、运营管理人员、安全管理人员和客户服务人员不少于三十名,并且应当符合相应岗位技能要求。(三)注册资本不低于人民币三千万元。(四)具有固定的经营场所和满足电子认证服务要求的物理环境。(五)具有符合国家有关安全标准的技术和设备。(六)具有国家密码管理机构同意使用密码的证明文件。(七)法律、行政法规规定的其他条件。	第五条
	取得电子认证服务许可的电子认证服务机构,在电子认证服务许可的有效期内不得降低其设立时所应具备的条件。	第三十三条
岗位培训要求	电子认证服务机构应当对其从业人员进行岗位培训。	第三十六条
许可申请	从事电子认证服务,必须向工业和信息化部提交书面申请、人员证明、企业法人营业执照副本及复印件、经营场所证明、国家有关认证检测机构出具的技术、设备、物理环境符合国家有关安全标准的凭证、国家密码管理机构同意使用密码的证明文件等材料,经工业和信息化部审批许可,颁发《电子认证服务许可证》。	第六条
取得许可后的信息公布义务	取得认证资格的电子认证服务机构,在提供电子认证服务之前,应当通过互联网公布机构名称和法定代表人、机构住所和联系办法、《电子认证服务许可证》编号、发证机关和发证日期、《电子认证服务许可证》有效期的起止时间等信息。	第十二条
许可证的管理义务	不得倒卖、出租、出借或者以其他形式非法转让《电子认证服务许可证》。	第十一条
	在《电子认证服务许可证》的有效期内变更公司名称、住所、法定代表人、注册资本的,应当在完成工商变更登记之日起15日内办理《电子认证服务许可证》变更手续。	第十三条
	《电子认证服务许可证》的有效期届满需要延续的,电子认证服务机构应当在许可证有效期届满三十日前向工业和信息化部申请办理延续手续,并自办结之日起五日内按照本办法第十二条的规定公布相关信息。	第十四条

表 4-2　提供认证服务的要求

合规要点	具体要求	法条依据
电子认证业务规则要求	电子认证服务机构应当按照工业和信息化部公布的《电子认证业务规则规范》等要求，制定本机构的电子认证业务规则和相应的证书策略，在提供电子认证服务前予以公布，并向工业和信息化部备案；电子认证业务规则和证书策略发生变更的，应当予以公布，并自公布之日起三十日内向工业和信息化部备案；按照公布的电子认证业务规则提供电子认证服务。	第十五条、第十六条
服务保证要求	电子认证服务机构应当保证提供制作、签发、管理电子签名认证证书；确认签发的电子签名认证证书的真实性；提供电子签名认证证书目录信息查询和电子签名认证证书状态信息查询等服务。	第十七条
义务履行要求	保证电子签名认证证书内容在有效期内完整、准确。	第十八条
	保证电子签名依赖方能够证实或者了解电子签名认证证书所载内容及其他有关事项。	
	妥善保存与电子认证服务相关的信息。	
建立安全管理和内部审计制度的要求	电子认证服务机构应当建立完善的安全管理和内部审计制度。	第十九条
保密义务	电子认证服务机构应当遵守国家的保密规定，建立完善的保密制度。同时，电子认证服务机构对电子签名人和电子签名依赖方的资料，也负有保密的义务。	第二十条
告知义务	电子认证服务机构在受理电子签名认证证书申请前，应当向申请人告知电子签名认证证书和电子签名的使用条件、服务收费的项目和标准、保存和使用证书持有人信息的权限和责任、电子认证服务机构的责任范围、证书持有人的责任范围等需要事先告知的事项。	第二十一条
订立合同的义务	电子认证服务机构受理电子签名认证申请后，应当与证书申请人签订合同，明确双方的权利义务。	第二十二条

表 4-3　暂停、终止服务要求

合规要点	具体要求	法条依据
报告、注销义务	电子认证服务机构在《电子认证服务许可证》的有效期内拟终止电子认证服务的，应当在终止服务六十日前向工业和信息化部报告，并办理《电子认证服务许可证》注销手续。	第二十三条

续表

合规要点	具体要求	法条依据
业务承接要求	拟暂停或者终止电子认证服务的，应当在暂停或者终止电子认证服务九十日前，就业务承接及其他有关事项通知有关各方。并与其他电子认证服务机构就业务承接进行协商，做出妥善安排。	第二十四条
	未能就业务承接事项与其他电子认证服务机构达成协议的，应当申请工业和信息化部安排其他电子认证服务机构承接其业务。	第二十五条
	被依法吊销电子认证服务许可的，其业务承接事项按照工业和信息化部的规定处理。	第二十六条
	工业和信息化部安排承接其他机构开展的电子认证服务业务的，电子认证服务机构必须接受。	第二十七条

表4－4　电子签名认证证书的管理要求

合规要点	具体要求	法条依据
认证证书的内容要求	电子签名认证证书应当准确载明签发电子签名认证证书的电子认证服务机构名称；证书持有人名称；证书序列号；证书有效期；证书持有人的电子签名验证数据；电子认证服务机构的电子签名；工业和信息化部规定的其他内容。	第二十八条
查验和审查义务	申请人申请电子签名认证证书或证书持有人申请更新、撤销证书时，电子认证服务机构应当对申请人提供的证明身份的有关材料进行查验，并对有关材料进行审查。	第三十条
公告义务	电子认证服务机构更新或者撤销电子签名认证证书时，应当予以公告。	第三十一条

表4－5　接受工业和信息化部监督管理的要求

合规要点	具体要求	法条依据
如实报送义务	电子认证服务机构应当如实向工业和信息化部报送认证业务开展情况报告、财务会计报告等有关资料。	第三十四条
重大情况的及时报告义务	电子认证服务机构在出现重大系统、关键设备事故；重大财产损失；重大法律诉讼；关键岗位人员变动时，应当及时向工业和信息化部报告。	第三十五条

五、发展趋势展望

近年来,在国内信息化进程不断加快以及数字经济快速发展背景下,电子认证在解决网络信任需求问题方面优势不断凸显,其市场认可度、普及度随之不断提升。根据全国认证认可信息公共服务平台数据显示,截至2022年5月18日,我国有效认证机构共1002家。我国电子认证服务机构规模正不断扩大、业务范围正不断扩展,行业发展趋势向好。

2015年4月修订的《电子认证服务管理办法》为国内电子认证服务业发展营造了良好环境,经过近些年发展,当前我国该行业整体较为规范。未来,政府将继续加大对这一领域的监管力度,进一步支持电子认证服务企业发展,促进行业发展。

接下来,我国在电子认证服务业上的政策监管主要集中在以下几个方面:

(一)积极推进"电子证照"制度改革

电子证照指的是个人信息、产品质量、应用技术、行政审批证件、商业授权等生产经营活动中呈现的电子形式的证照和凭证,如统一的身份验证系统、电子印章和公信力认证、电子支票等。在此基础上,我国将继续大力推进电子证照的创新、分配和持续改进,构建统一的电子证照库,推广电子合同、签章等应用,在社保、医疗、教育、就业等方面提供更便捷公共服务,实现更多事项一网通办、跨省通办。

(二)加快电子认证服务领域信用体系建设

由工业和信息化部推动建立电子认证服务机构信用评价机制及评价指南,组织第三方机构开展电子认证服务机构信用等级评价。对于工业和信息化部认定并公布的严格遵守《电子签名法》等法律法规、遵从认证业务规则、拥有良好的认证服务记录、具有较高信用评价等级,且在全国信用信息共享平台及国家企业信用信息公示系统无失信记录的电子认证服务机构,采取给予缩减审查事项、免检、优先考虑、向社会推介等便利或支持。对于工业和信息化部认定并公布的存在严重失信行为的电子认证服务机构,实行责令限期改正或停止失信行为、列为重点监管对象、行业禁入、从严审核等惩戒措施。通过建立健全守信联合激励和失信联合惩戒机制,促进形成“褒扬诚信、惩戒失信”的良好社会环境。

(三)持续开展电子认证服务合规性专项整治工作

随着电子认证服务在政务、金融、商贸、医疗等领域的广泛应用,部分电子认证服务机构服务不规范等问题也引发社会关注。为进一步规范电子认证服务,切实维护群众合法权益,由工业和信息化部组织开展电子认证服务合规性专项整治工作非常必要。专项整治工作应面向经工业和信息化部许可的所有电子认证服务机构,针对电子认证服务过程中的重点问题,如证书申请流程不规范问题;在受理证书申请前,向申请人告知有关事项不充分的问题;受理认证申请后,未与证书申请人签订合同明确双方权利义务的问题等。通过开展电子认证服务机构自查自纠;省(区、市)工业和信息化主管部门督促监督检查、随机执法抽查等举措持续开展。

在国家政策的支持下,中国电子认证行业将继续保持大力发展态势,在政府、企业和用户需求方面,电子认证将会发挥更大的作用,实现智能化、安全化、便捷化,以及信息共享的均衡发展,推动全社会的数字化规范化发展,拓宽国家经济和社会信息化发展的新空间。在新经济时代,电子认证已经成为社会发展和全球合作的重要保障,电子认证服务业未来发展可期,前景广阔。

第五章

互联网监管法律体系

随着互联网的飞速发展,网络空间逐渐成为人们日常生活中不可或缺的一部分。然而,网络空间也存在各种各样的问题和挑战,如网络犯罪、虚假信息传播、侵犯个人隐私等。为了维护公共利益、保护个人权益和促进互联网健康有序发展,各国纷纷制定和完善互联网监管法律体系。本章将介绍我国的互联网监管法律体系,从立法背景入手,详述相关的立法、执法、司法体系,结合规范建设与治理实践,对重点法条和案例进行解读,为企业建立合规体系,应对互联网监管提供建议。

第一节　立法背景与规则体系

互联网的发展为我国经济和社会发展带来了诸多机遇和优势,但也给传统产业、公共安全、文化传承等方面带来了巨大的冲击和挑战。为了维护网络空间的安全与稳定,防范和打击网络犯罪,加强网络信息的管理与治理,我国政府逐步建立了一套完备的互联网监管法律体系。

一、立法背景

(一)制度背景:营造“清朗的网络空间”

自互联网诞生以来,它逐渐演变成一种综合了媒体、社交和意识形态等属性的技术。习近平总书记自党的十八大以来提出了一系列重要论断、作出一系列重大部署，将建设清朗网络空间置于重要地位，引领网络空间发生了全局性、历史性的根本变革。

党的十九大报告指出，要加强互联网内容建设，建立网络综合治理体系，营造清朗的网络空间。近年来，我国的网络环境中充斥着一些不良的因素，如有些自媒体造谣传谣、恶意炒作等行为，对公众的判断力产生了负面影响，制造了无谓的恐慌情绪。此外，一些主播在 PK 环节展示的戾气、互相攻击、谩骂等行为，不仅影响了社会情绪，而且污染了网络环境。还有一些人为了个人私利，不惜断章取义、歪曲解读国家政策，以获取关注和流量，并借极端案事件来炒作热点。这些行为都处于规则的边缘，试图挑战现有规则，然而却误导了舆论，进一步破坏了网络空间的良好生态。① 对此，网络监管部门持续开展"清朗"系列专项行动，不断加大网络生态治理力度。2022 年，国家网信办组织开展了 13 项"清朗"专项行动，取得了良好的效果。这些行动包括清理违法和不良信息、处置账号、下架 App 和小程序、解散关闭群组和贴吧、关闭网站等。这些措施有力地维护了网民合法权益，促进了网络舆论生态的健康发展。②

因此，营造"清朗的网络空间"已经成为我国互联网监管的一个重要方向，也是引导互联网监管体系构建的立法宗旨。通过建立更加理想的网络秩序，保护网络空间信息依法有序流动，我国将进一步加强对互联网的全面监管，为推进国家监管体系与治理能力现代化作出更大的贡献。

（二）现实背景：社会公众的互联网监管需求

在数字化时代，网络已经成为人们日常生活的重要组成部分，社会公众对于网络的需求也越来越高。2023 年 3 月 2 日，中国互联网络信息中心（CNNIC）在京发布第 51 次《中国互联网络发展状况统计报告》，该报告显示，截至 2022 年 12 月，我国网民规模达 10.67 亿，较 2021 年 12 月增长 3549 万，互联网普及率达

---

① 《中新网评："清朗"长治，共建网上美好精神家园》，载中国网信网 2023 年 3 月 30 日，http://www.cac.gov.cn/2023-03/30/c_1681816324855475.htm。

② 《中青网评：携手守护清朗网络空间》，载中国网信网 2023 年 3 月 29 日，http://www.cac.gov.cn/2023-03/29/c_1681731006046915.htm。

75.6%。[①] 互联网的使用越来越广泛,涉及人们的生产、学习、交流、娱乐等方方面面,社会公众对互联网监管产生多种需求。

首先,社会公众在使用互联网时,需要保障信息的真实性和可信度。随着网络技术的发展,网络信息已经成为人们获取知识、交流情感的主要渠道之一,尤其是在疫情期间,线上学习、工作、娱乐等活动越来越多,信息的真实性和可信度尤为重要。然而,网络虚假信息、谣言等问题屡见不鲜,严重影响了公众的判断和决策,因此保障网络信息的真实性和可信度就显得尤为重要。

其次,互联网使用对于公众来说也存在隐私泄露、个人信息安全等问题。公众一边接受企业和机构通过大数据分析来实现的个性化服务、精准营销等,一边面临这些数据的收集和使用带来的数据滥用、泄露等问题,严重威胁公众的隐私和个人信息安全。

此外,公众还期待网络空间的规范化和有序化,希望网络世界能够营造出健康、文明、有序的氛围,减少网络暴力和有害信息的影响,保障个人和社会的正当权益。因此,互联网监管的一个重要目标就是要满足公众对网络信息真实性、安全性和规范化的需求,为公众提供一个健康、有序、安全、可信的网络空间。只有通过建立网络和数据安全相关的立法,加强监督和管理,才能有效地保障公众的权益,提升社会的整体福祉。

(三)国际背景:互联网监管的全球发展趋势

互联网技术的迅速发展和普及,促进了全球数字经济的蓬勃发展。然而,随之而来的是互联网上的网络安全、网络隐私等问题不断增加。各国政府和国际组织为了保障公民权益和维护互联网的稳定和安全,开始加强互联网监督和管理,制定了一系列相关法律法规。其中最具有代表性的就是欧盟理事会于2022年7月批准的《数字市场法案》(Digital Markets Act,DMA)与同年10月批准的《数字服务法案》(Digital Services Act,DSA),前者为大型在线平台("看门人")明确了权利和规则,确保它们中的任何一个都不会滥用自己的地位;后者则旨在优化欧盟各成员国的主管机关之间的跨境沟通和协调,并针对相关在线平台非法和有害

① 《CNNIC发布第51次〈中国互联网络发展状况统计报告〉》,载中国互联网络信息中心网2023年3月2日,https://cnnic.cn/n4/2023/0302/c199-10755.html。

内容事宜制定了追责新标准。

作为世界上网络技术最先进、最发达、使用最广泛的国家,也是互联网技术的起源国,美国政府对网络内容进行监管的总体目标是将互联网打造成安全、自由、可靠的传播媒介和商业媒介,将网络内容监管与治理的主要标准细分为行业标准、公众标准和国家安全标准三个层次,各层次之间既相互独立又相辅相成。著名的《通信规范法》(Communications Decency Act,CDA)第 230 条规定,"互联网服务的运营商无需对平台上的第三方言论承担法律责任",①这几乎等同于网络平台的豁免令;但同时美国政府又鼓励网络行业的自律,有选择地将传统媒体管理的规范适用于网络媒介管理,体现了美国对互联网监管"政府少干预、行业多自律"的态度。

总之,在互联网监管领域,国际上已经形成了一定的法律和政策体系,各国在此领域的经验和先进理念也给我国互联网监管法律体系的建立提供了重要的借鉴和参考。

二、互联网监管规则体系

(一)立法体系

尽管《网络安全法》《数据安全法》《个人信息保护法》《反恐怖主义法》《电子签名法》等法律对互联网监管都有不同程度的涉及,普遍要求网络运营者加强互联网安全管理和监管,但都没有对于具体的互联网信息内容等进行细化。目前我国通行的互联网监管专项规则仍以行政法规、部门规章等为主。

1. 行政法规

1994 年 2 月颁布的《计算机信息系统安全保护条例》(国务院令第 147 号)是我国第一部涉及互联网管理的行政法规。此后我国又主要针对国际联网出台了若干法规政策,确立了国际出入口信道专营制度、联网接入的许可和备案制度、计算机系统等级保护制度等沿用至今的制度,通过对管道的监管,实现内容监管

① COMMUNICATIONS DECENCY ACT, 47 U. S. C. § 230 – Protection for private blocking and screening of offensive material. http://www.columbia.edu/~mr2651/ecommerce3/2nd/statutes/CommunicationsDecencyAct.pdf.

目标。①

2000 年 9 月,《互联网信息服务管理办法》(国务院令第 292 号)的颁布,标志着我国互联网监管从早期的渠道层向应用层深化,并开始走向体系化。该办法明确规定了互联网信息服务的类型、内容审核、用户注册、信息发布等方面的管理要求,尤其以信息内容审核为重点,要求互联网信息服务提供者建立信息审核制度,加强对用户发布的信息内容的监管,避免发布涉嫌违法、不良信息。该办法为各部委开展部门规章立法提供了法律依据,全面建立了互联网内容监管制度,包括上网信息记录制度、合法经营主体公示制度、违法信息保存与报告制度等。同时,该法规全面引入了全流程管理手段,包括事前管理(以许可为主)、事中管理(以企业监测为主)和事后管理(以关闭网站、吊销许可为主)。

《互联网信息服务管理办法》于 2011 年 1 月修订,除内容监管外,更多引入了经济、市场类监管主体和监管机制,监管议题不断丰富,如不正当竞争监管、电子商务监管、个人信息保护监管等。2021 年 1 月,国家网信办发布了会同工信部、公安部共同起草的《互联网信息服务管理办法(修订草案征求意见稿)》,向社会公开征求意见,条文数量是原办法的一倍,字数接近原办法的三倍,基本涵盖了网络信息服务的各个方面,是对过往互联网信息服务规范的一次小结与升级。首先,立法目的从旧办法的"规范互联网信息服务活动,促进互联网信息服务健康有序发展"修改为"促进"、"保护"和"维护"互联网信息服务,体现了更多的产业促进意图和维护各主体利益的立体考量;其次,适用范围从原本的"中国境内"服务扩展至"境内外"服务,加强了法律的域外适用效力;再次,主管部门由"电信管理机构"扩展为"国家网信部门""国务院电信主管部门""国务院公安部门"等,增加了行政主管部门的参与;最后,新办法明确了互联网信息服务提供者及其服务提供方的地位和义务,包括互联网网络接入服务提供者和域名注册和解析等互联网服务提供者,对于网络安全和数据保护等方面的要求也更加明确。这些变革为互联网监管法律体系的完善和适应互联网发展提供了更坚实的基础。

2. 部门规章

在《互联网信息服务管理办法》的主导下,各部门出具相应的部门规章,在不

---

①　参见王融:《中国互联网监管的历史发展、特征和重点趋势》,载《信息安全与通信保密》2017 年第 1 期。

同领域构建起互联网监管法律体系，具体如表 5－1 所示：

表 5－1 有关互联网监管的部门规章

领域	规章名称	颁布时间	颁布部门	主要内容
互联网信息内容	《网络信息内容生态治理规定》	2019.12	国家互联网信息办公室	规范互联网信息内容生产、传播和服务的行为，明确互联网企业责任，强化内容安全管理，保护用户合法权益。凝聚了关于网络安全工作的重要指示精神，以网络信息内容为重点，旨在建立健全网络综合治理体系、营造清朗的网络空间和良好的网络生态，强调多元主体参与网络生态治理，规范网络信息内容生产者、平台、使用者和行业组织的权利与义务。
互联网广告	《互联网广告管理暂行办法》	2016.7	国家工商行政管理总局	规范互联网广告发布和推广行为，保障消费者合法权益，维护互联网广告市场秩序。
	《互联网广告管理办法》	2023.5 修订	国家市场监督管理总局	加强对互联网广告发布和推广行为的监管，进一步规范互联网广告市场秩序，明确了广告主、互联网广告经营者和发布者、互联网信息服务提供者的责任，规范了广告形式，细化了关键领域的监管规则，并新增了广告代言人的管理规定。
互联网账号	《互联网用户公众账号信息服务管理规定》	2021.1 修订	国家互联网信息办公室	规范互联网用户公众账号信息服务行为，明确用户数据使用规则，并强化对平台账号发布内容的监管，特别关注是否存在违规违法信息传播以及采取何种措施应对的问题，确保互联网用户公众账号服务提供者承担起用户信息安全管理的责任。
	《互联网用户账号信息管理规定》	2022.6	国家互联网信息办公室	明确互联网企业应当加强对用户账号信息的保护，规范用户账号管理，维护社会公正、用户权益，预防国家安全风险。要求互联网信息服务提供者进行真实身份认证和严格核验账号关联信息，以确保互联网信息服务的合法性、可信度和安全性。

续表

领域	规章名称	颁布时间	颁布部门	主要内容
信息服务提供者	《互联网新闻信息服务管理规定》	2017.5 修订	国家互联网信息办公室	规范互联网新闻信息服务的行为，明确互联网新闻信息服务提供者的责任和义务，保障公民的知情权和言论自由。规定了互联网新闻信息服务提供者的业务分离、许可要求、用户身份验证以及新闻信息转载的规范要求，旨在加强互联网新闻信息服务的管理和真实性保障。
	《移动互联网应用程序信息服务管理规定》	2022.6 修订	国家互联网信息办公室	规范移动互联网应用程序信息服务的行为，包括信息内容主体责任、真实身份信息认证、分类管理、行业自律、社会监督及行政管理等条款，明确移动应用程序的数据安全保护要求，保障用户个人信息安全。
	《互联网跟帖评论服务管理规定》	2022.12 修订	国家互联网信息办公室	规范互联网跟帖评论服务行为，强化对评论内容的管理和审核，保障用户合法权益，重点明确了跟帖评论服务提供者跟帖评论管理责任、跟帖评论服务使用者和公众账号生产运营者应当遵守的有关要求等内容。
	《网络音视频信息服务管理规定》	2019.11	国家互联网信息办公室、文化和旅游部、国家广播电视总局	规范网络音视频信息服务，明确应当建立健全用户注册、信息发布审核、信息安全管理等制度。任何组织和个人不得利用网络音视频信息服务以及相关信息技术从事法律法规禁止的活动，侵害他人合法权益。
	《互联网信息服务算法推荐管理规定》	2021.11	国家互联网信息办公室、工业和信息化部、公安部、国家市场监督管理总局	着眼于规范互联网信息服务算法推荐活动，特别关注算法推荐服务中存在的乱象问题，致力构建完善的算法安全治理体系。围绕中国数字经济实践和产业特点，提供了独特的中国方案，以解决平台算法治理的挑战，并构建了一套具有中国特色的平台算法治理制度。
	《具有舆论属性或社会动员能力的互联网信息服务安全评估规定》	2018.11	国家互联网信息办公室、公安部	加强对具有舆论属性或社会动员能力的互联网信息服务和相关新技术新应用的安全管理。明确了具有舆论属性或社会动员能力的互联网信息服务的范围，并提出了安全评估的具体要求，包括自行评估和委托第三方评估两种模式，并涉及互联网信息服务提供者的定义和界定。

其中,涵盖了网络信息内容生产者、网络信息内容服务平台、网络信息内容服务使用者、网络行业组织等多主体的《网络信息内容生态治理规定》于 2019 年 12 月颁布,旨在建立健全互联网信息内容生态治理机制,保障网络信息的安全有序流动;该规定重点针对网络信息内容的质量和影响,要求互联网企业加强对网络信息内容的管理,防范网络信息内容中存在的不良影响。

关于互联网广告,《互联网广告管理暂行办法》由原国家工商行政管理总局于 2016 年 7 月颁布,要求互联网广告发布者必须对广告内容进行审核和备案,并明确规定了互联网广告发布者的行为规范和责任要求;对于涉及虚假、误导、不良信息等内容的互联网广告,该办法规定了严格的处罚措施。2023 年 5 月 1 日,国家市场监督管理总局修订发布的新版《互联网广告管理办法》,进一步明确了广告主、互联网广告经营者和发布者、互联网信息服务提供者的责任,着重于维护广告市场秩序、保护消费者合法权益,推动互联网广告业持续健康发展。

针对互联网账号,2021 年 1 月修订的《互联网用户公众账号信息服务管理规定》要求公众账号信息服务平台承担企业主体责任,建立公众账号分级分类管理、生态治理、著作权保护、信用评价等制度,并完善网络谣言等违法违规信息的预警发现和处置机制;公众账号生产运营者则需履行用户主体责任,建立健全内容和账号安全审核机制。2022 年 6 月颁布的《互联网用户账号信息管理规定》明确规定了账号信息管理规范,要求互联网信息服务提供者履行账号信息管理主体责任,建立健全并严格落实真实身份信息认证、账号信息核验、个人信息保护等管理制度。

关于信息服务提供者,《互联网新闻信息服务管理规定》于 2017 年 5 月修订,对互联网新闻信息服务的许可、运行、监督检查、法律责任等方面进行了明确,同时将各类新媒体纳入管理范畴。该规定要求互联网新闻信息服务提供者必须具备相应的资质和经营许可证,并建立信息内容审核、实名制认证、信息记录和备份等制度,以确保互联网新闻信息的真实性、准确性和合法性。2022 年 6 月修订的《移动互联网应用程序信息服务管理规定》在 2016 年旧版本的基础上进行了完善,对信息内容主体责任、真实身份信息认证、分类管理、行业自律、社会监督以及行政管理等方面进行了规定。此外,2022 年 12 月修订的《互联网跟帖评论服务管理规定》重点明确了跟帖评论服务提供者的跟帖评论管理责任,以及跟帖评论服务使用者和公众账号生产运营者应遵守的相关要求。以上规定和修订的法规旨在确保互联网账号和信息服务提供者遵守合规要求，维护互联网信息的安全和可信度。

3. 政策性文件

在宏观上，有关互联网监管的政策性文件数量众多，包括《“十四五”规划和2035年远景目标纲要》《“十四五”国家信息化规划》《“十四五”数字经济发展规划》等，但细化到具体内容，主要集中在信息内容监管领域。

2014年12月，《国务院办公厅关于加强政府网站信息内容建设的意见》发布，主要强调政府网站信息公开的重要性，并提出具体要求和措施，包括：要求政府网站内容要求准确、及时、便民，依据法律法规、公开透明；明确政府网站信息发布管理责任和机制；加强政府网站信息安全保护和监督；推动政府网站与社会各界互动，提高服务质量和公信力；加强政府网站信息资源管理和共享。

2021年9月，国家互联网信息办公室发布《关于进一步压实网站平台信息内容管理主体责任的意见》，旨在充分发挥网站平台信息内容管理第一责任人作用，要求各网站平台应当建立健全信息内容审核制度和管理制度，严格审核上线的信息内容，及时发现、处理和上报违法信息，保障公民、法人和组织的合法权益，对违法信息及时采取措施，防范和遏制不良信息传播；加强对涉及网络安全、涉及国家安全、涉及公共利益等重点领域的信息内容监管，推动互联网行业健康发展。

2023年3月，国务院新闻办公室发布《新时代的中国网络法治建设》白皮书，提出“网络空间是亿万民众共同的精神家园，网络空间天朗气清、生态良好，是人民对网上家园的美好向往。中国本着对社会负责、对人民负责的态度，以网络信息内容为主要规制对象，建立健全网络综合治理法律规范，持续净化网络空间”①。

（二）监管体系

互联网监管在我国属于多部门分工合作的模式，在中央层面涉及50多家不同机构，每个部门负责不同的责任。

其中，“三驾马车”即国家网信办、工业和信息化部、公安部是主要的监管机构。国家网信办作为政府主管互联网工作的部门，主要负责网络信息内容的管理

---

① 《新时代的中国网络法治建设》，载中国网信网2023年3月16日，http://www.cac.gov.cn/2023-03/16/c_1680605020289829.htm。

和审查,以及对网站的许可和注销等事项的审批;工业和信息化部负责规划和协调国家信息化工作,制定互联网产业发展政策和技术标准,监管互联网企业的准入和退出;公安部则负责打击网络犯罪和网络安全等方面的工作。

此外,随着互联网从媒体属性向产业属性的转变,以国家市场监督管理总局为代表的市场性监管机构也在互联网监管中扮演越来越重要的角色,其影响力也不断提升。国家市场监督管理总局主要负责维护市场经济秩序,保障公众合法权益,对于互联网企业的注册、备案、经营许可和商标权等都有着监管职责。

但是,由于各个监管部门历史渊源、管理职责的不同,它们的监管风格也有所不同。例如,国家网信办强调的是网上网下一体化监管,重视信息内容管理;工业和信息化部侧重于技术标准和网络安全;公安部更加注重打击网络犯罪和维护网络安全。这些监管部门的不同重心和风格,形成了多元化的监管体系,以更好地维护互联网安全和公共利益。

(三)自律机制

我国互联网监管的自律机制主要由互联网行业协会和自律组织,以及互联网企业自身的自律机制构成。

互联网行业协会和自律组织是在政府指导下成立的、由行业自愿组成的、依据《社会团体登记管理条例》等法律法规设立的自律组织,如中国互联网协会、中国互联网金融协会、中国互联网视听节目服务协会等。它们主要负责制定行业标准、自律公约,协助政府监管互联网行业,同时承担着协调纠纷、维护行业利益、推动行业发展等职责。例如,2004 年 6 月签订的《中国互联网行业自律公约》,为建立互联网行业自律机制、规范从业者行为、促进健康发展而制定,目前已有 1500 多家企业签约。中国互联网协会作为公约的执行机构负责组织实施,互联网行业从业者可以自愿加入并遵守自律规则,也可以随时退出公约。

此外,互联网协会或其他官方机构会联合企业签署自律公约,制定了一系列行业规范和自律标准,建立了自律机制,对签署公约的互联网企业进行自我约束和监管。例如,2021 年 7 月由中国信通院知识产权中心牵头、阿里巴巴、腾讯、字节跳动、华为、百度、京东、科大讯飞等 33 家互联网企业签署的《互联网平台经营者反垄断自律公约》,加入该公约的互联网平台经营者承诺不进行垄断协议、不滥用市场支配地位,依法进行投资并购,避免排除限制竞争的行为,保持资本扩张的合法性和有序性;2023 年 5 月由中国互联网协会牵头,淘天集团、抖音、百度等 71 家互联网单位签署的《加强互联网平台规则透明度自律公约》,旨在提升互联网平台规则透明度,保护各主体的合法权益,维护公平竞争和有序市场环境,促进中国互联网行业健康发展,内容广泛覆盖通用和重点问题,并在法律框架内提出更高要求。

此外,互联网企业自身也有一些自律机制,如制定企业内部规章制度、建立举报渠道、投诉处理机制等,以确保企业行为符合道德规范和行业标准。此外,一些大型互联网企业还建立了审查机制和风险管理机制,对平台上的内容进行审核、排查和处理,以保障用户信息的安全和合法性。例如,抖音直播于 2022 年 4 月发布了《2022 年抖音直播机构管理条例》,明确了对直播机构的经营行为提出的要求,包括严禁侵害未成年人权益、色情低俗、诱导消费等违规行为的“8 条红线”,并推出了“健康分”制度作为评估和处罚标准,满分 100 分,严重违规将扣除 50 分并直接清退;重点打击涉及违法违规行为,并针对违规主播和公会进行处罚,以推动直播行业的健康发展和维护用户权益。为了应对频繁出现的网络暴力现象,抖音提供了多项防止网络暴力的功能,包括“发文警示”和“一键防护”,每天主动发送 25 万次风险提示。此外,抖音直播成为国内首个提供高额消费提醒的直播平台。

这些自律机制在一定程度上弥补了政府监管的不足,提高了互联网行业的自我约束和管理能力。

第二节　规范建设与治理实践

近年来,我国在互联网监管方面的规范建设与治理实践主要集中于以下几个领域:一是加强互联网平台内容审查和管理,建立健全法律法规和行业规范;二是完善互联网广告监管体系,规范互联网广告发布和推广行为;三是严厉打击网上各类违法违规行为,集中整治各种乱象;四是强化平台反垄断,防止资本无序扩张。

一、加强互联网平台内容审查和管理

(一)治理背景

互联网内容产业是近年来发展迅速的新兴产业,其融合发展程度日益加深。

随着全屏生态、粉丝经济、知识付费等新模式的快速兴起，互联网与内容产业的融合趋势将会持续加强。与传统内容产业相比，互联网内容产业的创作传播发展模式不同，形成了全新的业态。根据载体差异，互联网内容产业大致可以分为文图、音频、视频三大类，并具体可衍生出网络新闻、网络文学、网络音乐、网络视频、网络直播等多个细分行业，截至2022年12月，用户规模分别为7.83亿（占网民整体的73.4%）、4.92亿（占网民整体的46.1%）、6.84亿（占网民整体的64.1%）、10.31亿（占网民整体的96.5%）、7.51亿（占网民整体的70.3%）。[①] 用户规模不断增长，尤其是下沉市场的用户加速拓展，对互联网内容产业发展提供了巨大的市场空间。同时，互联网内容产业的内容生产门槛也逐渐降低，行业社交属性逐渐凸显，为创作者和用户带来了更多的创作和参与机会。

然而，随着互联网内容产业的迅猛发展，存在的问题也逐渐浮出水面，如低俗内容的滋生和传播、平台审核不力、侵犯知识产权等现象屡见不鲜。这些问题对用户权益和互联网健康发展产生了不良影响，因此加强互联网平台内容审查和管理，建立健全相应的法律法规和行业规范就显得尤为重要。

（二）立法规范

在立法规范方面，我国已经建立了一系列法律法规和行业规范来加强互联网平台的内容审查和管理，如《互联网信息服务管理办法》《互联网新闻信息服务管理规定》等，这些法规为互联网平台的管理提供了法律基础。其中，与互联网内容审查和管理关联度最高的是国家网信办于2019年12月颁布的《网络信息内容生态治理规定》，旨在规范和加强对互联网信息内容的生态治理。该规定首先明确了互联网内容生态治理的目标和原则，强调了对互联网信息内容的合法性、正当性、健康性、文明性的要求，并要求互联网内容服务提供者应当承担主体责任和安全责任，保障公民、法人和其他组织的合法权益。

《网络信息内容生态治理规定》对互联网平台的内容审查和管理进行了具体的规定和要求。首先，互联网内容服务提供者应该建立有效的管理制度和技术手段，确保其平台上的信息内容合法、正当、健康、文明。其次，互联网内容服务提供

---

① 《CNNIC 报告：短视频用户占网民整体的94.8%，网络文学与网络音乐用户规模出现萎缩》，载和讯网2023年3月24日，http://tech.hexun.com/2023-03-24/208084076.html。

者应该建立信息内容审核机制，对平台上的信息内容进行审核和管理，防止发布违法和不良信息。再次，互联网内容服务提供者应该按照规定进行信息内容安全风险评估，防范信息内容安全风险。复次，互联网内容服务提供者应该建立投诉举报机制，及时处理用户的举报投诉，并将有关情况报告有关部门。最后，互联网内容服务提供者应该配合相关部门，加强信息内容管理和监管，开展信息内容安全专项整治，及时整治存在的问题和隐患。这些要求和规定对互联网平台的内容审查和管理起到了重要的指导作用。①

（三）执法实践

依据2017年5月颁布的《互联网信息内容管理行政执法程序规定》，监管执法的主体为互联网信息内容管理部门（国家和地方网信办），执法的程序包括案件查处、立案、调查取证、听证和处罚决定等程序。根据该规定，我国在互联网内容管理方面的执法方式主要包括调查取证、罚款处罚、制定整改措施以及涉及犯罪行为的移送公安机关，以确保互联网内容平台的合法运营和规范行为。

2022年，全国网信系统加大网络执法力度，以依法查处违法违规案件、规范行为为目标，实施宽严相济的执法措施，使法律原则与实践相协调。根据统计数据显示，全年共对8608家网站平台进行了约谈，对6767家进行了警告，对512家处以罚款，对621家暂停了功能或更新，下架了420款移动应用程序，取消了25233家违法网站的许可或备案并予以关闭，同时移送了11229件案件线索。② 2022年9月至11月，国家版权局、工业和信息化部、公安部、国家互联网信息办公室共同发起了网络侵权盗版打击行动，即“剑网2022”专项行动，这是全国范围内连续开展的第18次打击网络侵权盗版专项行动。自2005年以来，相关部门已经展开了一系列专项整治行动，针对网络侵权盗版进行了有力打击，成功查处了多起重大案件，有效遏制了网络侵权盗版行为的蔓延。此次专项行动着重关注文献数据库、短视频、网络文学等领域，重点整治侵权行为，并加强对网络平台的版权监管，打击滥用“避风港”规则的侵权行为。同时，还加强了对NFT数字藏品、剧本杀等

---

① 《网络信息内容生态治理规定》，载中国网信网2019年12月20日，http://www.cac.gov.cn/2019-12/20/c_1578375159509309.htm。

② 《2022年全国网络执法工作持续发力增效》，载中国网信网2023年1月19日，http://www.cac.gov.cn/2023-01/19/c_1675676681798302.htm。

新兴业态的版权监管，并持续加强对院线电影、网络直播、体育赛事、在线教育、新闻作品等领域的版权保护。该行动旨在推动规范发展与打击惩治相结合，加强网络版权保护，促进创业创新，推动平台经济规范健康发展，以及保障和改善民生。①

二、完善互联网广告监管体系

（一）治理背景

在新技术的不断催生下，互联网广告不断创新和迭代，创造了令人惊叹的广告奇迹，同时带来了互联网广告乱象的问题，对广告监管构成了巨大的挑战。

互联网广告乱象首先主要表现为对传统广告规制的规避和挑战。在程序法和实体法两个层面上，许多互联网广告都逃避了传统广告监管的要求。传统广告必须事先经过审批并获得许可才能发布。然而，对于电商平台、搜索引擎广告、App广告、直播带货、微信、微博、视频短视频等非传统广告形式，缺乏相应的具体监管细则，导致广告监管出现了空白。一个典型的例子是2016年发生的“魏则西事件”，陕西省大学生魏则西因为相信了百度搜索引擎广告所推荐的武警北京市总队第二医院，而被广告中承诺的“斯坦福技术，有效率达百分之八九十”所欺骗，他为了接受治疗不得不借债，最终不幸过早离世。② 这起事件激起了社会对搜索引擎竞价排名广告的公愤，也引发了全社会对治理互联网广告乱象的强烈呼声。

另外，互联网广告具有多种传播平台，且具有一定的隐匿性。广告数量庞大，同时许多互联网广告主体也缺乏清晰性，这使互联网广告监管处于一种失控的状态。以直播带货为例，该形式采用现场视频直播广告，由于主播素质参差不齐，信息发布过程时间较长，随意性较大，整个直播过程缺乏监管。这导致违规违法行为频繁发生，但事后取证困难，给广告监管带来了巨大的挑战。因此，互联网广告监管面临诸多困难。

（二）立法规范

虽然原国家工商行政管理总局于2016年发布了《互联网广告管理暂行办

---

① 《国家版权局等四部门启动“剑网2022”专项行动》，载央广网2022年9月10日，https://ent.cnr.cn/ywyl/20220910/t20220910_526004957.shtml。

② 《[超级新闻场]关注“魏则西事件”》，载央视网2016年5月4日，http://news.cctv.com/2016/05/04/VIDEnNau49hK6rYrbJrC8ROq160504.shtml。

法》,北京、浙江等为数不多的省市也出台了地方性的互联网广告管理办法,但仍滞后于实际状况。2023 年 5 月新修订的《互联网广告管理办法》无论在监管理念还是监管手段上均作出了一些重大改革,合理平衡“市场监管”与“产业发展”的二元价值,重视发挥“公共规制”与“平台自治”的公私协同效应,强调“法律逻辑”与“技术逻辑”的良性互动,有效回应了互联网广告市场的新形势和新需求。① 该规章进一步明确变相发布特殊商品广告的认定标准,明确弹窗广告、开屏广告的禁止性情形,细化欺骗、误导用户点击、浏览广告具体情形,规定广告主自行发布互联网广告应当建立广告档案,明确互联网广告业务的承接登记、审核、档案管理制度具体规定,强化互联网平台经营者的责任,新增对竞价排名广告的禁止性规定,明确利用互联网智能设备向用户发送广告的禁止性情形和互联网跳转广告的审查边界。②

(三)执法实践

为了打击互联网广告中的不良行为,维护社会公序良俗,保护未成年人身心健康,市场监管部门持续依法严厉打击虚假内容、欺骗误导消费者等违法行为。2022 年,市场监管部门共查处了 23426 件互联网虚假违法广告相关案件,罚没金额达到了 3.14 亿元。③ 其中,查处的重要任务之一是清理整顿医疗美容领域存在的虚假违法广告。市场监管部门依法严厉打击发布含有保证性承诺或治愈率内容、虚假夸大医疗美容服务及相关药械功效等违法广告行为。2022 年 9 月至 2023 年 2 月,共查处了 1759 起虚假违法广告案件,罚没金额达 2748.48 万元。

除国家统一监管外,北京、上海、广州等城市市场监督管理局及时发布广告监测报告,利用大数据监管海量互联网广告。以北京市为例,2022 年共对 1800 余家互联网媒体平台发布的广告进行了搜索监测,搜索总量为 4.85 亿余条次,其中搜索引擎类媒体占比 36%,电商平台类媒体占比 25%,新闻门户类媒体占比 9%,短视频、论坛等其他类媒体共占比 30%,发现互联网媒体涉嫌违法量排名前五的商

---

① 《宋亚辉:互联网广告监管的新理念与新制度》,2023 年 4 月 21 日,载 http://www.315online.com/comment/412511.html。

② 《新修订的〈互联网广告管理办法〉有哪些变化?》,载腾讯网 2023 年 5 月 5 日,https://new.qq.com/rain/a/20230505A024QQ00。

③ 《市场监管总局广告监管司:规范广告市场秩序,有力回应群众关切》,载中国质量网 2023 年 3 月 15 日,http://11412365.org/act/wcrd/wdnews/234705.html。

品服务类别分别为医疗诊疗服务、医疗美容服务、技能培训、房地产、教育培训类。①

下一步，为了更好地执行这些任务，市场监管部门将采取各种措施，包括增强技术手段的运用，强化人员配备，提高执法效率，提高打击效果等。同时，市场监管部门将继续与相关行业协会、互联网企业以及广大消费者保持密切联系，共同推动互联网广告市场的健康、有序发展。

三、严厉打击网上各类违法违规行为

（一）治理背景

在我国互联网上，存在大量的违法违规信息，其中包括但不限于以下几类：其一，色情信息，大量的色情图片、视频、小说等在互联网上广泛流传，尤其是一些低俗的八卦、黄色小说等，不仅污染网络环境，而且严重影响了未成年人的身心健康。其二，赌博信息，不仅有可能导致赌徒家庭破产，甚至人财两空，而且还会导致一些涉赌网站非法牟利、贩卖毒品等犯罪行为。其三，侵权信息，包括但不限于盗用他人知识产权、商业机密、个人隐私等，不仅损害权利人的合法权益，而且严重危害互联网的安全稳定。其四，谣言信息，不仅误导群众，甚至会引起社会恐慌、矛盾激化、社会稳定问题等。

中央网信办举报中心 2023 年 2 月公布的统计数据显示，2022 年共有 1.72 亿件网民举报的违法和不良信息，其中包括色情、赌博、侵权、谣言等多种类型，同比增长 3.6%。中央网信办举报中心受理举报 604.9 万件，各地网信举报工作部门受理举报 957.3 万件，全国主要网站平台受理举报 1.57 亿件，同比增长 4.2%。此外，在全国主要网站平台受理的举报中，主要商业网站平台受理量占 58.5%，达 9163.6 万件。这些数据反映出我国网上违法违规行为的严峻形势，需要加大监管和打击力度，保障网民的合法权益和网络安全。②

---

① 《2022 年度北京市广告监测报告》，载北京市市场监督管理局网 2023 年 1 月 17 日，http://scjgj.beijing.gov.cn/zwxx/gs/ggjcbg/202301/t20230117_2902517.html。

② 《2022 年全国网络举报受理情况》，载中央网信办举报中心网 2023 年 2 月 9 日，https://www.12377.cn/tzgg/2023/1b9a25ce_web.html。

（二）立法规范

为维护清朗网上环境，严厉打击利用网络平台进行违法违规行为，网信部门、公安部门等可以根据行为的严重程度，依据多部法规对具体行为进行查处、打击。例如，对于疫情防控期间制作、复制、发布含有网络违法和不良信息内容的违法违规行为，地方网信办、公安局可根据《刑法》《个人信息保护法》《治安管理处罚法》《传染病防治法》《网络信息内容生态治理规定》等法律法规，严厉查处相关行为并作出处罚。又如，对于利用网络平台进行违法缠访闹访、制造网络谣言等违法行为，地方网信办、公安局、信访局可根据《治安管理处罚法》《网络信息内容生态治理规定》《信访工作条例》《即时通信工具公众信息服务发展管理暂行规定》《互联网群组信息服务管理规定》等法律法规，对行为人作出行政拘留处罚、依法刑事拘留等。对于发布“三俗”内容、破坏网络直播和短视频传播秩序的网络主播违法违规行为，地方公安局可联合网信办，依据《网络安全法》《互联网直播服务管理规定》《网络信息内容生态治理规定》《网络主播行为规范》等法律法规，对违法违规人员进行约谈和处罚，对其进行批评教育，责令删除相关视频。

（三）执法实践

2022 年，针对网络谣言、MCN 机构信息内容乱象、网络直播和短视频领域乱象、未成年人网络环境、算法滥用、应用程序信息服务乱象等违法违规行为，各级网信部门结合网络生态综合治理及“清朗”系列专项行动，集中打击，规范传播秩序，及时查处违法行为，严肃处理平台和账号。国家网信办已指导多地网信办依法约谈涉及淘宝、新浪微博、腾讯微信等平台和账号运营主体，责令其限期整改，从严处理责任人，并对其依法实施罚款的行政处罚。此外，还对一批假冒和侵权网站、平台和账号、违规从事互联网新闻信息服务的网站和账号、违法违规开展互联网宗教信息服务活动的移动应用程序等予以查处，以及约谈对算法推荐问题存在的移动应用程序，如“爱奇艺”等。对存在涉网络占卜迷信等信息、涉流量造假、网络水军、侵害未成年人合法权益等违法违规问题的多家网站平台，也予以约谈相关负责人、责令限期整改、从严处理相关责任人,并对其依法实施罚款的行政处罚。①

2023 年 3 月 10 日以来,各级网信部门积极查处各类违规“自媒体”账号,截至 5 月 22 日,重点平台累计清理违规信息 141.09 万余条,处置违规账号 92.76 万余个,其中永久关闭账号 6.66 万余个,对外发布公告 110 余期,有力震慑“自媒体”违法违规行为,专项行动取得阶段性成效。执法方式包括严打传播谣言和虚假信息的“自媒体”、严肃查处假冒仿冒账号以及整治蹭炒热点和违规变现的“自媒体”。② 网信部门将继续加强监管、严查处违法行为,并呼吁广大网民积极参与监督举报,共同维护清朗网络空间。

除网信部门外,2022 年,全国公安机关网安部门在推进“净网 2022”专项行动中采取了“全链打击、生态治理”的策略,对严重危害网络秩序和群众权益的突出违法犯罪和网络乱象进行了多轮次的集中打击。截至 2022 年 12 月底,共侦办了 8.3 万起案件,并成功抓获了大批犯罪嫌疑人。其中,侦破了 1.6 万余起侵犯公民个人信息的案件和 340 余起严重侵犯人民群众隐私的案件;打掉了 90 余个非法窃听窃照专用器材的生产窝点,并缴获了 14.1 万件窃听窃照专用器材;侦破了 550 余起与“网络水军”相关的案件,关闭了 537 万个“网络水军”账号,关停了 530 余个“网络水军”非法网站,清理了 56.4 万余条网上违法有害信息;侦破了3.1 万起与网络黑产相关的案件,打掉了 8700 余个各类犯罪团伙;侦破了 1.1 万起与网络黑号相关的案件,捣毁了 800 余个“猫池”窝点,缴获了 1.1 万台“猫池”、GOIP 等黑产设备,关闭了 130 余个接码平台,查扣了 240 万张手机黑卡,并查获了 4200 余万个网络黑账号。③

四、强化平台反垄断

(一)治理背景

近年来,我国的平台经济经历了快速发展的阶段,它不仅为经济发展作出了

① 《2022 年全国网络执法工作持续发力增效》,载中国网信网 2023 年 1 月 19 日,http://www.cac.gov.cn/2023-01/19/c_1675676681798302.htm。

② 《“清朗·从严整治‘自媒体’乱象”专项行动取得阶段性成效》,载中国网信网 2023 年 5 月 27 日,http://www.cac.gov.cn/2023-05/27/c_1686747724239100.htm。

③ 《公安部:2022 年侦办个人信息案件 1.6 万余起、网络攻击 1300 余起》,载搜狐网 2023 年 1 月 2 日,http://news.sohu.com/a/628442798_121124359。

重要贡献,而且为民众生活带来了很多方便。但是,随着互联网平台的无序扩张和任性行为,负面影响也逐渐显现。这种情况引发了社会对平台经济监管的呼声,需要加强对其竞争和消费者权益的保护,并且需要对其存在的问题进行矫正和改进。

在此背景下,中央经济工作会议于2020年12月首次提出“强化反垄断和防止资本无序扩张”的重要议题。这表明,反垄断和防止资本无序扩张已成为推动高质量发展、完善社会主义市场经济体制的内在要求。[①] 近两年来,随着平台经济的数字化进程不断加快,数字经济领域的反垄断成了执法的新方向。

强化互联网平台反垄断监管已成为我国经济发展的重要组成部分,互联网企业与监管部门之间的博弈已成为主要战场。尽管“掐尖并购”成为互联网领域反垄断和防止资本无序扩张的重点监管方向之一,但实际上互联网巨头们在投资并购方面的步伐并未停歇。因此,进一步加强互联网平台的反垄断监管,促进市场竞争和消费者权益保护,是当前亟待解决的问题。

(二)立法规范

2021年2月国务院反垄断委员会发布了《关于平台经济领域的反垄断指南》,该指南从平台、数据、算法三个方面考虑竞争结构,积极回应了相关市场定义、滥用市场适配地位、封禁API、必要设施、VIE架构下经营者集中申报等前沿问题。指南以“反垄断反对的是平台的垄断行为,并不是反对平台做大做强”为前提,强调反垄断执法机构对所有市场主体一视同仁,平等对待。其目的在于预防和制止平台经济领域的垄断行为,促进平台经济规范、有序、创新和健康发展,维护消费者利益和社会公共利益。[②] 2021年10月,国家市场监督管理总局发布《互联网平台分类分级指南(征求意见稿)》,要求互联网平台经营者不得从事垄断协议、滥用市场支配地位等垄断行为,对平台类型的划分为社会各界探讨互联网企

① 《新华视点:中央经济工作会议的七大民生看点》,载中央人民政府网2020年12月19日,http://www.gov.cn/xinwen/2020-12/19/content_5571111.htm。

② 《【智库思享】〈平台经济领域反垄断指南〉解读》,载中国网2021年2月22日,http://www.china.com.cn/opinion/think/2021-02/22/content_77235509.htm。

业社会责任和形成共识奠定了基础。①

2022年6月新修正的《反垄断法》在总则中明确,"经营者不得利用数据和算法、技术、资本优势以及平台规则等从事本法禁止的垄断行为"②,这也意味着将数据纳入垄断行为分析。在"滥用市场支配地位"章节中强调:"具有市场支配地位的经营者不得利用数据和算法、技术以及平台规则等从事前款规定的滥用市场支配地位的行为。"③这体现出立法者对数据在滥用市场支配地位的反垄断审查中的关切,从竞争的角度重新审视数据垄断对于产品质量和创新的损害。

有关平台经济反垄断,2022年11月公开征集意见的《反不正当竞争法(修订草案征求意见稿)》中亦有体现,新增了关于"相对优势地位"的五条相关条款。相对优势地位指经营者在技术、资本、用户数量、行业影响力等方面的优势及其他经营者对其在交易中的依赖程度。滥用相对优势地位的行为包括强迫"二选一"、限定交易对象、强制搭售、不合理交易条件等。违法者可面临10万元到100万元的罚款,严重情节可达100万元到500万元,最严重情况下可面临销售额1%~5%的罚款。此举旨在保护较小一方经营者的权益,并针对平台经济中存在的不对称关系和市场治理权力重塑的问题进行规范。

(三)执法实践

自2008年我国《反垄断法》颁布施行以来,尽管一直在积极推进反垄断执法,但长期以来并没有专门针对互联网领域的企业进行执法。直到2021年,市场监管部门开始对互联网平台进行一系列的反垄断执法,引发了社会的广泛关注。2021年1月1日至12月14日,国家市场监督管理总局共发布反垄断处罚案例高达118起,其中89起涉及互联网企业,占总数的75.42%,罚款累计已经突破了200亿元。其中,对滴滴、腾讯、猿辅导等企业的违法实施经营者集中案进行了行政处罚,单一案件顶格处罚50万元;对阿里巴巴集团在网络零售平台服务市场垄断案进行行政处罚,罚款182.28亿元,并要求进行全面整改;对美团实施"二选

① 国家市场监督管理总局:《关于对〈互联网平台分类分级指南(征求意见稿)〉〈互联网平台落实主体责任指南(征求意见稿)〉公开征求意见的公告》,载国家市场监督管理局网2021年10月29日,https://www.samr.gov.cn/hd/zjdc/202110/t20211027_336137.html。

② 参见《反垄断法》第九条。

③ 参见《反垄断法》第二十二条第二款。

一”涉嫌垄断行为罚款 34.42 亿元；召开互联网平台企业行政指导会，要求平台企业遵守规则、整改问题，建立新秩序；对其他企业如三快科技、腾讯移动、虎牙公司等也作出了处罚决定。①

在这些执法行动中，涉及的问题如“二选一”、算法共谋、“大数据杀熟”等频繁出现在媒体报道中，反垄断的重要性和必要性备受关注。因此，2021 年可以说是我国互联网平台反垄断的元年。2021 年 11 月，国家市场监督管理总局加挂“国家反垄断局”牌子，凸显出国家对反垄断执法工作的高度重视，旨在提升反垄断执法工作的效率和水平。2022 年，互联网平台反垄断执法逐渐走向常态化，但处罚力度提升，执法机构多做出了 50 万元罚款的顶格处罚。在未来，我国反垄断执法机构将继续深入互联网平台的反垄断执法工作，加强监管，完善法律法规，构建规范有序的互联网市场环境。

第三节　重点法条解读

在上文的论述中，我们看到我国在互联网监管方面取得了诸多进展，建立了一系列法规和规范，从而推动了互联网市场的规范化发展。然而，仅仅是颁布这些法规和规范是不够的，更加重要的是如何落实和执行这些规定。因此，本节将着重对我国互联网监管中的“重点法条”进行解读，并探讨它们在实践中的具体作用和意义。

一、《互联网信息服务管理办法（修订草案征求意见稿）》②

（一）互联网信息服务提供者应建立的制度

《互联网信息服务管理办法（修订草案征求意见稿）》规定，互联网信息服务提供者应当建立信息安全管理制度和技术保障措施、信息发布审核制度、网络安全与信息安全管理制度、用户信息保护制度、互联网新业务安全评估制度、个人信

① 《2021 年互联网领域反垄断大事记》，载《人民邮电报》2022 年 6 月 17 日，第 7 版。

② 《关于〈互联网信息服务管理办法（修订草案征求意见稿）〉公开征求意见的通知》，载中国网信网 2021 年 1 月 8 日，http://www.cac.gov.cn/2021-01/08/c_1611676476075132.htm。

息、日志信息安全保护制度，以及网络信息安全投诉、举报制度等制度，以保障信息安全和用户权益。具体如表 5 –2 所示：

表 5 –2　互联网信息服务提供者应建立的制度

规定	内容	解读
第十条【信息安全管理制度和技术保障措施】	从事互联网信息服务，应当使用符合电信主管部门要求的网络资源，具备符合国家规定的网络安全与信息安全管理制度和技术保障措施。	该法条要求互联网信息服务提供者应当建立健全信息安全管理制度，并采取必要的技术保障措施，保护用户个人信息、重要数据和信息网络安全。这些措施包括但不限于加密传输、访问控制、身份验证、安全漏洞修补、安全监测等。信息安全管理制度要求制定具体的规章制度、责任制度和流程控制，以确保信息安全管理的全面性和可操作性。
第十六条【信息发布审核制度、网络安全与信息安全管理制度、用户信息保护制度】	互联网信息服务提供者应当建立信息发布审核制度。 互联网信息服务提供者应当配备符合网信部门、电信主管部门、公安机关要求的网络与信息安全管理人员。 互联网信息服务提供者、互联网网络接入服务提供者应当建立网络安全与信息安全管理制度、用户信息保护制度，采取安全防范措施，加强公共信息巡查。	该法条规定，互联网信息服务提供者应当建立信息发布审核制度，严格审核和管理用户发布的信息内容，保证信息真实、合法、合规。此外，互联网信息服务提供者还需建立网络安全和信息安全管理制度，制定信息安全策略和风险评估，采取安全措施保护网络信息安全。在用户信息保护方面，互联网信息服务提供者应当制定隐私政策、保护用户个人信息，不得非法收集、使用、泄露用户信息。
第十七条【互联网新业务安全评估制度】	互联网信息服务提供者应当按照网信部门、电信主管部门、公安机关要求，建立互联网新业务安全评估制度，对其通过互联网新开展并取得经营许可的互联网信息服务业务进行安全评估，并将有关评估结果向网信部门、电信主管部门、公安机关报告。	该法条规定，互联网信息服务提供者开展新业务时，应当对该业务的安全风险进行评估，并制定相应的安全保障措施。这一规定旨在确保新业务的安全可控性，避免安全隐患对用户和社会造成不良影响。

续表

规定	内容	解读
第二十三条【个人信息、日志信息安全保护制度，网络信息安全投诉、举报制度】	互联网信息服务提供者、互联网网络接入服务提供者及其工作人员对所收集、使用的身份信息、日志信息应当采取技术措施和其他必要措施，确保其收集的个人信息安全，防止所收集、使用的身份信息、日志信息泄露、毁损、丢失。在发生或者可能发生信息泄露、毁损、丢失的情况时，应当立即采取补救措施，并按照规定及时告知用户并向有关主管部门报告。 互联网信息服务提供者、互联网网络接入服务提供者应当建立网络信息安全投诉、举报制度，公布投诉、举报方式等信息，及时受理并处理有关网络信息安全的投诉和举报。	该法条规定，互联网信息服务提供者应当建立个人信息和日志信息安全保护制度，明确个人信息收集、使用、存储、删除等方面的规定，保护用户个人信息的安全。同时，互联网信息服务提供者还应当建立网络信息安全投诉、举报制度，接受用户投诉、举报，并及时处理和反馈。这些制度和措施旨在保护用户个人信息、日志信息和网络信息安全，提高互联网信息服务提供者的管理水平和服务质量。

（二）互联网信息服务提供者应履行的义务

互联网信息服务提供者在履行准则中，除应建立前述制度，还需要履行以下义务：首先，在提供网络接入服务时，应要求互联网信息服务提供者出具相应的许可证或备案编号，并且不得为未获合法许可证或备案编号的互联网信息服务提供者提供服务。其次，在用户从事服务时需要具备相应资质的情况下，应要求用户提供合法资质证明文件，互联网信息服务提供者有责任核查用户的证明文件，不得为未获合法资质的用户提供服务。再次，互联网信息服务提供者应根据相关法律法规的要求，保存信息，包括网络犯罪信息，并协助有关部门进行侦查。最后，互联网信息服务提供者应配合有关部门进行侦查，提供相关信息和技术支持。具体如表 5－3 所示：

表 5-3 互联网信息服务提供者应履行的义务

规定	内容	解读
第十三条【合法资质证明义务】	互联网网络接入服务提供者为互联网信息服务提供者提供接入服务,应当要求互联网信息服务提供者提供相应许可证件或者备案编号;互联网网络接入服务提供者应当查验,不得为未取得合法许可证件或者备案编号的互联网信息服务提供者提供服务。 用户利用互联网从事的服务依照法律、行政法规以及国家有关规定需要取得相应资质的,应当向互联网信息服务提供者提供其具有合法资质的证明文件。互联网信息服务提供者应当查验用户的证明文件,不得为未取得合法资质的用户提供服务。 互联网信息服务提供者已备案的互联网域名如需转让,应提前在电信主管部门变更相关备案信息。域名注册管理机构、域名注册服务机构不得帮助域名持有者对已备案域名实施转让。	该法条要求互联网网络接入服务提供者为互联网信息服务提供者提供接入服务时,要求其提供许可证明文件或备案编号,并检查其证明文件的合法性。对于需要具有合法资质的用户,互联网信息服务提供者还需要检查其证明文件的合法性。此外,已备案的互联网域名转让前必须事先变更相关备案信息,域名注册管理机构和服务机构不能帮助持有人进行未备案的域名转让。该条的主要目的是确保互联网信息服务提供者具备合法的资质,以保障信息服务的合法性和可靠性。
第十八条【真实身份查验义务】	互联网网络接入、互联网信息服务、域名注册和解析等互联网服务提供者,在与用户签订协议或者确认提供服务时,应当确保服务对象与身份证件信息或者组织机构代码证书信息等必要的真实身份信息一致,并记录相关信息。查验的真实身份信息应当在提供服务期间同步保存,并在停止服务后保存至少两年。	该法条规定,互联网信息服务提供者应当在用户注册或实名认证时,对用户的真实身份进行核实。用户未进行实名认证的,不得提供相关服务。其主要目的是加强互联网信息服务提供者对用户身份的核实,保护用户信息安全。
第二十条【保存信息义务】	互联网信息服务提供者应当记录其发布的信息和用户发布的信息,并保存不少于6个月。 互联网信息服务提供者、互联网网络接入服务提供者应当记录并留存网络日志信息,并保存不少于6个月。网络日志信息的具体要求,由网信部门、电信主管部门、公安机关依据各自职责另行制定。 通过网络代理、网络地址转换等方式,与他人共享互联网网络接入服务资源,还应记录并留存地址转换记录等可确认用户身份的日志信息。	原办法的规定是60天,该法条将时间延长,要求互联网信息服务提供者应当依法保留用户注册信息、登录日志、操作日志等信息,保存期限不得少于6个月。用户注销账号后,互联网信息服务提供者应当及时删除相关信息。其主要目的是保护用户的信息安全和隐私,同时保留信息为维护社会公共利益提供证据。

续表

规定	内容	解读
第二十一条【保存网络犯罪信息义务】	互联网网络接入、互联网信息服务、域名注册和解析等互联网服务提供者，应当采取技术措施和其他必要措施，防范、发现、制止所提供的服务被用于实施违法犯罪。互联网网络接入、互联网信息服务、域名注册和解析等互联网服务提供者发现网络违法犯罪行为，应当保存有关记录，并向网信部门、电信主管部门、公安机关报告。 网信部门、电信主管部门、公安机关等有关主管部门发现互联网信息服务提供者存在违反真实身份查验要求的行为或者其他网络违法犯罪行为，应当要求互联网信息服务提供者采取消除、制止等处置措施，停止相关服务，保存有关记录，并向网信部门、电信主管部门、公安机关报告。	该法条要求互联网信息服务提供者应当保存可能涉及网络犯罪的信息，并及时向有关部门报告。同时，提供者还应当配合有关部门的调查和取证工作。其重点在于保护网络安全和维护社会公共安全，同时也是加强网络监管和打击网络犯罪的必要举措。互联网信息服务提供者作为网络空间中重要的参与者，应当承担相应的社会责任和义务，积极配合有关部门的调查和取证工作，以确保网络空间的安全和稳定。
第二十二条【配合侦查义务】	互联网网络接入、互联网信息服务、域名注册和解析等互联网服务提供者，应当为公安机关、国家安全机关依法维护国家安全和侦查犯罪的活动，提供技术支持和协助。技术支持和协助的具体要求，由公安机关、国家安全机关会同电信主管部门等有关部门另行制定。 互联网网络接入、互联网信息服务、域名注册和解析等互联网服务提供者，应当为网信部门、电信主管部门依法履行互联网信息服务监督管理职责，提供必要的数据支持和相关配合。	该法条要求互联网信息服务提供者应当按照国家法律法规和有关规定，配合有关部门对违法犯罪行为的调查和取证工作。同时，提供者还应当积极履行公安机关指定的信息安全管理职责，确保信息的安全性和可靠性。其重点在于提高互联网信息服务提供者的法律意识和社会责任感，促进其自觉遵守国家法律法规和有关规定，积极履行社会责任。

（三）监管部门应建立的制度

监管部门对于互联网信息服务管理的作用主要是保障公民、法人和其他组织的合法权益，维护国家安全和社会稳定，推动互联网信息服务的健康有序发展。《互联网信息服务管理办法（草案）》中，监管部门需建立的制度包括监督管理信息共享和信息通报制度以及互联网信息服务黑名单制度（见表5－4）。

表 5 -4 监管部门应建立的制度

规定	内容	解读
第三十三条【监督管理信息共享和信息通报制度】	网信部门、电信主管部门、公安机关和其他有关部门应当建立监督管理信息共享和信息通报制度,加强沟通和协作配合。 公安机关在依法开展互联网安全监督管理中,发现互联网信息服务提供者、互联网网络接入服务提供者违反本办法规定,并依法予以行政处罚的,应当通报网信部门、电信主管部门和其他有关部门,并可建议原许可或者备案机关取消相关许可或者备案。	该法条要求监管部门应当建立信息共享和信息通报机制,共同维护网络安全和信息安全。监管部门应当采取有效措施,及时传递网络安全和信息安全风险信息,提高监管效能。其目的是加强信息共享和监管,提高互联网信息服务管理的效率和水平。
第四十九条【互联网信息服务黑名单制度】	国家设立互联网信息服务黑名单制度,被主管部门吊销许可或取消备案的组织和个人,三年内不得重新申请相关许可或备案;被主管部门责令注销账号、关停网站的组织和个人,相关互联网服务提供者三年内不得为其重新提供同类服务。	该法条要求监管部门对违反法律法规的互联网信息服务提供者进行黑名单记录,并对其实施行业限制和联合惩戒,促进互联网信息服务行业的健康发展。其目的是加强互联网信息服务提供者的自律和规范行为,防范和打击违法和不良信息传播。

二、《网络信息内容生态治理规定》①

(一)三大主体的不同要求

《网络信息内容生态治理规定》规定了三大主体的要求:网络信息内容生产者应该遵守法律法规和公序良俗,防范和抵制不良信息内容;网络信息内容服务平台应该建立完善的管理制度和生态治理机制;网络信息内容服务使用者应该以文明健康的方式使用网络,并严禁发布违法和不良信息内容,同时行使监督权。具体如表 5 -5 所示:

① 《网络信息内容生态治理规定》,载中国网信网 2019 年 12 月 20 日,http://www.cac.gov.cn/2019 -12/20/c_1578375159509309.htm。

表 5-5　三大主体的对应身份和不同要求

主体	身份	要求
网络信息内容生产者	自媒体——制作、复制、发布网络信息内容的组织或者个人。	鼓励创作、复制、传播积极向上的信息内容。明确规定网络信息内容生产者必须遵守法律法规，遵循公序良俗，不得损害国家利益、公共利益和他人合法权益，禁止制作、复制、发布违法信息；同时，应采取措施，预防和抵制制作、复制、发布有害信息。
网络信息内容服务平台	内容平台——提供网络信息内容传播服务的网络信息服务提供者，在电信业务中属于 B25 项，包括信息发布平台和递送服务、信息搜索查询服务、信息社区平台服务、信息即时交互服务、信息保护和处理服务等。	应当承担信息内容管理的主体责任，并建立网络信息内容生态治理机制。明确了平台在运行环节的管理要求，其中包括建立和完善算法推荐的人工干预和用户自主选择机制、广告管理制度、平台公约和用户协议制度、举报制度以及年度报告制度等。明确了平台在信息安全管理方面的义务，包括禁止传播违法信息，应预防和抵制不良信息的传播，鼓励在关键环节传播积极向上的信息，禁止在关键环节呈现有害信息等。
网络信息内容服务使用者	网民——使用网络信息内容服务的组织或者个人，既包括只围观不发表意见的浏览者，也包括在以发帖、回复、留言、弹幕等形式参与网络活动的参与者。	在发布信息和参与网络活动时，应以文明互动和理性表达为原则，禁止发布违法信息，并积极预防和抵制不良信息的传播。鼓励通过投诉、举报等方式对网上违法和不良信息进行监督。明确网络群组、论坛社区板块的创建者和管理员应承担相应的管理责任，依法依规规范群组、板块内的信息发布等行为。同时，明确规定网络信息内容的使用者、生产者和平台不得从事网络暴力、人肉搜索、深度伪造、流量造假、操纵账号等违法活动。

（二）“十条红线”和“八类不良”

互联网信息内容服务平台在提高民众生活便利性、促进互联网内容产业发展的同时，也存在少数被不法分子利用，传播违法违规信息，窃取隐私、恶意扣费、诱骗欺诈等损害用户合法权益的行为，以及过度收集个人信息，侵犯用户个人信息权的问题。对此，《网络信息内容生态治理规定》明确，网络信息内容生产者在遵守法律法规的前提下，还要守住“十条红线”，抵制“八类不良”。具体如表 5-6 所示：

表 5－6　网络信息内容生产者应禁止和抵制的信息

规定	内容
第六条【禁止的十一类信息】	网络信息内容生产者不得制作、复制、发布含有下列内容的违法信息： （一）反对宪法所确定的基本原则的； （二）危害国家安全，泄露国家秘密，颠覆国家政权，破坏国家统一的； （三）损害国家荣誉和利益的； （四）歪曲、丑化、亵渎、否定英雄烈士事迹和精神，以侮辱、诽谤或者其他方式侵害英雄烈士的姓名、肖像、名誉、荣誉的； （五）宣扬恐怖主义、极端主义或者煽动实施恐怖活动、极端主义活动的； （六）煽动民族仇恨、民族歧视，破坏民族团结的； （七）破坏国家宗教政策，宣扬邪教和封建迷信的； （八）散布谣言，扰乱经济秩序和社会秩序的； （九）散布淫秽、色情、赌博、暴力、凶杀、恐怖或者教唆犯罪的； （十）侮辱或者诽谤他人，侵害他人名誉、隐私和其他合法权益的； （十一）法律、行政法规禁止的其他内容。
第七条【防范的九类信息】	网络信息内容生产者应当采取措施，防范和抵制制作、复制、发布含有下列内容的不良信息： （一）使用夸张标题，内容与标题严重不符的； （二）炒作绯闻、丑闻、劣迹等的； （三）不当评述自然灾害、重大事故等灾难的； （四）带有性暗示、性挑逗等易使人产生性联想的； （五）展现血腥、惊悚、残忍等致人身心不适的； （六）煽动人群歧视、地域歧视等的； （七）宣扬低俗、庸俗、媚俗内容的； （八）可能引发未成年人模仿不安全行为和违反社会公德行为、诱导未成年人不良嗜好等的； （九）其他对网络生态造成不良影响的内容。

（三）特别关注的领域

此外，《网络信息内容生态治理规定》还对于某些特别领域给予了重点关注和规定，包括流量造假和算法推送问题等。随着互联网的普及和技术的发展，流量造假和算法推送已成为一些不法分子和平台的手段，引导用户接受偏颇或低俗的内容，严重扰乱信息生态秩序。为了维护网络信息生态秩序和公共利益，《网络信息内容生态治理规定》提出以下要求，具体如表 5－7 所示：

表 5-7　《网络信息内容生态治理规定》特别关注的领域

规定	内容	解读
第二十四条【流量造假问题】	网络信息内容服务使用者和网络信息内容生产者、网络信息内容服务平台不得通过人工方式或者技术手段实施流量造假、流量劫持以及虚假注册账号、非法交易账号、操纵用户账号等行为，破坏网络生态秩序。	流量造假指的是通过人为手段或技术手段制造虚假的用户流量，如人为增加网站或 App 的访问量、点击量、注册量等，以达到提高知名度、增加广告收益等目的。流量劫持是指利用技术手段控制网络流量的过程，使真正的用户无法访问或使用网站或 App 等网络服务，从而达到攻击、侵犯或获取利益等目的。该条既是对当前互联网信息生态环境中流量造假、注水、水军等现象的有力打击，也是对维护网络信息生态秩序的重要规定。
第十二条【算法推送问题】	网络信息内容服务平台采用个性化算法推荐技术推送信息的，应当设置符合本规定第十条、第十一条规定要求的推荐模型，建立健全人工干预和用户自主选择机制。	该法条基于第十条、第十一条有关算法推荐内容的要求，规定网络信息内容服务平台应当加强信息内容的管理，禁止传播违反法律法规、危害国家安全、破坏社会稳定、侵害他人合法权益等内容，并应当鼓励平台坚持主流价值导向，优化信息推荐机制，积极呈现有益社会公共利益、促进社会文明进步、维护国家安全和社会稳定等内容。

三、《互联网新闻信息服务管理规定》①

（一）新媒体、自媒体被监管

【法条】

第五条　通过互联网站、应用程序、论坛、博客、微博客、公众账号、即时通信工具、网络直播等形式向社会公众提供互联网新闻信息服务，应当取得互联网新闻信息服务许可，禁止未经许可或超越许可范围开展互联网新闻信息服务活动。

前款所称互联网新闻信息服务，包括互联网新闻信息采编发布服务、转载服务、传播平台服务。

【解读】

当前互联网上出现了大量未经许可、没有资质的自媒体、新媒体等，涉及的信息有时也难以辨别真假。因此，该条旨在规范互联网上的新闻信息服务活动，提高新闻信息服务的质量和可信度，保护公众的利益和知情权。同时，也可以加强对于

① 《互联网新闻信息服务管理规定》，载中国网信网 2017 年 5 月 2 日，http://www.cac.gov.cn/2017-05/02/c_1120902760.htm。

自媒体、新媒体的监管，防止出现利用自媒体、新媒体传播虚假信息等违法行为。

根据该条的规定，不仅网站提供的新闻信息服务需要取得互联网新闻信息服务许可，而且通过新媒体、自媒体、社交网站等形式向社会公众提供互联网新闻信息服务也需要取得许可。这就意味着，如果在微信、微博等新媒体平台上转发门户网站的新闻，也需要取得互联网新闻信息服务许可。此外，未经许可或超越许可范围开展互联网新闻信息服务活动将会面临1万元以上3万元以下的罚款。因此，新媒体、自媒体等也需要遵守新规定，不能再被视为“自由世界”。

（二）业务分离

【法条】

第八条　互联网新闻信息服务提供者的采编业务和经营业务应当分开，非公有资本不得介入互联网新闻信息采编业务。

【解读】

采编业务指的是采集新闻信息、撰写新闻稿件、进行编辑制作和发布等内容，而经营业务则包括管理和运营等方面。如果采编和经营业务不分开，就可能会导致新闻信息的篡改、虚假报道等问题。例如，某公司为了自身利益而篡改了某篇新闻的内容，或者某家媒体因为与某个商家有利益关系而编造了虚假的报道，这些行为都会损害公众的利益，也会影响新闻媒体的公信力和声誉，还可能导致新闻信息服务提供者出现利益冲突，为了维护自身经济利益而压制或删除不利于自己的报道，或者在报道中故意强调某些与自己利益相关的内容等，这些行为都会影响新闻信息的真实性和客观性。

如果非公有资本介入互联网新闻信息采编业务，则可能会影响新闻报道的客观性和真实性。由于商业利益的驱动，非公有资本可能会要求新闻报道服务提供商按照其利益进行报道，从而影响新闻报道的公正性和客观性。此外，如果有政治、经济等方面的私人利益介入，也可能会影响新闻报道的准确性和全面性。

本条规定互联网新闻信息服务提供者的采编业务和经营业务应当分开，这是为了避免利益驱动干扰新闻的真实性和客观性。其中，非公有资本不得介入互联网新闻信息采编业务，是为保证新闻的独立性和公正性，避免利益集团或个人对新闻的掌控和操纵。

（三）实名制看新闻

【法条】

第十三条第一款　互联网新闻信息服务提供者为用户提供互联网新闻信息传播平台服务，应当按照《中华人民共和国网络安全法》的规定，要求用户提供真实身份信息。用户不提供真实身份信息的，互联网新闻信息服务提供者不得为其提供相关服务。

【解读】

在确定实名制以前，互联网新闻信息传播平台上充斥着海量未知账号，极易导致虚假信息的传播和不良言论的滋生。在匿名的情况下，发布者不需要承担信息的真实性和可信度的责任，这容易导致虚假新闻的传播和不良言论的滋生，从而给公众带来负面影响。此外，非实名制还导致互联网新闻传播秩序难以得到管理和维护，平台很难确定用户的真实身份，也很难对用户的行为进行有效监督和管理。

在此背景下，本条第一款规定互联网新闻信息服务提供者为用户提供互联网新闻信息传播平台服务时，要求用户提供真实身份信息。其目的就在于确保互联网新闻信息传播平台服务的用户真实身份信息，以便防范网络犯罪和维护网络安全。同时，这也能够更好地保障用户的信息安全，确保用户在使用新闻信息服务的同时，不会泄露个人隐私。此外，对用户也起到警示和保护作用，引导用户树立正确的网络安全意识，自觉保护个人信息安全。

四、《互联网广告管理办法》[①]

（一）弹出广告问题

弹出式广告作为一种网络广告形式，虽然为网络用户带来了某些便利，但同时也引发了一系列负面影响。在我国，由于缺乏相关法律规范，一些广告主体滥用弹出式广告发布不良广告，严重侵犯了网络消费者的自主选择权和信息安全权，破坏了网络广告市场的公平竞争秩序，给网络用户带来了不必要的困扰，也给网络广告行业的健康发展带来了挑战。尽管《广告法》《消费者权益保护法》《反不正当竞争法》等法律法规对此进行了一定的规范，但由于法律滞后性，这些规定

---

① 《市场监管总局公布〈互联网广告管理办法〉》，载中央人民政府网 2023 年 3 月 24 日，https://www.gov.cn/xinwen/2023-03/24/content_5748234.htm。

的效果受到限制。针对弹出场合的具体情况,《互联网广告管理办法》作出以下规定,如表5－8所示:

表5－8　《互联网广告管理办法》对弹出广告的规制

规定	内容	解读
第十条【一键关闭】	以弹出等形式发布互联网广告,广告主、广告发布者应当显著标明关闭标志,确保一键关闭,不得有下列情形: (一)没有关闭标志或者计时结束才能关闭广告; (二)关闭标志虚假、不可清晰辨识或者难以定位等,为关闭广告设置障碍; (三)关闭广告须经两次以上点击; (四)在浏览同一页面、同一文档过程中,关闭后继续弹出广告,影响用户正常使用网络; (五)其他影响一键关闭的行为。 启动互联网应用程序时展示、发布的开屏广告适用前款规定。	弹出广告需要确保一键关闭,并对"一键关闭"情形进行细化,不得设置关闭障碍和虚假关闭标志,以保护网络用户的合法权益。
第十七条第二款【影响消费体验甚至交通安全的弹出广告】	未经用户同意、请求或者用户明确表示拒绝的,不得向其交通工具、导航设备、智能家电等发送互联网广告,不得在用户发送的电子邮件或者互联网即时通讯信息中附加广告或者广告链接。	强化用户对于自己设备上广告宣传的控制权,避免广告主的滥用行为。

(二)直播广告问题

【法条】

第十九条　商品销售者或者服务提供者通过互联网直播方式推销商品或者服务,构成商业广告的,应当依法承担广告主的责任和义务。

直播间运营者接受委托提供广告设计、制作、代理、发布服务的,应当依法承担广告经营者、广告发布者的责任和义务。

直播营销人员接受委托提供广告设计、制作、代理、发布服务的,应当依法承担广告经营者、广告发布者的责任和义务。

直播营销人员以自己的名义或者形象对商品、服务作推荐、证明,构成广告代言的,应当依法承担广告代言人的责任和义务。

【解读】

随着互联网直播技术的快速发展,越来越多的商品销售者和服务提供者利用互联网直播平台进行商品和服务的推销,成为新的营销方式。然而,一些直播间存在违规发布商业广告、虚假宣传等问题,侵犯了广告受众的合法权益,损害了广告市场的公平竞争秩序。

该条规定明确了网络直播构成商业广告的，相应广告活动参与主体应当依法承担广告主、广告经营者、广告发布者及广告代言人的责任和义务。要求在互联网直播中，所有参与广告发布和营销的相关方都应当遵守相关法律法规，承担相应的责任和义务，以保障广告市场的公平竞争和广告受众的权益。

（三）算法推荐广告问题

【法条】

第十五条 利用算法推荐等方式发布互联网广告的，应当将其算法推荐服务相关规则、广告投放记录等记入广告档案。

【解读】

算法推荐广告指的是通过人工智能技术和算法来进行广告投放的一种方式。具体来说，广告经营者会根据用户的历史行为、兴趣爱好、地理位置等信息，利用算法进行数据分析和挖掘，从而对用户进行精准定位和分类，然后将符合用户需求的广告进行推荐和投放。

算法推荐广告可以让广告投放更加精准、高效，有助于提高广告投放的效果和用户的满意度。但也存在一些问题，如会对用户的隐私造成侵害，可能会让用户感到不舒服或者被骚扰。此外，由于算法推荐的广告过于个性化，可能会让用户形成“信息茧房”，缺乏对不同观点的了解和接触，从而影响了用户获取信息的多样性和客观性。

对此，《互联网广告管理办法》要求广告经营者、广告发布者应当对利用算法推荐等方式发布互联网广告的行为，按照《互联网广告管理办法》第十四条的规定，建立、健全和实施承接登记、审核、档案管理制度，将利用算法推荐等方式发布广告的相关信息记录下来，并存档备查。此举主要是为了规范利用算法推荐等方式发布广告的行为，防止互联网广告的过度定制和针对性投放，从而更好地保护广大消费者的合法权益。通过记录广告投放信息，也能够帮助广告监管机构更好地监管互联网广告行业，维护良好的市场秩序。

（四）探店、种草、软广营销问题

【法条】

第九条 互联网广告应当具有可识别性，能够使消费者辨明其为广告。

……通过知识介绍、体验分享、消费测评等形式推销商品或者服务，并附加购物链接等购买方式的，广告发布者应当显著标明“广告”。

【解读】

近两年，网络美食探店视频充斥着各种虚假宣传和夸大其词的现象，许多消费者因此遭遇了“踩雷”的经历。一些博主在收到商家的钱后，不顾实际情况，给餐厅过度夸赞，导致消费者对探店视频的可信度产生怀疑。这种行为不仅让消费者受到欺骗，还可能给城市的形象带来负面影响。

该条对带有广告性质的知识介绍、体验分享、消费测评等行为作出了明确规定。根据该法规，广告发布者在推销商品或服务时必须显著标明为广告，广告主也要对广告内容的真实性负责。这一法规的实施将有助于净化探店环境，为消费者提供透明和真实的消费空间。

探店行业可能会迎来一次“大洗牌”。随着《互联网广告管理办法》的施行，探店行业将变得更加透明和真实，虚假营销现象有望减少。此举对于那些真诚做内容、有质量的博主来说是一种保护，而那些以虚假营销牟利的博主则将被淘汰。新规的实施有助于规范探店行为，提升消费者的知情权和公正消费权，让市场更加健康发展。

（五）欺骗诱导用户点击浏览问题

【法条】

第十一条　不得以下列方式欺骗、误导用户点击、浏览广告：

（一）虚假的系统或者软件更新、报错、清理、通知等提示；

（二）虚假的播放、开始、暂停、停止、返回等标志；

（三）虚假的奖励承诺；

（四）其他欺骗、误导用户点击、浏览广告的方式。

【解读】

近年来，许多广告商采用虚假的提示、标志或承诺等手段来引导用户点击广告，以获取更多的曝光和点击量。这种行为不仅损害了用户的利益，而且破坏了公平竞争的市场环境，因此需要加以规范。

该条适用于各类互联网广告中存在欺骗、误导用户点击、浏览的情况。例如，在软件或系统更新提示中虚假宣称有更新或修复，实际上是为了引导用户点击广告；通过虚假的播放、暂停、停止等标志来误导用户点击广告；通过虚假的奖励承诺来诱导用户点击广告。

该条的实施有助于保护用户的合法权益，减少欺骗和误导行为在互联网广告中的出现。通过明确禁止虚假提示、标志、奖励承诺等手段来欺骗用户点击广告，为用户提供更加真实、可信的广告环境。这样的规范将促使广告商遵守诚实守信的原则，提高广告行业的整体诚信度。同时，这也有助于维护公平竞争的市场秩序，促进广告市场的健康发展。

五、《反电信网络诈骗法》

（一）打击境外犯罪

网络诈骗犯罪越来越呈现跨国有组织的特点，很多诈骗行为都涉及境外因素。然而，当前仍面临止付困难和查处难的问题，无法及时有效地处理。《反电信网络诈骗法》针对这一现象作出了相关规定（见表5－9）。

表5－9　《反电信网络诈骗法》对境外犯罪的规定

规定	内容	解读
第三条第二款【适用范围】	境外的组织、个人针对中华人民共和国境内实施电信网络诈骗活动的，或者为他人针对境内实施电信网络诈骗活动提供产品、服务等帮助的，依照本法有关规定处理和追究责任。	包括使用电子邮件、社交媒体、电话等手段，以欺骗手段获取中华人民共和国境内居民的财产或个人信息；提供网络技术支持、发送欺诈性信息、提供虚假身份等。
第三十六条【电诈犯罪者限制出境】	对前往电信网络诈骗活动严重地区的人员，出境活动存在重大涉电信网络诈骗活动嫌疑的，移民管理机构可以决定不准其出境。 因从事电信网络诈骗活动受过刑事处罚的人员，设区的市级以上公安机关可以根据犯罪情况和预防再犯罪的需要，决定自处罚完毕之日起六个月至三年以内不准其出境，并通知移民管理机构执行。	通过限制电诈犯罪者前往电信网络诈骗活动严重地区的出境，可以有效阻止犯罪行为在国际范围内扩散。对已受刑事处罚的电诈犯罪者实施出境限制，有助于预防其再次从事电信网络诈骗活动。限制其出境可以有效监管和控制这些犯罪分子，减少再次伤害社会的风险。

（二）提升全民反诈意识

网络诈骗犯罪的新型形式造成的损失与传统诈骗犯罪相比不相上下，这不仅是由于犯罪活动的盛行，还与公民对反诈骗的意识不足密切相关。为了解决这一问题,《反电信网络诈骗法》采取了有力的规定,旨在显著提升公民的反诈骗意识水平(见表5－10)。

表5－10 《反电信网络诈骗法》对全民反诈的规定

规定	内容	解读
第八条第二款【加强对易受骗人群宣传教育】	教育行政、市场监管、民政等有关部门和村民委员会、居民委员会,应当结合电信网络诈骗受害群体的分布等特征,加强对老年人、青少年等群体的宣传教育,增强反电信网络诈骗宣传教育的针对性、精准性,开展反电信网络诈骗宣传教育进学校、进企业、进社区、进农村、进家庭等活动。	旨在加强对易受骗人群的宣传教育,提高公众的反电信网络诈骗意识和能力。通过针对性和精准性的宣传教育活动,促进反电信网络诈骗工作的落实,并为保护易受骗人群提供更全面的防范措施。
第三十条第三款【奖励提供有效信息举报人】	任何单位和个人有权举报电信网络诈骗活动,有关部门应当依法及时处理,对提供有效信息的举报人依照规定给予奖励和保护。	鼓励公众积极参与举报电信网络诈骗,提供有效线索和证据,从而加强对诈骗犯罪的打击力度。同时,提供奖励和保护措施也能增加公众的举报意愿,确保举报人的合法权益不受侵害。

(三)主体合规义务

电信网络诈骗的应对措施在《反电信网络诈骗法》中得到了具体规定,针对各个环节进行了有针对性的制度设计。其中,电信企业、银行、支付机构、互联网企业等承担了风险防控的责任,并要求建立内部控制制度和安全责任制度。以银行为例,其需要执行反洗钱和反诈职责,建立客户尽职调查制度,并对涉诈异常银行卡和可疑交易等进行监测和处置。同样,电信企业需监测和处置涉诈异常电话卡、改号电话、虚拟拨号设备(GOIP)等非法设备。互联网企业则需监测和处置涉诈互联网账号、App和网络黑灰产,并按照国家规定履行合理注意义务,防范其相关业务被用于电信网络诈骗等行为。

此外,该法还对不同主体的合规义务进行了详细规定,整体上呈现"3＋1"格局,即电信、金融、互联网加上综合治理。这一格局的设立意在确保各主体履行相应责任,共同应对电信网络诈骗的挑战。通过这种方式,法律规范了各个领域的合规要求,促进了综合治理的实施(见表5－11)。

表 5－11　《反电信网络诈骗法》对主体合规义务的规定

主体	义务	具体规定
所有安全主体		(一)任何单位和个人对于在反电信网络诈骗工作过程中知悉的国家秘密、商业秘密和个人隐私、个人信息应予以保密； (二)电信业务经营者、银行业金融机构、非银行支付机构、互联网服务提供者承担风险防控责任，建立反电信网络诈骗内部控制机制和安全责任制度，加强新业务涉诈风险安全评估。
电信治理电信业务经营者	实名登记	(一)依法全面落实电话用户真实身份信息登记制度； (二)基础电信企业和移动通信转售企业应当承担对代理商落实电话用户实名制管理责任，在协议中明确代理商实名制登记的责任和有关违约处置措施。
	开卡管控	(一)办理电话卡不得超出国家有关规定限制的数量； (二)对经识别存在异常办卡情形的，电信业务经营者有权加强核查或者拒绝办卡。具体识别办法由国务院电信主管部门制定。
	风险处置	(一)对监测识别的涉诈异常电话卡用户应当重新进行实名核验，根据风险等级采取有区别的、相应的核验措施； (二)对未按规定核验或者核验未通过的，电信业务经营者可以限制、暂停有关电话卡功能。
	物联网卡管理	(一)建立物联网卡用户风险评估制度，评估未通过的，不得向其销售物联网卡。 (二)严格登记物联网卡用户身份信息。 (三)采取有效技术措施限定物联网卡开通功能、使用场景和适用设备。 (四)单位用户从电信业务经营者购买物联网卡再将载有物联网卡的设备销售给其他用户的，应当核验和登记用户身份信息，并将销量、存量及用户实名信息传送给号码归属的电信业务经营者。 (五)电信业务经营者对物联网卡的使用建立监测预警机制。对存在异常使用情形的，应当采取暂停服务、重新核验身份和使用场景或者其他合同约定的处置措施。
	加强治理	(一)规范真实主叫号码传送和电信线路出租，对改号电话进行封堵拦截和溯源核查。 (二)严格规范国际通信业务出入口局主叫号码传送，真实、准确向用户提示来电号码所属国家或者地区，对网内和网间虚假主叫、不规范主叫进行识别、拦截。

续表

主体	义务	具体规定
	非法设备处置	(一)任何单位和个人不得非法制造、买卖、提供或者使用下列设备、软件： (1)电话卡批量插入设备； (2)具有改变主叫号码、虚拟拨号、互联网电话违规接入公用电信网络等功能的设备、软件； (3)批量账号、网络地址自动切换系统，批量接收提供短信验证、语音验证的平台； (4)其他用于实施电信网络诈骗等违法犯罪的设备、软件。 (二)电信业务经营者、互联网服务提供者应当采取技术措施，及时识别、阻断前款规定的非法设备、软件接入网络，并向公安机关和相关行业主管部门报告。
金融治理 银行业 金融机构 非银行 支付机构	实名实人	(一)开立银行账户、支付账户及提供支付结算服务，和与客户业务关系存续期间，应当建立客户尽职调查制度，依法识别受益所有人，采取相应风险管理措施； (二)金融、电信、市场监管、税务等有关部门建立开立企业账户相关信息共享查询系统，提供联网核查服务。
	账户管理	(一)开立银行账户、支付账户不得超出国家有关规定限制的数量； (二)对经识别存在异常开户情形的，有权加强核查或者拒绝开户； (三)应当按照国家有关规定提供开户情况和有关风险信息，相关信息不得用于反电信网络诈骗以外的其他用途。
	异常账户处置	(一)中国人民银行统筹建立跨银行业金融机构、非银行支付机构的反洗钱统一监测系统，会同国务院公安部门完善与电信网络诈骗犯罪资金流转特点相适应的反洗钱可疑交易报告制度； (二)建立开立企业账户异常情形的风险防控机制； (三)对银行账户、支付账户及支付结算服务加强监测，建立完善符合电信网络诈骗活动特征的异常账户和可疑交易监测机制； (四)对监测识别的异常账户和可疑交易，根据风险情况采取核实交易情况、重新核验身份、延迟支付结算、限制或者中止有关业务等必要的防范措施； (五)开展异常账户和可疑交易监测时，可以收集异常客户互联网协议地址、网卡地址、支付受理终端信息等必要的交易信息、设备位置信息。
	配合义务	(一)按照国家有关规定，完整、准确传输直接提供商品或者服务的商户名称、收付款客户名称及账号等交易信息，保证交易信息的真实、完整和支付全流程中的一致性； (二)配合公安部门建立完善电信网络诈骗涉案资金处置措施(即时查询、紧急止付、快速冻结、及时解冻和资金返还制度，明确有关条件、程序和救济措施)。

续表

主体	义务	具体规定
互联网治理 互联网服务提供者	实名制	电信和互联网企业为用户提供下列服务时，在与用户签订协议或者确认提供服务时，应当依法要求用户提供真实身份信息，用户不提供真实身份信息的，不得提供下列服务： （一）提供互联网接入服务； （二）提供网络代理等网络地址转换服务； （三）提供互联网域名注册、服务器托管、空间租用、云服务、内容分发服务； （四）提供信息、软件发布服务，或者提供即时通讯、网络交易、网络游戏、网络直播发布、广告推广服务。
	异常账户处置	（一）对监测识别的涉诈异常账号应当重新核验，根据国家有关规定采取限制功能、暂停服务等处置措施； （二）根据监管部门要求，对涉案电话卡、涉诈异常电话卡所关联注册的有关互联网账号进行核验，根据风险情况，采取限期改正、限制功能、暂停使用、关闭账号、禁止重新注册等处置措施。
	App 管理	（一）设立移动互联网应用程序应当按照国家有关规定向电信主管部门办理许可或者备案手续； （二）为应用程序提供封装、分发服务的，应当登记并核验应用程序开发运营者的真实身份信息，核验应用程序的功能、用途； （三）加强对分发平台以外途径下载传播的涉诈应用程序重点监测、及时处置。
	域名管理	提供域名解析、域名跳转、网址链接转换服务的，应当按照国家有关规定，核验域名注册、解析信息和互联网协议地址的真实性、准确性，规范域名跳转，记录并留存所提供相应服务的日志信息，支持实现对跳转、解析、转换记录的溯源。
	禁止性规定	（一）不得为他人实施电信网络诈骗活动提供下列支持或者帮助： （1）出售、提供个人信息； （2）帮助他人通过虚拟货币交易等方式洗钱； （3）其他为电信网络诈骗活动提供支持或者帮助的行为。 （二）电信业务经营者、互联网服务提供者应当依照国家有关规定履行合理注意义务，对利用下列业务从事涉诈支持、帮助活动进行监测识别和处置： （1）提供互联网接入、服务器托管、网络存储、通讯传输、线路出租、域名解析等网络资源服务； （2）提供信息发布或者搜索、广告推广、引流推广等网络推广服务； （3）提供应用程序、网站等网络技术、产品的制作、维护服务； （4）提供支付结算服务。

续表

主体	义务	具体规定
	配合义务	(一)对公安机关办理电信网络诈骗案件依法调取证据的,应当及时提供技术支持和协助; (二)对有关涉诈信息、活动进行监测时,发现涉诈违法犯罪线索、风险信息的,应当依照国家有关规定,根据涉诈风险类型、程度情况移送公安、金融、电信、网信等部门。

第四节　典型案例解析

在前面的章节中,我们重点分析了相关法规的规定及其具体应用,为我们进一步了解互联网监管提供了基础。在本节中,我们将通过一些典型案例的解析,深入探讨互联网监管的具体实践,以期更好地理解互联网监管的现状与趋势。

一、内容审查案例:“AI 陪伴”软件侵害人格权案

(一)案情简介

被告经营一款智能手机记账软件,其平台提供了名为“AI 陪伴者”的设定功能,允许用户自定义“AI 陪伴者”的名称、头像、与用户的关系以及相互称谓,并设定“AI 陪伴者”与用户的互动内容。被告利用算法应用,向众多用户开放了该角色,允许用户上传大量原告的表情包,以实现“调教”该“AI 陪伴者”的功能。原告何某为公众人物,然而,在未经同意的情况下,该软件中出现了以原告姓名和肖像作为标识的“AI 陪伴者”。原告主张被告的行为侵犯了其姓名权、肖像权和一般人格权,要求法院要求被告赔礼道歉,并赔偿其经济损失和精神损害抚慰金等。[①]

(二)争议焦点

北京互联网法院在审理中指出,本案涉及用户在软件中使用原告的姓名、肖像等个人信息,以创建虚拟人物、互动素材的方式进行体验。该行为导致原告的

① 参见《民法典颁布后人格权司法保护典型民事案例》。

肖像、姓名、人格特点等个人信息被综合运用在 AI 角色上，形成了原告的虚拟形象。被告作为软件提供商，在产品设计和算法应用方面采用的策略，实际上是在鼓励和组织用户上传这些个人信息，以实现软件的核心功能。

此外，用户通过设定身份关系和相互称谓，以及“调教”角色的方式，可以更深入地与虚拟形象互动，这进一步涉及了原告的人格自由和人格尊严。虽然具体的图文内容由用户上传，但是被告的产品设计和算法应用实际上是直接决定了软件的核心功能和用户上传行为的实现，从而应对侵权行为负有一定的责任。

因此，被告未经原告同意而使用原告的姓名、肖像，并且设定了与原告人格自由和人格尊严相关的系统功能，构成了对原告姓名权、肖像权以及一般人格权的侵害。根据法律规定，被告应承担相应的侵权责任，包括赔礼道歉和赔偿原告的损失等。

（三）影响和启示

1. 对涉案企业的影响

被判定侵权的企业将面临经济赔偿和公众形象受损等影响。此案中，被告需要向原告赔礼道歉并赔偿经济损失、精神损害抚慰金等，这将对该企业的财务状况和品牌形象产生负面影响。该企业在日后不仅需要关注自身技术的开发和创新，而且要对用户上传的内容进行审查和管理，建立一套完善的内容审核机制，以确保其不侵犯他人的合法权益。

2. 对所涉行业的影响

此案可能对互联网行业产生深远的影响，尤其是涉及虚拟形象的行业，如游戏、虚拟现实等。此案的判决表明，内容服务提供商应当对其平台上的用户内容进行审查，并承担相应的法律责任。在这种情况下，这些平台需要积极采取措施，确保用户不会侵犯他人的知识产权和个人隐私。对于涉及虚拟形象的行业来说，需要格外警惕，确保虚拟形象的使用不会侵犯他人的肖像权和名誉权。行业可能需要对其平台的功能进行审查和修改，以确保其能够满足法律要求，同时保持用户的创造性和想象力。这也将迫使这些行业更加注重对平台内容的监管和管理，以避免侵权行为的发生。

3. 对其他企业的影响

此案的判决结果将对其他企业的行为产生借鉴和警示作用，尤其是那些提供类似于被告开发的 AI 交互软件的公司。此案表明了企业不能仅仅通过让用户上传图片和文本来规避侵权责任,即使具体的图像和文本由用户上传。因此,企业需要在产品设计和对算法的应用中审慎处理用户上传的内容,加强内容审查,避免侵犯他人的人格自由和人格尊严。此外,企业也应该采取有效的技术措施,如数字水印和图像识别技术,以防止用户上传的侵权内容。同时,企业需要对其产品设计和算法应用进行审查,确保它们不会鼓励或组织用户上传侵权内容。企业不能只是中立的技术服务提供者,而必须承担内容服务提供者的责任。

4. 对相关法律的影响

针对涉及用户个人信息保护和数据隐私的互联网产品,此案的判决为相关法律提供了参考意见,即互联网企业应加强用户个人信息保护和隐私安全,依法履行个人信息保护义务。同时,该案也突出了在数字化时代中,个人权利和隐私权利保护的重要性,对于相关法律的进一步完善和加强也提出了新的要求。在内容审查方面,本案的判决强调了互联网企业不再只是中立的技术服务提供者,而应作为内容服务提供者承担侵权责任,这对于相关法律的修改和完善也提出了要求。

二、广告监管案例:妇炎洁低俗广告案

(一)案情简介

某科技公司于 2021 年 8 月 1 日委托江西某公司对妇炎洁女性个护保养系列产品进行运营、策划、推广和销售等服务。然而,2022 年 4 月 30 日,该科技公司在其天猫妇炎洁官方旗舰店推广销售名为“某玻尿酸玫瑰滋养洗液”的产品时,广告宣传中使用了大量低俗、恶俗和媚俗的用语,贬损了妇女的人格尊严,对社会产生了恶劣影响。江西省宜春市人民检察院于 2022 年 5 月 19 日发现了相关线索,并将其移交给樟树市人民检察院进行处理。樟树市人民检察院依法对此案进行了行政公益诉讼立案,并调取了相关证据材料以查明案件事实。妇科专家的意见认为该广告宣传误导了女性对身体的错误认知。樟树市人民检察院向市监局发出了检察建议书,要求对违法广告行为进行依法处理,并对该企业作出行政处罚。此案被最高人民检察院与全国妇联列为妇女权益保障检察公益诉讼的典型案例之一。随后,于 2022 年 8 月 18 日,市场监管局对科技公司和医药连锁公司分别作

出了罚款处罚。[①]

（二）争议焦点

本案中的法律焦点问题主要是涉案公司在广告宣传中是否遵守了广告法律法规，是否遵循了社会公德和商业道德。根据《广告法》的规定，广告中不得含有淫秽、色情、赌博、迷信、恐怖、暴力的内容；[②]最新颁布施行的《互联网广告管理办法》更是明确规定，互联网广告应当遵循法律法规、社会公德、商业道德，不得含有侵害他人合法权益，损害社会公共利益或者公共道德风尚的内容。[③] 该公司在广告宣传中使用低俗、恶俗、媚俗用语损害女性尊严，违背了社会良好风尚，既是一种违反广告法律法规和商业道德的行为，也是一种不负责任的商业行为。

根据《广告法》的规定，发布医疗、药品等广告，应当在广告发布前由有关部门（广告审查机关）对广告内容进行审查，未经审查的，品牌方不得发布。[④] 此次妇炎洁涉嫌违法的广告，未获审查机关审查及通过，即由品牌方直接发布在品牌天猫旗舰店，同样违反了《广告法》规定的程序性要求。

（三）影响和启示

1. 对涉案企业的影响

除被罚金额外，此案后该企业的信誉将受损，不符合社会公德和商业道德的广告行为，会导致消费者对企业的信任度下降，对品牌形象和声誉产生负面影响。若该企业长期存在不良广告行为，会导致品牌形象逐渐失去消费者认可和信任，对企业的长远发展产生不利影响。如果企业多次违反广告法律法规，将面临更高额的罚款和严厉的法律制裁。此外，如果消费者认为广告涉嫌虚假宣传、误导消费等行为，还可能面临消费者维权诉讼的风险。

2. 对所涉行业的影响

对医疗、药品行业来说，涉及人们的生命健康，广告的真实性和合规性尤为重

---

① 《市场监管总局曝光十起涉导向违法广告典型案例》，载央广网 2023 年 2 月 3 日，https://news.cnr.cn/native/gd/20230203/t20230203_526143236.shtml。

② 参见《广告法》第九条。

③ 参见《互联网广告管理办法》第二十四条。

④ 参见《广告法》第四十六条。

要。医疗、药品广告如果违反了广告法律法规和商业道德,可能会对消费者的生命和健康造成威胁,引起公众的质疑和不信任。此次涉案企业委托第三方公司进行广告推广,在广告发布前未经有关部门审查,违反了广告法律法规的程序性要求。这提示医疗、药品行业在投放互联网广告时,需加强合规管理,确保广告内容真实、合法、合规。另外,涉案企业在广告宣传中使用低俗、恶俗、媚俗用语损害女性尊严,违背了社会良好风尚,也对医药行业形象造成了不良影响。通过这个案例的曝光,可以促进整个医药行业加强广告监管,规范广告宣传内容,提高行业规范水平。

3. 对其他企业的影响

此案提醒任何企业在广告宣传中必须遵守广告法律法规和商业道德,不能出现低俗、恶俗、媚俗用语等不良行为,否则将面临行政处罚或者民事诉讼等法律后果。对于其他医药企业来说,可以起到强化法规意识和合规意识的作用,促使企业更加重视广告合规管理。

4. 对相关法律的影响

此案暴露了我国互联网广告监管的不足。虽然有关部门规定互联网广告发布前应经过审查,但在实际操作中,审查机关的力量和资源十分有限,加之互联网广告发布迅速、数量庞大,监管难度较大。因此,互联网广告行业还需要不断探索新的监管手段,增强监管的有效性和针对性,以促进行业健康有序发展。

三、违法违规案例:自媒体违规从事互联网新闻信息服务案

(一)案情简介

自“清朗·从严整治‘自媒体’乱象”专项行动开展以来,商丘市网信办举报中心共收到社会网民举报线索497条,其中有效举报线索222条,涉发布传播谣言信息、有害信息和虚假消息185条,涉假冒仿冒官方机构、新闻媒体和特定人员的“自媒体”23条,涉“自媒体”违规营利14条。其中有关自媒体违规从事互联网新闻信息服务的典型案例如下:

案例一:微信公众号“法之闻”“汇闻商丘”“老家柘城”“大美乡村看柘里”“老家民权”涉嫌未取得互联网新闻信息服务许可,违规从事互联网新闻信息服务活动,已依法依规对账号负责人进行约谈,责令删除相关信息,并对违规账号进行

整改。

案例二：微信公众号“大象河南”涉嫌仿冒新闻媒体的名称、标识，已依法依规对账号负责人进行约谈，责令删除相关信息，并对违规账号进行整改。

案例三：微信公众号“中原大睢网”（注册主体：商丘大睢文化传播有限公司）涉嫌仿冒地方行政区划地理名称，误导公众，未取得互联网新闻信息服务许可，违规从事互联网新闻信息服务活动，发布与机构性质、经营范围和所属行业类型等不相符合的信息，情节严重，已移交上级网信部门依法处置。[①]

（二）争议焦点

这三个案例都涉及自媒体违规从事互联网新闻信息服务活动。其中，案例一中，微信公众号“法之闻”“汇闻商丘”等账号涉嫌未取得互联网新闻信息服务许可，违规发布互联网新闻信息。案例二中，“大象河南”微信公众号则涉嫌仿冒新闻媒体的名称和标识。案例三中，“中原大睢网”微信公众号涉嫌仿冒地方行政区划地理名称，误导公众，未取得互联网新闻信息服务许可，违规发布互联网新闻信息。

根据《互联网新闻信息服务管理规定》的规定，从事互联网新闻信息服务需要取得相应的许可和备案手续。这些案例中的自媒体账号在未取得相关许可和备案手续的情况下从事互联网新闻信息服务，属于实施了违法行为。同时，涉嫌仿冒官方机构、新闻媒体和特定人员因严重误导公众，扰乱社会秩序，也应当被追究相关法律责任。

（三）影响和启示

1. 对自媒体行业及从业者的影响

虽然是地方执法案例，本案依然对全国的自媒体行业和其他自媒体有一定的警示意义。首先，这些自媒体账号的违法行为已被举报并受到了惩处，表明监管部门对自媒体行业的整治力度正在加强，提醒其他自媒体账号应该认真对待相关法规，严格遵守法律法规要求，合法经营。其次，警示自媒体账号应该注重自身形

---

① 《商丘市网信办公布全市“清朗·从严整治‘自媒体’乱象”专项行动第一批典型案例》，载百度网 2023 年 3 月 29 日，https://baijiahao.baidu.com/s?id=1761709960630408711&wfr=spider&for=pc。

象,不要仿冒官方机构、新闻媒体和特定人员的名称和标识,避免误导公众,扰乱社会秩序。最后,促进自媒体行业加强自律,不断提高行业素质,为社会提供更加优质的信息服务。

2. 对相关法律的影响

本案将对相关法律和执法机构产生一定的影响。首先,这些自媒体账号的违法行为再次凸显了互联网新闻信息服务管理的重要性,对立法层面提出了更高的要求,需要进一步加强管理规范,明确相关规定,完善制度建设。其次,这些违法行为的曝光也给执法机构敲响了警钟,提醒他们需要进一步加强对互联网自媒体的监管和执法力度,保护公民的合法权益和社会秩序。

四、反垄断案例:知网滥用市场支配地位案

(一)案情简介

2021 年 12 月,知网因擅自大量收录某学校教授论文被起诉,并被法院判决赔偿 70 多万元,引起了社会关注,在当时也引起了知网是否涉嫌“行业垄断”的讨论。

2022 年 4 月,中科院因为续订费太高的原因,决定停用知网数据库。这次事件再次将知网推到了社会关注焦点,同样也再次引发了知网是否涉嫌“行业垄断”的讨论。根据新闻报道,其间有学校反映,知网数据库的价格每年都在上涨,涨价幅度在 8% 至 10%,而且每个学校的价格也不一样,具体需要学校和知网去谈,有些学校对此已经不堪重负。

2022 年 5 月,国家市场监督管理总局依据《反垄断法》对知网涉嫌实施垄断行为立案调查,并于 2022 年 12 月 26 日公布了调查结果,依法对知网作出行政处罚决定,责令知网停止违法行为,并处以其 2021 年中国境内销售额 17.52 亿元 5% 的罚款,计 8760 万元。①

(二)争议焦点

根据国家市场监督管理总局的调查结果显示,知网在中国境内的中文学术文

① 参见国市监处罚[2022]87 号行政处罚书。

献网络数据库服务市场占据了较大的份额。2014 年至 2021 年，知网的市场份额始终保持在 50% 以上，分别为 59.95%、58.62%、63.27%、66.91%、66.99%、65.22%、68.03%、69.38%。

知网存在滥用支配地位的行为，表现在两个方面。首先，通过连续大幅提高服务价格和拆分数据库等手段，间接提高了数据库服务的价格，从而实施了不公平高价销售的行为。其次，通过签订独家合作协议等方式，限制了学术期刊出版单位和高校向任何第三方授权使用学术期刊、博硕士学位论文等学术文献数据，实施了排除和限制竞争的行为。这些行为导致中文学术文献网络数据库服务市场的竞争受到限制，严重侵犯了用户的合法权益。此外，这些行为还对相关市场的创新发展和学术交流传播产生了负面影响，违反了《反垄断法》第二十二条第一款第一项和第四项的规定。

国家市场监督管理总局认为，知网滥用市场支配地位的行为导致了市场竞争的受限，限制了学术期刊出版单位和高校的选择，影响了学术传播的效率和范围，损害了学术期刊出版单位、高校和作者的利益，阻碍了中文学术文献网络数据库服务市场的技术进步和创新发展，破坏了良好的科研学术生态环境。

（三）影响和启示

1. 对涉案企业的影响

此次涉案的知网是中国中文学术文献网络数据库服务市场的龙头企业之一，具有较强的市场地位和影响力。知网此次被罚款的金额高达 3000 万元人民币，对知网的财务状况将产生一定的影响。此外，涉案行为对知网的声誉和形象也会造成一定的损害，需要采取措施恢复公众信任。同时，这也暴露出知网对反垄断合规建设的忽视，应当建立适合自身情况的反垄断合规制度，包括反垄断法规的相关内容，以及公司内部的反垄断风险评估和合规培训机制，确保员工了解和遵守反垄断法规。

2. 对所涉行业的影响

本案对于中文学术文献网络数据库服务行业将产生深远的影响。其一，该行业将更加重视遵守反垄断法，避免滥用市场支配地位实施垄断行为，以维护市场竞争的公平性。其二，行业内的竞争格局也将发生改变，其他企业可能会加大在技术创新、合作伙伴拓展等方面的力度，以争夺市场份额。其三，行业监管机构也可能加强对该行业的监管,以维护市场公平竞争。

3. 对其他企业的影响

此次国家市场监督管理总局对知网的处罚也会对其他企业产生一定的警示和影响。知网作为市场的领军企业,滥用市场支配地位的行为已经严重损害了用户的合法权益,阻碍了市场的技术进步和创新发展,破坏了学术生态环境。其他企业应该引以为戒,树立健康的竞争观念,遵守相关法律法规,保护用户合法权益,促进市场的规范发展,避免出现类似的不公平竞争行为。

4. 对相关法律的影响

此次国家市场监督管理总局对知网的处罚,表明了我国政府加强互联网反垄断执法的决心和力度。此前,已经出台了多项反垄断法律法规,对于市场竞争和企业经营行为进行监管和规范,旨在维护市场公平竞争、促进经济发展和社会福利的提升。一方面,本案说明了《反垄断法》在互联网领域的适用性和重要性,为今后类似案件的处理提供了参考。另一方面,本案也将促进《反垄断法》的完善和优化,以更好地适应互联网时代的发展和变化。

第五节 合规指引

当下互联网行业的监管环境越来越严格,企业需要按照相关法规进行合规经营。本节将为企业提供有关互联网监管的合规指引,以帮助企业合规经营、降低风险。在前文中,我们已经分析了互联网监管的重点法条和典型案例,通过这些案例和法规,我们可以发现,不合规的行为会带来严重的后果,甚至会导致企业被处罚、关停。因此,为了确保企业的可持续发展和合规运营,企业需要深入了解相关法规,建立规范的制度和流程,加强内部管理,保证业务的合规性和可持续性。本节将重点介绍互联网监管的合规指引,以帮助企业规避风险,保持良好的经营状态。

一、内容审查合规指引

(一)落实实名认证制度

根据《网络安全法》的规定,网络服务提供者应对用户进行实名认证。企业需要要求用户提供真实身份信息，并禁止“一号多用”或转号的行为。此外，应明确用户信息必须填写范围，以确保用户提供的真实身份信息的有效性。

（二）建立健全平台信息发布审核制度

企业需要建立系统的平台内容审核制度，包括实施细则和实施流程。企业需要在发布的文字、符号、图片、音视频及其标题、名称、评论、弹幕、表情包等各类信息上进行筛选、屏蔽，完善应急处置管理制度，及时处理发现的违法违规信息内容。

（三）审核岗位与人员配备

企业需要建立“算法＋人工”的内容审核系统，并配备足够的审核员人数，以满足配备与服务规模相适应的审核编辑队伍的要求。审核人员还需要经过定期的教育培训和考核提高专业素养。

（四）及时阻断传播

企业需要建立健全公众投诉、举报制度，并在显著位置公布投诉、举报方式。企业需要及时处理不同类型的公众投诉、举报，并采取一系列阻断传播或消除的处置措施，防止信息扩散。

二、互联网广告合规指引

（一）关注重点行业合规

合规是广告行业中非常重要的一环，特别是在保健品行业，70%以上的违法行为涉及对功效和安全性的保证、疾病预防和治疗功能。因此，行业从业者在广告审核时应该侧重这些方面，并结合行业高风险区域和执法稽查“重灾区”，有针对性地进行广告合规工作。同时，需要注意《互联网广告管理办法》中的单独规定，如对“三品一械”的广告投放限制。总体来说，企业在进行广告合规工作时，要结合自身行业特点，开展合规工作，这样才能事半功倍。

（二）广告具体行为合规

广告违法行为的种类较多，主要包括：（1）使用广告极限词；（2）违规使用广告地图;(3)使用无依据、无来源的广告词,涉嫌虚假宣传等。为了提高广告审核效率,企业可以设立专门的广告审核团队或委托专业的第三方机构进行广告审核。审核人员需要对法律法规和行业准则有深入了解,并严格遵循合规标准和审核流程,实现精准审核。例如,对于广告极限词,当看到广告中出现"最好""最优"等词语时,可以快速定位为广告绝对化用语,从而有针对性地进行审核;对于广告地图,审核团队可以通过验证相关数据和信息来核实广告宣传的地域范围是否真实,避免虚假宣传和误导消费者;对于无依据和来源的广告词,企业可以要求广告主提供相关的科学研究、实验证明或第三方认证等证据,以确保广告宣传的真实性和可信度,审核人员应仔细审查广告中使用的关键词语,确保其符合法律法规的规定,并与广告主进行沟通和确认。

(三)善用数字化工具

使用人工手段进行广告审核既费时又费力,而且高度依赖于审核人员的专业性和工作效率。市场上已经有了不少成熟的数字化广告审核工具,这些工具可以大幅提高广告审核效率,同时节约企业合规成本。例如,威科专栏广告审核宝利用程序设计自动抓取广告词,通过与海量案例和法规比对分析,最终生成送审广告的合规风险提示和建议。审核宝支持文字、图片、视频和文档等多种广告形式的审核,具有很高的实用性和易用性。因此,在企业广告合规建设中,善用这类数字化科技工具可以帮助企业更好地开源节流。

三、自律机制合规指引

(一)建立和完善内部管理制度

企业应该建立起一套规范的内部管理制度,明确职责、权限、程序等内容,确保企业行为的合规性。这个制度应该覆盖企业的所有方面,包括财务、人力资源、市场营销、产品研发等。企业应该按照制度规定的程序行事,避免违法违规行为的发生,同时对于任何违法违规行为都要及时发现并采取相应的纠正措施。

(二)加强对法律法规的学习和遵守

企业在互联网监管下,应该加强对法律法规的学习和遵守,包括国家和地方的法律法规，以及行业规范。企业应该建立专门的法律事务部门或者聘请专业律师为自己提供法律咨询和风险评估。同时，企业也应该根据法律法规的要求进行自我审查和整改，确保企业的行为符合法律法规的要求。

（三）加强与互联网监管部门的沟通和合作

企业应该与互联网监管部门保持紧密联系，了解政策法规变化和行业动态，并根据监管要求及时调整企业行为。企业应该积极配合监管部门的检查和调查，如实提供有关信息，尊重监管部门的权威，接受监管部门的监督和指导。同时，企业也可以通过合作方式，共同推进行业标准和自律机制的建立。

（四）加强对运营中可能存在风险的识别和防范

企业应该在自律管理中设立风险评估和防控机制，制定应对方案和措施，并将其纳入日常管理和运营中。特别是在互联网行业，随着技术和市场的不断变化，企业所面临的风险也在不断增加。比如，数据安全风险、个人信息保护风险、网络攻击风险等，这些风险可能导致企业的财务损失、声誉受损等，甚至影响企业的生存和发展。因此，建立风险防范机制是企业自律管理的重要组成部分。

（五）加强自律意识培养和提高员工的合规能力

企业应该通过教育和培训等方式，提高员工对法规和行业规范的认识和理解，强化合规意识，减少违法违规行为的发生。同时，企业也应该建立内部监督机制，对员工的行为进行监督和管理，及时发现和纠正违规行为，确保企业的自律管理能够得到有效实施。

（六）积极参与自律组织，加强行业经验借鉴和交流

为了建立互联网自律机制，企业应积极参与行业自律组织。首先，选择适合的组织，评估其背景、声誉和目标，确保能从中获得有价值的经验借鉴和交流。其次，积极参与组织的各项活动，包括会议、研讨会和培训课程，与同行业代表交流，分享经验和学习最佳实践。再次，为组织提供有益贡献，分享合规经验和成功案例，参与制定行业规范和准则的讨论，推动行业自律机制的完善和提升。最后，建立合作伙伴关系，与其他企业合作解决共同的合规挑战，加强行业内的合作与交

流。最重要的是，遵守自律准则和规范，确保企业的经营活动与组织的要求保持一致，维护企业声誉和可持续发展。

四、平台反垄断合规指引

（一）加强内部治理

平台企业应自主检查是否合规，将潜在的垄断行为在萌芽阶段予以消除，强化平台经济行业内互相监督，加强平台自律。具体来说，平台企业可以通过建立完善的内部合规机制，制定合规规则和流程，确保平台业务与法律法规、反垄断执法机构的要求相符合；加强内部培训，增强员工反垄断意识和合规素养，使员工能够识别和避免潜在的垄断行为；定期开展内部检查，发现和解决潜在的垄断行为，建立问题反馈和整改机制；加强对平台商家、第三方服务提供商等合作方的监管和自律，建立合作方违规惩罚机制，强化平台自身的垂直监管职责。

（二）完善消费者投诉机制

平台企业应当建立健全的消费者投诉渠道和机制，及时解决消费者的投诉，防止消费者投诉积压；加强对消费者评价的审核和监管，防止商家通过虚假评价等手段操纵市场竞争；加强与反垄断执法机构的数据共享，向反垄断执法机构提供平台上的投诉、评价等数据，共同维护市场秩序。

（三）积极配合反垄断执法机构工作

新《反垄断法》的实施加强了反垄断执法机构的监管力度，同时引入了约谈制度，督促企业尽快消除违法行为的影响。在此精神的指导下，平台企业应该充分认识到自身在市场竞争中的重要性，并积极配合反垄断执法机构的工作，以减少对市场秩序的负面影响。平台企业应主动配合调查，对反垄断执法机构的调查提供积极的配合和支持，以便及时披露相关信息，协助反垄断执法机构开展调查工作。

（四）建立透明公开的规则和标准

平台企业应该建立透明的规则和标准，对平台上的商家和用户公示平台收取的服务费、广告费等各项费用，明确各项服务收费标准和使用规则，降低可能存在的隐性收费、不公平交易等问题发生的风险。同时，平台企业应公开发布政策，防范恶意投诉和虚假诉讼，建立公正公平的争议解决机制，避免产生任何垄断行为的嫌疑。

（五）展现企业的社会责任感

平台企业应积极参与垄断反制相关的讨论，与反垄断执法机构保持沟通和交流，充分表达利益诉求，以及对于反垄断监管政策和措施的看法和建议。这样不仅能维护自身合法权益，而且有助于反垄断监管的最优化实现。同时，平台企业应该在公众面前充分展示自己的社会责任感，尤其是在处理与消费者和商家的纠纷时，应当采取公平、透明、快速的方式解决问题，让消费者和商家感受到平台企业的良心和公正。这样可以帮助平台企业赢得更多的信任和口碑，增强企业的社会形象和竞争力。

五、国际互联网监管合规指引

（一）全面了解国际互联网监管趋势

关注不同国家和地区对互联网监管的法律法规和政策变化，包括数据隐私、信息安全、内容审查等。了解各国的监管要求和标准，以及相关机构的作用和职责。国际互联网监管环境复杂多变，各国和地区在监管目标、标准和执行方式上存在差异。因此，企业需要通过持续地监测和研究，了解不同国家和地区的监管要求和趋势，及时调整自身的合规策略，帮助企业预测和应对潜在的合规风险。通过跟踪和分析国际监管动态，企业可以提前预知可能的法规变化和趋势，及时调整自身的业务模式和合规措施，以避免因违反监管要求而面临的法律风险和声誉损失。

（二）遵守当地法律法规

在涉及不同国家和地区的互联网业务时，企业应严格遵守当地的法律法规。不同国家和地区对互联网监管的要求可能存在差异，包括数据存储和传输、用户隐私保护、信息披露等方面的合规要求。企业应与当地法律团队或专业机构合作，确保自身业务活动符合当地监管要求，并制定相应的合规措施和操作流程，保障企业的合法经营和可持续发展。当企业在国际市场开展业务时，如果违反当地的监管要求，可能会面临罚款、处罚甚至被禁止经营的风险。通过全面了解国际互联网监管趋势并遵守当地法律法规，企业可以有效应对国际互联网监管的挑战，降低法律风险，确保业务的合规运营。这不仅有助于企业在全球市场中取得竞争优势，而且能够增强企业的声誉和信誉，赢得消费者信任。

（三）建立跨国合规策略

针对不同国家和地区的监管差异，企业应制定跨国合规策略，以确保在各个市场中符合当地监管要求。这包括制定统一的合规标准、流程和政策，同时根据具体情况进行相应的调整。跨国合规策略的制定需要综合考虑不同国家和地区的监管要求、文化差异、技术能力等因素。企业可以借助专业法律团队、顾问机构和行业协会的支持，确保制定的合规策略符合各个市场的实际情况，并及时进行调整和优化。

（四）与监管机构建立合作关系

与各国的监管机构保持积极合作和沟通，建立良好的合作关系。其包括参与监管机构组织的会议、研讨会和工作组，向监管机构提供必要的信息和支持，及时回应监管机构的要求和调查等。企业可以参与行业协会、跨国组织等，与监管机构共同探讨监管政策和标准的制定。

（五）跨国合作和经验共享

与其他企业和组织进行跨国合作和经验共享，分享不同国家和地区的合规实践和经验。合作伙伴可以包括同行业的企业、行业协会、跨国组织以及专业的合规咨询机构等。通过建立合作关系，企业可以互相交流在不同市场中的合规挑战和解决方案，分享最佳实践和经验教训，更好地应对国际互联网监管挑战，减少重复工作，提高合规效率。此外，跨国合作还可以为企业提供更多的资源和支持。合作伙伴之间可以共同研发合规工具和解决方案，共享合规人员培训和教育资源，共同应对监管机构的审查和调查。通过集体行动和合作，企业可以在国际互联网监管领域发挥更大的影响力，并共同推动合规标准的制定和落地。

第六节　发展趋势展望

目前，随着互联网的快速发展和新型业务形态的不断涌现，互联网监管越发成为当务之急。在已有的监管措施和实践经验基础上，未来互联网监管将继续趋于规范化、制度化和科技化，并逐步向数据驱动和协同治理方向发展。在这个背景下，企业需要做好充分的合规准备，把握未来趋势，积极应对互联网监管的挑战与机遇。

一、数据驱动型的深化监管

数据驱动型监管，是指利用大数据和人工智能等技术，通过对各类监管对象、行业数据进行深度分析，以发现异常数据、提升监管效率、优化监管模式和规范市场秩序等方面实现监管的一种模式。在未来的互联网监管中，数据驱动型监管将成为重要趋势之一。具体表现为以下几个方面：

其一，数据共享和整合。未来互联网监管部门将逐渐建立起各类数据共享和整合的机制，通过跨部门、跨行业、跨区域的数据整合，实现更全面、准确、及时的监管数据。

其二，建立数据中心。未来互联网监管部门将建立监管数据中心，将各类数据集中存储和管理，实现对监管数据的全面管控和管理。

其三，利用大数据和人工智能技术。未来互联网监管将利用大数据和人工智能等技术，对各类监管对象、行业数据进行深度分析，以发现异常数据、提升监管效率、优化监管模式和规范市场秩序等方面实现监管。

其四，重视监管效果。未来互联网监管将逐渐从过去的“审批型”向“结果型”转变，监管部门将更加注重监管的效果，通过数据驱动型监管，提升监管效率，提高监管的精准度和准确度。

其五，推进智慧监管。未来互联网监管部门将推进智慧监管，建立起智能化的监管平台和机制，通过人工智能等技术，实现对监管数据的快速处理和分析，进而加强对互联网企业的监管。同时，智慧监管还可以通过在线监管、智能预警等手段，预防和应对各种风险和隐患，提高监管效果和水平。

二、全产业链的协同治理

产业链协同治理，是指各产业链环节主体在互联网环境下，通过协作与共治，形成一种利益共同体，共同推进整个产业链的协调发展，提升整个产业链的效率和质量。在未来的互联网监管中，产业链协同治理将成为一种趋势，具体表现在以下几个方面：

其一，产业链上下游企业之间的协同合作。在互联网产业链中，不同企业之间的利益关系错综复杂，协同合作能够加强彼此之间的联系与信任，共同应对监管压力。

其二，政府与企业之间的协同治理。政府在监管中的作用非常重要，通过与企业紧密协作，共同制定监管标准、制度等，实现互联网行业的规范化管理。

其三，产业链数据的共享与开放。互联网产业链上下游企业之间的数据共享能够加强信息沟通与协作，提高整个产业链的效率与透明度。

其四，产业链内部的自律与规范。互联网行业需要建立行业标准与规范，加强自身的自律，同时通过共同的标准与规范来保障行业的健康发展。

其五，全产业链的监管责任共担。不同环节的企业都应该承担监管责任，协同共同打击违法行为，保障整个产业链的公平竞争与健康发展。

三、走向全球化的互联网监管

越来越多的企业开始拥有跨国经营业务，这使互联网监管需要具备全球化视野和跨国合作机制。因此，未来互联网监管的趋势之一是全球化视野。

全球化视野，是指监管机构需要关注全球范围内的互联网市场和互联网企业的行为，掌握全球数字经济的发展动态和趋势，以及制定国际标准和规则。这需要监管机构与其他国家的监管机构、国际组织和专家进行交流合作，建立跨国合作机制，共同应对全球化的互联网市场和产业链所带来的监管挑战。

在全球化视野的指导下，未来互联网监管机构可能会更多地参与国际标准的制定，例如，为了防止隐私数据泄露和网络攻击等问题，可能会推动国际互联网安全标准的制定。同时，监管机构也需要开展监管经验的交流，吸取其他国家和地区的监管实践和经验，提高监管效能和水平。

跨国执法合作也是全球化视野的重要表现之一。随着越来越多的互联网企业拥有跨国经营业务，监管机构需要建立起跨国执法合作机制，共同打击跨国网络犯罪和违规行为，保护全球数字经济的安全和健康发展。

四、非常规监管措施的探索

监管机构不断探索新的监管方式以适应数字经济的特点和快速变化的业务形态。除了传统的罚款、停业整顿等手段，未来监管机构可能会采取更加多样化的非常规监管方式。

一种非常规监管方式是公开谴责。监管机构可能会通过公开声明、发布新闻稿、举行新闻发布会等方式，公开批评违规企业的行为，以此来警示其他企业遵守法律和规定。这种方式可以形成更广泛的社会影响，增加违规企业的曝光度，对于整个市场的规范化和良性竞争起到积极的作用。

另一种非常规监管方式是禁止上市。监管机构可以对严重违规的企业采取限制其上市的措施，这对于企业的经营和发展是一个巨大的打击。一旦企业失去上市的资格，将难以获得融资、扩大规模等。这种监管方式可以迅速有效地打击违规企业，对于市场的规范化和良性竞争具有积极的作用。

此外，监管机构还可以采取限制企业业务范围等方式进行监管。比如，在某些领域，监管机构可能会要求企业退出或限制业务范围，以保障公共利益和市场竞争秩序。这种方式可以迫使企业合规经营，避免其扩大违规行为的影响。

另外，未来监管机构也可能对企业高管采取更严格的追责和罚款等非常规措施。例如，监管机构可能会对企业高管进行罚款，直接限制其经营和发展。这种方式可以更加有力地惩戒企业高管，让企业高管更加重视合规经营。

本章围绕互联网监管法律体系这一主题，从多个角度进行了探讨和分析，然而亦还有许多未尽之处。互联网监管法律体系的建设是一个长期的过程，需要各方面的积极参与和努力。只有加强法律体系的建设、加强监管的实践和创新、加强企业和用户的合规意识和行动，才能更好地保护个人信息和网络安全，营造清朗的网络空间，实现互联网健康发展的目标。

第六章

人工智能法律体系

近年来,人工智能(Artificial Intelligence,AI)正日益成为推动社会进步的重要力量。ChatGPT 的出现,在全球范围内掀起了人工智能发展与变革的浪潮,人工智能技术的广泛应用已经深刻地改变了我们的生活方式和社会运行方式,涉及诸多关键领域,如医疗保健、交通运输、金融服务、教育和娱乐等。本章将探讨我国在人工智能领域的法律框架和政策,关注人工智能技术的应用范围、道德原则、隐私保护、责任追究以及监管机制等核心问题,介绍相关的法律法规和指导文件,分析有关人工智能的典型案例,并为企业提供合规指引。

第一节　立法背景与规则体系

随着人工智能技术的迅猛发展和广泛应用,我国高度重视人工智能的法律治理,积极推动立法工作,以确保人工智能技术的应用与发展在合理的框架内进行,保障公众权益、数据安全和社会稳定。为此,我国建立了一系列立法背景和规则体系,以应对人工智能时代的挑战和问题。

一、立法背景

(一)制度背景:推动我国新一代人工智能健康发展

党的二十大报告指出,新一轮科技革命和产业变革方兴未艾,人工智能作为一项战略性技术正在全球范围内蓬勃兴起，要“推动战略性新兴产业融合集群发展，构建新一代信息技术、人工智能、生物技术、新能源、新材料、高端装备、绿色环保等一批新的增长引擎”。

新一代人工智能是推动科技跨越发展、产业优化升级、生产力整体跃升的驱动力量。习近平总书记在多个场合强调了人工智能对经济发展、社会进步和全球治理的重大影响。为了推动我国新一代人工智能的健康发展，适应新时代科技革命和产业变革的需求，我国需要建立相应的人工智能立法制度，以确保人工智能的发展与应用符合国家发展战略，同时保障人民的合法权益和社会公共利益。通过建立健全的法律框架和规范，我国能够更好地引导和规范人工智能技术的研发、应用和治理，推动我国成为人工智能领域的创新引领者和全球治理的积极参与者。

（二）现实背景：社会对人工智能法律治理的迫切需求

人工智能已经在多个领域展示出了巨大的潜力和影响力。计算机视觉、自然语言处理、机器学习、深度学习等人工智能技术的突破和创新，使机器能够模仿和执行人类智能活动，从而推动了人工智能应用的广泛发展。2022 年年底，OpenAI 公司推出生成式人工智能产品 ChatGPT，更是掀起了前所未有的人工智能应用狂潮，上线仅 5 天后用户数量就突破了 100 万，2 个月后数量过亿，引发了全世界范围内的广泛关注和热烈讨论，也凸显出社会对于有关立法的迫切需求。

在计算机视觉方面，人工智能算法在图像和视频识别、人脸识别、目标检测等任务上取得了重大突破，使人工智能在安防、医疗影像分析、自动驾驶等领域发挥了重要作用；自然语言处理方面的进展使机器能够理解和处理人类语言，机器翻译、语音识别、智能助理等应用日益普及，为人们的沟通和交流提供了便利；机器学习和深度学习技术的发展为人工智能提供了强大的算法支持，通过大数据的训练和优化，机器能够从数据中学习规律和模式，并做出预测和决策，对于金融、电子商务、医疗等领域的数据分析和预测具有重要意义。

人工智能技术的快速发展，正在改变着各行各业的运作方式和商业模式，已经成为推动创新和经济增长的重要引擎。然而，随着人工智能技术的广泛应用，也引发了一系列亟待解决的问题和挑战。这些问题涉及法律、伦理、隐私、安全等方面，需要制定相应的法律和政策来规范和引导人工智能的发展和应用。在此背景下,我国政府积极推动人工智能立法的进程,以应对人工智能时代的挑战和风险。这是建立健全的法律框架,加强对人工智能技术的监管和管理,促进人工智能健康发展的重要举措。

(三)国际背景:全球加紧推出人工智能立法

在人工智能技术的全球推动下,各国纷纷意识到制定相关法律和政策的紧迫性,以适应人工智能时代的挑战和机遇。全球范围内,许多国家都在加紧推出人工智能立法,以确保人工智能的发展与应用在法律和伦理框架下进行,保护公民的权益并促进技术的可持续发展。

在美国,人工智能立法已经引起了广泛关注。政府机构和立法机构正在积极制定法规和指导方针,如《自动程序披露和问责法》《人工智能权利法案蓝图》《算法问责法》《生成人工智能网络安全法案》《人工智能风险管理框架》等,以确保人工智能技术公正、透明和负责任的应用,旨在保护消费者隐私、防止算法偏见和歧视,并促进创新和竞争力的提升。

欧洲也是人工智能立法的重要推动者之一。欧洲委员会于 2018 年发布了《欧洲人工智能战略》,提出了一系列旨在推动人工智能发展的政策和法规。欧洲国家也相继通过了《通用数据保护条例》等法律,以保护个人数据和隐私,同时呼吁制定人工智能伦理准则。2023 年 6 月,草案发布已逾两年的《人工智能法案》终于得以通过,为人工智能治理提供"硬法"支持,保护人工智能商品服务的自由流动。

其他国家和地区,如加拿大、英国、新加坡等,也在积极推进人工智能立法的进程。这些国家不仅致力于保护个人隐私和数据安全,还注重推动人工智能的创新和应用,以促进经济增长和社会进步。

全球加紧推出人工智能立法,体现了各国对人工智能发展的重视和对法律治理的迫切需求。在全球范围内加紧推出人工智能立法的背景下,我国也积极响应并加快了相关立法的进程,以应对人工智能时代的挑战和风险,推动我国新一代人工智能的健康发展。

二、人工智能法律体系简介

我国已经意识到人工智能技术发展中存在的法律和伦理问题,如数据隐私保护、算法偏见、人工智能伦理等。为了规范和引导人工智能的应用,确保人工智能与社会发展的良性互动,我国正在积极推进相关立法工作,陆续出台多部政策文件,早期以人工智能产业促进为主,近年来逐步关注人工智能伦理安全、算法治理及行业应用安全。部分地方政府先试先行,提出了人工智能治理的某些具体规范。详见表 6 – 1:

表 6 –1 我国人工智能立法体系

类别	颁布时间	颁布部门	文件名称
产业促进类	2016.5	国家发展改革委等	《“互联网 +”人工智能三年行动实施方案》
	2017.7	国务院	《新一代人工智能发展规划》
	2017.12	工业和信息化部	《促进新一代人工智能产业发展三年行动计划(2018 –2020 年)》
	2019.8	科技部	《国家新一代人工智能开放创新平台建设工作指引》
	2020.9	科技部	《国家新一代人工智能创新发展试验区建设工作指引(修订版)》
	2022.8	科技部	《关于支持建设新一代人工智能示范应用场景的通知》
	2022.9	深圳市人大	《深圳经济特区人工智能产业促进条例》
	2022.9	上海市人大	《上海市促进人工智能产业发展条例》
	2023.1	工业和信息化部等	《“机器人 +”应用行动实施方案》
科技伦理类	2021.1	全国信息安全标准化技术委员会	《网络安全标准实践指南——人工智能伦理安全风险防范指引》
	2021.9	国家新一代人工智能治理专业委员会	《新一代人工智能伦理规范》
	2022.3	中共中央办公厅、国务院办公厅	《关于加强科技伦理治理的意见》
算法治理类	2021.8	全国信息安全标准化技术委员会	《信息安全技术 机器学习算法安全评估规范(征求意见稿)》
	2021.9	国家网信办等	《关于加强互联网信息服务算法综合治理的指导意见》
	2021.12	国家网信办等	《互联网信息服务算法推荐管理规定》

续表

类别		颁布时间	颁布部门	文件名称
特定技术类	虚拟现实	2018.12	工业和信息化部	《关于加快推进虚拟现实产业发展的指导意见》
		2022.10	工业和信息化部等	《虚拟现实与行业应用融合发展行动计划(2022-2026年)》
	人脸识别	2021.8	最高人民法院	《关于审理使用人脸识别技术处理个人信息相关民事案件适用法律若干问题的规定》
行业应用类	AIGC	2022.6	中国电子工业标准化技术协会	《人工智能 深度合成图像系统技术规范》
		2023.1	国家网信办等	《互联网信息服务深度合成管理规定》
		2023.8	国家网信办等	《生成式人工智能服务管理暂行办法》
	自动驾驶	2021.7	工业和信息化部	《关于加强智能网联汽车生产企业及产品准入管理的意见》
		2021.9	工业和信息化部等	《智能网联汽车道路测试与示范应用管理规范(试行)》
		2022.3	国家市场监督管理总局等	《汽车驾驶自动化分级》
		2022.8	交通运输部	《自动驾驶汽车运输安全服务指南(试行)(征求意见稿)》
		2022.11	工业和信息化部、公安部	《关于开展智能网联汽车准入和上路通行试点工作的通知(征求意见稿)》
	智慧诊疗	2017	卫生部	《人工智能辅助诊断技术管理规范》《人工智能辅助诊断技术临床应用质量控制指标》《人工智能辅助治疗技术管理规范》
		2019.7	国家药品监督管理局	《深度学习辅助决策医疗器械软件审评要点》
		2022.3	国家药品监督管理局	《人工智能医疗器械注册审查指导原则》
		2021.7	国家药品监督管理局	《人工智能医用软件产品分类界定指导原则》

（一）部门规章

当前，我国尚未出台有关人工智能的统一立法，但已开始加强对人工智能算法的监管，并将人工智能算法纳入统一的监管范围。通过法律文件，如《关于加强互联网信息服务算法综合治理的指导意见》和《互联网信息服务算法推荐管理规定》，我国逐步建立算法综合治理体系。针对不同类型的算法，提出了管理要求，并要求进行备案。

（二）政策文件

我国发布了一系列产业政策文件，如《新一代人工智能发展规划》《促进新一代人工智能产业发展三年行动计划（2018－2020年）》和《国家新一代人工智能创新发展试验区建设工作指引》，旨在引导和促进人工智能产业的发展。

（三）地方性法规

部分地方还出台了人工智能产业促进文件，如《深圳经济特区人工智能产业促进条例》和《上海市促进人工智能产业发展条例》。这些地方性法规除提出促进人工智能产业发展的政策措施外，也对人工智能安全治理进行了探索，如设立人工智能伦理委员会、实施分级监管、要求事前评估和风险预警等。

（四）伦理规范

我国逐步探索人工智能的基本伦理规范，并加强科技伦理治理。《关于加强科技伦理治理的意见》明确了科技伦理原则，如增进人类福祉、尊重生命权利、坚持公平公正等。此外，《新一代人工智能伦理规范》明确了人工智能的基本伦理规范，并提出了研发、供应和使用规范等方面的要求。

（五）特定行业监管细则

针对人工智能在特定行业的应用，我国相关主管部门还制定了细化的监管规则。例如，在生成式人工智能（AIGC）领域，发布了《互联网信息服务深度合成管理规定》《人工智能　深度合成图像系统技术规范》《生成式人工智能服务管理暂行办法》等文件。对于自动驾驶领域，制定了《智能网联汽车道路测试与示范应用管理规范(试行)》等规定。在智慧诊疗领域,发布了《人工智能医疗器械注册审查指导原则》《人工智能辅助诊断技术管理规范》《人工智能辅助治疗技术管理规范》《人工智能辅助诊断技术临床应用质量控制指标》等文件。

总体而言,我国在人工智能发展与安全方面采取了综合措施。通过部门规章、政策文件和地方性法规,我国建立了一系列监管规范和机制,以引导和促进人工智能产业的发展。同时,通过制定伦理规范,加强对人工智能的伦理治理。我国还在建立执法体系,加强对人工智能相关行为的监管和执法。针对特定行业的应用,我国发布了细化的监管细则,以确保人工智能技术在各个领域中的合规性和安全性。这些综合措施旨在推动人工智能技术的创新与发展,同时保障人工智能应用的合法、合规和可持续发展。

第二节　规范建设与治理实践

近年来,我国在人工智能方面的规范建设和治理实践主要集中于以下几个领域:一是注重数实融合发展,以政策助推人工智能赋能产业;二是加快建设智慧政府,以人工智能推动国家数字治理现代化;三是积极应用智慧司法,提升司法效率和公正性;四是参与国际合作,推动人工智能的全球治理和规范建设。

一、政策助推人工智能赋能产业发展

(一)治理背景

数字化浪潮的推动,使传统产业的产业模式和企业形态发生了根本性的变化。供需关系从供给导向转向需求导向,生产方式从大规模标准化生产向大规模个性化生产转变,刚性生产系统转向可重构模块化系统,工厂化生产朝社会化生产发展,产业边界模糊化、产业组织网络化、企业组织扁平化、产业集群虚拟化日益明显。人工智能技术的突破将数字化技术和实体经济有机地结合起来,通过数字技术的运用来提升实体经济的效率和质量,带来更多的智能化应用,如智能预测、智能调度、智能控制等,为企业提供更高效、准确、智能化的数据处理和应用方式,从而提高企业的业务竞争力和创新能力。

对于人工智能的发展,2023 年是具有标志性的一年。随着 AIGC(人工智能

生成内容)技术的不断突破,以ChatGPT、文心一言、讯飞星火、通义千问等为代表的大语言模型的研发高潮迭起,成为业界密切关注的焦点,引发了激烈的AI军备竞争。我国的人工智能大模型正在蓬勃发展,出现了多个有影响力的大模型。国内已发布了79个大模型,有19家企业参与了AI大模型训练。阿里、百度、华为、腾讯、商汤等企业都在大模型领域展开积极行动。

(二)政策文件

我国多地政府出台了一系列政策以支持人工智能产业的发展。这些政策旨在提供必要的资金投入,推动人工智能先进技术的研发,并抢占国际领先地位。

深圳市发布了《深圳市加快推动人工智能高质量发展水平应用行动方案(2023—2024年)》,强调加大财政资金投入力度,形成规模1000亿元的人工智能基金群。此外,鼓励人工智能企业在境内外进行股权融资,支持风投和创投机构加强对初创企业的投资并购。

上海市发展和改革委员会印发了《上海市加大力度支持民间投资发展若干政策措施》,将人工智能与集成电路、生物医药列入"加大民间投资支持力度"的三大产业。该政策要求加大对三大产业的民间投资支持力度,并引导民营企业深度参与相关产业的建设。

对于算力发展,各地政府高度重视并出台相关政策。北京市提出建设具有全球影响力的人工智能创新策源地,并明确发展目标,包括实现国产人工智能芯片和深度学习框架市场占比显著提升,算力芯片实现自主可控等。北京、上海、深圳等地还提出了加强算力发展的具体举措,包括建设智能算力平台、推动先进算力供给能力等。

提升高质量数据要素供给能力也是政府关注的重点。深圳市计划搭建全市公共数据开放运营平台,建立多模态公共数据集,利用隐私计算和数据安全流通技术,推动不同行业的数据共享和利用。北京、成都等地也制定了相关政策,支持高质量数据资源的开发利用,并建设公共数据开放平台。

这些政策的出台旨在推动我国人工智能产业的高质量发展,加强资金保障、提升算力水平和数据要素供给能力,助力我国在人工智能领域取得国际竞争优势。

二、利用人工智能推动数字政府建设

(一)治理背景

随着信息技术的迅速发展和社会的变革,数字政府建设已成为现代治理的重要方向。2022 年 6 月,国务院发布了《国务院关于加强数字政府建设的指导意见》,提出了未来十几年数字政府建设的总体规划。根据该指导意见,2025 年的目标是建立完善的数字政府顶层设计,提升政府的数字化、智能化水平,并在决策、管理和公共服务等方面取得重要进展。2035 年的目标是建成协同高效、智能精准、开放透明、公平普惠的数字政府体系,并为实现社会主义现代化提供支撑。总体来说,数字政府建设的核心目标是与国家治理体系和治理能力现代化相适应,并强调数字政府在促进经济社会发展中的重要作用。

数字政府旨在通过信息化和智能化手段,提升政府的管理能力和服务水平,实现高效、便捷、透明的治理模式。传统的政府治理模式面临许多挑战,如信息孤岛、效率低下、决策滞后等问题,需要借助人工智能等新兴技术来解决。在数字政府建设过程中,人工智能作为一种重要的技术手段和支撑工具,发挥着关键的推动作用。人工智能可量化和数据化处理执法问题,对各种变化快速做出反应,并通过数据分析和学习,分析数据化的执法空间和执法日常的潜在价值,使行政执法的主体、对象、手段和效能评价方式发生显著演变,为化解行政执法机制内在顽疾带来转机。[①] 通过人工智能的应用,政府可以提升治理能力和效率,加强公共服务的个性化和精细化,推动数字化转型和创新发展。

(二)立法规范

首先,政务数据的统筹管理机构得到明确。根据调查,全国 68.6% 的地区已明确设立了政务数据统筹管理机构,并在机构职责设置中明确了数据资源的管理责任。这为政府数据的整合和有效利用奠定了基础。其次,数字政府发展规划和数据管理政策法规也相对完备。一些省市如广东省、上海市、贵州省、山西省、湖北省和山东省等制定了数字政府建设方案及规划,明确了数字政府的建设方向、

---

① 徐丹:《人工智能时代行政执法监督的变迁与应对》,载《人工智能》2022 年第 1 期。

目标和要求。在政务数据的管理方面，北京市、上海市、贵州省等地制定了专门的综合管理办法，并在其他地区针对数据管理的共享、使用、开放和安全保障等特定部分进行了具体规定。

（三）实践现状

在实践层面，数字政府建设通过在线服务体系一体化创新得以推动。多地通过统一电子证件、取消纸质文件、创建政务 App、打通部门壁垒等方式，为广大民众提供了优质、便捷、高效的公共服务。一些省市的高效政务服务小程序成为典型案例。此外，为了实现平台整合、数据共享和功能联通，多数省市推动了政府网站集约化、规范化的发展，实现了各级政府、各部门网站的统一管理、统一运营和统一监测，构建了高效、统一的一体化政府，为民企提供精准服务。

运用大数据、物联网、人工智能为数字政府提供助力也是实践中的重要举措。在当前第四次工业革命时期，大数据、云计算、物联网、人工智能和区块链等技术正迅速改变着社会和经济生活。各地政府积极运用这些技术在教育、医疗、养老、征信、精准扶贫、抗疫防疫等领域创新应用，为广大民众提供更智能、便捷、优质的公共服务。例如，浙江省运用“大数据＋云计算”的技术创新监管模式，实现了全过程、全环节的可量化、可追溯的执法监管，为保障民生安全提供了可靠的支持。

三、应用智慧司法提升司法效率和公正性

（一）治理背景

数字经济的发展和人工智能的兴起使人工智能与司法业务相融合已成为大势所趋，司法实践正在探索人工智能在诉讼服务、审判执行、司法管理等方面的创新应用。尽管智能化辅助系统取得了一些成果，如自动办理诉讼服务和语音识别转录，但仍面临建设水平不足、案情分析能力不足和人才缺乏等挑战。在党的指导下，中国加快建设网络强国和数字中国，推动人工智能深度应用于司法领域，提升智慧法院建设水平，实现数字正义的更高水平。[①] 2022 年 8 月，中国首席大法官周强在国际会议上介绍了中国法院加强人工智能应用的成果和前景，并强调加

---

① 江苏省高级人民法院课题组：《数字经济背景下人工智能的司法应用》，载《法律适用》2023 年第 5 期。

强国际交流合作，推动人工智能与司法工作深度融合，为构建网络空间命运共同体和人类法治文明进步作出贡献。

（二）立法规范

2022 年 5 月和 12 月，最高人民法院发布了《最高人民法院关于加强区块链司法应用的意见》和《最高人民法院关于规范和加强人工智能司法应用的意见》两个文件，明确了加强区块链司法应用和人工智能司法应用的总体要求、平台建设要求，以及人民法院在应用人工智能技术方面的相关要求。

这些文件对智慧法院的未来发展提出了清晰的方向，以 2025 年和 2030 年为时间节点，为区块链和人工智能司法应用的快速发展设定了建设目标。文件明确了区块链和人工智能司法应用的基本原则，对于区块链司法应用提出了建设发展的四项基本原则，而在人工智能司法应用方面，强调了以伦理规则为先导的应用理念，并提出了需遵循的五项基本原则。这些基本原则为区块链和人工智能在司法领域的具体应用和发展提供了指导。

此外，文件明确了区块链和人工智能司法应用的定位，其中运用了区块链数据防篡改技术，明确了人工智能司法应用的主要场景，充分发挥区块链和人工智能在司法工作中的全方位辅助作用。文件还明确了区块链和人工智能司法应用的保障措施，包括组织领导、协调机制和安全可靠等方面的保障，以确保其有效运行。

（三）实践现状

我国人工智能应用于智慧司法取得显著成效，将人工智能技术与司法领域深度融合，建成了支持全国四级法院的智慧法院信息系统，推进了审判体系和能力现代化。在智慧司法方面，我国法院加强了人工智能与司法服务的融合，加速推进了在线诉讼服务，巩固并拓展了一站式多元纠纷解决和诉讼服务体系的建设成果。同时，法院系统加强互联网法院建设，制定了在线诉讼、在线调解和在线运行等规则，推动了诉讼制度机制的变革。①

在审判执行工作方面，我国法院大力推进全流程网上办案，研发智能化办案

---

① 《周强：加强人工智能司法应用　加快构建信息时代司法工作新模式》，载最高人民法院网 2022 年 8 月 18 日，https://www.court.gov.cn/xinshidai-xiangqing-369341.html。

辅助平台，建立网络查控系统，实现了自动化办理、智能化处理以及语音识别转录、案件智能画像、证据核验、法条及类案推送等功能，提升了司法质量和效率。此外，我国法院将人工智能与大数据利用相融合，实现了审判执行数据的常态化、自动化汇聚，建立了司法指数体系，深化了区块链技术应用，积极为社会治理服务。未来，我国法院将进一步深化智慧法院建设，推动人工智能和自动化的深度应用，实现诉讼制度体系在信息时代的跨越发展，构建我国特色互联网司法新模式，努力创造更高水平的数字正义。

四、参与人工智能全球治理与规范建设

（一）治理背景

随着人工智能的迅速发展，全球范围内对于人工智能的治理和规范建设成为重要议题。人工智能的广泛应用涉及伦理、隐私、安全等方面的问题，需要各国共同努力来制定相应的治理机制和规范，以确保人工智能的发展与应用符合公共利益和社会价值。

在全球范围内，越来越多的国家和国际组织开始关注人工智能的治理与规范，以应对人工智能技术的快速发展和广泛应用所带来的挑战。治理和规范的目标是确保人工智能的应用符合法律法规、道德伦理和社会公众的期望，促进人工智能的可持续发展和良性运用。国际社会呼吁建立全球性的治理框架和标准，以协调各国在人工智能领域的行动和政策。国际组织如联合国、世界经济论坛等积极参与人工智能治理的讨论和倡议，推动跨国合作和知识共享，为各国制定相应的治理政策提供参考和支持。

我国作为全球人工智能领域的重要参与者和推动者，也积极参与人工智能全球治理与规范建设。我国倡导构建人类命运共同体，主张开放、合作、共赢的治理理念，致力于在国际舞台上发挥积极的引领作用，共同推动人工智能的可持续发展和规范应用。通过积极参与人工智能全球治理与规范建设，我国旨在促进国际社会在人工智能领域的合作与交流，共同应对人工智能发展过程中的挑战和风险，推动人工智能的社会效益最大化，实现人工智能的可持续和良性发展。

（二）中美欧人工智能监管政策对比

在全球范围内，欧盟、美国和中国是人工智能技术发展和应用最为活跃的地

区之一，都意识到人工智能的潜在风险和挑战，并采取了一系列监管政策来确保人工智能的安全、公正和可持续发展。以下是中美欧在人工智能监管政策方面的一些对比，详见表6－2：

表6－2　中美欧人工智能监管政策对比

对比项目	欧盟	美国	中国
立法进展	进度最快，正在推进统一立法，有意复制GDPR经验，引领全球人工智能立法	对监管立法比较谨慎，联邦层面暂无统一治理类文件立法提案仅针对特定问题州层面分散探索人工智能监管	早期多为产业促进类文件近期治理类文件分散出台暂无统一立法迹象
政策重点	以基本人权为底层逻辑侧重保障个人权利	以促进产业发展为主，治理方面侧重反歧视、透明度	发展与安全并重，坚持总体国家安全观，突出信息内容治理
治理模式	基于比例原则的风险分层治理	风险评估与风险管理框架	以科技伦理、算法治理、信息内容治理以及特定技术和行业应用监管等为主要抓手
监管机制	分级监管，多种监管措施高额行政处罚，公私机构一体纳入监管范围	强调政府部门与私营部门合作，不单一依赖行政监管，有意避免监管对产业发展的阻碍	主要依赖行政手段（审查评估、备案、审批等），暂无普遍性的高额处罚，以规范引导为主
民事救济	依赖各成员国民事法律规定，欧盟层面协调相关救济规则	依据各州现有的隐私法律提供民事救济	依据现有侵权、个人信息保护、消费者权益保护等提供民事救济

（三）我国参与的国际治理实践

我国在人工智能全球治理和规范建设方面展现出了积极的参与态度和奉献精神。2021年12月，我国发布《中国关于规范人工智能军事应用的立场文件》，呼吁各方遵守国家或地区人工智能伦理道德准则。2022年11月，我国又向联合国《特定常规武器公约》缔约国大会提交了《中国关于加强人工智能伦理治理的立场文件》，呼吁国际社会坚持“伦理先行”，在人工智能技术的管理、研发和使用等各个层面上将“以人为本、智能向善”的理念付诸实践。我国还在国际合作方面提出呼吁，主张在普遍参与的基础上就人工智能伦理问题达成国际协议。我国强调尊重各国人工智能治理原则和实践，推动形成具有广泛共识的国际人工智能治理框架和标准规范。我国明确反对在人工智能领域构建“小院高墙”，以及刻意阻挠他国技术发展的做法。

我国的立场文件所提出的主张符合时代潮流和广大发展中国家的心声，体现了真正的多边主义精神。我国将继续坚持共同、综合、合作、可持续的安全观，与其他爱好和平的国家携手努力，落实全球发展倡议和全球安全倡议，推动人工智能全球治理进程取得进展。

第三节　重点法条解读

本节将集中解读三个关键法律的重要法条，分别是《生成式人工智能服务管理暂行办法》《互联网信息服务深度合成管理规定》《网络安全标准实践指南——人工智能伦理安全风险防范指引》。通过对这些法条的解读，我们可以深入了解我国在人工智能治理方面的具体措施和要求，为人工智能的发展和应用提供法律保障和指导，促进人工智能与社会的良性互动。

一、《生成式人工智能服务管理暂行办法》

2023 年 4 月 11 日，国家互联网信息办公室发布了旨在促进生成式人工智能技术健康发展和规范应用的《生成式人工智能服务管理办法（征求意见稿）》。5 月 23 日，《生成式人工智能服务管理暂行办法》于国家互联网信息办公室 2023 年第 12 次室务会会议审议通过，并经国家发展和改革委员会、教育部、科学技术部、工业和信息化部、公安部、国家广播电视总局同意，于 7 月 10 日联合公布，自 2023 年 8 月 15 日起施行。作为我国首部专门针对生成式人工智能服务领域的立法，《生成式人工智能服务管理暂行办法》基于《网络安全法》《数据安全法》《个人信息保护法》等上位法的依据，结合《互联网信息服务算法推荐管理规定》《互联网信息服务深度合成管理规定》等制度进行细化，并对 2023 年 4 月发布的征求意见稿从安全和发展两条主线进行了优化，一方面细化监管促进生成式人工智能健康发展，另一方面针对现存算力和数据等发展问题提出具体有效措施，体现了国家当前在人工智能领域坚持发展和安全并重、促进创新和依法治理相结合的原则。其重点法条如表 6 – 3 所示：

表 6-3 《生成式人工智能服务管理暂行办法》重点法条

条款	主题	内容	解读
第二条第一款	适用和管辖范围	利用生成式人工智能技术向中华人民共和国境内公众提供生成文本、图片、音频、视频等内容的服务(以下简称生成式人工智能服务),适用本办法。	该规定表明国内对生成式人工智能服务的管理具有普适性。
第四条第二项	歧视防止要求	在算法设计、训练数据选择、模型生成和优化、提供服务等过程中,采取有效措施防止产生民族、信仰、国别、地域、性别、年龄、职业、健康等歧视。	该规定着重强调了生成式人工智能服务提供者在避免歧视和偏见方面的责任,以确保提供公正和平等的服务。
第四条第五项	生成内容准确性要求	基于服务类型特点,采取有效措施,提升生成式人工智能服务的透明度,提高生成内容的准确性和可靠性。	该规定要求生成式人工智能服务提供者确保生成内容的真实性和准确性,并采取预防生成虚假信息的措施。这一规定强调了提供者在生成内容过程中的责任,以保护用户获得真实可信的信息。
第七条	预训练数据合法性要求	生成式人工智能服务提供者(以下简称提供者)应当依法开展预训练、优化训练等训练数据处理活动,遵守以下规定: (一)使用具有合法来源的数据和基础模型; (二)涉及知识产权的,不得侵害他人依法享有的知识产权; (三)涉及个人信息的,应当取得个人同意或者符合法律、行政法规规定的其他情形; (四)采取有效措施提高训练数据质量,增强训练数据的真实性、准确性、客观性、多样性; (五)《中华人民共和国网络安全法》《中华人民共和国数据安全法》《中华人民共和国个人信息保护法》等法律、行政法规的其他有关规定和有关主管部门的相关监管要求。	该规定要求生成式人工智能产品的预训练数据和优化训练数据来源合法,符合相关法律法规的规定。这一规定旨在确保数据来源的合法性,防止使用非法数据进行训练和生成。

续表

条款	主题	内容	解读
第十二条	生成内容标识要求	提供者应当按照《互联网信息服务深度合成管理规定》对图片、视频等生成内容进行标识。	该规定要求生成式人工智能提供者对生成的图片、视频等内容进行标识，以区分其来源和生成方式。这一规定有助于用户识别生成内容的来源，并为知识产权保护提供便利。
第十四条	违法内容的处理要求	提供者发现违法内容的，应当及时采取停止生成、停止传输、消除等处置措施，采取模型优化训练等措施进行整改，并向有关主管部门报告。 提供者发现使用者利用生成式人工智能服务从事违法活动的，应当依法依约采取警示、限制功能、暂停或者终止向其提供服务等处置措施，保存有关记录，并向有关主管部门报告。	该规定要求生成式人工智能服务提供者对于不符合法规要求的生成内容，应采取措施防止再次生成，包括模型优化训练等方式。这一规定强调了对不合规内容的处理和防范措施，以提高生成式人工智能服务的合规性和质量。
第十七条	安全评估和算法备案要求	提供具有舆论属性或者社会动员能力的生成式人工智能服务的，应当按照国家有关规定开展安全评估，并按照《互联网信息服务算法推荐管理规定》履行算法备案和变更、注销备案手续。	该规定明确了只有提供具有舆论属性或者社会动员能力的生成式人工智能服务提供者才需要在向公众提供服务之前进行安全评估，并向国家网信部门申报。此前《征求意见稿》曾要求所有类型的服务均需进行评估和备案，由于评估和备案的申报时间节点在产品上市前，无疑会影响产品上市周期等，《生成式人工智能服务管理暂行办法》限缩了该项义务的范围，减轻了部分服务提供者的负担。
第十八条	用户投诉处理机制要求	使用者发现生成式人工智能服务不符合法律、行政法规和本办法规定的，有权向有关主管部门投诉、举报。	该规定保障了用户的投诉权益，促使生成式人工智能服务提供者积极应对用户反馈，改进服务质量。

二、《互联网信息服务深度合成管理规定》①

近年来，深度合成技术迅速发展，既满足了用户需求和改善用户体验，也被某些不法人员用于制作、复制、发布、传播违法和不良信息，诽谤、贬低他人声誉，冒充他人身份进行诈骗等行为，这些行为影响了传播秩序和社会秩序，损害了人民群众的合法权益，对国家安全和社会稳定构成威胁。为了加强深度合成服务的治理，国家互联网信息办公室、工业和信息化部、公安部共同发布了《互联网信息服务深度合成管理规定》，该规定于 2023 年 1 月 10 日正式生效。《互联网信息服务深度合成管理规定》分为五章，共二十五条，主要覆盖深度合成服务运营要求、数据和个人信息管理、算法审查、标识合成内容、深度合成服务的监督，对深度合成服务提供者和技术提供者提出了更为细致的要求，篇章结构详见图 6－1：

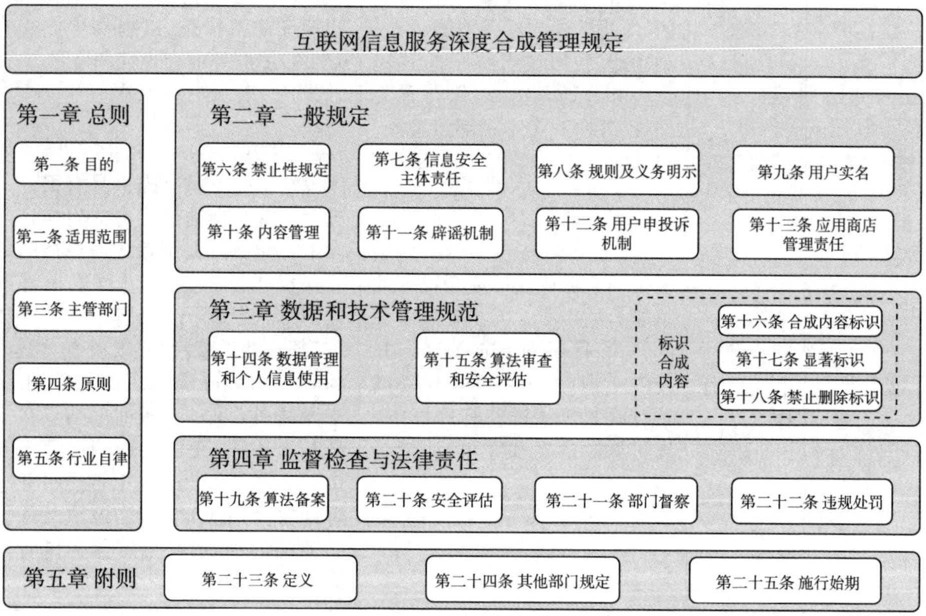

图 6－1 《互联网信息服务深度合成管理规定》篇章结构

出台《互联网信息服务深度合成管理规定》旨在防范和化解安全风险，促进深度合成服务的健康发展，并提升监管能力水平，聚焦于前沿技术，着眼于长远发

① 《互联网信息服务深度合成管理规定》，载中央人民政府网 2022 年 11 月 25 日，https://www.gov.cn/gongbao/content/2023/content_5741257.htm。

展，系统规范深度合成服务，完善深度合成治理体系，构建坚实的技术安全防线，维护清朗网络生态，助力网络信任事业高质量发展。其重点法条如表 6－4 所示：

表 6－4 《互联网信息服务深度合成管理规定》重点法条

条款	主题	重点内容	解读
第六条	禁止信息制作、传播	任何组织和个人不得利用深度合成服务制作、复制、发布、传播法律、行政法规禁止的信息，以及危害国家安全和利益的活动。	新增了“危害国家利益、损害国家形象”的禁止内容，为打击恶意污蔑攻击、危害政治安全行为提供法律依据。
第九条	真实身份认证	深度合成服务提供者应当依法对使用者进行真实身份信息认证，不得为未认证用户提供信息发布服务。	新增了国家网络身份认证公共服务作为合法认证方式之一。
第十一条	辟谣义务	深度合成服务提供者应当建立辟谣机制，发现虚假信息要及时采取辟谣措施，并向相关部门报告。	引入对虚假信息辟谣处置的义务。
第十三条	应用程序管理	互联网应用商店等应用程序分发平台应当落实上架审核、日常管理、应急处置等安全管理责任，核验深度合成类应用程序的安全评估、备案等情况；对违反国家有关规定的，应当及时采取不予上架、警示、暂停服务或者下架等处置措施。	新增了应用程序分发平台的安全管理责任。
第十四条	生物识别个人同意	深度合成服务提供者和技术支持者提供人脸、人声等生物识别信息编辑功能的服务提供者须告知并取得被编辑个人的单独同意。	根据《个人信息保护法》，对生物识别信息编辑有特殊保护义务。
第十五条	安全评估	深度合成服务提供者和技术支持者提供生成、编辑生物识别和特殊非生物识别信息功能的服务提供者需进行安全评估。	引入了对生成、编辑生物和非生物识别信息功能的安全评估义务。
第十六条	标识添加	深度合成服务提供者需在信息内容中添加不影响用户使用的标识，并保存日志信息。	要求在深度合成信息内容中添加“隐式标识”，保证可追溯性。

续表

条款	主题	重点内容	解读
第十七条	显著标识	提供可能导致公众混淆或误认的深度合成服务，应在信息内容中显著标识深度合成情况。	对可能产生混淆或误认的深度合成信息内容，要求在合理位置显著标识，以避免对公众产生误导和信息内容安全风险。
第十八条	深度合成标识防篡改	任何组织和个人不得采用技术手段删除、篡改、隐匿本规定第十六条和第十七条规定的深度合成标识。	禁止使用技术手段删除、篡改或隐匿深度合成标识，此行为可作为证明故意传播虚假信息的主观故意和明知的依据。
第十九条	安全保护义务	深度合成服务提供者应当采取安全保护措施，保障深度合成服务的安全稳定运行。	强调深度合成服务提供者需采取安全保护措施，确保服务的安全和稳定运行。

三、《网络安全标准实践指南——人工智能伦理安全风险防范指引》①

2021 年 1 月 5 日，全国信息安全标准化技术委员会发布了针对人工智能伦理安全风险的《网络安全标准实践指南——人工智能伦理安全风险防范指引》（TC260—PG—20211A），为组织或个人在人工智能研究开发、设计制造、部署应用等方面提供指导。

自 2017 年国务院发布《新一代人工智能发展规划》以来，人工智能应用可能引发的法律或伦理风险引起了广泛关注和讨论。目前，我国尚未针对人工智能制定专门的法律，有关人工智能应用的法律规制分散在个人信息保护、电子商务、数据安全、消费者保护、反垄断等领域的法律法规中。

《网络安全标准实践指南——人工智能伦理安全风险防范指引》主要关注伦理安全风险，涉及社会价值、个人权利和公平公正等方面。《网络安全标准实践指南——人工智能伦理安全风险防范指引》将人工智能伦理安全风险总结为失控性风险、社会性风险、侵权性风险、歧视性风险和责任性风险。失控性风险，是指人

---

① 全国信息安全标准化技术委员会：《网络安全标准实践指南——人工智能伦理安全风险防范指引》，载西南大学网 2021 年 1 月 5 日，http://nic.swu.edu.cn/__local/3/59/5F/217191E34DDD03236E0CA22CEF3_75DC735A_6C8E5.pdf? e=.pdf。

工智能的行为与影响超出预设、理解和可控范围,对社会价值等方面产生负面影响的风险。社会性风险则涉及人工智能的不合理使用,包括滥用、误用等,对社会价值产生负面影响的风险。侵权性风险,是指人工智能对人的人身、隐私、财产等基本权利造成侵害或产生负面影响的风险。歧视性风险,是指人工智能对特定群体的主观或客观偏见影响公平公正,造成权利侵害或负面影响的风险。责任性风险,是指人工智能相关各方行为失当、责任界定不清,对社会信任、社会价值等方面产生负面影响的风险。

《网络安全标准实践指南——人工智能伦理安全风险防范指引》还提出了六条风险防范的基本要求。首先,符合中国社会价值观;其次,遵守法律法规;再次,以推动可持续发展为目标;最后,尊重并保护个人基本权利,特别关注保护弱势群体。

《网络安全标准实践指南——人工智能伦理安全风险防范指引》将人工智能活动归纳为研究开发、设计制造、部署应用和用户使用四类,并为每一类活动的风险防范提出了具体的建议。对于研究开发者,指引要求记录关键决策并建立回溯机制,进行必要的预警、沟通和回应,以平衡风险防范与创新发展。对于设计制造者和部署应用者,指引要求更加严格,包括设置人工紧急干预机制、确保及时响应等。

此外,《网络安全标准实践指南——人工智能伦理安全风险防范指引》还回应了公众反映强烈的问题。例如,在强制使用方面,指引建议部署应用者向用户提供拒绝或停止使用人工智能相关系统、产品或服务的机制,并为用户提供非人工智能的替代选择方案。还提倡部署应用者向用户提供投诉、质疑和反馈机制,并建立包含人工服务在内的响应机制,以便处理和必要补偿。

《网络安全标准实践指南——人工智能伦理安全风险防范指引》的发布回应了公众对人工智能风险的关切,特别是弱势群体在算法歧视方面所面临的问题。通过明确的要求和指导,指引旨在引起各方对弱势群体的重视,关注他们的权益保障。这一指引的出台有助于规范人工智能领域的行为,提升人工智能技术的安全性和可信度,从而促进人工智能的健康发展与社会共荣。

第四节 典型案例解析

本节将综合分析多个案例，以展示不同情况下对于人工智能的法律应对和判决结果。通过深入研究这些典型案例，我们可以了解到法律在面对人工智能技术快速发展和相关争议时的应对策略，同时能更好地理解法律对于人工智能相关权益归属、创造性以及侵权行为的认定。

一、计算机软件智能生成内容的法律属性、权益归属

（一）案情简介

2018 年 9 月，菲林律所在其公众号上发布了一篇名为《影视娱乐行业司法大数据分析报告》的文章。次日，网民在百度经营的百家号平台上发布了该文章，并删除了署名及收尾段。菲林律所认为，百度未经许可在百家号平台上发布该文章，侵害了其信息网络传播权；同时，删除署名侵害了其署名权，删除文章的首尾段侵害了其保护作品完整权。菲林律所起诉要求百度赔礼道歉、消除影响，并要求赔偿经济损失和案件受理费用。

北京互联网法院于 2019 年 4 月 25 日判决如下：(1)被告北京百度网讯科技有限公司在百度百家号(http://baijiahao. baidu. com)平台刊登道歉声明，为原告北京菲林律师事务所消除影响；(2)被告北京百度网讯科技有限公司向原告北京菲林律师事务所赔偿经济损失 1000 元及合理费用 560 元；(3)驳回原告北京菲林律师事务所的其他诉讼请求。①

（二）争议焦点

1. 计算机软件智能生成内容是否构成作品

裁判认为，虽然计算机软件智能生成的文字内容具有一定的独创性，但并未传递软件研发者及使用者的思想、感情的独创性表达，因此不满足作品的必要条

① 参见北京互联网法院(2019)京 73 民终 2030 号民事判决书。

件。计算机软件智能生成的文字内容不被认定为著作权法上的作品。

2. 被告行为是否构成侵权

裁判认定被告在未经许可的情况下删除涉案文章的首尾段并在其百家号平台上发布，侵犯了原告的署名权、保护作品完整权和信息网络传播权。被告的行为构成侵权行为。

3. 计算机软件智能生成内容的相关权益应归属于谁

裁判指出，计算机软件智能生成的文字内容既凝结了软件研发者的投入，也凝结了软件使用者的投入，具备传播价值。因此，裁判主张激励软件使用者的使用和传播行为，并将相关权益赋予使用者享有。软件使用者可以表明其享有相关权益，但不能以作者的身份在相应内容上署名。

（三）影响和启示

1. 对涉案企业的影响

该案的判决结果对百度网讯科技有限公司产生了直接影响。作为被告方，百度被判定侵犯了原告的作品著作权，需要刊登道歉声明并赔偿经济损失和费用。这一判决对百度的经营活动和声誉造成了一定的负面影响。同时，对于百家号平台来说，该案也提醒了百度需要更加谨慎审查发布的内容，以免侵权问题再次发生。

2. 对所涉行业的影响

该案对计算机软件智能生成内容的行业产生了重要影响。判决明确指出计算机软件智能生成的文字内容不构成作品，并针对软件研发者和使用者的权益归属问题做出了解决方案。这为该行业内其他企业在开发和使用智能生成软件时提供了一定的法律指引和规范。此外，判决中提到了标识内容生成过程和权益归属的建议，这也可能影响到类似行业在内容发布和知识产权保护方面的做法。

3. 对其他企业的影响

该案的判决结果对其他企业具有一定的示范作用和影响。作为类似行业的竞争对手，其他企业可以借鉴该案的判决结果，更好地规划和管理智能生成内容的相关权益问题。此案的裁判理由以及相关的权益归属原则可能为其他企业在类似案件中提供法律依据和辩护策略。

4. 对相关法律的影响

该案为计算机软件智能生成内容的法律属性和权益归属问题提供了一定的

法律指引。判决明确了智能生成内容不构成作品,且软件研发者和使用者不享有著作权法规定的相关权利。此外,判决中提到了对智能生成内容添加标识的建议,这可能引起相关法律的修订或补充,以更好地适应新技术和新问题的法律要求。这对于未来类似案件的审理和类似技术领域的法律发展具有一定的影响和启示作用。

二、人工智能生成文章可属于"作品"

(一)案情简介

腾讯公司开发了一套基于数据和算法的智能写作辅助系统,并在该系统中使用了名为 Dreamwriter 的智能写作助手。其中,涉案作品是由 Dreamwriter 软件创作完成的一篇财经报道文章。该文章首次发表在腾讯证券网站上,但随后被上海盈讯科技有限公司未经允许在其经营的网贷之家网站上向公众传播。腾讯公司认为,盈讯公司的行为侵犯了其对该文章的著作权,因此将盈讯公司诉至法院。

腾讯公司在诉讼中表示,涉案文章是由腾讯公司组织的主创团队利用 Dreamwriter 软件创作的,主创团队包括编辑团队、产品团队和技术开发团队。文章的创作过程涉及数据服务、触发和写作、智能校验和智能分发四个环节。主创团队在大量采集并分析股市财经类文章的文字结构和不同类型股民读者的需求的基础上,根据其独特的表达意愿形成了文章结构。同时,主创团队还利用收集的股市历史数据和实时收集的当日上午股市数据,于特定时间完成了文章的写作并进行了发布。

腾讯公司主张涉案文章属于其独立创作的作品,享有相应的著作权。公司认为,盈讯公司未经授权传播涉案文章,侵犯了腾讯公司的信息网络传播权并构成不正当竞争。因此,腾讯公司请求法院要求盈讯公司立即停止侵权行为、消除影响,并赔偿腾讯公司的经济损失及合理维权费用。被告盈讯科技未发表答辩意见,也未对原告的诉讼请求提出辩护。

最终,法院审理认定涉案文章符合文字作品的形式要求,具备一定的独创性。2019 年 12 月 24 日,广东省深圳市南山区人民法院判决如下:(1)被告于判决生效之日起十日内赔偿原告经济损失及合理维权费用人民币 1500 元;(2)驳回原告的其他诉讼请求。①

---

① 参见广东省深圳市南山区人民法院(2019)粤 0305 民初 14010 号民事判决书。

（二）争议焦点

1. 涉案文章是否构成文字作品

法院认为判断涉案文章是否具有独创性是关键。首先，分析判断文章是否独立创作并在外在表现上与已有作品存在一定程度的差异或具备最低程度的创造性。其次，从文章的生成过程来分析，是否体现了创作者的个性化选择、判断和技巧等因素。法院认定涉案文章的外在表现形式符合文字作品的形式要求，具有一定的独创性，并且在生成过程中涉及了创作者的个性化选择和安排，因此认定涉案文章属于我国著作权法所保护的文字作品。

2. 涉案文章的创作过程和普通文字作品的区别

涉案文章的创作过程与普通文字作品创作过程的不同之处在于涉案文章的生成存在时间上的间隔，即创作者的相关选择和安排与文章的实际撰写之间存在一定的时间差。法院认为，这种缺乏同步性的特点是由所使用的技术路径或工具本身决定的，并不影响涉案文章被视为著作权法意义上的作品。

3. 涉案文章的权利归属

涉案文章是由原告主持的多团队、多人分工完成的整体智力创作作品，体现了原告对发布股评综述类文章的需求和意图，属于原告主持创作的法人作品。因此，法院认定涉案文章的著作权归属于腾讯公司。

（三）影响和启示

1. 对涉案企业的影响

本案的判决结果对腾讯公司产生了积极影响。法院认定腾讯公司的涉案文章属于独立创作的文字作品，享有相应的著作权。这一判决保护了腾讯公司的知识产权，为其智能写作辅助系统的进一步发展提供了法律支持和保障。腾讯公司可以继续开发和改进其智能写作技术，并确保其创作的作品受到合法的保护，增强了企业在知识产权保护方面的信心和动力。

2. 对所涉行业的影响

本案对人工智能和智能写作领域产生了重要的影响。通过判决认定涉案文章为文字作品并受到著作权保护，法院为智能写作技术的合法性和创造性提供了明确的认可。这对于推动智能写作技术的发展和应用具有积极的示范效应。同时，此案还提醒了从事智能写作相关行业的企业和从业者，要注意保护知识产权和尊重著作权法，以避免侵权行为和法律风险。

3. 对其他企业的影响

本案的判决结果对其他企业在使用智能写作技术时具有一定的借鉴作用。判决认定腾讯公司的主创团队在生成涉案文章过程中所做的个性化选择和安排属于智力活动，并将其纳入了作品的创作过程。这一观点对其他企业意味着，在使用智能写作工具时，要注重人工智能工具与人类智力的结合，确保个性化的创作选择和安排的合法性，并遵守相关著作权法律法规，以免触犯知识产权法。

4. 对相关法律的影响

本案对相关法律的解释和适用具有重要的指导意义。法院对涉案文章的创作过程和涉案企业的主创团队进行了详细的分析，并结合著作权法的规定对其进行了判定。这为未来类似案件的审理提供了参考和依据。同时，本案也凸显了人工智能技术对著作权法律适用的挑战。

第五节　合规指引

在这个充满机遇和挑战的时代，合规既是企业成功的关键，也是保护企业声誉和社会信任的基础。本节的合规指引旨在为企业提供有关人工智能的法律和伦理规范，以确保企业在人工智能技术应用中合法、合规操作，帮助企业建立合规机制，保护用户权益和个人信息安全，并促进人工智能技术的可持续发展。

一、人工智能的合规义务体系

我国对人工智能的治理方法与欧盟的《人工智能法案》有所不同。我国侧重于算法主体责任，其中《生成式人工智能服务管理暂行办法》针对生成式人工智能服务提供者进行规范，《互联网信息服务深度合成管理规定》明确区分了深度合成服务提供者和深度合成服务技术支持者。本节基于主体维度构建了合规义务体系，采用了“研发—经营”二维体系，在研发合规中遵循“技术开发—训练数据—数据处理—算法治理—内容生成”的逻辑，在经营合规中遵循“准入资质—服务运维—用户管理”的逻辑。基本框架如表 6 - 5 所示：

表 6－5 我国人工智能合规义务体系

<table>
<tr><th>主体义务</th><th>阶段义务</th><th colspan="3">具体义务</th></tr>
<tr><td rowspan="25">经营合规义务</td><td rowspan="6">准入资质</td><td>基础牌照</td><td colspan="2">互联网信息服务许可</td></tr>
<tr><td rowspan="5">特殊牌照</td><td colspan="2">在线数据处理与交易处理业务许可</td></tr>
<tr><td colspan="2">网络出版服务许可</td></tr>
<tr><td colspan="2">网络文化经营许可证</td></tr>
<tr><td colspan="2">信息网络传播视听节目许可</td></tr>
<tr><td colspan="2">广播电视节目制作经营许可</td></tr>
<tr><td rowspan="10">服务运维</td><td colspan="3">信息提供</td></tr>
<tr><td colspan="3">服务质量</td></tr>
<tr><td rowspan="2">算法备案</td><td colspan="2">备案手续</td></tr>
<tr><td colspan="2">信息公示</td></tr>
<tr><td rowspan="2">平台责任</td><td colspan="2">管理机制</td></tr>
<tr><td colspan="2">辟谣机制</td></tr>
<tr><td colspan="3">隐私政策</td></tr>
<tr><td colspan="3">竞争合规</td></tr>
<tr><td colspan="3">出口管制</td></tr>
<tr><td colspan="3">域外管辖</td></tr>
<tr><td rowspan="9">用户管理</td><td colspan="3">身份管理</td></tr>
<tr><td colspan="3">用户教育</td></tr>
<tr><td colspan="3">信息告知</td></tr>
<tr><td rowspan="4">权益保障</td><td colspan="2">防沉迷机制</td></tr>
<tr><td rowspan="3">特殊用户权益保障</td><td>未成年人保护</td></tr>
<tr><td>劳动者保护</td></tr>
<tr><td>消费者保护</td></tr>
<tr><td colspan="3">投诉处理</td></tr>
<tr><td colspan="3">使用监督</td></tr>
</table>

续表

<table>
<tr><th>主体义务</th><th>阶段义务</th><th colspan="3">具体义务</th></tr>
<tr><td rowspan="26">研发合规义务</td><td rowspan="5">技术开发</td><td colspan="3">开源合规</td></tr>
<tr><td colspan="3">知识产权合规</td></tr>
<tr><td colspan="3">技术进口合规</td></tr>
<tr><td rowspan="2">算法开发</td><td colspan="2">增强安全透明</td></tr>
<tr><td colspan="2">避免偏见歧视</td></tr>
<tr><td rowspan="9">训练数据</td><td rowspan="5">数据来源</td><td rowspan="3">权利基础</td><td>知识产权</td></tr>
<tr><td>个人信息</td></tr>
<tr><td>商业秘密</td></tr>
<tr><td colspan="2">数据性质</td></tr>
<tr><td colspan="2">质量保障</td></tr>
<tr><td rowspan="4">数据处理</td><td colspan="2">人工标注</td></tr>
<tr><td colspan="2">数据存储与传输安全</td></tr>
<tr><td rowspan="2">数据披露安全</td><td>对外提供与委托处理</td></tr>
<tr><td>数据出境</td></tr>
<tr><td rowspan="4">算法治理</td><td rowspan="2">安全评估</td><td colspan="2">“双新”评估</td></tr>
<tr><td colspan="2">深度合成评估</td></tr>
<tr><td colspan="3">算法审核</td></tr>
<tr><td colspan="3">科技伦理审查</td></tr>
<tr><td rowspan="8">内容生成</td><td rowspan="2">内容合规</td><td colspan="2">合法正确</td></tr>
<tr><td colspan="2">真实准确</td></tr>
<tr><td rowspan="4">内容标识</td><td colspan="2">一般标识</td></tr>
<tr><td colspan="2">显著标识</td></tr>
<tr><td colspan="2">功能设置</td></tr>
<tr><td colspan="2">标识保护</td></tr>
<tr><td colspan="3">内容审核</td></tr>
<tr><td colspan="3">反馈优化</td></tr>
</table>

二、科技伦理合规

（一）确保透明度和可解释性

企业应确保人工智能系统的透明度和可解释性，使其决策过程和结果能够被理解和解释。这可以通过采用可解释的算法模型、记录决策过程和输入数据，以及提供决策解释的方式来实现。透明度和可解释性有助于避免不当歧视、偏见或不公正的决策，增加对决策过程的信任。

（二）避免偏见和歧视

企业在人工智能应用中应避免偏见和歧视的存在。这包括在数据收集和训练模型阶段时，避免使用偏见或歧视性的数据，以及对算法进行审查和评估，确保其决策过程公正和无偏见。企业还应积极推动多样性和包容性，确保算法和数据集的代表性，以减少对特定群体的不公平影响。

（三）社会影响和责任追溯

企业应关注人工智能应用对社会和人类价值的影响，并承担相应的社会责任。这包括对算法决策的影响进行定期的伦理评估，确保决策符合道德和社会价值观。企业还应建立追溯机制，记录和跟踪算法决策的过程和结果，以便在需要时进行审核和解释。

（四）增强人类参与和监督

企业应鼓励人类的积极参与和监督，确保人工智能系统的决策和行为符合伦理和法律准则。这可以通过设立专门的监督机构或委员会，由专家和利益相关者参与，对算法的开发、使用和决策过程进行审查和监督。此外，企业还应提供途径供用户和受影响方提供反馈和投诉，以促进持续的改进和问责。

（五）社会责任倡导和教育

企业应承担起社会责任，通过倡导和教育来提高公众对人工智能科技伦理的认识和意识。这包括开展相关的教育和培训活动，向员工和利益相关者传达伦理准则和最佳实践。企业还可以积极参与行业组织、学术界和政府部门的合作，共同制定和推进科技伦理的标准和指南，以促进人工智能的可持续和负责任的发展。

三、数据安全和个人信息保护合规

（一）保护数据隐私

企业应采取适当的措施保护用户和客户的个人数据隐私。这包括遵守适用的隐私法律和法规，明确数据收集和使用的目的，并获得相关方的知情同意。企业应采用加密和匿名化等技术手段，确保个人数据的安全存储和传输，并限制数据访问权限，只允许授权人员进行必要的数据处理。在开发生成式人工智能过程中，尽可能使用非个人信息或匿名化数据。

（二）提升数据采集和使用的透明度

企业应向用户和客户明确解释数据采集和使用的方式和目的，确保透明度和可理解性。提供清晰的隐私政策和用户协议，并确保用户可以随时访问和更新他们的个人数据。同时，企业应采取措施防止数据滥用、误用或非法访问，并建立监测和报告机制，及时发现和应对数据安全事件。

（三）保障数据存储安全

企业应选择安全可靠的数据存储和处理方式，确保数据的机密性、完整性和可用性。这包括采用安全的云存储解决方案或本地服务器，并建立备份和恢复机制，以防止数据丢失或遭受损坏。企业还应定期进行数据安全风险评估和漏洞扫描，及时修复发现的漏洞和弱点。

（四）合规监管和合同约束

企业应遵守适用的数据保护和安全法律法规，并与第三方合作伙伴建立明确的数据处理合同约束。确保第三方处理个人数据时符合法律要求和企业的数据安全标准。此外，企业还应与监管机构合作，接受必要的审计和监督，确保数据处理活动符合法规要求。

四、知识产权合规

（一）知识产权审查

在使用人工智能技术前，企业应进行知识产权审查，确保其使用的数据、算法和模型没有侵犯他人的知识产权。这包括对数据集的版权、专利、商标和其他相关知识产权进行审查，以确保合法使用。如果企业从第三方获取数据或模型，必须确保获得合法的授权或许可，遵守相关的许可条款和使用限制。

（二）知识产权保护

企业应采取积极的措施来保护自身的知识产权。这包括对开发的算法、模型和技术进行专利保护，注册相关商标以保护品牌标识，以及采取合适的措施保护商业秘密和专有信息。通过知识产权保护，企业可以确保其在人工智能领域的创新成果受到法律的保护，并防止他人未经授权使用其知识产权。

（三）合法数据使用

在人工智能应用中，企业必须合法地使用数据，遵守数据的知识产权和使用权。企业应仔细审查数据使用协议和许可证，确保数据的使用与许可范围一致，并遵守相关的数据保护法规和隐私规定。此外，企业还应评估数据的来源，确保数据的合法性和合规性，避免侵犯他人的知识产权。

（四）合规算法开发

在开发人工智能算法时，企业应确保遵守知识产权法律和道德准则。这包括避免抄袭他人的算法或模型，尊重他人的创新成果，遵守相关的专利和版权法规。此外，企业应建立内部的知识产权保护机制，加强员工的知识产权意识和保密责任，防止知识产权的泄露和侵权行为。

第六节　发展趋势展望

在确保合规性的基础上，企业也需要关注未来的发展趋势，以抓住机遇、应对挑战,并保持竞争优势。本节将探讨人工智能领域的几个重要趋势,包括智能化和自动化的融合、强化学习和自适应系统、多模态和跨领域融合,以及边缘计算和分布式人工智能。

一、智能化和自动化的融合

随着技术的不断进步,人工智能系统将更加智能、自动化,并能够自主地完成复杂的任务和决策。智能化和自动化的融合将带来更高的生产效率、更低的成本以及更优质的产品和服务。企业应关注智能化和自动化技术的发展,积极应用人工智能技术,提高生产力和竞争力。

(一)智能制造和自动化流程优化

利用人工智能技术,将智能化和自动化应用于制造业和生产流程中。通过使用智能传感器、机器人、自动化设备等,实现生产线的智能化控制和自动化操作,提高生产效率和质量。同时,结合大数据分析和机器学习算法,优化生产流程,实现预测性维护和智能调度,降低成本并提升生产效能。

(二)智能决策支持系统

在企业的决策过程中,引入智能化的决策支持系统。该系统可以通过自动收集、整理和分析大量的数据,并利用人工智能算法进行推理和预测,提供准确的决策建议和决策支持。这样的系统能够辅助企业管理层做出更明智的战略决策,提高决策的准确性和效率。

(三)自动化客户服务和智能助手

借助人工智能技术,开发智能化的客户服务系统和虚拟助手。通过自然语言处理和机器学习算法,这些系统能够与客户进行智能化的互动和沟通,回答常见问题、提供个性化建议,并处理客户的需求和投诉。这种智能化的客户服务和虚拟助手能够提高客户满意度,降低人力成本,并为企业建立良好的品牌形象。

(四)智能化供应链管理

利用人工智能技术,实现供应链管理的智能化和自动化。通过分析市场需求、预测销售趋势和优化库存管理,智能化供应链系统能够自动调整采购计划、优化物流路径,以及预测供应链风险。这样可以提高供应链的灵活性和反应速度,减少库存积压和缺货风险,提高企业的供应链效率和竞争力。

二、强化学习和自适应系统

强化学习是一种机器学习方法,通过试错和反馈机制使机器能够不断优化自身的行为和决策。自适应系统则是指具备自我学习、自我调整能力的人工智能系统。强化学习和自适应系统的发展将使人工智能系统更加智能化、灵活和适应性强,能够适应不断变化的环境和需求。企业应关注这些技术的发展,探索如何应用强化学习和自适应系统来提升业务效能和创新能力。

(一)强化学习在智能决策中的应用

通过试错,强化学习可以使机器能够在不断尝试和反馈的过程中优化决策和行为。企业可以探索将强化学习技术应用于智能决策场景,如自动化交易、资源调度、风险管理等。通过建立适当的奖励和惩罚机制,结合大规模数据和机器学习算法,企业可以实现更智能、自适应的决策过程,提高效率和效果。

(二)自适应系统的开发和应用

自适应系统,是指具备自我学习和自我调整能力的人工智能系统。这些系统能够根据外部环境的变化和用户的反馈不断调整自身的行为和功能,以适应不断变化的需求。企业可以应用自适应系统来优化产品和服务,如自适应推荐系统、个性化广告系统等。通过对用户行为和反馈进行分析,自适应系统能够理解用户的偏好和需求,并提供个性化的体验和服务,提高用户满意度和忠诚度。

(三)强化学习和自适应系统的合作应用

强化学习和自适应系统可以相互协作,提供更强大的智能能力。企业可以探索将强化学习和自适应系统相结合的应用场景。例如,通过强化学习训练一个智能体,使其在特定任务上具备优秀的决策能力,然后将其与自适应系统相结合,使其能够根据用户的需求和反馈进行个性化调整,实现更精确、智能的服务。这种结合可以使企业的产品和服务更具竞争力,并提供更好的用户体验。

（四）借鉴自然生态系统的原理

自然生态系统中的生物和环境相互作用、相互适应，形成了复杂而稳定的生态平衡。企业可以借鉴自然生态系统的原理，将其应用于人工智能系统中。例如，构建一个生态式的智能系统，不同的智能体之间相互合作、竞争，并通过自适应机制不断优化自身的行为和效果。这种生态式的智能系统可以适应不断变化的环境和需求，提高系统的稳定性和适应性。

三、多模态和跨领域融合

多模态指的是多种不同类型的数据，如图像、语音、文本等，进行综合分析和处理。跨领域融合则是将不同领域的知识和技术相互结合，形成创新的解决方案。多模态和跨领域的融合将带来更全面、准确的信息处理和决策能力，为企业创造更多的商机和竞争优势。企业应关注多模态和跨领域融合的发展，积极探索多领域合作和整合，以提升产品和服务的质量和竞争力。

（一）多模态数据的整合和分析

随着人工智能技术的发展，企业可以利用多模态数据进行更全面的分析和理解。例如，结合图像和语音数据进行情感分析，可以更准确地识别用户的情感状态。通过将不同类型的数据进行综合分析，企业可以获取更丰富的信息，从而做出更准确的决策和提供更个性化的产品和服务。

（二）跨领域知识的融合和创新

不同领域的知识和技术相互融合可以带来创新的解决方案。例如，将医疗领域的知识与人工智能技术相结合，可以开发出智能诊断系统，提高医疗诊断的准确性和效率。企业应积极寻求不同领域之间的合作与交流，促进知识和技术的跨界融合，以应对复杂多样的业务挑战。

（三）多模态数据的标注和预处理

多模态数据的有效利用需要进行标注和预处理。例如，对于图像数据，需要进行目标检测、图像分割等任务的标注，对于语音数据，需要进行语音识别和情感分析等预处理。企业应建立高效的数据标注和预处理流程，利用人工智能算法和工具来提高标注和预处理的效率和准确性。

（四）跨领域合作和整合的推动

多模态和跨领域融合需要不同领域之间的合作和整合。企业可以与相关领域的专家、研究机构和其他企业进行合作，共享知识和资源，共同开展创新项目。此外，企业还可以建立跨部门的团队和平台，促进不同领域之间的交流和合作，实现技术和业务的跨界整合。

四、边缘计算和分布式人工智能

随着物联网和移动设备的普及，边缘计算和分布式人工智能成为人工智能领域的重要发展趋势。边缘计算将人工智能引入接近数据源和终端设备的边缘环境，使数据的实时处理和决策成为可能。分布式人工智能则利用边缘设备上的计算能力和存储资源，在本地进行数据处理和分析，减少了对中心化系统的依赖，提高了系统的响应速度和稳定性。

（一）实时决策与智能应用

边缘计算和分布式人工智能使实时决策和智能应用成为现实。通过在边缘设备上运行智能算法和模型，可以在接近数据源的地方进行实时分析和决策，避免了数据传输的延迟和带宽压力。这为诸如智能交通、智能家居和工业自动化等领域的应用带来了更高的效率和可靠性。

（二）提高系统可扩展性和稳定性

分布式人工智能将计算和决策的能力分散到边缘设备上，减轻了中心化系统的负担，提高了系统的可扩展性和稳定性。边缘设备的智能化使它们能够自主地进行决策和执行任务，减少了对中心服务器的依赖，降低了单点故障的风险，提升了系统的鲁棒性。

（三）数据隐私和安全性挑战

边缘计算和分布式人工智能也带来了数据隐私和安全性的挑战。由于数据在边缘设备上进行处理和存储,企业需要确保在数据传输和处理的过程中,数据得到充分的保护,防止数据泄露和未授权访问。这需要采取适当的加密和身份验证措施,以确保数据的机密性和完整性。

(四)制定安全标准和协议

为了保障边缘设备的安全性和可信度,企业需要制定相应的安全标准和协议。这包括设定安全策略、建立安全审计机制、更新设备固件和软件等。同时,企业应积极参与行业标准制定和合规要求,与供应商和合作伙伴进行安全风险评估和合作。

本章回顾了人工智能法律体系的重要性,并为企业提供了合规指引。在分析我国相关立法的基础上,本章通过相关案例探讨了数据保护和隐私、责任与追究、知识产权等关键领域,并展望了人工智能领域的发展趋势。在面对法律和技术挑战时,企业应积极推动人工智能法律体系的发展和完善,遵循合规指引以建立可靠的声誉、赢得用户信任,通过合规合法的方式应用人工智能,共同开创技术先进、道德可持续的人工智能时代。

第七章

数字经济支撑产业法律体系

互联网自1969年开始投入使用到现在，已经完全渗透进我们工作、学习、娱乐、生活的方方面面。互联网上有浩如烟海的信息，依靠搜索引擎就可以找到自己所需要的东西；互联网上有很多社交媒体，你可以在上面分享消息、照片、视频、网络链接等；互联网上有即时通信工具，你可以和自己情投意合的朋友交谈、聊天；互联网上还有在线视频、在线游戏平台，允许用户观看和分享视频内容，让玩家可以在网上游戏，并与其他玩家进行互动。

除了电子商务，互联网上还有许许多多各式各样的应用，包括但不限于搜索引擎、电子邮件、即时通信、网络新闻、更新博客/个人空间、网络游戏、网络音乐、网络影视、网络求职、网络教育、网络支付、网络股票基金等。为规范这些互联网应用的发展，相应地，国家相关部门出台和颁布了一些法律法规、规章制度，并逐步形成了该应用领域所有的法律法规体系。

第一节　作品网络传播保护法律体系

随着数字网络技术的不断发展，互联网作为一种全新的载体已经成为重要的作品传播途径。但与低效、速度慢、传播范围窄的传统传播模式不同，互联网传播具有高效性、不受时间与空间限制等特性，所以，互联网作为新型的传播介质带来了较多问题。

在互联网环境下，如何保护著作权人和相关权利人的权利，规范作品、表演、录音录像制品等在互联网上的传播行为，成为迫切需要解决的问题。

一、规范建设与治理实践

网络新媒体的快速发展与互联网技术的广泛应用，必然对版权保护制度产生强烈的冲击及影响。对于互联网这一新型传播介质，必须进行正确而且合适的应对，促进相关立法的完善与适应。更好地将制度与技术进行配套，从而充分地保护作品，保护作品权利人的合法利益，保障信息网络产业的健康发展。

（一）立法规范

信息网络传播权在我国首次作为独立的权利出现是在2001年修正的《著作权法》。《著作权法》将“信息网络传播权”定义为“以有线或者无线方式向公众提供作品，使公众可以在其个人选定的时间和地点获得作品的权利”。将“信息网络传播权”作为著作权人、表演者以及录音录像制作者权利的新的一个种类正式加入法律之中。2005年，国家版权局和原信息产业部颁布了《互联网著作权行政保护办法》，重点规范了网络服务运营商的版权行政责任。2006年7月1日起实施的《信息网络传播权保护条例》对网络环境下版权保护的基本原则、权利属性、权利限制、权利行使、法律责任等作出了相对全面的规定，同样也是我国对信息网络传播权立法保护的标志。2013年《信息网络传播权保护条例》进行了修订，其扩大了对信息网络传播权的保护范围和力度。最高人民法院2012年发布并于2020年修正的《关于审理侵害信息网络传播权民事纠纷案件适用法律若干问题的规定》，针对法院审理涉及侵害信息网络传播权的案件时，如何界定侵害信息网络传播权，特别是如何确定网络服务提供者的法律责任，做出了明确的指导，详见表7－1：

表7－1 信息网络传播权保护相关法律法规

文件名称	发布机构	发布时间	主要内容
《著作权法》（2020年修正）	全国人大常委会	2020年11月11日第三次修正	《著作权法》第九条第一款第十二项规定了著作权人的信息网络传播权，同时，《著作权法》第三十九条第一款第六项规定了表演者对其表演享有许可他人通过信息网络传播其表演并获得报酬的权利，任何单位或者个人需要将表演者的表演，通过互联网向公众传播的，应当取得表演者的许可。《著作权法》第四十四条第一款规定了录音录像制作者对其录制的录音录像作品享有许可他人复制、发行、出租、通过信息网络向公众传播并获得报酬的权利。

续表

文件名称	发布机构	发布时间	主要内容
《信息网络传播权保护条例》	国务院	2013 年 1 月 30 日修订	一、合理使用 所谓合理使用，是指既无须征得著作权人同意，又不必向其支付报酬而使用他人作品的情形。 二、法定许可 法定许可，是指在法律明文规定的范围内不经著作权人许可使用作品，但应当向著作权人支付报酬。包括发展教育设定的法定许可、扶助贫困设定的法定许可。 三、使用者应当履行的义务 四、通过信息网络提供他人表演、录音录像制品 五、避开技术措施适用本条例保护对象的合法情形 六、网络服务提供者的法定义务 七、明确规定了信息网络传播权领域的“避风港” 八、侵权责任
《关于审理侵害信息网络传播权民事纠纷案件适用法律若干问题的规定》	最高人民法院	2020 年 12 月 23 日修正	一、司法解释规定，人民法院认定网络服务提供者构成间接侵害信息网络传播权行为，需对网络用户的直接侵害信息网络传播权的行为承担连带责任。 二、司法解释规定了两种间接侵权行为，一是教唆侵权，即网络服务提供者以言语、推介技术支持、奖励积分等方式诱导、鼓励网络用户实施侵害信息网络传播权行为的，人民法院应当认定其构成教唆侵权；二是帮助侵权，即网络服务提供者明知或者应知网络用户利用网络服务侵害信息网络传播权，未采取删除、屏蔽、断开链接等必要措施，或者提供技术支持等帮助行为的，人民法院应当认定其构成帮助侵权。 三、司法解释中也明确规定了网络服务提供者未对网络用户侵害信息网络传播权的行为主动进行审查的，人民法院不应据此认定其具有过错。 四、司法解释增加规定，如果侵权行为地和被告住所地均在国外的，人民法院对此类案件享有管辖权，便利权利人在我国提起诉讼，切实保护权利人的合法权益。

（二）执法监管实践

目前，我国在网络领域的版权立法已基本成型且符合国际规则，构建了较为完备的互联网版权法律制度体系，为网络版权执法监管工作提供了明确、充分的法律依据。我国版权执法监管部门准确把握互联网发展的新形势，多措并举、齐抓共管，推动网络版权监管取得了很多积极成果。

1. 网络版权保护“双轨制”逐步成熟

我国网络版权保护实行的是具有中国特色的行政执法与刑事司法并行的“双轨制”。“双轨制”保护可以兼顾司法保护基础性、主导性强和行政执法程序简、效率高、效果好等优势，大幅提升了我国网络版权保护水平。一方面，连续开展网络专项治理行动，集中查办网络侵权盗版案件。另一方面，对情节严重、影响恶劣的网络侵权盗版案件，国家版权局联合全国“扫黄打非”工作小组办公室、公安部、最高人民法院、最高人民检察院等部门挂牌督办。各级版权行政执法机关对符合刑事立案标准、涉嫌犯罪的网络侵权盗版案件依法及时移送公安机关查办。

2. “剑网行动”专项治理成效显著

十年来，“剑网行动”针对网络文学、音乐、视频、游戏、动漫、软件等重点领域，集中查办了一批网络侵权大案要案，有效遏制了网络侵权盗版高发势头。据统计，2005 年到 2013 年，全国各地版权和相关部门查办的网络版权案件 4241 起，关闭侵权盗版网站 1926 个，被追究刑事责任的案件达到 322 起，查办了“天线视频网”影视作品侵权案、“天籁村网”音乐作品侵权案、“霓裳小轩网”文学作品侵权案，以及百度影音、快播播放器侵权案等有社会影响力的大案要案。2017 年，北京市文化市场行政执法总队立案 2993 起，结案 2705 起，查办网络案件 776 起。

3. 创新监管方式，建立了网站版权重点监管工作机制

国家版权局自 2010 年开始创新监管方式，将规范重点网络企业和网站使用作品行为放到突出位置。各地版权管理部门重点监管网站达 3000 多家，包括淘宝网、百度、搜狐、新浪、优酷等具有全国影响的知名网站。在版权重点监管工作中，一方面，对重点网站的影视、文学等版权作品的传播情况进行主动检查，加大对网络版权问题高发的网络影视、网络文学、网络音乐等需要作品授权使用的检查力度，定期发布重点作品版权保护预警名单。另一方面，对网站的版权管理进行切实指导，帮助网站建立完善版权管理制度。版权重点监管工作彻底改变了视频网站版权混乱的局面，有效带动了其他领域网络版权状况的改善，规范有序的网络版权环境逐步形成。①

---

① 国家新闻出版广电总局“强化网络版权执法监管”调研组：《强化执法监管　规范网络传播秩序》，载《中国新闻出版报》2015 年 2 月 4 日，第 7 版。

二、立法背景

随着数字和网络技术的迅速发展,民众对网络的使用频率不断加大,网络逐渐成为重要的信息平台、民意表达平台和舆论监督平台。民众因数字和网络技术而拥有了获取和使用作品的极大便利的同时,各种作品、表演、录音录像制品的权利人的权利也因作品、表演、录音录像制品在网络环境下瞬间就可以传输或复制到世界各个角落而变得极其脆弱。在新的技术背景下,传统的著作权保护制度所确立的权利保护原则已明显不适应,因而,通过立法规范数字、网络环境下的传播行为成为保护权利人权利的关键。

(一)国内产业发展的需要

一方面,在互联网产业发展非常迅猛的今天,网络环境下的版权保护需要有具体的法规来规范。互联网的产生与发展,使人类信息传播进入一个崭新的阶段。网络平台已然成为政治、经济、军事、文化等活动的信息交流平台,改变着人们的生产、生活和思维方式。随着网络技术的快速发展,通过信息网络传播权利人作品、表演、录音录像制品(以下统称作品)的情况越来越普遍。如何调整权利人、网络服务提供者和作品使用者之间的关系,已成为互联网发展必须认真加以解决的问题。

另一方面,依《著作权法》的规定,信息网络传播权的保护由国务院另行规定。在修正《著作权法》的过程中,考虑到数字和网络技术还在迅速发展中,一些情况还不是特别明朗,加之信息网络传播权保护涉及权利人、使用者和公众三方的关系比较复杂,不宜在法律中具体规定,因此,《著作权法》(2001 年)第五十八条规定:"计算机软件、信息网络传播权的保护办法由国务院另行规定。"依此规定,就信息网络传播权的保护,2006 年 5 月 10 日国务院第 135 次常务会议讨论并原则通过了《信息网络传播权保护条例》,自 2006 年 7 月 1 日起施行。该条例于 2013 年进行了修订。

(二)国际新形势和变化的要求

从国际上看,我国保护知识产权虽然起步比较晚,但发展迈步非常快,我国基本建立了和国际上衔接的法律法规制度。世界知识产权组织于 1996 年 12 月通过了《版权条约》及《表演和录音制品条约》,赋予权利人享有以有线或者无线方式向公众提供作品,使公众可以在其个人选定的时间和地点获得该作品的权利。这是在网络环境下,世界知识产权组织专门出台的两个互联网条约。2007 年,我国正式加入世界知识产权组织的这两个互联网条约。此前,我国加入的《伯尔尼公约》《与贸易有关的知识产权协议》,已经基本满足了这两个条约的一些原则性的规定和条件。所以加入这两个条约是从我国的立法实际出发,也是为了推动创新和发展,适应中国保护知识产权的需要。

三、重点法条解读

《信息网络传播权保护条例》

目前,《信息网络传播权保护条例》是我国关于信息网络传播权保护的一部专门性的行政法规。《信息网络传播权保护条例》是依据《著作权法》的授权立法。所以,《信息网络传播权保护条例》是在《著作权法》的基础上,依据实际情况,对信息网络传播权的保护、权利限制、合理使用、网络服务提供者的免责等作出了明确规定。但针对该条例中的一些具体问题,无论是社会公众、互联网企业还是执法部门都存在一些疑问或争议。为此,本节结合国家版权局、国务院法制办等官方做出的解答和说明,以及部分法律专家、法律从业者的专业分析,对《信息网络传播权保护条例》涉及的重点条文进行详细解读。

(一)信息网络传播权的权利内容

【法条】

第二条　权利人享有的信息网络传播权受著作权法和本条例保护。除法律、行政法规另有规定的外,任何组织或者个人将他人的作品、表演、录音录像制品通过信息网络向公众提供,应当取得权利人许可,并支付报酬。

【解读】

本条规定了信息网络传播权包括许可权和获得报酬权。许可权,是指任何组织或个人将他人的作品、表演、录音录像制品通过信息网络向公众提供,应当取得权利人许可。获得报酬权,是指通过信息网络向公众提供他人的作品、表演、录音录像制品,应当向权利人支付报酬。

(二)对权利人采取技术措施的保护

【法条】

第四条　为了保护信息网络传播权,权利人可以采取技术措施。

任何组织或者个人不得故意避开或者破坏技术措施，不得故意制造、进口或者向公众提供主要用于避开或者破坏技术措施的装置或者部件，不得故意为他人避开或者破坏技术措施提供技术服务。但是，法律、行政法规规定可以避开的除外。

【解读】

本条规定了权利人可以采取技术措施，保护其信息网络传播权。任何组织或个人不得故意避开或破坏技术措施，不得为避开或破坏技术措施提供装置或部件，提供技术服务。但是对于其他人采取的技术措施是否受到保护并未提及。一般而言，其他人采取的技术措施是不受保护的。但经权利人许可而行使信息网络传播权的其他人，在经权利人明确同意后以权利人的名义采取的技术措施可以受到保护。

（三）信息网络传播权的权利限制

1. 合理使用

【法条】

第六条　通过信息网络提供他人作品，属于下列情形的，可以不经著作权人许可，不向其支付报酬：

（一）为介绍、评论某一作品或者说明某一问题，在向公众提供的作品中适当引用已经发表的作品；

（二）为报道时事新闻，在向公众提供的作品中不可避免地再现或者引用已经发表的作品；

（三）为学校课堂教学或者科学研究，向少数教学、科研人员提供少量已经发表的作品；

（四）国家机关为执行公务，在合理范围内向公众提供已经发表的作品；

（五）将中国公民、法人或者其他组织已经发表的、以汉语言文字创作的作品翻译成的少数民族语言文字作品，向中国境内少数民族提供；

（六）不以营利为目的，以盲人能够感知的独特方式向盲人提供已经发表的文字作品；

（七）向公众提供在信息网络上已经发表的关于政治、经济问题的时事性文章；

（八）向公众提供在公众集会上发表的讲话。

【解读】

关于合理使用问题，《信息网络传播权保护条例》结合网络环境的特点，将《著作权法》规定的合理使用情形合理延伸到网络环境，规定为课堂教学、国家机关执行公务等目的通过信息网络提供权利人作品，可以不经权利人许可、不向其支付报酬。在我国《著作权法》中，合理使用是指依据法律的明文规定，不必征得著作权人的同意而无偿使用他人已经发表作品的行为。但在使用作品时，不得影响作品的正常使用，也不得不合理地损害著作权人的合法权益。在《信息网络传播权保护条例》中，信息网络传播权中合理使用的规定，主要不是在于使用者浏览、欣赏作品而是通过信息网络提供他人作品。就信息网络传播权的合理使用，本条明确，通过信息网络提供他人作品，可以不经著作权人许可，不向其支付报酬的情况有以上八种。

【法条】

第七条　图书馆、档案馆、纪念馆、博物馆、美术馆等可以不经著作权人许可，通过信息网络向本馆馆舍内服务对象提供本馆收藏的合法出版的数字作品和依法为陈列或者保存版本的需要以数字化形式复制的作品，不向其支付报酬，但不得直接或者间接获得经济利益。当事人另有约定的除外。

前款规定的为陈列或者保存版本需要以数字化形式复制的作品，应当是已经损毁或者濒临损毁、丢失或者失窃，或者其存储格式已经过时，并且在市场上无法购买或者只能以明显高于标定的价格购买的作品。

【解读】

本条规定的也是信息网络传播权的合理使用。即图书馆、档案馆、纪念馆、博物馆、美术馆等通过信息网络向本馆馆舍内服务对象提供馆内作品的数字化复制作品，可以不经著作权人许可，不向其支付报酬。

由于信息网络传播的速度和范围是图书馆出借出租远不能比的。因此，不能认为图书馆可以向馆外公众出借图书，就应该可以向馆外公众提供网络阅览。考虑到我国图书馆、档案馆等机构已购置了一批数字作品，对一些损毁、丢失或者存储格式已过时的作品进行了合法数字化，为了借助信息网络发挥这些数字作品的作用，《信息网络传播权保护条例》规定，图书馆、档案馆等机构可以通过信息网络向馆舍内服务对象提供这些作品。《信息网络传播权保护条例》仅准许图书馆在某些条件下向馆内公众提供网络阅览，这一规定有效地保护了权利人和图书出版者，也基本平衡了各方的利益，因而比较符合我国国情。

至此，长期悬而未决的数字图书馆的法律问题，得到了国家法规的明确界定。

2. 法定许可

【法条】

第八条　为通过信息网络实施九年制义务教育或者国家教育规划，可以不经著作权人许可，使用其已经发表作品的片段或者短小的文字作品、音乐作品或者单幅的美术作品、摄影作品制作课件，由制作课件或者依法取得课件的远程教育机构通过信息网络向注册学生提供，但应当向著作权人支付报酬。

【解读】

为了发展社会公益事业，《信息网络传播权保护条例》结合我国实际，规定了两种法定许可。本条规定的是其中一种，即为发展教育设定的法定许可。依照本条规定，为实施九年制义务教育或国家教育规划而制作的远程教育教学课件，只能由制作或依法取得该课件的远程教育机构通过信息网络向注册学生提供。所谓依法取得课件，应不限于课件的原件或著作权，也包括依法取得其复制品。制作课件的人，也不限于远程教育机构。但制作的课件只能提供给远程教育机构，否则不适用本条规定。

【法条】

第九条　为扶助贫困，通过信息网络向农村地区的公众免费提供中国公民、法人或者其他组织已经发表的种植养殖、防病治病、防灾减灾等与扶助贫困有关的作品和适应基本文化需求的作品，网络服务提供者应当在提供前公告拟提供的作品及其作者、拟支付报酬的标准。自公告之日起30日内，著作权人不同意提供的，网络服务提供者不得提供其作品；自公告之日起满30日，著作权人没有异议的，网络服务提供者可以提供其作品，并按照公告的标准向著作权人支付报酬。网络服务提供者提供著作权人的作品后，著作权人不同意提供的，网络服务提供者应当立即删除著作权人的作品，并按照公告的标准向著作权人支付提供作品期间的报酬。

依照前款规定提供作品的，不得直接或者间接获得经济利益。

【解读】

本条明确了法定许可的第二种情形，即为扶助贫困设定的法定许可。为扶助贫困，通过信息网络向农村地区的公众免费提供中国公民、法人或者其他组织已经发表的与扶助贫困有关的作品和适应基本文化需求的作品，网络服务提供者可以通过公告的方式征询权利人的意见，并支付报酬，但不得直接或者间接获取经济利益。条例关于信息网络传播权限制的规定完全符合互联网公约的有关要求。

（四）“通知—删除”程序

【法条】

第十四条　对提供信息存储空间或者提供搜索、链接服务的网络服务提供者，权利人认为其服务所涉及的作品、表演、录音录像制品，侵犯自己的信息网络传播权或者被删除、改变了自己的权利管理电子信息的，可以向该网络服务提供者提交书面通知，要求网络服务提供者删除该作品、表演、录音录像制品，或者断开与该作品、表演、录音录像制品的链接。通知书应当包含下列内容：

（一）权利人的姓名（名称）、联系方式和地址；

（二）要求删除或者断开链接的侵权作品、表演、录音录像制品的名称和网络地址；

（三）构成侵权的初步证明材料。

权利人应当对通知书的真实性负责。

第十五条　网络服务提供者接到权利人的通知书后，应当立即删除涉嫌侵权的作品、表演、录音录像制品，或者断开与涉嫌侵权的作品、表演、录音录像制品的链接，并同时将通知书转送提供作品、表演、录音录像制品的服务对象；服务对象网络地址不明、无法转送的，应当将通知书的内容同时在信息网络上公告。

第十六条　服务对象接到网络服务提供者转送的通知书后，认为其提供的作品、表演、录音录像制品未侵犯他人权利的，可以向网络服务提供者提交书面说明，要求恢复被删除的作品、表演、录音录像制品，或者恢复与被断开的作品、表演、录音录像制品的链接。书面说明应当包含下列内容：

（一）服务对象的姓名（名称）、联系方式和地址；

（二）要求恢复的作品、表演、录音录像制品的名称和网络地址；

（三）不构成侵权的初步证明材料。

服务对象应当对书面说明的真实性负责。

第十七条　网络服务提供者接到服务对象的书面说明后，应当立即恢复被删除的作品、表演、录音录像制品，或者可以恢复与被断开的作品、表演、录音录像制品的链接，同时将服务对象的书面说明转送权利人。权利人不得再通知网络服务提供者删除该作品、表演、录音录像制品，或者断开与该作品、表演、录音录像制品的链接。

第二十四条　因权利人的通知导致网络服务提供者错误删除作品、表演、录音录像制品，或者错误断开与作品、表演、录音录像制品的链接，给服务对象造成损失的，权利人应当承担赔偿责任。

【解读】

侵犯信息网络传播权的纠纷往往涉及金额很小，在现实中缺乏通过行政或者司法程序解决的必要性。为此，《信息网络传播权保护条例》参考国际通行做法，建立了处理侵权纠纷的“通知与删除”简便程序：权利人认为网络上的作品侵犯其权利或者删除、改变了权利管理电子信息，可以书面要求网络服务提供者删除该作品或者断开与该作品的链接；网络服务提供者根据权利人书面通知，立即删除涉嫌侵权的作品或者断开与该作品的链接，并转告服务对象；服务对象认为其提供的作品未侵犯他人权利，提出书面说明要求恢复的，网络服务提供者立即恢复被删除的作品，还可以恢复与该作品的链接，同时转告权利人；权利人不得再通知网络服务提供者删除该作品，或者断开与该作品的链接。

与其他侵权行为相比，网络侵权的速度更快，范围更广，后果往往更严重，如不及时制止，很可能给权利人造成极大损害。《信息网络传播权保护条例》规定的“通知与删除”程序给权利人提供了又一件有力的武器。借助这一程序，权利人有可能更便捷地制止网络侵权，从而尽可能地减少侵权损失。

此外，按照权利义务对等原则，《信息网络传播权保护条例》第二十四条还规定，因权利人滥用“通知与删除”程序，给服务对象造成损失的，权利人应当承担赔偿责任。这一规定可以有效地防止滥用这一程序的现象。

（五）网络服务提供者的免责事由

【法条】

第二十条　网络服务提供者根据服务对象的指令提供网络自动接入服务，或者对服务对象提供的作品、表演、录音录像制品提供自动传输服务，并具备下列条件的，不承担赔偿责任：

（一）未选择并且未改变所传输的作品、表演、录音录像制品；

（二）向指定的服务对象提供该作品、表演、录音录像制品，并防止指定的服务对象以外的其他人获得。

第二十一条　网络服务提供者为提高网络传输效率，自动存储从其他网络服务提供者获得的作品、表演、录音录像制品，根据技术安排自动向服务对象提供，

并具备下列条件的,不承担赔偿责任:

(一)未改变自动存储的作品、表演、录音录像制品;

(二)不影响提供作品、表演、录音录像制品的原网络服务提供者掌握服务对象获取该作品、表演、录音录像制品的情况;

(三)在原网络服务提供者修改、删除或者屏蔽该作品、表演、录音录像制品时,根据技术安排自动予以修改、删除或者屏蔽。

第二十二条 网络服务提供者为服务对象提供信息存储空间,供服务对象通过信息网络向公众提供作品、表演、录音录像制品,并具备下列条件的,不承担赔偿责任:

(一)明确标示该信息存储空间是为服务对象所提供,并公开网络服务提供者的名称、联系人、网络地址;

(二)未改变服务对象所提供的作品、表演、录音录像制品;

(三)不知道也没有合理的理由应当知道服务对象提供的作品、表演、录音录像制品侵权;

(四)未从服务对象提供作品、表演、录音录像制品中直接获得经济利益;

(五)在接到权利人的通知书后,根据本条例规定删除权利人认为侵权的作品、表演、录音录像制品。

第二十三条 网络服务提供者为服务对象提供搜索或者链接服务,在接到权利人的通知书后,根据本条例规定断开与侵权的作品、表演、录音录像制品的链接的,不承担赔偿责任;但是,明知或者应知所链接的作品、表演、录音录像制品侵权的,应当承担共同侵权责任。

【解读】

网络服务提供者包括网络信息服务提供者和网络接入服务提供者,是权利人和作品使用者之间的桥梁。为了促进网络产业发展,有必要降低网络服务提供者通过信息网络提供作品的成本和风险。而且,网络服务提供者对服务对象提供侵权作品的行为,往往不具有主观过错。为此,《信息网络传播权保护条例》借鉴一些国家的有效做法,对网络服务提供者提供服务规定了四种免除赔偿责任的情形:

一是 ISP 的避风港。网络服务提供者提供自动接入服务、自动传输服务的,只要按照服务对象的指令提供服务,不对传输的作品进行修改,不向规定对象以外的人传输作品,不承担赔偿责任。

二是 ISP 接入商的网络传输暂存/缓存技术的避风港。网络服务提供者为了提高网络传输效率自动存储信息向服务对象提供的，只要不改变存储的作品、不影响提供该作品网站对使用该作品的监控并根据该网站对作品的处置而做相应的处置，不承担赔偿责任。

三是网络存储的避风港。网络服务提供者向服务对象提供信息存储空间服务的，只要标明是提供服务、不改变存储的作品、不明知或者应知存储的作品侵权、没有从侵权行为中直接获得利益、接到权利人通知书后立即删除侵权作品，不承担赔偿责任。

四是搜索引擎的避风港。网络服务提供者提供搜索、链接服务的，在接到权利人通知书后立即断开与侵权作品的链接，不承担赔偿责任。但是，如果明知或者应知作品侵权仍链接的，应承担共同侵权责任。《信息网络传播权保护条例》明确了搜索引擎应当承担的责任，以搜索引擎存在过错为前提。

四、典型案例解析

近年来，围绕信息网络传播权进行诉讼的案件屡见报端。据北京互联网法院召开的涉网著作权案件审理情况新闻通报会通报，仅 2020 年度，北京互联网法院就受理著作权案 28946 件，审结 27925 件。其中与信息网络传播权相关的案件，共计 28604 件，占比为 99%。随着案件数量的激增，涉及的法律问题也趋向新型、复杂、疑难，本节选取了各地法院审结并发布的比较具有指导性的典型案例，以案释法，以供行业借鉴。

（一）平台未采取必要技术措施时的帮助侵权责任认定[①]

【基本案情】

加盐公司是《17 年前阿里全员隔离 马云是怎么熬过非典的?!》文章的著作权人。悠久公司在其运营的科普网转载前述文章后，该文章被 RSS 内容源接入同步技术接入至今日头条平台，该平台运用文本分类算法将前述文章发布于其“首页/科技”板块，字节公司是今日头条平台的运营商。加盐公司以字节公司、悠久公司侵害其信息网络传播权为由，向法院提起诉讼，诉请停止侵权、消除影响及赔偿

---

① 资料来源：2022 年度广东法院知识产权司法保护十大案件。

损失。

【裁判结果】

法院认为,字节公司采用 RSS 内容源接入同步技术和文本分类算法来实现其所运营网络平台上用户内容的快速接入和板块分发,进行平台内容的类型化推荐,其具备采取必要预防措施的技术条件和信息管理能力。因此,字节公司对于今日头条平台上展现率高、阅读量大的文章,负有采取预防侵权必要技术措施的义务,如其未采取预防侵权的必要技术措施,则应根据其所提供网络服务的方式、管理信息能力、获利分配模式以及停止侵权措施等因素,确定其相应的帮助侵权责任。字节公司的行为使悠久公司未经许可所转载涉案文章得以在今日头条平台发布,遂判令悠久公司、字节公司承担侵权赔偿责任。

【典型意义】

本案结合法律规定、技术手段、获利模式、公众利益四个维度,分析平台运营商对于平台侵权内容采取必要预防措施的技术基础和法律依据,厘清了算法工具运用能否成为平台运营商的侵权免责事由问题,有助于减少平台经济发展中因技术手段运用引发的侵权争议,对促进平台经济在数字信息技术和算法工具基础上的健康发展,净化网络资讯市场具有积极意义。

(二)深度链接为侵害信息网络传播权中的"提供行为"①

【基本案情】

2020 年 2 月 8 日,原告梦某某公司取得对涉案影片的公开播映权及公开传播权、独家广告经营权收益权、独家单独进行维权的权利以及上述所有权利的转授权。原告发现泰安某某电子商务有限公司通过其所经营的微信公众号"券某某优惠平台"及其所链接的侵权网站"影视 × ×—券某某"直接提供了涉案电影在线播放服务,构成对原告涉案影片信息网络传播权的侵害,故向一审法院提起诉讼。

【裁判结果】

一审法院认为,被告在原告起诉后,在案件应诉过程中已采取删除了关于影片的第三方解析链接等必要措施,且在微信公众号"券某某优惠平台"上播放的视

---

① 《典型案例|深度链接是否属于侵害信息网络传播权中的"提供行为"》,载澎湃网 2022 年 9 月 28 日,https://m. thepaper. cn/baijiahao_20103629。

频源来自第三方网站,并非储存在被告经营网站的服务器中,被告并未直接提供涉案电影,仅提供搜索、链接服务,因此驳回了原告的诉讼请求。原告不服提起上诉,二审法院认为,从查看源代码显示的播放网址可以确认,泰安某某电子商务公司在播放时虽然没有发生跳转,但实际采取视频解析技术即深层链接的技术手段,在不改变页面地址栏所显示域名的情况下,实际链接引入了第三方网站视频对案涉影片进行播放,这一行为实质打破了原网站、权利人对作品播出范围的控制,改变了作品的目标用户群体和传播范围,违背了权利人对作品进行控制的意志,使被链网站中的作品突破网站自身域名、客户端等限制范围而扩散传播,不合理损害了权利人对作品享有的合法权益,应当承担侵权赔偿责任。

【典型意义】

随着互联网技术手段的日新月异,网络环境下侵犯知识产权的行为随处可见,本案系一起典型的深度链接侵害信息网络传播权的纠纷。本案明确了深度链接属于侵害信息网络传播权中的"提供行为",充分体现了网络著作权保护中利益平衡原则,取得了法律效果和社会效果的统一。

(三)搜索引擎平台利用缩略图提供服务不构成侵害作品信息网络传播权①

【基本案情】

原告赵某系涉案图片的作者。奇虎科技公司系被诉侵权网站"www. so. com"的主办单位。点击"www. so. com",进入 360 图片搜索页面,输入涉案图片所在文章的标题后点击"搜索",在页面显示的搜索结果中,第一行第一张缩略图与涉案图片在视觉上相似,该缩略图下方有"广告"标识。点击该缩略图,即跳转至"携程旅行"网站页面。公证内容显示,奇虎科技公司具有通过关键词精准锁定目标客户的广告推广模式。赵某向法院主张奇虎科技公司以向公众提供缩略图方式实质替代了涉案图片,侵害涉案图片的信息网络传播权。奇虎科技公司辩称涉案缩略图源于赵某发表的涉案文章,其出现在广告位系奇虎科技公司技术自动抓取,属于合理使用范畴,且搜索关键词不同,展示的缩略图亦不同,二者之间并非绑定关系,具有随机性。

---

① 《天津高院发布产权保护典型案例》,载天津法院网,https://tjfy. tjcourt. gov. cn/article/detail/2023/01/id/7104537. shtml。

【裁判结果】

法院经审理认为,奇虎科技公司提供被诉侵权缩略图服务不是为了自身使用,而是便于用户快速检索,为用户展示搜索结果。特别是,被诉侵权缩略图本身在视觉上与涉案图片在尺寸、大小、清晰度上有明显差距,现有证据无法证明被诉侵权缩略图可以复制或下载,加之赵某取证时搜索的是涉案文章标题而非涉案图片名称,不应认定被诉侵权缩略图实质替代了赵某向公众提供涉案图片。赵某提供的证据亦无法证明奇虎科技公司不合理损害了其对涉案图片的合法权益。赵某主张奇虎科技公司侵害其信息网络传播权的请求,证据不足,缺乏事实和法律依据,故判决驳回赵某的诉讼请求。

【典型意义】

本案系平台利用缩略图提供服务是否构成侵害作品信息网络传播权的典型案例。搜索引擎平台利用图片嵌入广告的功能,是一种新的商业模式,既是新的技术问题也是新的法律问题,本案对厘清搜索引擎利用图片嵌入广告的法律属性具有借鉴意义。

(四)短视频平台未经授权擅自上传热门歌曲供用户录制短视频使用构成侵权①

【基本案情】

原告 A 公司经授权取得某网络热门歌曲的信息网络传播权。被告 B 公司运营的短视频平台未经原告授权,擅自将该歌曲上传至平台曲库,用户通过该平台录制短视频时可任意使用、翻唱该歌曲。最终,该短视频平台上有 37.7 万个作品使用了该歌曲,多名用户翻唱该歌曲并录制、上传了短视频,这些短视频可被播放、点赞、评论、分享、下载,具有拍同款、付费推广等功能,约有 19.5 万个作品使用了上述用户上传的短视频。原告认为,被告的行为严重侵犯了原告对该歌曲享有的信息网络传播权,具有主观恶意,给原告造成了巨大的经济利益损失,请求法院判令被告删除全部侵权短视频,并赔偿原告经济损失 7.5 万元。本案审理过程中,原告确认被告已删除所有侵权短视频,变更诉讼请求为赔偿经济损失。

【裁判结果】

法院认为,被告未经原告许可,将原告享有信息网络传播权的热门网络歌曲

---

① 载中国法院网,https://www.chinacourt.org/chat/chat/2022/04/id/52978.shtml。

上传至短视频平台曲库，置于信息网络中，使平台用户能够在个人选定的时间和地点录制短视频时任意使用、翻唱该歌曲，侵害了原告享有的信息网络传播权，应当承担赔偿损失的侵权责任。同时，短视频平台应当能够合理地认识到网络用户会使用其上传的涉案歌曲录制并上传短视频，这些短视频又可被其他用户点赞、使用、下载等进而扩大涉案歌曲的传播范围，应当具有更高的注意义务，却未采取必要措施加以预防，主观上具有过错。因此，对于网络用户翻唱涉案歌曲并录制、上传短视频的行为，在短视频平台未提供证据证明其无过错的情况下，构成帮助侵权，应当承担相应的侵权责任。一审法院判决被告赔偿原告经济损失3000元。二审判决驳回上诉，维持原判。

【典型意义】

当前，一些短视频平台为了吸引用户，在明知使用音乐需要得到授权的情况下，仍故意忽视授权问题，抱着“用了再说”的心态，将一些热门歌曲上传到平台曲库，供用户制作短视频时配乐使用，导致一首歌曲动辄被侵权几十万次甚至更多的结果。本案就是短视频平台音乐侵权乱象的典型代表。最终，法院判决短视频平台不仅要对其未经授权擅自上传热门歌曲的直接侵权行为负责，还要对平台用户使用该歌曲录制并上传短视频导致歌曲传播范围扩大的后果负责，表明了在新的传播方式下保护音乐版权、促进短视频新业态健康发展的司法态度。

五、合规指引

随着互联网的普及和发展，每个人都可以在互联网上随意发布作品、表演、录音录像制品等信息，而这些信息可能会侵犯他人的权益。作为信息传播的中介，网络服务提供者在其中扮演着重要的角色，他们的行为对于维护网络传播秩序和保障公民权益具有重要意义。为此，《信息网络传播权保护条例》对网络服务提供者的责任和义务作了明确规定：网络服务提供者在提供服务时，应当制定并公开服务条款，明确用户不得非法传输信息的约定。同时，网络服务提供者在发现用户发布违法信息时，应当采取必要措施，限制或者中止对其服务。如果未及时采取措施导致侵权行为造成后果的，则应承担相应的法律责任。此外，《最高人民法院关于审理侵害信息网络传播权民事纠纷案件适用法律若干问题的规定》对网络服务提供者在案件审判时的证明义务作了规定。

网络服务提供者在网络侵权中的责任是多方面、多层次的。除法律层面的有效监管外,网络服务提供者更需要对自己的责任和义务有一个清晰的了解,才能真正履行好自己的职责,做好自身的合规,从而为网络空间的健康发展贡献自己的力量。

(一)配合查处义务

网络服务提供者有依法配合有关机关的义务。例如,《信息网络传播权保护条例》第十三条规定,著作权行政管理部门为了查处侵犯信息网络传播权的行为,可以要求网络服务提供者提供涉嫌侵权的服务对象的姓名(名称)、联系方式、网络地址等资料。

网络服务提供者无正当理由拒绝提供或者拖延提供涉嫌侵权的服务对象的姓名(名称)、联系方式、网络地址等资料的,著作权行政管理部门可以予以警告处罚;情节严重的,还可以没收主要用于提供网络服务的计算机等设备。

(二)通知删除义务

网络服务提供者应当根据权利人的要求履行"通知—删除"义务。对提供信息存储空间或者提供搜索、链接服务的网络服务提供者,权利人认为其服务所涉及的作品、表演、录音录像制品,侵犯自己的信息网络传播权或者被删除、改变了自己的权利管理电子信息的,可以向该网络服务提供者提交书面通知,要求网络服务提供者删除该作品、表演、录音录像制品,或者断开与该作品、表演、录音录像制品的链接。网络服务提供者接到权利人的通知书后,应当立即删除涉嫌侵权的作品、表演、录音录像制品,或者断开与涉嫌侵权的作品、表演、录音录像制品的链接;服务对象网络地址不明、无法转送的,应当将通知书的内容同时在信息网络上公告。

需要注意的是,权利人发出的通知应具备合法形式,必须是以书信、传真、电子邮件等方式发送的书面通知书,且通知内容包括"权利人的姓名(名称)、联系方式和地址、要求删除或者断开链接的侵权作品、表演、录音录像制品的名称和网络地址、构成侵权的初步证明材料"。网络服务提供者对不具备合法形式的通知未采取删除措施的可以免责。

(三)合理注意义务

《信息网络传播权保护条例》第二十三条规定,"网络服务提供者为服务对象提供搜索或者链接服务，在接到权利人的通知书后，根据本条例规定断开与侵权的作品、表演、录音录像制品的链接的，不承担赔偿责任；但是，明知或者应知所链接的作品、表演、录音录像制品侵权的，应当承担共同侵权责任”。

确定网络服务提供者的责任，适用的是“善良管理人”的注意义务。也就是说，网络服务提供者明知或者应知网络用户所传播的内容是侵权信息，且负担监督及移除侵权信息的行为在技术上可行，经济上合理。由于其未尽最基本的“应注意并能注意”的义务，那么就要承担过错责任。这里的“明知”容易判断，“应知”则需要结合相关因素进行认定，包括网络服务提供者应当具备的管理信息的能力，其传播的作品、表演、录音录像制品的类型、知名度及侵权信息的明显程度，是否主动对作品、表演、录音录像制品进行了选择、编辑、修改、推荐等，是否积极采取了预防侵权的合理措施，是否设置便捷程序接收侵权通知并及时对侵权通知做出合理的反应，是否针对同一网络用户的重复侵权行为采取了相应的合理措施等方面的因素，来认定网络服务提供者对其网络用户侵害权利人信息网络传播权是否应知。①

（四）证明义务

当遭遇著作权人主张网络服务提供者侵害其信息网络传播权时，如网络服务提供者以其提供网络服务为由进行抗辩的，则网络服务提供者应就其提供网服务的事实进行证明，否则将承担举证不能的后果。

网络服务提供者的证明义务主要存在以下几种情况：

（1）网络服务提供者能够证明其仅提供自动接入、自动传输、信息存储空间、搜索、链接、文件分享技术等网络服务，主张其不构成共同侵权行为的，人民法院应予支持。

（2）原告有初步证据证明网络服务提供者提供了相关作品、表演、录音录像制品，但网络服务提供者能够证明其仅提供网络服务，且无过错的，人民法院不应认定为构成侵权。

（3）网络服务提供者能够证明已采取合理、有效的技术措施，仍难以发现网络

---

① 《网络服务提供者常见法律风险及防范》，载广东金桥百信律师事务所网 http://gdjqbx.com/dContent.html? contentId = 2312。

用户侵害信息网络传播权行为的,人民法院应当认定其不具有过错。

六、发展趋势展望

2020年11月,《著作权法》第三次修改在历时10年后终于完成,这是我国首次主要适应国内产业发展需求,直面互联网发展对我国著作权制度挑战的主动修法,意义重大。争议多年的新型网络版权问题,也因新《著作权法》的公布而获得突破。未来,相关的规章制度还会更加完善,为信息网络传播保驾护航。同时,随着互联网技术的发展和商业模式的演进,在网络版权监管和治理方面,还将呈现以下发展趋势:

(一)强化网络新业态版权监管

随着中国网络版权产业核心业态趋于稳定,新业态展示出巨大潜力,产业结构更加多元。短视频、直播、网络新闻媒体占比大幅提升,信息资讯、知识文化等非娱乐性内容传播成为新潮流。丰富多样的软硬件产品使作品、表演、录音录像制品等被侵权的风险陡升;作品传播更加快速、隐蔽;网络共享、云存储、移动互联网、算法推荐等使作品传播范围更广;各种新型传播方式使侵权取证、侵权认证更为复杂。新型侵权形态层出不穷,给网络版权执法带来很大困难。以网盘侵权为例,侵权入口、播放器、内容存储均由不同主体各自提供,按照现行著作权法律体系追责极其困难。不断强化网络新业态版权监管,以适应互联网环境下的各种新业态版权保护的需要,是数字化时代要解决的新课题。

(二)版权保护手段技术化

媒介融合时代,对网络版权保护机制提出了新的挑战。在这种情况下,用技术手段解决版权保护将会成为趋势。比如,区块链以及其他相关的数字化技术对版权保护将起到重要的助推作用,合规正式的版权在取得了有关部门的认证之后,可以在区块链实现数据上链,无论是音频视频、文字创作还是图片的版权创意都能在区块链上得到认证。未来如果互联网上发现了盗用情况,没有明确标明出处,就可以通过技术手段匹配对比,及时发现违法行为。因此,积极推进版权保护技术革新是明智之举,更是日后需要重视与努力的方向。

同时,监管部门也可以利用云计算和大数据技术,加强对网络版权领域中云盘、应用平台 UGC 模块、搜索引擎等的监管。未来涉及网络版权侵权的作品在互联网上传播的速度会更快、更广、更隐蔽，传播方式也会更新奇，因此，通过版权保护手段技术化，从而不断加强网络监管的技术水平，也是加强网络版权保护必须考虑的。

（三）提升平台版权治理能力

近些年，从门户时代到博客，从微博、公众号到信息流、直播、短视频，平台一直保持着持续进化的逻辑。在“避风港规则”下，众多平台集聚了海量的原生、衍生与再创作内容，在原创内容与技术发展红利下发展迅速。无论在什么网络时代，原创内容与版权保护，始终是平台发展的核心。未来，在关系链与算法推荐的加持下，平台版权治理的理念与能力建设，也应有所强化。要鼓励平台积极应用新技术，履行平台版权治理义务。

（四）与国际接轨程度逐步提高

在第三次《著作权法》修正中，我国积极吸纳国际先进的立法经验，并向国际惯例逐步靠拢。未来，我国版权保护与国际接轨程度会不断提高，通过学习英美等发达国家对网络版权保护的丰富经验，在国际合作中善于利用国际公约，加强同各国的合作，取长补短，进一步改善我国网络版权保护的现状。①

第二节　网络支付监管法律体系

近年来，随着电子商务和互联网金融的快速发展，网络支付服务也以极快的速度增长。根据央行发布的 2021 年支付业务统计数据显示，2021 年，银行共处理电子支付业务 2749.69 亿笔，金额 2976.22 万亿元，同比分别增长 16.90% 和 9.75%。非银行支付机构处理网络支付业务 10283.22 亿笔，金额 355.46 万亿元，同比分别增长 24.30% 和 20.67%。网络支付已经广泛渗透到人们生活的方方

① 朱礼敏：《我国数字版权保护趋势探析——从流媒体音乐版权谈起》，载《传播与版权》2021 年第 3 期。

面面。

网络支付在为网络消费、支付和理财等提供便利的同时,也产生了一些风险与乱象,如网络诈骗、套现、洗钱等行为不时出现,消费者风险意识不足,信息和资金安全缺乏保障,这些都亟待引起重视和规范。为了规范网络支付业务,防范支付风险,保护客户权益,促进网络支付的健康发展,国家也越来越重视对网络支付的监管。2010 年到 2019 年,我国网络支付的监管体系逐步搭建起来;2020 年以来,我国的监管政策不断细化,网络支付逐步走向健康规范发展之路。

一、规范建设与治理实践

我国在网络支付规范建设方面起步较晚。2005 年年初,《国务院办公厅关于加快我国电子商务发展的若干意见》和《电子签名法》的出台以及《电子支付指引(第一号)》的推出率先为网络支付的发展提供了法律和政策上的支持。此后,随着我国网上支付的迅速发展,新型电子支付工具的不断出现,网上支付交易量的不断提高,特别是第三方支付服务平台的大量涌现,国家又陆续出台了一系列电子支付相关的法律法规及规范性法律文件。但仅限于一些部门规章和政策,立法效力等级较低,主要集中在银行卡和网上银行的规制、第三方支付的监管等方面。

(一)立法规范

目前我国针对网络支付领域的立法主要有《电子支付指引(第一号)》、《非金融机构支付服务管理办法》及其实施细则、《非银行支付机构网络支付业务管理办法》、《条码支付业务规范(试行)》等法规、规章和规范性文件。详见表 7-2:

表 7-2 网络支付监管相关法律法规及其规范要点

文件名称	发布时间	发布机构	规范要点
《电子支付指引(第一号)》	2005 年 10 月 26 日	中国人民银行	共 6 章 49 条,在遵循效率与安全原则的前提下,以电子支付业务流程为主线,重点调整银行及其客户在电子支付活动中的权利义务关系。其主要包括五个方面的内容:一是界定了电子支付的概念、类型和业务原则;二是统一了电子支付业务申请的条件和程序;三是规范了电子支付指令的发起和接收;四是强调了电子支付风险的防范与控制;五是明确了电子支付业务差错处理的原则和要求。

续表

文件名称	发布时间	发布机构	规范要点
《非金融机构支付服务管理办法》	2010 年 6 月 14 日	中国人民银行	一是明确了中国人民银行对非金融机构支付服务的监管职责。二是明确对非金融机构提供支付服务实行支付业务许可证制度。三是明确了支付机构的市场准入资质要求,包括商业存在、资本实力、主要出资人资质、反洗钱措施、支付业务设施、资信状况等。四是明确了审批程序。五是明确客户备付金的安全管理要求。六是明确支付机构支付业务的规范经营要求。七是明确该办法的过渡期要求。
《非银行支付机构网络支付业务管理办法》	2015 年 12 月 28 日	中国人民银行	清晰界定了支付机构网络支付业务的内涵和边界,明确了监管标准和规则,从业务和风险管理、系统和信息安全、信息披露和风险提示、客户权益保护和法律责任等方面作出系统性制度安排。
《条码支付业务规范(试行)》	2017 年 12 月 25 日	中国人民银行	在业务规范方面,明确强调了支付机构的资质要求,重申清算管理要求,维护市场公平竞争秩序,规范条码生成和受理,加强商户管理和风险管理。在技术规范方面,明确要加强条码支付技术风险防控,合理运用支付标记化、可信执行环境、条码防伪识别等手段,提升条码支付客户端软件安全防护能力,规范条码支付交易报文管理。要加强标准落地实施,强化条码支付产品质量和安全管理。

(二)治理实践

1. 企业自治

为保障用户的个人账户安全及相关合法权益,第三方支付平台加强了对平台内违法违规账号的监管。例如,支付宝、微信支付通过优化升级风控追查能力和追赃挽损技术,分行业、分类目进行定期巡检、处置违法违规账号,进行实名降级、限制支付功能等处理措施,加强对违规账号监管治理。

据了解,支付宝安全中心重点治理存在以下三种行为的支付宝账号:一是对涉嫌违规违禁、跑分洗钱、涉诈涉赌等行为的账号做限制收款处理;二是对疑似被出租转卖的账号依法降级其实名认证状态;三是对违规套利账号,恶意注册账号实行冻结账户及永久冻结账户处罚。根据支付宝安全中心发布的《关于进一步加强非法买卖账户等违法违规行为治理的公告》显示,截至 2022 年 6 月,已对 31489

个涉及租售个人账号的账户进行了实名降级等处理;对 15634 个实施电信网络诈骗的账号,进行了限制支付功能等处理;累计超 4 万个违规账号被处理。支付宝发布的《关于持续打击电信网络诈骗、租售账号等违规行为的公告》显示,在核实相关账号行为后共处置 69375 个涉及租售个人账号、辅助他人解封违规账号、参与“跑分”的账号;处置 13156 个实施电信诈骗的账号;处置 82917 个组织网络赌博的账号;处置 1189 个从事虚拟货币交易的账号;处置 1808 个发布恶意营销等违规内容的账号。

2022 年 3 月微信方面发布《严厉打击网络诈骗行为的公告》中显示,自 2022 年 1 月至 3 月,共计对超过 10 万个确认存在欺诈行为的账号进行了阶梯式处理,对 3 万多个确认存在欺诈行为的微信群进行了封群处理。2022 年 4 月 13 日,微信安全中心发布公告称,对 75369 个确认组织、参与刷单的账号进行了限制登录、限制使用功能等处理;对 18102 个发布“黑五类”恶意营销信息的账号进行了限制使用功能等处理。2022 年 6 月 13 日,微信安全中心发布《关于进一步加强平台违法违规行为深度治理的公告》称,对于多次违规及情节严重的违规者将加重处罚等。

2. 协会监督

中国支付清算协会是中国支付清算服务行业自律组织,成立宗旨是对支付清算服务行业进行自律管理,维护支付清算服务市场的竞争秩序以及会员的合法权益,防范支付清算风险,促进支付清算服务行业健康发展。

2019 年以来,协会连年披露支付领域违法行为的重点举报事项,主要集中在为跨境赌博、电信网络诈骗提供支付通道以及违反收单业务外包、扰乱支付市场秩序、未按规定降费让利等问题。

2019 年协会共接到举报 12000 余件,同比下降 18.4%;受理举报 8000 余件,同比下降 12.7%;完成举报调查 8200 余件,对违规会员单位分别实施警告、约谈高管、责令整改等自律惩戒措施。为进一步发挥举报奖励工作对市场主体的警示作用,促进支付市场规范健康发展,协会还公布了部分性质较为严重、举报次数较多及涉及新兴业务的违规案例类型,主要包括支付机构超地域范围经营、收单核心业务外包、特约商户挪用网络支付接口、特约商户挪用收款码、特约商户入网审核不严、网上违规宣传买卖支付受理终端、收单机构转嫁刷卡手续费、银行账户被用于为非法交易平台收款 8 大类。

2019—2021 年,协会每年发布一期相关内容。2022 年协会则发布了三起支付结算违法违规行为重点举报事项,更为频繁,且每一期所针对的内容有所不同。2023 年,除往年经常提及的跨境赌博、电诈、无证支付、收单违规、消保、非法改装终端、未按规定降费让利等问题,还增加了杭州亚运会和成都大运会相关违法违规内容。

多年来,中国支付清算协会一直按照自律管理相关制度要求,强化对会员单位的自律惩戒,为提升支付行业管理效能,维护支付市场秩序,做出自己的努力。

3. 部门执法

近年来,随着互联网技术和移动设备的快速普及、支付场景的不断丰富,网络支付业务呈爆发式增长。不少违法犯罪分子盯上网络支付这一新渠道,翻新犯罪手法,利用新技术、新概念进行伪装,逃避国家资金监管,严重扰乱支付市场秩序,为黑灰产业链提供资金流转服务,成为社会发展的一大隐患。对此,公安部、中国人民银行高度重视,联合银联、网联以及第三方支付机构等,形成强大的监管合力,多次组织会商研判,全面排查案件线索,深入剖析非法行业生态,严厉打击整治非法网络支付活动,接连破获了一批非法网络支付案件,共同筑起了经济安全有序运行的强有力屏障。

2019 年,按照公安部统一部署,地方公安机关破获重大非法网络支付案件 15 起,抓获一大批犯罪嫌疑人,涉案资金 540 亿余元,取得阶段性打击战果。其中,辽宁大连警方破获的“深圳爱贝公司”案中,平台以“聚合支付”为幌子,向他人提供非法资金支付结算服务,涉案金额高达 92 亿元。浙江缙云警方破获的“凯因卡德公司”案中,银行工作人员与非法支付平台内外勾结实施犯罪。湖北汉川警方破获的“上海迪付公司”案中,平台搭建 72 个非法支付通道,提供给违法犯罪主体使用,交易金额高达 131 亿余元。山东烟台警方破获的非法经营案,一举铲除“抓蛋”“打字练习”“趣跑”等多个非法平台,关闭 30 余个境外赌博、私彩网站的境内资金结算通道。[①]

2022 年公安部在打击治理网络黑产方面的工作中,针对支付结算环节,聚焦非法第四方支付平台、跑分平台打财断血,摧毁相关平台 700 余个,打掉为各类犯

① 《公安部、中国人民银行联合严厉打击整治非法网络支付》,载微信公众号“澎湃新闻”,2019 年 12 月 29 日。

罪提供非法支付结算的网络团伙300余个，斩断数千个赌博、诈骗团伙资金“命脉”，达到“釜底抽薪”的效果。特别是针对虚拟币洗钱新通道，紧盯形势变化、犯罪苗头、创新打击策略，破获相关案件259起，收缴虚拟币价值110亿元，取得了重要的突破。①

二、立法背景

（一）现实背景：网络支付业务发展的需要

近年来，网络支付业务飞速发展，支付方式、应用场景及技术手段持续丰富，市场规模不断扩大，在便利生活、促进社会经济发展方面发挥着积极作用。网络支付服务已经广泛覆盖公共交通、便民缴费、餐饮商户等消费者日常生产生活的场景，极大地满足了人民群众的支付服务需求，提高了百姓生活的便利程度。同时，网络支付又进一步推动了电子商务和互联网金融的快速发展，对支持服务业转型升级、推动普惠金融纵深发展发挥了积极作用。

在我国，从事网络支付业务的主要包括银行业金融机构和非银行支付机构。据中国支付清算协会《中国支付产业年报2022》公布的数据显示，2021年，我国银行机构共处理网上支付业务1022.78亿笔、2353.96万亿元，分别较上年增长16.32%和8.25%；处理移动支付业务笔数和金额分别较上年增长22.73%和21.94%。支付机构共处理互联网支付业务1439.57亿笔、57.37万亿元，较上年分别增长50.06%和5.19%，笔均业务金额398.55元；共处理移动支付业务9960.03亿笔、359.49万亿元，较上年分别增长27.01%和19.38%，笔均业务金额360.93元。

从业务金额与资金流动的结构来看，银行业金融机构仍然是网上支付的主导者，不过从业务笔数和日常生活体验来看，非银行金融机构办理的支付，也即“第三方支付”，已然是网络支付的生力军。随着网络信息、通信技术的快速发展和支付服务的不断分工细化，越来越多的非银行金融机构借助互联网、手机等信息技术广泛参与支付业务。非金融机构提供支付服务、与银行业既合作又竞争，已经成为一支重要的力量。

---

① 《公安部：打掉非法支付结算的网络团伙300余个》，载新浪网2022年1月14日，http://k.sina.com.cn/article_7517400647_1c0126e4705902ehcm.html。

与此同时,以移动支付为代表的网络支付业务已经成为我国支付产业在全球的亮眼名片。数据显示,截至2021年年底,我国移动支付客户数量为37.81亿个,较上年增长7.91%。移动支付业务量的增速则更让人惊叹,2021年国内银行处理的移动支付业务笔数和金额则分别是2012年的282.67倍和228.13倍。10年间,移动支付已经从一个新型支付方式发展成为被公众广为接受且使用最为频繁的零售支付方式之一。

移动支付的广泛应用,促使国内外各市场主体不断创新支付方式,尝试将条码技术运用于移动支付领域,以提升支付便捷性和用户体验。此后,条码支付因其支付便捷、应用门槛低的优势,在推动普惠金融和优化我国非现金支付环境建设方面发挥了重要作用。

(二)制度背景:规范网络支付活动的需要

网络支付业务的蓬勃发展,极大地促进了各类支付机构的发展,也进一步推动了网络支付产品的普及与创新。但与此同时,网络支付业务在快速发展过程中存在一些风险,如支付账户管理要求不清、处于金融监管真空地带等问题。近两年,各类风险案件呈高发态势,对于客户资金安全、电子支付市场稳定乃至金融安全造成了较大影响。

特别是在非金融机构的网络支付业务方面,随着非金融机构支付服务规模的不断扩大和新的支付工具推广,以及市场竞争的日趋激烈,这一领域一些问题逐渐暴露,如客户备付金的权益保障问题、预付卡发行和受理业务中的违规问题、反洗钱义务的履行问题、支付服务相关的信息系统安全问题,以及违反市场竞争规则、无序从事支付服务问题等。

同时,新的风险隐患也相继产生,一是客户身份识别机制不够完善,为欺诈、套现、洗钱等风险提供了可乘之机;二是以支付账户为基础的跨市场业务快速发展,沉淀了大量客户资金,加大了资金流动性管理压力和跨市场交易风险;三是风险意识相对较弱,在客户资金安全和信息安全保障机制等方面存在欠缺;四是客户权益保护亟待加强,存在夸大宣传、虚假承诺、消费者维权难等问题。这些问题和风险仅仅依靠市场的力量难以解决,必须通过必要的法规制度和监管措施及时加以预防和纠正。

（三）国际背景：提升网络支付国家竞争力的需要

网络支付正成为境内企业走出国门、境外企业进入国内市场的活跃领域。网络支付业务走出国门、境外业务快速发展。近年来，随着跨境电商、出境旅游、出国留学等需求的迅猛增长，中国已成为全球第一大游客出境旅游消费国、第二大个人汇款汇入国。包括支付宝、微信支付在内的众多支付企业与全球各国用市场化方式开展合作，推动跨境支付市场迎来高速发展。

跨境支付“走出去”的同时，国内支付市场也面临着全面“引进来”的新一轮竞争。Visa、万事达、PayPal、环球同业银行金融电讯协会（SWIFT）等已在跨境支付领域深耕多年，是各国最主流的跨境支付方式。中国虽然在移动支付领域取得了毋庸置疑的成绩，但在跨境支付领域与这些境外国际巨头相比仍有较大差距。

无论是“走出去”还是“引进来”，都涉及跨境支付。与境内支付中心化体系不同，跨境支付往往是去中心化或者分布式的，需要境内外机构在网络互换、支付清算、外汇兑换、风险控制等领域对接合作，取长补短、互通有无。因此，国内赋能的网络支付政策法律环境是提升网络支付国际竞争力的重要基础。

三、重点法条解读

（一）《电子支付指引（第一号）》

1. 适用范围

【法条】

第二条　电子支付是指单位、个人（以下简称客户）直接或授权他人通过电子终端发出支付指令，实现货币支付与资金转移的行为。

电子支付的类型按电子支付指令发起方式分为网上支付、电话支付、移动支付、销售点终端交易、自动柜员机交易和其他电子支付。

境内银行业金融机构（以下简称银行）开展电子支付业务，适用本指引。

【解读】

本条明确了《电子支付指引（第一号）》的适用范围。根据参与主体的不同，电子支付分为发生在银行之间的电子支付、银行与其客户间的电子支付以及其他支付服务组织与其客户之间的电子支付。《电子支付指引（第一号）》主要规范的是银行及接受其电子支付服务的客户。因为这类电子支付参与主体众多，涉及银行、客户、商家、系统开发商、网络运营服务商、认证服务提供机构等，其中银行与客户之间的关系是这类电子支付赖以存在的基础和前提。因此，《电子支付指引（第一号）》以调整银行和客户之间的关系为主线，引导和规范境内发生的银行为客户提供的电子支付业务。

2. 银行的信息披露要求

【法条】

第八条　办理电子支付业务的银行应公开披露以下信息：

（一）银行名称、营业地址及联系方式；

（二）客户办理电子支付业务的条件；

（三）所提供的电子支付业务品种、操作程序和收费标准等；

（四）电子支付交易品种可能存在的全部风险，包括该品种的操作风险、未采取的安全措施、无法采取安全措施的安全漏洞等；

（五）客户使用电子支付交易品种可能产生的风险；

（六）提醒客户妥善保管、使用或授权他人使用电子支付交易存取工具（如卡、密码、密钥、电子签名制作数据等）的警示性信息；

（七）争议及差错处理方式。

第三十六条　银行的电子支付业务处理系统应保证对电子支付交易信息进行完整地记录和按有关法律法规进行披露。

【解读】

为维护客户权益，《电子支付指引（第一号）》要求办理电子支付的银行必须公开、充分披露其电子支付业务活动中的基本信息，尤其强调对电子支付业务风险的披露：要求银行明示特定电子支付交易品种可能存在的全部风险，包括该品种的操作风险、未采取的安全措施、无法采取安全措施的安全漏洞；要求银行明示客户使用特定电子支付交易品种可能产生的风险；要求银行提醒客户妥善保管、妥善使用、妥善授权他人使用电子支付交易存取工具。同时，《电子支付指引（第一号）》还要求银行的电子支付业务处理系统必须按有关法律法规披露电子支付交易信息。

3. 电子支付活动中客户和银行的权利义务

【法条】

第九条　银行应认真审核客户申请办理电子支付业务的基本资料，并以书面或电子方式与客户签订协议。

银行应按会计档案的管理要求妥善保存客户的申请资料，保存期限至该客户撤销电子支付业务后5年。

第十三条　客户与银行签订的电子支付协议应包括以下内容：

（一）客户指定办理电子支付业务的账户名称和账号；

（二）客户应保证办理电子支付业务账户的支付能力；

（三）双方约定的电子支付类型、交易规则、认证方式等；

（四）银行对客户提供的申请资料和其他信息的保密义务；

（五）银行根据客户要求提供交易记录的时间和方式；

（六）争议、差错处理和损害赔偿责任。

第十六条　客户应按照其与发起行的协议规定，发起电子支付指令。

第十七条　电子支付指令的发起行应建立必要的安全程序，对客户身份和电子支付指令进行确认，并形成日志文件等记录，保存至交易后5年。

第二十一条　发起行、接收行之间应按照协议规定及时发送、接收和执行电子支付指令，并回复确认。

第三十九条　银行应指定相应部门和业务人员负责电子支付业务的差错处理工作，并明确权限和职责。

第四十条　银行应妥善保管电子支付业务的交易记录，对电子支付业务的差错应详细备案登记，记录内容应包括差错时间、差错内容与处理部门及人员姓名、客户资料、差错影响或损失、差错原因、处理结果等。

第四十一条　由于银行保管、使用不当，导致客户资料信息被泄露或篡改的，银行应采取有效措施防止因此造成客户损失，并及时通知和协助客户补救。

第四十二条　因银行自身系统、内控制度或为其提供服务的第三方服务机构的原因，造成电子支付指令无法按约定时间传递、传递不完整或被篡改，并造成客户损失的，银行应按约定予以赔偿。

因第三方服务机构的原因造成客户损失的，银行应予赔偿，再根据与第三方服务机构的协议进行追偿。

第四十三条　接收行由于自身系统或内控制度等原因对电子支付指令未执行、未适当执行或迟延执行致使客户款项未准确入账的，应及时纠正。

第四十四条　客户应妥善保管、使用电子支付交易存取工具。有关电子支付业务资料、存取工具被盗或遗失,应按约定方式和程序及时通知银行。

第四十五条 非资金所有人盗取他人存取工具发出电子支付指令,并且其身份认证和交易授权通过发起行的安全程序的,发起行应积极配合客户查找原因,尽量减少客户损失。

第四十六条 客户发现自身未按规定操作,或由于自身其他原因造成电子支付指令未执行、未适当执行、延迟执行的,应在协议约定的时间内,按照约定程序和方式通知银行。银行应积极调查并告知客户调查结果。

银行发现因客户原因造成电子支付指令未执行、未适当执行、延迟执行的,应主动通知客户改正或配合客户采取补救措施。

第四十七条 因不可抗力造成电子支付指令未执行、未适当执行、延迟执行的,银行应当采取积极措施防止损失扩大。

【解读】

《电子支付指引(第一号)》明确要求,客户申请电子支付业务,必须与银行签订相关协议,并对协议的必要事项进行了列举。银行有权要求客户提供其身份证明资料,有义务向客户披露有关电子支付业务的初始信息并妥善保管客户资料。

《电子支付指引(第一号)》要求客户应按照其与发起行的协议规定,发起电子支付指令;要求发起行建立必要的安全程序,对客户身份和电子支付指令进行确认,并形成日志文件等记录;要求银行按照协议规定及时发送、接收和执行电子支付指令,并回复确认。

同时《电子支付指引(第一号)》第五章还明确了电子支付差错处理中,银行和客户应尽的责任。

4. 电子支付的安全性

【法条】

第二十五条 银行应根据审慎性原则并针对不同客户,在电子支付类型、单笔支付金额和每日累计支付金额等方面做出合理限制。

银行通过互联网为个人客户办理电子支付业务,除采用数字证书、电子签名等安全认证方式外,单笔金额不应超过1000元人民币,每日累计金额不应超过5000元人民币。

银行为客户办理电子支付业务,单位客户从其银行结算账户支付给个人银行结算账户的款项,其单笔金额不得超过5万元人民币,但银行与客户通过协议约定，能够事先提供有效付款依据的除外。

银行应在客户的信用卡授信额度内，设定用于网上支付交易的额度供客户选择，但该额度不得超过信用卡的预借现金额度。

【解读】

安全性是电子支付的重中之重。《电子支付指引（第一号）》要求银行根据审慎性原则，针对不同客户，在电子支付类型、单笔支付金额和每日累计支付金额等方面做出合理限制。同时，明确提出了在三种情况下的具体金额限制，即"银行通过互联网为个人客户办理电子支付业务，除采用数字证书、电子签名等安全认证方式外，单笔金额不应超过 1000 元人民币，每日累计金额不应超过 5000 元人民币"。"银行为客户办理电子支付业务，单位客户从其银行结算账户支付给个人银行结算账户的款项，其单笔金额不得超过 5 万元人民币，但银行与客户通过协议约定，能够事先提供有效付款依据的除外。""银行应在客户的信用卡授信额度内，设定用于网上支付交易的额度供客户选择，但该额度不得超过信用卡的预借现金额度"等。这些措施对防范电子支付风险，保障客户资金安全将发挥积极作用。

5. 用户信息安全保障

【法条】

第二十六条　银行应确保电子支付业务处理系统的安全性，保证重要交易数据的不可抵赖性、数据存储的完整性、客户身份的真实性，并妥善管理在电子支付业务处理系统中使用的密码、密钥等认证数据。

第二十七条　银行使用客户资料、交易记录等，不得超出法律法规许可和客户授权的范围。

银行应依法对客户的资料信息、交易记录等保密。除国家法律、行政法规另有规定外，银行应当拒绝除客户本人以外的任何单位或个人的查询。

第二十九条　银行应采取必要措施保护电子支付交易数据的完整性和可靠性：

（一）制定相应的风险控制策略，防止电子支付业务处理系统发生有意或无意的危害数据完整性和可靠性的变化，并具备有效的业务容量、业务连续性计划和应急计划；

（二）保证电子支付交易与数据记录程序的设计发生擅自变更时能被有效侦测；

（三）有效防止电子支付交易数据在传送、处理、存储、使用和修改过程中被篡改，任何对电子支付交易数据的篡改能通过交易处理、监测和数据记录功能被侦测；

(四)按照会计档案管理的要求,对电子支付交易数据,以纸介质或磁性介质的方式进行妥善保存,保存期限为5年,并方便调阅。

第三十条 银行应采取必要措施为电子支付交易数据保密:

(一)对电子支付交易数据的访问须经合理授权和确认;

(二)电子支付交易数据须以安全方式保存,并防止其在公共、私人或内部网络上传输时被擅自查看或非法截取;

(三)第三方获取电子支付交易数据必须符合有关法律法规的规定以及银行关于数据使用和保护的标准与控制制度;

(四)对电子支付交易数据的访问均须登记,并确保该登记不被篡改。

第三十四条 银行采用数字证书或电子签名方式进行客户身份认证和交易授权的,提倡由合法的第三方认证机构提供认证服务。如客户因依据该认证服务进行交易遭受损失,认证服务机构不能证明自己无过错,应依法承担相应责任。

【解读】

电子支付是通过开放的网络来实现的,支付信息很容易受到来自各种途径的攻击和破坏,信息的泄露和受损直接威胁到企业和用户的切身利益,所以信息安全是树立和维护客户对电子交易信心的关键。对此,《电子支付指引(第一号)》对银行保障用户信息安全方面做了一系列要求,如银行在物理上保证电子支付业务处理系统的设计和运行能够避免电子支付交易数据在传送、处理、存储、使用和修改过程中被泄露和篡改;采取有效的内部控制措施为交易数据保密;在法律法规许可和客户授权的范围内妥善保管和使用各种信息和交易资料;明确规定按会计档案要求保管电子支付交易数据;提倡由合法的第三方认证机构提供认证服务,以保证认证的公正性;要求在境内完成境内发生的人民币电子支付交易信息处理及资金清算。

(二)《非金融机构支付服务管理办法》

1. 非金融机构支付服务的类型

【法条】

第二条第一款 本办法所称非金融机构支付服务,是指非金融机构在收付款人之间作为中介机构提供下列部分或全部货币资金转移服务:

(一)网络支付;

(二)预付卡的发行与受理;

（三）银行卡收单；

（四）中国人民银行确定的其他支付服务。

【解读】

《非金融机构支付服务管理办法》明确非金融机构支付服务是指非金融机构在收付款人之间作为中介机构提供的货币资金转移服务，包括网络支付、预付卡的发行与受理以及银行卡收单等。

（1）网络支付业务。《非金融机构支付服务管理办法》所称网络支付是指非金融机构依托公共网络或专用网络在收付款人之间转移货币资金的行为，包括货币汇兑、互联网支付、移动电话支付、固定电话支付、数字电视支付等。

（2）预付卡发行与受理业务。《非金融机构支付服务管理办法》所称预付卡是指以营利为目的发行的、在发行机构之外购买商品或服务的预付价值，包括采取磁条、芯片等技术以卡片、密码等形式发行的预付卡。

（3）银行卡收单业务。《非金融机构支付服务管理办法》所称银行卡收单是指通过销售点（POS）终端等为银行卡特约商户代收货币资金的行为。

（4）中国人民银行根据支付服务市场的发展趋势等确定的其他支付业务。

2. 业务许可制度

【法条】

第三条第一款　非金融机构提供支付服务，应当依据本办法规定取得《支付业务许可证》，成为支付机构。

【解读】

《非金融机构支付服务管理办法》旨在通过严格的资质条件要求，遴选具备良好资信水平、较强盈利能力和一定从业经验的非金融机构进入支付服务市场，在中国人民银行的监督管理下规范从事支付业务，切实维护社会公众的合法权益。未经中国人民银行批准，任何非金融机构和个人不得从事或变相从事支付业务。

中国人民银行对《支付业务许可证》不做数量限制，鼓励所有具有资质的非金融机构在支付服务市场中平等竞争，促进支付服务市场资源优化配置。

3. 非金融机构提供支付服务应具备的条件

【法条】

第八条　《支付业务许可证》的申请人应当具备下列条件：

（一）在中华人民共和国境内依法设立的有限责任公司或股份有限公司，且为非金融机构法人；

（二）有符合本办法规定的注册资本最低限额；

（三）有符合本办法规定的出资人；

（四）有5名以上熟悉支付业务的高级管理人员；

（五）有符合要求的反洗钱措施；

（六）有符合要求的支付业务设施；

（七）有健全的组织机构、内部控制制度和风险管理措施；

（八）有符合要求的营业场所和安全保障措施；

（九）申请人及其高级管理人员最近3年内未因利用支付业务实施违法犯罪活动或为违法犯罪活动办理支付业务等受过处罚。

【解读】

《非金融机构支付服务管理办法》规定非金融机构提供支付服务应具备相应的资质条件，以此建立统一规范的非金融机构支付服务市场准入秩序，强化非金融机构支付服务的持续发展能力。非金融机构提供支付服务应具备的条件主要包括：

（1）商业存在。申请人必须是在我国依法设立的有限责任公司或股份有限公司，且为非金融机构法人。

（2）资本实力。申请人申请在全国范围内从事支付业务的，其注册资本至少为1亿元；申请在同一省（自治区、直辖市）范围内从事支付业务的，其注册资本至少为3000万元人民币，且均须为实缴货币资本。

（3）主要出资人。申请人的主要出资人（包括拥有其实际控制权和10%以上股权的出资人）均应符合关于公司制企业法人性质、相关领域从业经验、一定盈利能力等相关资质的要求。

（4）反洗钱措施。申请人应具备国家反洗钱法律法规规定的反洗钱措施，并于申请时提交相应的验收材料。

（5）支付业务设施。申请人应在申请时提交必要支付业务设施的技术安全检测认证证明。

（6）资信要求。申请人及其高管人员和主要出资人应具备良好的资信状况，并出具相应的无犯罪证明材料。

考虑支付服务的专业性和安全性要求等，申请人还应符合组织机构、内控制度、风控措施、营业场所等方面的规定。

4.《支付业务许可证》的审批流程

【法条】

第十一条　申请人应当向所在地中国人民银行分支机构提交下列文件、资料：

（一）书面申请，载明申请人的名称、住所、注册资本、组织机构设置、拟申请支付业务等；

（二）公司营业执照（副本）复印件；

（三）公司章程；

（四）验资证明；

（五）经会计师事务所审计的财务会计报告；

（六）支付业务可行性研究报告；

（七）反洗钱措施验收材料；

（八）技术安全检测认证证明；

（九）高级管理人员的履历材料；

（十）申请人及其高级管理人员出具的无犯罪记录承诺书；

（十一）主要出资人的相关材料；

（十二）申请资料真实性声明。

第十二条　申请人应当在收到受理通知后按规定公告下列事项：

（一）申请人的注册资本及股权结构；

（二）主要出资人的名单、持股比例及其财务状况；

（三）拟申请的支付业务；

（四）申请人的营业场所；

（五）支付业务设施的技术安全检测认证证明。

第十三条　中国人民银行分支机构依法受理符合要求的各项申请，并将初审意见和申请资料报送中国人民银行。中国人民银行审查批准的，依法颁发《支付业务许可证》，并予以公告。

《支付业务许可证》自颁发之日起，有效期 5 年。支付机构拟于《支付业务许可证》期满后继续从事支付业务的，应当在期满前 6 个月内向所在地中国人民银行分支机构提出续展申请。中国人民银行准予续展的，每次续展的有效期为 5 年。

【解读】

根据《行政许可法》及其实施办法和《中国人民银行行政许可实施办法》的规定

等,《非金融机构支付服务管理办法》规定《支付业务许可证》的审批流程主要包括:

(1)申请人向所在地中国人民银行分支机构提交申请资料。《非金融机构支付服务管理办法》所称中国人民银行分支机构包括中国人民银行上海总部,各分行、营业管理部,省会(首府)城市中心支行及副省级城市中心支行。

(2)申请符合要求的,中国人民银行分支机构依法予以受理,并将初审意见和申请资料报送中国人民银行总行。

(3)中国人民银行总行根据各分支机构的审查意见及社会监督反馈信息等,对申请资料进行审核。准予成为支付机构的,中国人民银行总行依法颁发《支付业务许可证》,并予以公告。

5. 客户备付金保护措施

【法条】

第二十三条　支付机构接受客户备付金时,只能按收取的支付服务费向客户开具发票,不得按接受的客户备付金金额开具发票。

第二十四条　支付机构接受的客户备付金不属于支付机构的自有财产。

支付机构只能根据客户发起的支付指令转移备付金。禁止支付机构以任何形式挪用客户备付金。

第二十六条　支付机构接受客户备付金的,应当在商业银行开立备付金专用存款账户存放备付金。中国人民银行另有规定的除外。

支付机构只能选择一家商业银行作为备付金存管银行,且在该商业银行的一个分支机构只能开立一个备付金专用存款账户。

支付机构应当与商业银行的法人机构或授权的分支机构签订备付金存管协议,明确双方的权利、义务和责任。

支付机构应当向所在地中国人民银行分支机构报送备付金存管协议和备付金专用存款账户的信息资料。

第二十七条　支付机构的分公司不得以自己的名义开立备付金专用存款账户,只能将接受的备付金存放在支付机构开立的备付金专用存款账户。

第二十八条　支付机构调整不同备付金专用存款账户头寸的,由备付金存管银行的法人机构对支付机构拟调整的备付金专用存款账户的余额情况进行复核,并将复核意见告知支付机构及有关备付金存管银行。

支付机构应当持备付金存管银行的法人机构出具的复核意见办理有关备付

金专用存款账户的头寸调拨。

第二十九条　备付金存管银行应当对存放在本机构的客户备付金的使用情况进行监督，并按规定向备付金存管银行所在地中国人民银行分支机构及备付金存管银行的法人机构报送客户备付金的存管或使用情况等信息资料。

对支付机构违反第二十五条至第二十八条相关规定使用客户备付金的申请或指令，备付金存管银行应当予以拒绝；发现客户备付金被违法使用或有其他异常情况的，应当立即向备付金存管银行所在地中国人民银行分支机构及备付金存管银行的法人机构报告。

【解读】

支付机构可以自主确定其所从事的支付业务是否接受客户备付金。客户备付金，是指客户自愿委托支付机构保管的、只能用于办理客户委托的支付业务的货币资金。

《非金融机构支付服务管理办法》在客户备付金保护措施方面作出了以下规定：

(1)明确备付金的性质。支付机构接受的客户备付金不属于支付机构的自有财产。支付机构只能根据客户发起的支付指令转移备付金。禁止支付机构以任何形式挪用客户备付金。

(2)限定备付金的持有形式。第一，支付机构必须选择商业银行作为备付金存管银行，专户存放接受的客户备付金。第二，支付机构只能在同一家商业银行专户存放客户备付金。第三，支付机构的分公司不能自行开立备付金专用存款账户。

(3)强调商业银行的协作监督责任。商业银行作为备付金存管银行，应当对存放在本机构的客户备付金的使用情况进行监督，并有权对支付机构违反规定使用客户备付金的申请或指令予以拒绝。支付机构拟调整不同备付金专用存款账户的头寸时，必须经其备付金存管银行的法人机构进行复核。

(4)突出人民银行的法定监管职责。支付机构和备付金存管银行应分别按规定向中国人民银行报送备付金存管协议、备付金专用存款账户及客户备付金的存管或使用情况等信息资料。中国人民银行将依法对支付机构的客户备付金专用存款账户及相关账户等进行现场检查。

6. 虚假申请行为的处理

【法条】

第四十六条　以欺骗等不正当手段申请《支付业务许可证》但未获批准的，申请人及持有其5%以上股权的出资人3年内不得再次申请或参与申请《支付业务许可证》。

以欺骗等不正当手段申请《支付业务许可证》且已获批准的，由中国人民银行及其分支机构责令其终止支付业务，注销其《支付业务许可证》；涉嫌犯罪的，依法移送公安机关立案侦查；构成犯罪的，依法追究刑事责任；申请人及持有其5%以上股权的出资人不得再次申请或参与申请《支付业务许可证》。

【解读】

《非金融机构支付服务管理办法》强调申请行为必须真实、可信。区分申请是否已被受理或申请人是否已经取得《支付业务许可证》等情形，《非金融机构支付服务管理办法》对申请人的虚假申请行为规定了不同的处理方式。

（1）申请人以欺骗等不正当手段申请《支付业务许可证》但未获批准的，申请人及持有其5%以上股权的出资人3年内不得再次申请或参与申请《支付业务许可证》。

（2）以欺骗等不正当手段申请《支付业务许可证》且已获批准的，由中国人民银行及其分支机构责令其终止支付业务，注销其《支付业务许可证》；涉嫌犯罪的，依法移送公安机关立案侦查；构成犯罪的，依法追究刑事责任；申请人及持有其5%以上股权的出资人不得再次申请或参与申请《支付业务许可证》。

7. 擅自提供支付服务的惩罚

【法条】

第四十七条　任何非金融机构和个人未经中国人民银行批准擅自从事或变相从事支付业务的，中国人民银行及其分支机构责令其终止支付业务；涉嫌犯罪的，依法移送公安机关立案侦查；构成犯罪的，依法追究刑事责任。

【解读】

《非金融机构支付服务管理办法》规定：任何非金融机构和个人未经中国人民银行批准擅自从事或变相从事支付业务的，或者支付机构超出《支付业务许可证》有效期限继续从事支付业务的，均由中国人民银行及其分支机构责令其终止支付业务；涉嫌犯罪的，依法移送公安机关立案侦查；构成犯罪的，依法追究刑事责任。

（三）《非银行支付机构网络支付业务管理办法》

1. 支付机构开立支付账户的限制

【法条】

第八条　获得互联网支付业务许可的支付机构，经客户主动提出申请，可为其开立支付账户；仅获得移动电话支付、固定电话支付、数字电视支付业务许可的支付机构，不得为客户开立支付账户。

支付机构不得为金融机构，以及从事信贷、融资、理财、担保、信托、货币兑换等金融业务的其他机构开立支付账户。

【解读】

本条第一款明确，未获得互联网支付业务许可的支付机构，不可为客户开立支付账户；获得互联网支付业务许可的支付机构，如客户未主动提出申请，不可为其开立支付账户。

本条第二款基于审慎性原则，规定支付机构为金融机构和从事网络借贷、股权众筹融资、互联网基金销售、互联网保险、互联网信托和互联网消费金融等业务的机构提供网络支付服务时，不可开立支付账户。这一规定主要鉴于金融机构和从事网络借贷、股权众筹融资、互联网基金销售、互联网保险、互联网信托和互联网消费金融等机构本身存在金融业务经营风险，同时支付机构的资本实力、内控制度和风险管理体系普遍还不够完善，抵御外部风险冲击的能力较弱，为保障有关各方合法权益，有效隔离跨市场风险，切实守住不发生系统性和区域性风险的底线，《非银行支付机构网络支付业务管理办法》规定支付机构不得为金融机构和从事金融业务的其他机构开立支付账户。

2. 支付账户实名制

【法条】

第六条　支付机构应当遵循“了解你的客户”原则，建立健全客户身份识别机制。支付机构为客户开立支付账户的，应当对客户实行实名制管理，登记并采取有效措施验证客户身份基本信息，按规定核对有效身份证件并留存有效身份证件复印件或者影印件，建立客户唯一识别编码，并在与客户业务关系存续期间采取持续的身份识别措施，确保有效核实客户身份及其真实意愿，不得开立匿名、假名支付账户。

【解读】

《非银行支付机构网络支付业务管理办法》强调支付账户实名制度。《非银行支付机构网络支付业务管理办法》要求支付机构遵循“了解你的客户”原则，建立健全客户身份识别机制，并在与客户业务关系存续期间，采取持续的客户身份识别措施，确保有效核实客户身份及其真实意愿，主要考虑如下：

一是支付账户体现了消费者资金权益，只有实行实名制，才能更好地保护账户所有人的资金安全，才能从法律制度上保护消费者财产权利和明确债权债务关系。

二是账户实名制是经济金融活动和管理的基础，账户是资金出入的起点与终点，只有落实支付账户实名制，才能维护正常的经济金融秩序，从而切实落实反洗钱、反恐怖融资要求，防范和遏制违法犯罪活动。

三是坚持账户实名制有利于支付机构在了解自己客户的基础上，有针对性地改善服务质量，更好地服务于客户，为提升和改善经营管理水平奠定基础。

3. 个人支付账户的分类

【法条】

第十一条第一款　支付机构应根据客户身份对同一客户在本机构开立的所有支付账户进行关联管理，并按照下列要求对个人支付账户进行分类管理：

（一）对于以非面对面方式通过至少一个合法安全的外部渠道进行身份基本信息验证，且为首次在本机构开立支付账户的个人客户，支付机构可以为其开立Ⅰ类支付账户，账户余额仅可用于消费和转账，余额付款交易自账户开立起累计不超过1000元（包括支付账户向客户本人同名银行账户转账）；

（二）对于支付机构自主或委托合作机构以面对面方式核实身份的个人客户，或以非面对面方式通过至少三个合法安全的外部渠道进行身份基本信息多重交叉验证的个人客户，支付机构可以为其开立Ⅱ类支付账户，账户余额仅可用于消费和转账，其所有支付账户的余额付款交易年累计不超过10万元（不包括支付账户向客户本人同名银行账户转账）；

（三）对于支付机构自主或委托合作机构以面对面方式核实身份的个人客户，或以非面对面方式通过至少五个合法安全的外部渠道进行身份基本信息多重交叉验证的个人客户，支付机构可以为其开立Ⅲ类支付账户，账户余额可以用于消费、转账以及购买投资理财等金融类产品，其所有支付账户的余额付款交易年累计不超过20万元（不包括支付账户向客户本人同名银行账户账）。

【解读】

支付账户分类，兼顾支付的安全和效率，能够满足不同客户的多样化需要，体现了尊重客户的选择权。《非银行支付机构网络支付业务管理办法》将个人支付账户分为三类（详见表7-3）。

其中，Ⅰ类账户只需要一个外部渠道验证客户身份信息（如联网核查居民身份证信息），账户余额可以用于消费和转账，主要适用于客户小额、临时支付，身份验证简单快捷。为兼顾便捷性和安全性,I类账户的交易限额相对较低,但支付机构可以通过强化客户身份验证,将I类账户升级为II类或III类账户,提高交易限额。

II类和III类账户的客户实名验证强度相对较高,能够在一定程度上防范假名、匿名支付账户问题,防止不法分子冒用他人身份开立支付账户并实施犯罪行为,因此具有较高的交易限额。鉴于投资理财业务的风险等级较高,《非银行支付机构网络支付业务管理办法》规定,仅实名验证强度最高的III类账户可以使用余额购买投资理财等金融类产品,以保障客户资金安全。

上述分类方式及付款功能、交易限额管理措施仅针对支付账户,客户使用银行账户付款(如银行网关支付、银行卡快捷支付等)不受上述功能和限额的约束。

表7-3 个人支付账户分类

账户类别	余额付款功能	余额付款限额	身份核实方式
I类账户	消费、转账	自账户开立起累计1000元	以非面对面方式,通过至少一个外部渠道验证身份
II类账户	消费、转账	年累计10万元	面对面验证身份,或以非面对面方式,通过至少三个外部渠道验证身份
III类账户	消费、转账、投资理财	年累计20万元	面对面验证身份,或以非面对面方式,通过至少五个外部渠道验证身份

4. 支付账户的转账业务规定

【法条】

第十二条 支付机构办理银行账户与支付账户之间转账业务的,相关银行账户与支付账户应属于同一客户。

支付机构应按照与客户的约定及时办理支付账户向客户本人银行账户转账业务,不得对II类、III类支付账户向客户本人银行账户转账设置限额。

【解读】

《非银行支付机构网络支付业务管理办法》没有对支付机构办理银行账户与银行账户之间的转账业务进行额外限制,而是由支付机构、银行和客户以市场化原则自主协商开展此类业务,并自主约定交易限额等管理措施。

为加强支付账户转账业务的风险管理,《非银行支付机构网络支付业务管理办法》对支付账户与银行账户之间的转账业务提出了具体要求:

一是原则上,支付账户余额仅可回提至客户本人银行卡。

二是综合评级较高且实名制落实较好的支付机构可以扩充支付账户转账功

能，支付账户余额可以回提至他人银行卡，他人银行卡也可向支付账户充值。

三是支付机构应按照客户意愿足额办理Ⅱ类或Ⅲ类支付账户余额回提至客户本人银行卡的业务，协助客户及时将支付账户余额回提为银行存款。

5. 有关快捷支付业务规定

【法条】

第十条　支付机构向客户开户银行发送支付指令，扣划客户银行账户资金的，支付机构和银行应当执行下列要求：

（一）支付机构应当事先或在首笔交易时自主识别客户身份并分别取得客户和银行的协议授权，同意其向客户的银行账户发起支付指令扣划资金；

（二）银行应当事先或在首笔交易时自主识别客户身份并与客户直接签订授权协议，明确约定扣款适用范围和交易验证方式，设立与客户风险承受能力相匹配的单笔和单日累计交易限额，承诺无条件全额承担此类交易的风险损失先行赔付责任；

（三）除单笔金额不超过200元的小额支付业务，公共事业缴费、税费缴纳、信用卡还款等收款人固定并且定期发生的支付业务，以及符合第三十七条规定的情形以外，支付机构不得代替银行进行交易验证。

【解读】

快捷支付是支付机构和银行通过协议与客户约定，由支付机构代其向银行发送支付指令，直接扣划客户绑定的银行账户资金的支付方式。快捷支付以其开通简单、交易验证便捷的特点深受客户欢迎，已成为我国电子商务交易的主要支付方式之一。但是，实践中，由于该业务涉及客户、支付机构及银行三方，权责关系相对复杂，一旦发生风险损失，客户维权困难。为此，《非银行支付机构网络支付业务管理办法》明确了支付机构和商业银行合作为客户提供快捷支付业务时，应当事先或在首笔交易时分别与客户建立清晰、完整的业务授权，同时明确约定扣款适用范围、交易验证方式、交易限额及风险赔付责任。《非银行支付机构网络支付业务管理办法》同时强调，银行是客户资金安全的管理责任主体，在后续交易时无论是由银行进行交易验证还是支付机构代为进行交易验证，银行均承担快捷支付资金损失的先行赔付责任。

6. 分类监管措施

【法条】

第三十三条　评定为“A”类且Ⅱ类、Ⅲ类支付账户实名比例超过95%的支付机构，可以采用能够切实落实实名制要求的其他客户身份核实方法，经法人所在地中国人民银行分支机构评估认可并向中国人民银行备案后实施。

第三十四条　评定为“A”类且Ⅱ类、Ⅲ类支付账户实名比例超过95%的支付机构，可以对从事电子商务经营活动、不具备工商登记注册条件且相关法律法规允许不进行工商登记注册的个人客户（以下简称个人卖家）参照单位客户管理，但应建立持续监测电子商务经营活动、对个人卖家实施动态管理的有效机制，并向法人所在地中国人民银行分支机构备案。

支付机构参照单位客户管理的个人卖家，应至少符合下列条件：

（一）相关电子商务交易平台已依照相关法律法规对其真实身份信息进行审查和登记，与其签订登记协议，建立登记档案并定期核实更新，核发证明个人身份信息真实合法的标记，加载在其从事电子商务经营活动的主页面醒目位置；

（二）支付机构已按照开立Ⅲ类个人支付账户的标准对其完成身份核实；

（三）持续从事电子商务经营活动满6个月，且期间使用支付账户收取的经营收入累计超过20万元。

第三十五条　评定为“A”类且Ⅱ类、Ⅲ类支付账户实名比例超过95%的支付机构，对于已经实名确认、达到实名制管理要求的支付账户，在办理第十二条第一款所述转账业务时，相关银行账户与支付账户可以不属于同一客户。但支付机构应在交易中向银行准确、完整发送交易渠道、交易终端或接口类型、交易类型、收付款客户名称和账号等交易信息。

第三十六条　评定为“A”类且Ⅱ类、Ⅲ类支付账户实名比例超过95%的支付机构，可以将达到实名制管理要求的Ⅱ类、Ⅲ类支付账户的余额付款单日累计限额，提高至第二十四条规定的2倍。

评定为“B”类及以上，且Ⅱ类、Ⅲ类支付账户实名比例超过90%的支付机构，可以将达到实名制管理要求的Ⅱ类、Ⅲ类支付账户的余额付款单日累计限额，提高至第二十四条规定的1.5倍。

第三十七条　评定为“A”类的支付机构按照第十条规定办理相关业务时，可以与银行根据业务需要，通过协议自主约定由支付机构代替进行交易验证的情形，但支付机构应在交易中向银行完整、准确发送交易渠道、交易终端或接口类型、交易类型、商户名称、商户编码、商户类别码、收付款客户名称和账号等交易信息；银行应核实支付机构验证手段或渠道的安全性，且对客户资金安全的管理责任不因支付机构代替验证而转移。

第三十八条　对于评定为“C”类及以下、支付账户实名比例较低、对零售支付体系或社会公众非现金支付信心产生重大影响的支付机构，中国人民银行及其分支机构可以在第十九条、第二十八条等规定的基础上适度提高公开披露相关信息的要求，并加强非现场监管和现场检查。

第三十九条　中国人民银行及其分支机构对照上述分类管理措施相应条件，动态确定支付机构适用的监管规定并持续监管。支付机构分类评定结果和支付账户实名比例不符合上述分类管理措施相应条件的，应严格按照第十条、第十一条、第十二条及第二十四条等相关规定执行。

中国人民银行及其分支机构可以根据社会经济发展情况和支付机构分类管理需要，对支付机构网络支付业务范围、模式、功能、限额及业务创新等相关管理措施进行适时调整。

【解读】

对于综合评级较高且实名制落实较好的支付机构，《非银行支付机构网络支付业务管理办法》在客户身份验证方式、个人卖家管理方式、支付账户转账功能、支付账户单日交易限额、银行卡快捷支付验证方式等方面，提升了监管弹性和灵活性：

一是支付机构在开立Ⅱ类、Ⅲ类支付账户时，既可以按照“三个”“五个”外部渠道的方式进行客户身份核实，也可以运用各种安全、合法的技术手段灵活制定其他有效的身份核实方法，经评估认可后予以采用。

二是对于从事电子商务经营活动、不具备工商登记注册条件的个人卖家，支付机构可以参照单位客户进行管理，以更好满足个人卖家的支付需求，进一步支持电子商务发展。

三是支付机构可以扩充支付账户转账交易功能，可以同时办理支付账户与同名银行账户之间、支付账户与非同名银行账户之间的转账交易。

四是支付机构可以根据客户实际需要，适度提高支付账户余额付款的单日交易限额。

五是在银行卡快捷支付交易中，支付机构可以与银行自主约定由支付机构代替进行交易验证的具体情形。

同时，《非银行支付机构网络支付业务管理办法》对综合评级较低、实名制落实较差、对零售支付体系或社会公众非现金支付信心产生重大影响的支付机构，增加了信息披露等义务,同时人民银行将依法对其重点加强监管。

7. 风险管理措施

【法条】

第十七条　支付机构应当综合客户类型、身份核实方式、交易行为特征、资信状况等因素,建立客户风险评级管理制度和机制,并动态调整客户风险评级及相关风险控制措施。

支付机构应当根据客户风险评级、交易验证方式、交易渠道、交易终端或接口类型、交易类型、交易金额、交易时间、商户类别等因素,建立交易风险管理制度和交易监测系统,对疑似欺诈、套现、洗钱、非法融资、恐怖融资等交易,及时采取调查核实、延迟结算、终止服务等措施。

第十八条　支付机构应当向客户充分提示网络支付业务的潜在风险,及时揭示不法分子新型作案手段,对客户进行必要的安全教育,并对高风险业务在操作前、操作中进行风险警示。

支付机构为客户购买合作机构的金融类产品提供网络支付服务的,应当确保合作机构为取得相应经营资质并依法开展业务的机构,并在首次购买时向客户展示合作机构信息和产品信息,充分提示相关责任、权利、义务及潜在风险,协助客户与合作机构完成协议签订。

第十九条　支付机构应当建立健全风险准备金制度和交易赔付制度,并对不能有效证明因客户原因导致的资金损失及时先行全额赔付,保障客户合法权益。

支付机构应于每年1月31日前,将前一年度发生的风险事件、客户风险损失发生和赔付等情况在网站对外公告。支付机构应在年度监管报告中如实反映上述内容和风险准备金计提、使用及结余等情况。

第二十条　支付机构应当依照中国人民银行有关客户信息保护的规定,制定有效的客户信息保护措施和风险控制机制,履行客户信息保护责任。

支付机构不得存储客户银行卡的磁道信息或芯片信息、验证码、密码等敏感信息,原则上不得存储银行卡有效期。因特殊业务需要,支付机构确需存储客户银行卡有效期的,应当取得客户和开户银行的授权,以加密形式存储。

支付机构应当以“最小化”原则采集、使用、存储和传输客户信息,并告知客户相关信息的使用目的和范围。支付机构不得向其他机构或个人提供客户信息,法律法规另有规定,以及经客户本人逐项确认并授权的除外。

第二十三条 支付机构采用数字证书、电子签名作为验证要素的,数字证书及生成电子签名的过程应符合《中华人民共和国电子签名法》、《金融电子认证规范》(JR/T0118—2015)等有关规定,确保数字证书的唯一性、完整性及交易的不可抵赖性。

支付机构采用一次性密码作为验证要素的,应当切实防范一次性密码获取端与支付指令发起端为相同物理设备而带来的风险,并将一次性密码有效期严格限制在最短的必要时间内。

支付机构采用客户本人生理特征作为验证要素的,应当符合国家、金融行业标准和相关信息安全管理要求,防止被非法存储、复制或重放。

第二十五条 支付机构网络支付业务相关系统设施和技术,应当持续符合国家、金融行业标准和相关信息安全管理要求。如未符合相关标准和要求,或者尚未形成国家、金融行业标准,支付机构应当无条件全额承担客户直接风险损失的先行赔付责任。

第二十六条 支付机构应当在境内拥有安全、规范的网络支付业务处理系统及其备份系统,制定突发事件应急预案,保障系统安全性和业务连续性。

支付机构为境内交易提供服务的,应当通过境内业务处理系统完成交易处理,并在境内完成资金结算。

【解读】

网络支付业务因依托公共网络作为信息传输通道,不可避免地面临网络病毒、信息窃取、信息篡改、网络钓鱼、网络异常中断等各种安全隐患,也面临欺诈、套现、洗钱等业务风险。为加强风险防范,切实保障客户合法权益,《非银行支付机构网络支付业务管理办法》从风险管理角度对支付机构提出了明确要求:

一是综合客户类型、客户身份核实方式、交易行为特征、资信状况等因素,建立客户风险评级管理制度和机制,并动态调整客户风险评级及相关风险控制措施。

二是建立交易风险管理制度和交易监测系统,对疑似风险和非法交易及时采取调查核实、延迟结算、终止服务等必要控制措施。

三是向客户充分提示网络支付业务潜在风险,及时揭示不法分子新型作案手段,对客户进行必要的安全教育,在高风险业务操作前、操作中向客户进行风险警示。

四是以"最小化"原则采集、使用、存储和传输客户信息,采取有效措施防范信息泄露风险。

五是提高交易验证方式的安全级别,所采用的数字证书、电子签名、一次性密码、生理特征等验证要素应符合相关法律法规和技术安全要求。

六是网络支付相关系统设施和技术,应当持续符合国家、金融行业标准和相关信息安全管理要求。

七是确保网络支付业务系统及其备份系统的安全和规范,制定突发事件应急预案,保障系统安全性和业务连续性。

8. 客户权益保护措施

【法条】

第二十四条　支付机构应根据交易验证方式的安全级别,按照下列要求对个人客户使用支付账户余额付款的交易进行限额管理:

(一)支付机构采用包括数字证书或电子签名在内的两类(含)以上有效要素进行验证的交易,单日累计限额由支付机构与客户通过协议自主约定;

(二)支付机构采用不包括数字证书、电子签名在内的两类(含)以上有效要素进行验证的交易,单个客户所有支付账户单日累计金额应不超过5000元(不包括支付账户向客户本人同名银行账户转账);

(三)支付机构采用不足两类有效要素进行验证的交易,单个客户所有支付账户单日累计金额应不超过1000元(不包括支付账户向客户本人同名银行账户转账),且支付机构应当承诺无条件全额承担此类交易的风险损失赔付责任。

第二十七条　支付机构应当采取有效措施,确保客户在执行支付指令前可对收付款客户名称和账号、交易金额等交易信息进行确认,并在支付指令完成后及时将结果通知客户。

因交易超时、无响应或者系统故障导致支付指令无法正常处理的,支付机构应当及时提示客户;因客户原因造成支付指令未执行、未适当执行、延迟执行的,支付机构应当主动通知客户更改或者协助客户采取补救措施。

第二十八条　支付机构应当通过具有合法独立域名的网站和统一的服务电话等渠道,为客户免费提供至少最近一年以内交易信息查询服务,并建立健全差错争议和纠纷投诉处理制度,配备专业部门和人员据实、准确、及时处理交易差错和客户投诉。支付机构应当告知客户相关服务的正确获取途径,指导客户有效辨识服务渠道的真实性。

支付机构应当于每年1月31日前,将前一年度发生的客户投诉数量和类型、处理完毕的投诉占比、投诉处理速度等情况在网站对外公告。

第二十九条　支付机构应当充分尊重客户自主选择权，不得强迫客户使用本机构提供的支付服务，不得阻碍客户使用其他机构提供的支付服务。

支付机构应当公平展示客户可选用的各种资金收付方式，不得以任何形式诱导、强迫客户开立支付账户或者通过支付账户办理资金收付，不得附加不合理条件。

第三十条　支付机构因系统升级、调试等原因，需暂停网络支付服务的，应当至少提前5个工作日予以公告。

支付机构变更协议条款、提高服务收费标准或者新设收费项目的，应当于实施之前在网站等服务渠道以显著方式连续公示30日，并于客户首次办理相关业务前确认客户知悉且接受拟调整的全部详细内容。

【解读】

鉴于客户在网络支付业务中可能面临资金被盗、信息泄露等风险隐患，在维权过程中往往处于相对弱势的地位，为保障客户合法权益，《非银行支付机构网络支付业务管理办法》结合支付机构目前在客户权益保护方面存在的不足，明确了相关监管要求：

一是知情权方面。要求支付机构以显著方式提示客户注意服务协议中与其有重大利害关系的事项，采取有效方式确认客户充分知晓并清晰理解相关权利、义务和责任；并要求支付机构增加信息透明度，定期公开披露风险事件、客户投诉等信息，加强客户和舆论监督。

二是选择权方面。要求支付机构充分尊重客户真实意愿，由客户自主选择提供网络支付服务的机构、资金收付方式等，不得以诱导、强迫等方式侵害客户自主选择权；支付机构变更协议条款、提高服务收费标准或者新设收费项目，应以客户知悉且自愿接受相关调整为前提。

三是信息安全方面。要求支付机构制定客户信息保护措施和风险控制机制，确保自身及特约商户均不存储客户敏感信息，并依法承担因信息泄露造成的损失和责任。

四是资金安全方面。要求支付机构及时处理客户提出的差错争议和投诉，并建立健全风险准备金和客户损失赔付机制，对不能有效证明因客户原因导致的资金损失及时先行赔付；要求支付机构对安全性较低的支付账户余额付款交易设置单日累计限额，并对采用不足两类要素进行验证的交易无条件全额承担客户风险损失赔付责任。

四、典型案例解析

（一）支付违规案例

1. 财付通违规开展支付业务 被罚没人民币 876 万元

【违规情况】

财付通共涉及 8 项违法违规行为，具体包括：

（1）未按真实交易场景、准确标识并完整发送、保存交易信息，确保交易信息真实、完整、可追溯和在支付全流程中的一致性；

（2）为非法交易、虚假交易提供支付服务，发现客户疑似或者涉嫌违法违规行为未按规定采取有效措施；

（3）违反条码支付业务限额管理规定；

（4）违规开展支付业务合作；

（5）未备案开展条码支付业务；

（6）未按规定时间保存交易验证记录；

（7）未能如实提供调查材料；

（8）未按规定建立并落实资质审核制度。

【处罚结果】

央行深圳中心支行对财付通进行警告，并没收违法所得人民币 318.37 万元，处罚款人民币 558.2 万元，合计罚没金额人民币 876.57 万元，作出行政处罚决定的日期为 2020 年 12 月 31 日。

【处罚依据】

《非银支付机构网络支付业务管理办法》《非金融机构支付服务管理办法》《条码支付业务规范（试行）》等。

2. 因违规支付结算智付领央行巨额罚单

【违规情况】

智付电子通过虚构货物贸易，办理无真实贸易背景跨境外汇支付业务，并为境外多家非法黄金、炒汇类互联网交易平台提供了相应的支付服务。同时，智付电子未能采取有效措施和技术手段对境内网络特约商户的交易情况进行检查，未能发现数家商户私自将支付接口转交给现货交易等非法互联网平台使用，客观上为非法交易、虚假交易提供了网络支付服务。此外，智付公司还存在未严格落实商户实名制、未持续识别特约商户身份、违规为商户提供 T+0 结算服务、违规设置商户结算账户等违法违规行为。

【处罚结果】

智付被央行罚没合计为 2561.4 万元，公司被给予警告；公司 1 名相关责任人员被给予警告，并处以罚款合计 80 万元。

【处罚依据】

《外汇管理条例》《非银支付机构网络支付业务管理办法》《支付机构外汇业务管理办法》等。

（二）非法支付案例

1. 自建非法“第四方支付”无证支付案①

【基本案情】

2018 年 1 月至 9 月，林某甲以杭州某智能科技有限公司名义，在未获得支付结算业务资质的情况下，伙同林某乙、张某等人，以支付宝、微信等第三方支付平台为接口，自建非法“第四方支付”系统。林某甲等人通过向他人收买、要求本公司员工注册等方式收集大量无实际经营业务的空壳公司资料（包括工商资料、对公银行账户、法人资料等），利用上述资料在支付宝、微信等第三方支付平台注册数百个公司支付宝、微信等账户，再将上述账户绑定在其自建的支付平台上，实现资金的非法支付结算。林某甲等人以上述方法为境外赌博网站等非法提供资金支付结算服务，结算金额共计人民币 46 亿余元。

【裁判结果】

2020 年 6 月 18 日，杭州市西湖区人民法院以非法经营罪判处被告人林某甲有期徒刑 12 年 6 个月，并处没收财产人民币 5000 万元，对林某乙、张某等其他 7 名被告人分别判处有期徒刑 2 年至 7 年不等，并处罚金人民币 5 万元至 700 万元不等。2020 年 6 月 22 日，林某甲等人提出上诉。2020 年 9 月 14 日，杭州市中级

① 《无证支付典型案例：非法结算 46 亿，罚没超 5000 万，判刑 12 年!》，载新浪网 2021 年 1 月 26 日，http://k.sina.com.cn/article_2109032275_7db5475300100trfc.html。

人民法院裁定，驳回上诉，维持原判。

【典型意义】

非法“第四方支付”平台为获取非法利益，在未取得国家支付结算许可的情况下，违反国家金融管理制度，以正常商业交易为掩护，依托正规第三方支付平台，利用收集的大量支付账户，短时间内快速流转资金，导致支付结算活动“体外”循环。这些非法第四方支付平台的存在，不仅极大地便利了赌博、电信网络诈骗等犯罪资金流转，成为网络犯罪产业链上的重要一环，还严重破坏金融管理秩序，威胁金融安全，必须依法严厉打击。

2. 涉“第四方支付”非法经营案[①]

【基本案情】

2019 年 12 月，被告人向某、唐某某、曹某某共谋为赌博网站等提供非法资金支付结算业务，并从中牟利。向某负责联系赌博等网站、通道商、码商，接受委托、商谈、费率提成，并在湖南省长沙市成立工作室；曹某某负责搭建并维护第四方支付平台（大侠平台、小侠平台、快代付平台），为赌博等网站提供非法资金支付结算业务；唐某某作为工作室的管理人员，负责招募并管理彭某等人（均另案处理），运营大侠平台、小侠平台、快代付平台等，在接到赌博等网站转来的收款指令后，在平台内进行操作，通过银行卡、支付宝等方式，将非法资金流转到赌博等网站提供的资金池内。至 2020 年 6 月 10 日案发，向某、唐某某、曹某某通过大侠平台、小侠平台、快代付平台等第四方支付平台，非法为赌博等网站提供支付结算的金额达 2.58 亿元。

【裁判结果】

重庆市南川区人民法院审理认为，被告人向某、唐某某、曹某某等人违反国家规定，共同为网络赌博等网站提供非法资金结算业务，情节特别严重，其行为均构成非法经营罪。被告人向某、唐某某、曹某某在庭审过程中自愿认罪认罚，可以依法从宽处理。遂以非法经营罪判处向某有期徒刑 5 年 6 个月，并处罚金 40 万元。判处唐某某犯有期徒刑 5 年 2 个月，并处罚金 35 万元。判处曹某某有期徒刑 5 年 2 个月，并处罚金 25 万元。追缴被告人违法所得，将公安机关扣押在案的涉案工

---

① 秦丹丹：《重庆南川法院审结一起涉“第四方支付”非法经营罪案件》，载中国法院网 2022 年 12 月 28 日，https://www.chinacourt.org/article/detail/2022/12/id/7079478.shtml。

具予以没收。

【典型意义】

本案中，赌博网站将非法资金转入三被告人搭建的大侠平台、小侠平台、快代付等第四方支付平台，非法资金进入被告人提供的账户后，被告人扣除手续费，转至指定的账户，该过程发生了资金的聚合，该行为属于非法经营罪中"非法从事资金结算业务"的行为。人民法院充分发挥审判职能，依法严厉打击此类犯罪，有力保障了网络空间支付秩序的持续健康发展。

3. 利用支付账户为赌博网站收款案①

【基本案情】

2019 年 10 月至 2020 年 7 月，黄某巍通过设立工作室形式，购买、注册大量某网络平台企业账户和个人支付账户，在"跑分"平台注册账户，按照"跑分"平台指令，将上述账户收款码上传至"跑分"平台或者"跑分"平台组建的网络通讯群组，共为赌博网站收取和转移资金人民币 2.37 亿余元。

【裁判结果】

经法院审理判决，黄某巍构成非法经营罪，被判处有期徒刑六年四个月。

【典型意义】

"跑分平台"大多披着"网络兼职"外衣，利用平台注册会员提供的支付账户，将跨境赌博资金分批分量转移。个人如果参与"跑分"项目，其本质就是出租、出借账户，不仅新账户开立受限，个人信用也会受到严重影响，而且存在资金损失、个人信息泄露甚至涉嫌帮助犯罪等风险。

4. 提供第三方支付账户帮助洗钱案②

【基本案情】

2020 年 11 月至案发，被告人杨某某等 13 人为非法牟利，在明知申请的结算账户可能被用于信息网络犯罪情况下，分别通过网络递交本人或他人名下公司营业执照、银行账户，以及录制申请视频等方式，向 a 信息技术有限公司（以下简称 a 公司）经营的第三方支付平台，申请开立大量支付结算账户，并提供给他人使用。

---

① 《支付清算协会发布十大典型案例》，载新浪网 2022 年 8 月 31 日，http://k.sina.com.cn/article_5816954579_15ab7aed30190176y3.html。

② 《非法支付典型案例》，载商业新知网 2023 年 3 月 4 日，https://www.shangyexinzhi.com/article/6801029.html。

后上述结算账户被某“跑分”洗钱犯罪团伙(另案处理)归集并搭建非法支付结算通道,从而用于协助境外网络赌博平台将非法资金批量结算至赌客个人账户。经查,杨某某等 13 人在 a 公司所设账户均被用于为网络赌博活动提供资金结算帮助。

【裁判结果】

2022 年 3 月至 9 月,上海市黄浦区人民检察院以涉嫌帮助信息网络犯罪活动罪对杨某某等 13 人提起公诉。同年 6 月至 10 月,上海市黄浦区人民法院以帮助信息网络犯罪活动罪分别判处杨某某等 13 人有期徒刑 2 年至 8 个月不等,并处罚金。

【典型意义】

本案中,杨某某等人将各自第三方支付账户提供给洗钱团伙,协助转移涉赌资金数额特别巨大,危害性极大。检察机关通过厘清“跑分洗钱”团伙及关联人员组织构架、作案模式,以资金流穿透、人员流分段为研判思路对不同涉案人员分别定性,成功追捕追诉上游“跑分洗钱”犯罪团伙,彻底斩断非法结算产业链。

5. 支付业首例“跳码”索赔案①

【基本案情】

2018 年 1 月至 3 月,卡友公司为交行信用卡中心作为发卡行的信用卡提供收单业务,其中有 315610 笔、涉及金额为 2119974958. 42 元的业务,商户类别码(MCC)均为 9498,商户名称为 NT 公司等主体。中国银联按照卡友公司提供的交易信息,根据商户类别码(MCC)识别交易类型为信用卡还款业务,并按照信用卡还款业务的手续费收费标准即每笔 1. 5 元进行结算,向交行信用卡中心支付了手续费 473405. 50 元。

嗣后,交行信用卡中心在检查业务过程中,发现卡友公司的上述交易存在非法套用信用卡交易商户类别码(MCC)9498 开展信用卡消费交易的情况,遂向其发函要求卡友公司赔付手续费损失 9066481. 81 元。卡友公司回函致歉称,是由于系统漏洞导致了上述问题的发生,但未向交行信用卡中心赔付损失,故涉讼。

【裁判结果】

本案中,就涉案交易,卡友公司为特殊商户设定并向交行信用卡中心报送的

---

① 《支付业首例“跳码”索赔案列入 2020 年度十大典型案例:卡友违规套利 31 万笔》,载百度网 2021 年 3 月 22 日,https://baijiahao. baidu. com/s? id = 1694914112602131207&wfr = spider&for = pc。

商户类别码(MCC)为9498,而适用商户类别码(MCC)9498所进行的业务种类为信用卡还款,只允许借记卡作为资金转出卡,不允许将信用卡或预付卡等其他性质的卡作为资金转出方。

上海市嘉定区人民法院于2020年5月12日作出(2019)沪0114民初11204号民事判决:卡友公司应赔偿交行信用卡中心损失9066481.81元及相应利息。宣判后,卡友公司提出上诉。上海金融法院驳回上诉,维持原判。

【典型意义】

该案件可简述为卡友支付在交易过程中,为特殊商户错误设定并向交行信用卡中心报送的商户类别码,未能体现信用卡真实交易场景,并为发卡行带来了损失。本案理顺了信用卡交易中各方当事人的法律关系,合理界定了发卡行和收单机构的责任,对于同类案件的处理具有重要的示范效应,有助于我国银行卡收单业务乃至整个支付行业的长远健康发展。

五、合规指引

(一)银行网络支付合规要求

电子银行是在互联网不断普及和电子商务迅速兴起的推动下产生的,相对于传统银行业务具有很大的优势,但也存在诸多风险。为了规避这些风险,银行从业者必须认真学习相关的监管法规,因为监管法规中对银行及其电子支付业务的规定,是网络支付行业最基础的合规要求。详见表7-4:

表7-4　银行网络支付合规指引

合规要点	具体要求	法条依据
签订服务协议	银行应认真审核客户申请办理电子支付业务的基本资料,并以书面或电子方式与客户签订协议。 客户与银行签订的电子支付协议应包括以下内容: (一)客户指定办理电子支付业务的账户名称和账号; (二)客户应保证办理电子支付业务账户的支付能力; (三)双方约定的电子支付类型、交易规则、认证方式等; (四)银行对客户提供的申请资料和其他信息的保密义务; (五)银行根据客户要求提供交易记录的时间和方式; (六)争议、差错处理和损害赔偿责任。	《电子支付指引(第一号)》第九条第一款、第十三条

续表

合规要点	具体要求	法条依据
安全保障义务	要求银行采用符合有关规定的信息安全标准、技术标准、业务标准；建立针对电子支付业务的管理制度，采取适当的内部制约机制；保证电子支付业务处理系统的安全性，以及数据信息资料的完整性、可靠性、安全性、不可抵赖性；提倡使用第三方认证，并应妥善保管密码、密钥等认证数据；明确银行对客户的责任不因相关业务的外包关系而转移，并应与开展电子支付业务相关的专业化服务机构签订协议，并确立综合性、持续性的程序，以管理其外包关系；同时还要求银行具有一定的业务容量、业务连续性、应急计划等。 还要求银行根据审慎性原则，针对不同客户，在电子支付类型、单笔支付金额和每日累计支付金额等方面作出合理限制。	《电子支付指引（第一号）》第二十六条、第二十九条、第三十条
电子银行安全评估	电子银行安全评估机构是金融机构开办或持续经营电子银行业务的必要条件，金融机构应定期对电子银行系统进行安全评估。 银行应至少每两年进行一次全面的评估，评估机构优先选择经银保监会资质认定的外部专业安全评估机构。	《电子银行业务管理办法》《电子银行安全评估指引》
用户身份验证管理	商业银行最迟于2007年12月31日前应对所有网上银行高风险账户操作统一使用由基本身份认证和附加身份认证组成的双重身份认证，同时对“高风险账户操作”进行了限制性界定。	《关于做好网上银行风险管理和服务的通知》
公众网上银行安全教育	银行应切实承担起对网上银行客户的安全教育责任，并分四个方面明确了安全教育的最低要求，如在本行网站首页显著位置开设电子银行安全教育栏目，印制并向客户配发安全宣传折页或手册，在网上银行使用过程中应在电脑屏幕上向用户醒目提示相关的安全注意事项等。	《关于做好网上银行风险管理和服务的通知》
公开披露义务	办理电子支付业务的银行应向客户公开披露如下内容：电子支付交易品种可能存在的全部风险，客户使用电子支付交易品种可能产生的风险，提醒客户妥善保管、使用或授权他人使用电子支付交易存取工具的警示性信息。商业银行可以考虑通过在营业网点及电子银行界面的醒目位置，或在与客户的申请书、合同中进行信息披露以落实此规定内容。	《电子支付指引（第一号）》第八条
信息安全保障	银行在物理上保证电子支付业务处理系统的设计和运行能够避免电子支付交易数据在传送、处理、存储、使用和修改过程中被泄露和篡改；采取有效的内部控制措施为交易数据保密；在法律法规许可和客户授权的范围内妥善保管和使用各种信息和交易资料；明确规定按会计档案要求保管电子支付交易数据；提倡由合法的第三方认证机构提供认证服务，以保证认证的公正性；要求在境内完成境内发生的人民币电子支付交易信息处理及资金清算。	《电子支付指引（第一号）》第二十六条、第二十七条、第二十九条、第三十条、第三十四条

（二）非银行机构网络支付合规指引

第三方支付是很多网络诈骗、洗钱违法行为的通道，诈骗洗钱扰乱了金融秩序，具有严重的社会危害性。目前，合规问题依然是支付领域的主要问题之一，第三方支付机构只有严守合规底线，才能做到可持续发展。详见表7－5：

表7－5　非银行机构网络支付合规指引

合规要点	具体要求	法条依据
实名制管理	支付机构应当遵循“了解你的客户”原则，建立健全客户身份识别机制。支付机构为客户开立支付账户的，应当对客户实行实名制管理，登记并采取有效措施验证客户身份基本信息，按规定核对有效身份证件并留存有效身份证件复印件或者影印件，建立客户唯一识别编码，并在与客户业务关系存续期间采取持续的身份识别措施，确保有效核实客户身份及其真实意愿，不得开立匿名、假名支付账户。	《非银行支付机构网络支付业务管理办法》第六条
个人支付账户的分类管理	支付机构应根据客户身份对同一客户在本机构开立的所有支付账户进行关联管理，并按照下列要求对个人支付账户进行分类管理： （一）对于以非面对面方式通过至少1个合法安全的外部渠道进行身份基本信息验证，且为首次在本机构开立支付账户的个人客户，支付机构可以为其开立Ⅰ类支付账户，账户余额仅可用于消费和转账，余额付款交易自账户开立起累计不超过1000元（包括支付账户向客户本人同名银行账户转账）； （二）对于支付机构自主或委托合作机构以面对面方式核实身份的个人客户，或以非面对面方式通过至少3个合法安全的外部渠道进行身份基本信息多重交叉验证的个人客户，支付机构可以为其开立Ⅱ类支付账户，账户余额仅可用于消费和转账，其所有支付账户的余额付款交易年累计不超过10万元（不包括支付账户向客户本人同名银行账户转账）； （三）对于支付机构自主或委托合作机构以面对面方式核实身份的个人客户，或以非面对面方式通过至少5个合法安全的外部渠道进行身份基本信息多重交叉验证的个人客户，支付机构可以为其开立川类支付账户，账户余额可以用于消费、转账以及购买投资理财等金融类产品，其所有支付账户的余额付款交易年累计不超过20万元（不包括支付账户向客户本人同名银行账户转账）。 客户身份基本信息外部验证渠道包括但不限于政府部门数据库、商业银行信息系统、商业化数据库等。其中，通过商业银行验证个人客户身份基本信息的，应为Ⅰ类银行账户或信用卡。	《非银行支付机构网络支付业务管理办法》第十一条

续表

合规要点	具体要求	法条依据
限额管理	支付机构应根据交易验证方式的安全级别,按照下列要求对个人客户使用支付账户余额付款的交易进行限额管理: (一)支付机构采用包括数字证书或电子签名在内的两类(含)以上有效要素进行验证的交易,单日累计限额由支付机构与客户通过协议自主约定; (二)支付机构采用不包括数字证书、电子签名在内的两类(含)以上有效要素进行验证的交易,单个客户所有支付账户单日累计金额应不超过5000元(不包括支付账户向客户本人同名银行账户转账); (三)支付机构采用不足两类有效要素进行验证的交易,单个客户所有支付账户单日累计金额应不超过1000元(不包括支付账户向客户本人同名银行账户转账),且支付机构应当承诺无条件全额承担此类交易的风险损失赔付责任。	《非银行支付机构网络支付业务管理办法》第二十四条
条码支付业务的关联管理	支付机构开展条码支付业务,应将客户用于生成条码的银行账户或支付账户、身份证件号码、手机号码进行关联管理。	《条码支付业务规范(试行)》第九条
特约商户的准入管理和风险管理	支付机构应按照《支付机构互联网支付业务风险防范指引》(中支协网络支付发〔2013〕2号)"商户拓展"和"商户资质审核"的相关要求,加强对特约商户的准入管理。 支付机构应按照《支付机构互联网支付业务风险防范指引》(中支协网络支付发〔2013〕2号)"商户日常管理与监控"的相关要求,加强对特约商户的风险管理,建立完善的特约商户监督管理机制,落实特约商户风险教育、定期回访、交易监控等要求。	《非银行支付机构网络支付业务自律规范》第九条
选择合作机构	支付机构应选择合法安全的合作机构作为客户身份基本信息的非面对面验证渠道,并通过书面协议方式明确非面对面核实的标准和流程、双方的权利和义务。 支付机构与合作机构建立或终止合作关系,应在10个工作日内将合作机构(数据库)名称、验证内容及方式、合作期限等信息报送协会。	《非银行支付机构网络支付业务自律规范》第十一条

续表

合规要点	具体要求	法条依据
服务协议的订立	支付机构应当与客户签订服务协议，约定双方责任、权利和义务，至少明确业务规则（包括但不限于业务功能和流程、身份识别和交易验证方式、资金结算方等），收费项目和标准，查询、差错争议及投诉等服务流程和规则，业务风险和非法活动防范及处置措施，客户损失责任划分和赔付规则等内容。 支付机构为客户开立支付账户的，还应在服务协议中以显著方式告知客户，并采取有效方式确认客户充分知晓并清晰理解下列内容："支付账户所记录的资金余额不同于客户本人的银行存款，不受《存款保险条例》保护，其实质为客户委托支付机构保管的、所有权归属于客户的预付价值。该预付价值对应的货币资金虽然属于客户，但不以客户本人名义存放在银行，而是以支付机构名义存放在银行，并且由支付机构向银行发起资金调拨指令。" 支付机构应当确保协议内容清晰、易懂，并以显著方式提示客户注意与其有重大利害关系的事项。	《非银行支付机构网络支付业务管理办法》第七条
确保交易信息的真实、完整	支付机构应当确保交易信息的真实性、完整性、可追溯性以及在支付全流程中的一致性，不得篡改或者隐匿交易信息。交易信息包括但不限于下列内容： （一）交易渠道、交易终端或接口类型、交易类型、交易金额、交易时间，以及直接向客户提供商品或者服务的特约商户名称、编码和按照国家与金融行业标准设置的商户类别码； （二）收付款客户名称，收付款支付账户账号或者银行账户的开户银行名称及账号； （三）付款客户的身份验证和交易授权信息； （四）有效追溯交易的标识； （五）单位客户单笔超过 5 万元的转账业务的付款用途和事由。	《非银行支付机构网络支付业务管理办法》第十四条
客户信息保存	支付机构应建立完善的客户信息系统和客户档案管理制度，保障客户基本信息资料和账户信息的安全，不得利用客户信息从事超出法律许可的，以及未经客户授权的活动。 支付机构应按照《非银行支付机构网络支付业务管理办法》第十六条要求保存客户的网络支付业务操作记录。支付机构应保留客户身份基本信息验证的日志记录，保存期限为身份信息验证通过之日起至少 5 年。	《非银行支付机构网络支付业务自律规范》第二十三条
客户服务体系的建立	支付机构应自觉维护客户的合法权益，建立长期、稳定、方便、有效的客户服务体系，及时受理和解决客户咨询、查询、申告和投诉等方面的问题。	《非银行支付机构网络支付业务自律规范》第二十四条

续表

合规要点	具体要求	法条依据
完善交易监控体系	支付机构应当综合客户类型、身份核实方式、交易行为特征、资信状况等因素，建立客户风险评级管理制度和机制，并动态调整客户风险评级及相关风险控制措施。支付机构应当根据客户风险评级、交易验证方式、交易渠道、交易终端或接口类型、交易类型、交易金额、交易时间、商户类别等因素，建立交易风险管理制度和交易监测系统，对疑似欺诈、套现、洗钱、非法融资、恐怖融资等交易，及时采取调查核实、延迟结算、终止服务等措施。	《非银行支付机构网络支付业务管理办法》第十七条
建立健全风险准备金制度和交易赔付制度	支付机构应当建立健全风险准备金制度和交易赔付制度，并对不能有效证明因客户原因导致的资金损失及时先行全额赔付，保障客户合法权益。支付机构应于每年1月31日前，将前一年度发生的风险事件、客户风险损失发生和赔付等情况在网站对外公告。支付机构应在年度监管报告中如实反映上述内容和风险准备金计提、使用及结余等情况。	《非银行支付机构网络支付业务管理办法》第十九条
公示公告义务	支付机构应于每年1月31日前，按照标准格式将前一年度发生的风险事件、客户风险损失发生和赔付等情况在网站对外公告。 支付机构应于每年1月31日前，按照标准格式将前一年度发生的客户投诉数量和类型、处理完毕的投诉占比、投诉处理速度等情况在网站对外公告。 支付机构因系统升级、调试等原因，需暂停网络支付服务的，应按照标准格式至少提前5个工作日在官方网站、移动客户端等服务渠道的显著位置予以公告。 支付机构变更协议条款，提高服务收费标准或者新设收费项目的，应当于实施之前在官方网站、移动客户端等服务渠道的显著位置，按照标准格式连续公示30日，并于客户首次办理相关业务前确认客户知悉且接受拟调整的全部详细内容。	《非银行支付机构网络支付业务自律规范》第三十条、第三十一条、第三十二条
向协会告知、说明义务	支付机构应在做出信息披露或公告后的10个工作日内，将公告情况告知协会；并将针对风险问题采取的改进措施以及资金损失类风险事件的赔付主体同时向协会说明。	《非银行支付机构网络支付业务自律规范》第三十三条

六、发展趋势展望

虽然网络支付正如火如荼并在社会经济生活中发挥了巨大的作用，但如同其他新生事物一样，网络支付在发展中肯定会出现各种各样的问题。要让网络支付承担起社会经济模式创新的重任，离不开商业规则、法律体系的配合以及对于支付与商业机构行为、数据的有效监管。近年来，相关部门针对支付监管接连发文，首提支付领域反垄断，出台新的支付业务规则、备付金管理办法等，打出一套严监管"组合拳"。未来，严监管仍将是支付行业发展的必然趋势。在严监管整体趋势下，网络支付监管将呈现以下发展趋势。

（一）制度建设上注重提高立法层级

其实，目前我国网络支付监管领域的相关制度规范已较为完善，但因为立法层级较低，处罚措施不能对违法行为构成有效威慑，在一定程度上削弱了监管效力。因此，未来在制度建设方面，主要关注的事项是提高立法层级。

（二）监管上更加重视支付安全和合规经营

由于很多欺诈、洗钱以及黄赌毒等犯罪活动对于支付有刚性需求。远程、非面对面的网络支付无疑成为其首选渠道。这就要求全面从严落实KYC，严查银行卡、账户的买卖，加强特约商户和网络支付接口管理，加强在线监测和大数据分析，有效防范欺诈、洗钱等风险，避免为非法网站、赌博网络、非法网络炒汇等提供资金服务，切实履行社会管理的责任。

部分市场机构对业务合规有所忽视，也导致市场乱象和风险漏洞。因此，在人民银行严监管的态势下，要把握好安全性和便捷性的平衡关系，在防风险的前提下开展业务创新和转型。

（三）个人信息的保护将越来越严格

支付信息敏感、量大集中。未来，对于用户个人信息的保护将越来越严格。要加强数据管控，采取高等级的数据加密技术，形成数据全链条的保护机制，要坚持用户授权的基础上规范对数据共享和使用，切实防范个人信息泄露、滥用和非法交易。

（四）洗钱、网络新型犯罪、跨境违法服务将成重点监管领域

近年来，随着少数机构的无序创新，支付渠道成为犯罪活动资金快速转移的通道，反洗钱也成为监管红线。此外，随着旅游、留学、电商带动跨境消费，第三方跨境支付成为新的红海市场，跨境违法服务是未来网络支付重点监管领域。同

时,随着我国支付产业新态势的不断发展,网络新型犯罪也将成为监管重点。

(五)探索利用监管科技探索支付风险监管新框架

支付业务量快速增长的同时,各类支付方式、支付市场参与主体、支付技术手段也日趋多元化,这些因素都为支付业务风险监管带来诸多困难和挑战。以往复杂、分散的监管制度只会导致被监管机构和监管部门付出巨大的合规监管成本。因此,支付监管部门需要充分利用监管科技,搭建新的支付监管框架,探索新的支付监管策略。

第三节 快递物流法律体系

随着我国市场经济的进一步开放和社会各行业交往的不断加强,特别是电子商务的快速发展,快递物流行业也迎来了繁荣发展时期。但是,由于许多快递企业经营者盲目追求经济利润,在自身飞速发展的同时出现了很多问题,如快件迟延、丢失,客户信息泄露等损害快递行业信誉和侵害消费者权益的事件时有发生。多年来,国务院、国家发改委、国家邮政局等相关部门陆续出台了多部法规、规章与发展意见,加强对快递物流行业的监管和引导。此外,还有其他各部门有关管理物流配送的法律规章制度,这些法律法规和其他规范性法律文件构成了目前我国快递物流法律体系。

一、规范建设与治理实践

(一)立法规范

目前,我国用以规范快递物流业的法律法规主要有《邮政法》《快递暂行条例》《快递业务经营许可管理办法》《智能快件箱寄递服务管理办法》《快递末端网点备案暂行规定》《邮件快件实名收寄管理办法》等,这些法律法规在一定程度上对快递物流企业进行了有效规范,也为快递物流业提供了健康的发展环境。不过在众多法律法规中,全面有效监管到物流配送整个环节的法规,是 2018 年 5 月 1 日正式实施的《快递暂行条例》。

1.《邮政法》

《邮政法》是首部对快递行业进行规范的法律。经过数次修改后，2015 年第二次修正的《邮政法》第六章对快递业务进行了专门的规定。其中明确规定了快递业务的经营许可制度、设立分支机构或者分立、合并备案制度以及禁止经营的范围等内容。

2.《快递业务经营许可管理办法》

《快递业务经营许可管理办法》是中华人民共和国交通运输部于 2009 年 9 月 1 日发布，2009 年 10 月 1 日正式实施的。2018 年 10 月 22 日，交通运输部公布了修订后的《快递业务经营许可管理办法》，自 2019 年 1 月 1 日起施行。该办法是对《邮政法》的补充与细化，其中明确规定了许可条件、审批程序、许可证管理、监督检查等具体内容。

3.《快递暂行条例》

《快递暂行条例》于 2018 年 2 月 7 日国务院第 198 次常务会议通过，2018 年 5 月 1 日起施行。这是我国第一部专门针对快递业的行政法规，是法治邮政建设进程中继《邮政法》修正之后的又一标志性事件。《快递暂行条例》是快递业在党的十九大后取得的重要立法成果，也是全球为数不多的全方位调整快递业法律关系的专门法。

《快递暂行条例》对于末端网点、快递企业用地、运输工具等都有相关规范，聚焦于快递业安全发展的老问题和新挑战，对用户的电子数据信息安全进行了专门的规定，对企业违规行为明确了严格的法律责任。

4.《智能快件箱寄递服务管理办法》

《智能快件箱寄递服务管理办法》由中华人民共和国交通运输部于 2019 年 6 月 20 日公布，自 2019 年 10 月 1 日起施行。《智能快件箱寄递服务管理办法》共计 35 条，主要包括四个方面的内容，分别是包容相关企业共同发展、保护快递用户合法权益、规范智能快件箱寄递服务、保障智能快件箱寄递安全。对于快件箱使用企业、运营企业以及收寄人的操作流程进行了进一步的细化和规范。

5.《快递末端网点备案暂行规定》

《快递末端网点备案暂行规定》是国家邮政局于 2018 年 5 月 28 日公布实施。《快递末端网点备案暂行规定》从末端网点的定义、备案方式、监管责任等方面进行规范，推动快递市场健康发展。

6.《邮件快件实名收寄管理办法》

《邮件快件实名收寄管理办法》由交通运输部于2018年10月22日公布实施。《邮件快件实名收寄管理办法》明确规定了寄递企业有关操作规范，如寄递企业应当执行实名收寄，在收寄邮件、快件时，要求寄件人出示有效身份证件，对寄件人身份进行查验，并登记身份信息。《邮件快件实名收寄管理办法》还特别强化了寄递企业保障用户信息安全的义务。

（二）执法实践

面对暴力分拣、私拆包裹、快递时效延迟、丢件毁件、假签收、个人信息被贩卖、泄露等困扰快递行业发展的各种乱象、顽疾。除上述法律法规从立法层面加强对快递物流行业的监管外，有关职能管理部门也需要通过建章立制，加大监管力度、开展专项行动等方式促进行业健康持续发展。

1. 清理整顿快递末端服务违规收费行为

2019年，为整治快递末端服务违规收费乱象，切实保障消费者合法权益，维护快递市场秩序，国家邮政局从2019年8月1日起在全国范围开展快递末端服务违规收费清理整顿专项工作，深入开展摸排治理，综合运用随机检查、约谈告诫、行政处罚等措施，对违规行为依法依规严肃处理。

专项整治实施仅半月，各地邮政管理部门就受理群众举报问题线索237件，涉及快递品牌企业超10家，累计实施行政处罚118件、罚款127.3万元。

2. 专项治理邮政快递领域个人信息安全问题

随着日均快递业务量的大幅上升，产生积累了大量寄递数据信息，容易被不法分子窃取、利用，为电信网络诈骗等违法犯罪活动提供可乘之机。邮政快递领域信息安全问题已成为社会各界、人民群众普遍关心的问题。为此，2022年3月，国家邮政局、公安部、国家网信办三部门联合谋划、实施了为期半年的邮政快递领域个人信息安全治理专项行动。

专项行动开展以来，各地各部门扎实推进各项措施落实，积极化解个人信息安全风险隐患。经过各部门和全行业上下共同努力，邮政快递领域个人信息安全治理取得了积极进展，专项行动成效明显。各地公安机关针对涉邮政快递领域侵犯个人信息违法犯罪行为立案189起，抓获犯罪嫌疑人654名。各级邮政管理部门查处寄递企业违法违规行为377件，罚款240余万元；督促企业开展内部责任追究,处理 145 人;指导企业开展信息安全教育 9000 余场,其中京东快递实现了 30 余万从业人员信息专项培训、测试全覆盖。

3. 集中整治快递延误丢失等四大问题

快递行业在高速发展过程中确实出现了很多问题,其中最突出的四大问题分别是快递投递问题、快递延误、快递丢失和快递损毁。

针对这些问题,国家邮政局主要从以下几个方面努力:(1)依据法律法规加强日常监管,运用大数据、智能化设备对重要企业进行日常监管;(2)发挥 12305 系统的作用,消费者不满意可以向政府申诉,政府会逐一调解处理;(3)引导和强化行业自律,支持中国快递协会把主要会员签订服务责任联盟,按照自己承诺的标准来进行服务、递送快递、进行赔偿,解决快递领域出现的问题。

4. 治理和整顿快递"暴力"分拣问题

邮件快件抛件、踩踏、着地摆放等问题属于不规范操作,不符合法律法规标准。面对这些问题,邮政管理部门主要通过以下四方面措施加以改进:

第一,督促企业落实法规和标准的有关要求。快递服务标准、邮件快件包装管理办法等法规对这些都有明确要求,国家邮政局要指导企业严格落实,加强服务质量管理,切实保障用户合法权益。

第二,加强能力建设和科技的应用,防范和治理抛件、踩踏、着地摆放的问题。

第三,加强市场监管。政府部门对这些问题要开展随机抽查核查,同时运用数据平台,通过"互联网 + 监管"的手段来进行核查,督促企业规范操作行为。

第四,强化社会监督。如果群众遇到快递不规范问题,可以通过 12305 热线向政府部门进行申诉。

5. 快递过度包装专项治理

为有效遏制快递过度包装等违法违规行为,国家邮政局于 2021 年 4 月组织全行业开展了为期一年的邮件快件过度包装和随意包装专项治理。

专项治理聚焦规范邮政快递领域包装管理,注重系统设计和多方协同,从包装的采购使用、包装操作等环节,明确寄递企业主体责任和法定义务,完善监管治理措施,明确法律责任,立足管用实用,对实践中行之有效的监管方式予以固化,并实现了制度设计上的突破和创新。

通过一年多的治理,全行业采购使用符合标准的包装材料比例和规范包装操作比例同比提升 30 至 50 个百分点,电商件不再二次包装率提升了 10 多个百分点,专项治理取得积极成效。

6. 整治寄递渠道安全隐患严厉打击违法寄递行为

针对近年来寄递违禁物品违法犯罪现象时有发生,犯罪类型相对集中,涉及禁止和限制寄递品种类繁杂,包括涉黄涉毒涉暴物品、涉危险化学品、涉野生动植物及其制品、涉外来入侵物种等。

2023 年 5 月,为消除监管盲区,堵塞管理漏洞,国家邮政局会同中央政法委、中央网信办、最高人民检察院、公安部、国家安全部、交通运输部、应急管理部、中国人民银行、海关总署、市场监管总局、国家烟草专卖局、国家林草局、国家铁路局、中国民用航空局、国家消防救援局、国家药监局等 16 个部门共同研究,决定开展为期 6 个月的平安寄递专项行动,集中整治寄递渠道安全隐患,严厉打击违法寄递行为。

实行实名收寄、收寄验视、过机安检“三项制度”,是防范各类违禁物品通过寄递渠道流通扩散的有效抓手。所以,专项行动期间,邮政管理部门将组织开展寄递安全“三项制度”落实情况专项整治。

二、立法背景

快递业是现代服务业的重要组成部分,也是推动流通方式转型、促进消费升级的现代化先导性产业,在稳增长、促改革、调结构、惠民生、防风险等方面发挥着重要作用。我国快递业历经十余年的发展,快递量持续快速增长,业务规模不断壮大,已然成为名副其实的快递大国。《快递暂行条例》的出台,正是为了保障我国快递业实现由大到强的转变,促进高质量的发展,更好地满足人民对美好生活的用邮需求。

(一)快递业务发展的需要

1. 快递业务规模不断壮大

近十年来,快递业取得了巨大发展,快件业务量连续四年位居世界第一,成为我国服务业的重要组成部分。2007 年以来,特别是 2009 年《邮政法》明确了快递企业的法律地位后,我国快递业由小到大迅猛发展,市场结构持续优化,资源要素加速聚集。2017 年全国快递业务量完成了 400.6 亿件,是 2007 年的 33.4 倍,年均增长达到 42%;2017 年快递业务收入近 5000 亿元,是 2007 年的 14.5 倍,年均增幅达 30.6%。我国快递业务量规模已经连续 4 年位居世界第一,每年新增就业

20 万人,包裹快递量超过美国、日本、欧洲等发达经济体,对全球包裹快递量的增长贡献率超过了 50%。我国已经成为名副其实的快递大国。

2. 快递企业迎来了上市的高峰期

随着业务规模的壮大,我国快递企业迎来了上市的高峰期,已经有 7 家企业陆续上市,形成了 7 家年收入超过 300 亿元的企业集团。

3. 快递业科技创新和绿色发展取得了积极的进展

全国建成上百个智能化分拨中心,投入运行的智能快件箱突破 20 万组。无人仓、无人机、无人车的研发应用步伐持续加快,主要品牌快递企业的电子运单普及率提升至 80%,新能源运输车保有量突破 7000 辆。

(二)解决现实问题的需要

快递业在高速发展的同时,也面临一些现实问题:

一是快递业发展中还面临一些实际困难,如快递末端网点的办照成本较高、快递车辆通行难、快递基础设施薄弱等;

二是快递安全形势比较严峻,危害公共安全和用户信息安全的情况时有发生;

三是快递市场经营秩序不够规范,存在服务质量相对较低、责任界定不清等问题;

四是快递服务的有关规则不够明确,容易引起争议等。

这些问题都需要通过专门立法予以解决,为快递业持续健康发展提供制度保障。

(三)优化快递业政策环境的需要

当时,我国经济发展正处于从高速发展进入高质量发展的关键阶段,作为经济新常态中的一匹“黑马”,快递业连接着供给侧和消费侧,与电子商务等新经济新业态关系紧密,发挥着重要作用。快递业的高质量发展离不开立法工作的完善、政策环境的优化。党的十九大报告要求,要“以良法促进发展、保障善治”。这一要求也为快递业高质量发展指明了方向。即对于刚刚出现的新行业、新业态,要坚持包容审慎的监管原则,不要一上来就“管死”、限制死,而要有序引导整个产业健康发展。因此,《快递暂行条例》的制定,贯彻了包容审慎、创新务实的原则,将快递业作为与新经济、新业态关系紧密的新兴产业,充分融入了快递业的发展需求、改革需求和管理需求。

三、重点法条解读

《快递暂行条例》共8章48条，内容丰富、实用，对经营、使用、监督管理快递业务作出了规范与保障，是有关部门、企事业单位、行业协会、从业人员和用户应当遵守的行为规则。《快递暂行条例》的制度安排在许多方面实现了突破和创新，有些突破可以说是历史性的。详见表7－6：

表7－6 《快递暂行条例》重点法条解读

制度安排	措施	法条	解读
促进行业发展	加强外部支撑	第三条、第七条、第十条	对营商环境、竞争秩序、发展规划等提出了要求，为政府部门和行业协会设定了责任，强调地方政府要建立健全促进快递业健康发展的政策措施，保障企业及员工的合法权益。
	破解行业难题	第十条、第十三条、第十四条	对制约发展的共性问题安排了解决途径，要求将快递相关基础设施用地纳入地方城乡规划和土地利用总体规划，破解用地难；要求保障快递服务车辆通行和临时停靠权利，破解上路难；要求企事业单位、住宅小区管理单位为快递服务提供必要的便利，破解上门难。
	凝聚发展合力	第十五条	建立了明确的制度导向，鼓励快递业与制造业、农业、商贸业等行业协同发展，推动快递业与电子商务融合发展，引导快递业与铁路、公路、水路、民航等行业进行标准对接。
	支持企业做强	第十条、第十二条、第十六条	支持企业创新商业模式和服务方式，鼓励企业采用先进技术，推广应用自动化、机械化和智能设施设备，鼓励共享末端服务设施，鼓励开展进出境业务，支持在境外依法开办服务机构和处理场所。
	引导绿色发展	第九条	建立了绿色生产消费的制度导向，明确鼓励企业和寄件人使用可降解、可重复使用的环保包装材料，鼓励企业采取措施回收快件包装，充分发挥相关各方积极性，共促快件包装材料的减量化利用和再利用。
	支持跨境发展	第十六条	条例对优化通关管理服务提出要求，规定有关部门应当建立协作机制，完善进出境快件管理，推动实现快件便捷通关。

续表

制度安排	措施	法条	解读
推进“放管服”改革	减少政府对微观经济活动的直接干预	第三条	条例明确禁止地方政府出台违反公平竞争、可能造成地区封锁和行业垄断的政策措施，以保证把市场机制能有效调节的经济活动交给市场。
	简化末端网点开办手续	第十一条、第十八条	条例明确了快递末端网点的法律地位，规定进行属地的事后备案，无须办理营业执照，并支持和鼓励在农村、偏远地区发展快递服务网络，完善快递末端网点布局，减轻了企业布局末端网络的负担。
	健全协同共治管理模式	第七条	条例注重发挥行业协会自律作用，要求协会促进企业守法、诚信、安全经营，督促企业落实安全生产主体责任，引导企业不断提高快递服务质量和水平。
	构建以信用为核心的新型市场监管体制	第八条	条例规定加强快递业诚信体系建设，建立健全快递业信用记录、信息公开、信用评价制度，依法实施联合惩戒措施，提高快递业信用水平。
	规范事中事后监管行为	第三十六条、第三十七条	限定了邮政管理部门监督检查的重点内容，固化了“双随机、一公开”日常检查制度，规定邮政管理部门利用先进技术手段进行检查，创新了监管方式。
保护用户权益	防止采用加盟模式的企业在用户索赔问题上推诿	第十九条	条例针对快递网络化服务的特点，规定用户可以向商标、字号、快递运单的所属企业要求赔偿，也可以向实际提供服务的企业要求赔偿。
	要求企业提供统一的投诉处理服务	第二十八条	规定在7日内予以处理并告知用户，并对不按照规定提供投诉处理服务的行为设定了行政处罚。
	引入快件损失赔偿商业保险	第二十七条	条例鼓励保险公司开发相关责任险种，鼓励经营快递业务的企业投保，让用户多一层赔付保障。

续表

制度安排	措施	法条	解读
	保障用户在节假日期间使用快递服务	第二十三条、第二十九条	条例要求企业向社会公告暂停快递服务的原因和期限,帮助用户建立合理的消费预期,鼓励企业根据业务量变化实际情况,在节假日期间为用户提供正常的快递服务,以此指引企业通过合理安排值班休假以及给予员工物质精神激励等多种有效措施,努力实现消费者与劳动者的互利共赢。
	从多个层面保护用户信息安全	第三十四条	条例禁止在快递运单上记录不必要的信息,减少个人信息泄露的风险点;限定实名收寄的快件范围,明确企业收集用户信息的行为边界;规定了信息泄露时的补救义务,为企业设定了法律责任;加强监督检查,强化快递运单及电子数据管理。条例基本建立了企业合法获取、使用、保管信息,邮政管理部门依法引导、检查和追责的用户信息保护机制。
完善服务规则	确立了快件保价基本规范	第二十一条	明确要求企业与寄件人按照约定的保价规则确定赔偿责任,要求企业在寄件人填写运单前告知保价规则,允许企业要求寄件人对贵重物品保价,衔接了未保价快件的赔偿责任。这一规定填补了《邮政法》只规定给据邮件保价、未规定快件保价的空白。
	强化了快件处理操作规范	第二十四条	明确要求企业规范操作,防止造成快件损毁,并衔接了运送特定物品的特殊规定,指引企业在操作中采取有效措施保障快件安全。这一规定肯定了“不着地、不抛件”的管理要求,进一步防范“野蛮操作”。
	明确了投递和验收规则	第二十五条	从行政法规层面肯定了快件收件人指定代收人的实践做法,并规定当面验收是收件人、代收人的权利,要求企业告知收件人或者代收人当面验收。
	补充了无法投递快件的处理规则	第二十六条	允许企业根据寄件人要求处理无法投递的快件,细化了无法投递又无法退回快件的处理程序,明确了有关部门和企业的责任。
	充实了快递服务赔偿规则	第二十七条	明确将快件延误纳入企业赔偿范围,并衔接保价和民事赔偿规则。这一制度安排将行业实践经验上升为行政法规的规定,在《邮政法》的基础上扩大了保护范围。

续表

制度安排	措施	法条	解读
保障快递安全	收寄验视和安检操作	第三十一条、第三十二条	要求企业必须作出验视标识和安检标识，明晰了企业在安全操作中的责任。
	实名收寄	第二十二条	要求用户提供身份信息，对拒不提供身份信息或者身份信息不实的，企业不得收寄，在不降低安全防范水平的前提下，减少了开展实名收寄的压力和阻力。
	安全检查	第三十二条	允许企业根据自身情况选择自行安检或者委托安检，有利于节约资源、提高效率，提升安检操作的专业化水平。
	快递运单和电子数据管理	第三十四条	明确要求妥善保管电子数据、定期销毁运单，并设定了处罚措施，赋权国务院有关部门制定具体办法。
	安全生产	第三十五条	重申企业应当建立健全安全生产责任制，要求企业制定应急预案，定期开展应急演练，发生突发事件妥善处理并向邮政管理部门报告。

四、典型案例解析

（一）行政处罚案例

1. 快递公司未按规定报送实名收寄信息案

【基本案情】

2022 年，红河州邮政管理局接到泸西县公安局案件移交函，称泸西县 A 快递公司存在冒用多人身份信息为客户寄递多个卷烟包裹的违法行为。经红河州邮政管理局立案调查，泸西县 A 快递公司未按规定报送实名收寄信息的行为属实。

【处罚结果】

此案中，泸西县 A 快递公司未按规定报送实名收寄信息，违反了《邮件快件实名收寄管理办法》第十四条的规定，“寄递企业应当使用符合国家有关要求的实名收寄信息系统，与国家实名收寄信息监管平台联网，及时收集、录入、报送实名收寄信息，并确保有关信息数据的真实、准确、完整”。泸西县 A 快递公司的行为已构成行政违法。依据《邮件快件实名收寄管理办法》第十九条的相关规定，红河州邮管局对泸西县 A 快递公司作出罚款人民币 8000 元，并对公司负责人罚款人民币 1000 元的行政处罚决定。

【典型意义】

邮政、快递企业在生产经营中，应当及时收集、录入、报送实名收寄信息，严禁虚报、瞒报、漏报实名收寄信息，规范邮件、快件实名收寄活动。本案的行政处罚，认定违法事实清楚，处罚程序合法，符合“过罚相当”原则，对维护本地区正常快递投递秩序起到了积极作用。

2. 未按规定对从业人员进行安全教育和培训案

【基本案情】

2022 年 3 月，市邮政管理局对 A 快递公司某营业网点监督检查发现，A 快递公司未按规定对从业人员进行安全教育和培训。市邮政管理局现场查阅相关台账资料，对 A 快递公司某营业网点负责人和相关从业人员进行询问，均承认未接受安全教育和培训。该公司的行为涉嫌违反《快递暂行条例》第二十条、《安全生产法》第九十七条的有关规定。

【处罚结果】

根据《快递暂行条例》第二十条的规定，经营快递业务的企业应当加强对企业内部从业人员的从业管理，加强在职业操守、服务规范、作业规范、安全生产、车辆安全驾驶等方面的教育和培训。

根据《安全生产法》第九十七条第三项的规定，未按照规定对从业人员、被派遣劳动者、实习学生进行安全生产教育和培训，或者未按照规定如实告知有关的安全生产事项的，责令限期改正，处 10 万元以下的罚款；逾期未改正的，责令停产停业整顿，并处 10 万元以上 20 万元以下的罚款，对其直接负责的主管人员和其他直接责任人员处 2 万元以上 5 万元以下的罚款。

市邮政管理局依据《安全生产法》第九十七条的相关规定，依法作出罚款 5000 元的处罚决定，并责令其限期改正。

【典型意义】

根据《安全生产法》的规定，快递企业要强化安全生产保障，履行安全生产义务，对从业人员进行安全教育和培训，提升安全生产能力和水平。各快递企业应严格按照《安全生产法》等法律法规规定，切实对从业人员进行安全教育和培训，保障行业运行安全稳定。

3. 快递企业未落实平台管理责任案

【基本案情】

陈某身因冒用他人电子通行证被民警查获并被依法行政处罚。经追溯陈所接订单，警方查明陈某身因不符合骑手资质，遂于 4 月中旬起冒用其大哥陈某飞的账号及电子通行证承接某电商平台的快递业务，该平台对骑手资格审核不到位，对陈某身冒用他人身份的情形未尽到审核义务。

【处罚结果】

市公安局治安总队即约谈该平台区域物流运营主体、上海某供应链科技有限公司浦东新区分公司，依法对其作出责令限期整改并处以警告的行政处罚，要求进一步落实企业主体责任。

【典型意义】

相关商铺、企业、电商平台必须切实承担起主体责任，加强对配送寄递人员的教育与管理，不得向无电子通行证或电子通行证失效的骑手派单，坚决杜绝外卖骑手冒名顶替违法违规上路的情况。

4. 快递企业网点违反快递服务标准案①

【基本案情】

2022 年 11 月 14 日，乐山市邮政管理局接到举报人反映，峨边彝族自治县五渡镇、平等乡有快递企业网点违规收费。经核查发现峨边县五渡镇、平等乡四个快递品牌企业网点未按照《快递服务》（GB/T 27917. 2—2011）标准提供快件投递服务，涉嫌违反《快递市场管理办法》第十六条之规定。乐山市邮政管理局决定对上述网点所属的四家快递企业分别立案调查。

【处罚结果】

经查，峨边县五渡镇、平等乡四个快递品牌企业网点未按照《快递服务》（GB/T 27917. 2—2011）标准提供快件投递服务，并以 3 元/件收取用户上门取件费。四个快递品牌在五渡镇、平等乡每日到件量共约 110 件左右。根据《快递市场管理办法》第四十条之规定，乐山市邮政管理局责令四家快递企业改正，分别处罚款1. 5万元。

---

① 《四川 2022 年度查处侵犯消费者权益十大典型案例》，载四川消费网 2023 年 3 月 15 日，http://www. 315sc. org/news. asp? Id = 184501。

【典型意义】

经营快递业务的企业应当按照快递服务标准，规范快递业务经营活动，保障服务质量，维护用户合法权益。邮政管理部门及时依法查处违反快递服务标准的案件，对监督快递企业履行服务承诺，执行《快递服务》(GB/T 27917.2—2011)标准，具有较大的影响力和警示性。

(二)审判案例

1. 快递服务企业未尽法定验视内件义务①

【基本案情】

2021 年 7 月 2 日，魏某某通过厦门某速运公司从福建省厦门市快递一件大益牌普洱茶到广东省东莞市客户处，支付运费 396 元、保价费 1100 元，保价金额为 22 万元。厦门某速运公司快递员收件时没有对魏某某已进行外包装的快件开箱验视内件，但同意魏某某为快件保价 22 万元，并收取了上述保价费及运费。厦门某速运公司在魏某某自行包装的基础上，用 2 个纸箱板拼合重新包装了快件。2021 年 7 月 4 日，快件寄到广东省东莞市客户处时，因快件的外包装破损，客户拒收。2021 年 8 月 9 日，该快件被退回福建省厦门市由厦门某速运公司存放保管。魏某某多次向厦门某速运公司索赔未果后诉至法院，请求判令厦门某速运公司等赔偿其损失 22 万元及利息、运费、保价费等。

【裁判结果】

一审法院审理认为，根据司法鉴定意见，案涉茶叶运输之前原价值 22 万元，运输期间价值折损 16 万元，因厦门某速运公司对案涉茶叶在运输过程中的价值折损存在过错，故应按损失比例承担相应的赔偿责任，遂判决厦门某速运公司赔偿魏某某损失 5 万元。魏某某不服，提起上诉。二审法院审理认为，本案厦门某速运公司未尽收寄快件的法定验视义务存在明显过错，其亦未能举证证明案涉茶叶价值减损系因魏某某交寄前原因所致，且其收件后采取的外包装在运输过程中确实存在破损，案涉茶叶保价金额与司法鉴定意见认定的实际价值相符，现案涉茶叶残值仅 6 万元，交易价值及收藏价值明显受损，魏某某不同意取回茶叶，主张

---

① 《2022 年度福建消费维权十大典型案例二：快递服务企业未尽法定验视内件义务》，载微信公众号"福建省消费者权益保护委员会"2023 年 3 月 20 日，http://scjgj.fujian.gov.cn/zw/zfjd/xfjs/202303/t20230322_6134968.htm。

厦门某速运公司按保价金额22万元赔偿损失的诉求具有合理性，应予支持。据此，二审法院改判厦门某速运公司赔偿魏某某损失22万元。

【典型意义】

本案是一起消费者与快递公司之间因快递服务引发的纠纷，涉及快递公司收寄快件验视义务、合理包装义务等常见服务争议问题的认定。二审法院根据《民法典》《邮政法》《快递暂行条例》的相关规定，认定验视义务、合理包装属快递企业应履行的法定义务及合同义务，并最终判令作为经营者的快递公司赔付消费者的合理损失，依法维护了消费者权益。该案有利于提高快递公司对不规范收寄快件的风险意识，对于引导快递业规范管理，促进快递业高质量发展具有积极作用。

2. 快递从业人员参与寄递毒品案①

【基本案情】

2016年10月至2017年3月17日，被告人苏某生（某速递有限公司法定代表人及主要负责人）明知韩某（另案处理）将复方磷酸可待因口服溶液作为毒品邮寄给他人，在向韩某收取高于市场价的寄递费用后，先后7次将韩某更换包装箱后的复方磷酸可待因口服溶液通过其经营的速递有限公司寄递到广西等地，共寄送复方磷酸可待因口服溶液12箱（含磷酸可待因192.24克），获利人民币2842元。

【裁判结果】

2017年12月25日，福建省南靖县人民检察院以被告单位某速递有限公司、被告人苏某生涉嫌运输毒品罪依法提起公诉。2018年7月24日，南靖县人民法院以运输毒品罪判处被告单位某速递有限公司罚金人民币3万元，被告人苏某生有期徒刑2年，并处罚金人民币1万元。该判决已生效。

【典型意义】

本案是典型的快递从业人员参与寄递毒品案，反映出快递企业内部监督缺失、邮政管理部门监管不到位的问题。依法严厉惩治快递企业及其从业人员涉嫌毒品犯罪案件，从源头上斩断寄递毒品非法渠道，有利于推动快递企业完善内部管理制度，助推企业合规经营，促进监管部门强化监管，切实维护寄递安全。

---

① 《检察机关依法惩治寄递违禁品犯罪典型案例》，载百度网2021年11月25日，https://baijiahao.baidu.com/s?id=1717369110488030733&wfr=spider&for=pc。

五、合规指引

随着快递行业的火爆，许多快递公司之间的竞争压力也变得越来越大，为了规范经营，从根本上杜绝违法违规行为的出现。作为市场主体的各个快递企业就需要把主体责任切实履行好，把维护好用户的合法权益放在首位，坚决做到合规发展。

（一）经营主体要求

1. 快递企业的经营许可要求

根据《快递暂行条例》第十七条的规定，从事快递业务的企业必须获得相应的经营许可证，并且在经营许可证核定的经营许可的业务范围和地域范围内从事快递业务，否则将被认定为非法经营。

2. 对快递员的从业管理要求

根据《快递暂行条例》第二十条第二款的规定，经营快递业务的企业应当加强对企业内部从业人员的从业管理，加强在职业操守、服务规范、作业规范、安全生产、车辆安全驾驶等方面的教育和培训。

3. 快递末端网点的备案要求

根据《快递暂行条例》第十八条的规定，根据业务需要，经营快递业务的企业及其分支机构可以开办快递末端网点，而且开办快递末端网点无须办理营业执照。但应当自开办之日起 20 日内向所在地邮政管理部门备案。

4. 共同经营主体的统一管理要求

根据《快递暂行条例》第十九条第一款、第二款的规定，两个以上经营快递业务的企业可以使用统一的商标、字号或者快递运单经营快递业务。但企业之间应当签订书面协议明确各自的权利义务，遵守共同的服务约定，在服务质量、安全保障、业务流程等方面实行统一管理，为用户提供统一的快件跟踪查询和投诉处理服务。

（二）快递物流服务质量要求

1. 寄件人填写运单前的提醒、告知义务

经营快递业务的企业在寄件人填写快递运单前，应当提醒其阅读快递服务合同条款、遵守禁止寄递和限制寄递物品的有关规定，告知相关保价规则和保险服务项目。

2. 寄件人身份查验义务

除信件和已签订安全协议用户交寄的快件外，经营快递业务的企业收寄快件，应当对寄件人身份进行查验，并登记身份信息。

3. 规范操作要求

经营快递业务的企业应当规范操作，防止造成快件损毁。

4. 投递、验收要求

经营快递业务的企业应当将快件投递到约定的收件地址、收件人或者收件人指定的代收人，并告知收件人或者代收人当面验收。

5. 无法投递、无法退回快件的处理要求

快件无法投递的，经营快递业务的企业应当退回寄件人或者根据寄件人的要求进行处理；属于进出境快件的，经营快递业务的企业应当依法办理海关和检验检疫手续。

快件无法投递又无法退回的，依照下列规定处理：

（1）属于信件，自确认无法退回之日起超过 6 个月无人认领的，由经营快递业务的企业在所在地邮政管理部门的监督下销毁；

（2）属于信件以外其他快件的，经营快递业务的企业应当登记，并按照国务院邮政管理部门的规定处理；

（3）属于进境快件的，交由海关依法处理。

6. 快件赔偿要求

快件延误、丢失、损毁或者内件短少的，对保价的快件，应当按照经营快递业务的企业与寄件人约定的保价规则确定赔偿责任；对未保价的快件，依照民事法律的有关规定确定赔偿责任。

7. 快件寄递的信息化管理要求

经营快递业务的企业应当实行快件寄递全程信息化管理，公布联系方式，保证与用户的联络畅通，向用户提供业务咨询、快件查询等服务。

8. 及时处理用户投诉的要求

用户对快递服务质量不满意的，可以向经营快递业务的企业投诉，经营快递业务的企业应当自接到投诉之日起 7 日内予以处理并告知用户。

9. 停止或暂停服务的程序要求

经营快递业务的企业停止经营的，应当提前10日向社会公告，书面告知邮政管理部门，交回快递业务经营许可证，并依法妥善处理尚未投递的快件。

经营快递业务的企业或者其分支机构因不可抗力或者其他特殊原因暂停快递服务的，应当及时向邮政管理部门报告，向社会公告暂停服务的原因和期限，并依法妥善处理尚未投递的快件。

（三）快递物流安全保障要求

1. 严格遵守禁止或限制寄递物品的规定

经营快递业务的企业收寄快件应当遵守《邮政法》第二十四条关于禁止寄递或者限制寄递物品的规定。

2. 验视内件义务

经营快递业务的企业收寄快件，应当依照《邮政法》第二十五条的规定验视内件，并作出验视标识。寄件人拒绝验视的，经营快递业务的企业不得收寄。

3. 安全检查义务

经营快递业务的企业可以自行或者委托第三方企业对快件进行安全检查，并对经过安全检查的快件作出安全检查标识。

4. 对禁止或限制寄递物品的处理要求

经营快递业务的企业发现寄件人交寄禁止寄递物品的，应当拒绝收寄；发现已经收寄的快件中有疑似禁止寄递物品的，应当立即停止分拣、运输、投递。对快件中依法应当没收、销毁或者可能涉及违法犯罪的物品，经营快递业务的企业应当立即向有关部门报告并配合调查处理；对其他禁止寄递物品以及限制寄递物品，经营快递业务的企业应当按照法律、行政法规或者国务院和国务院有关主管部门的规定处理。

5. 保护用户信息安全要求

经营快递业务的企业应当建立快递运单及电子数据管理制度，妥善保管用户信息等电子数据，定期销毁快递运单，采取有效技术手段保证用户信息安全。

经营快递业务的企业及其从业人员不得出售、泄露或者非法提供快递服务过程中知悉的用户信息。发生或者可能发生用户信息泄露的，经营快递业务的企业应当立即采取补救措施，并向所在地邮政管理部门报告。

6. 安全生产要求

经营快递业务的企业应当依法建立健全安全生产责任制，确保快递服务安全。

经营快递业务的企业应当依法制定突发事件应急预案，定期开展突发事件应急演练；发生突发事件的，应当按照应急预案及时、妥善处理，并立即向所在地邮政管理部门报告。

六、发展趋势展望

近年来，随着“互联网＋”和电子商务的不断发展，我国快递业也保持高速发展，各种新业态和新模式层出不穷，由此对行业监管提出了更新更高的要求，强调用高效能治理来保障快递行业的高质量发展。高效能治理，具体来说，就是要坚持市场化、法治化、国际化，完善法规政策体系，丰富治理方式，加强信息披露，加强反不正当竞争，以公正监管保障公平竞争；要积极调动各方面积极性，不断完善部门协同、多方共治、双重管理机制；要充分发挥行业数据密集的特点和优势，用好“绿盾”工程，提升数字治理能力，加强科技装备应用，增强事中事后全链条全领域监管能力。

在高效能监管基础上，未来快递行业的监管工作将以保障快递员权益作为监管政策约束的出发点，以深化快递市场秩序治理作为支持引导快递市场健康有序发展的重要手段，以构建三位一体的快递包装治理体系作为快递业可持续发展的关键支撑。

（一）持续深化快递市场秩序规范治理

在快递服务质量问题上，要督促企业增强诚信经营意识，突出整治违规投递快件问题，坚持开展农村快递服务违规收费问题治理；在无序竞争问题上，要有效运用监管措施，促进企业增强质量竞争意识，抵制不正当竞争行为；针对虚构交易等行为，要进一步加强与公安、市场监管、商务等部门的沟通协作，不断加大对违法违规企业的惩戒力度，始终保持高压态势。

（二）强调切实保障好快递员群体合法权益

我国快递员群体规模巨大，快递员群体已经成为新产业、新业态、新模式就业群体的重要组成部分。实现好、维护好快递员群体的合法权益,快递末端的服务质量才能有保证,行业才能行稳致远。

做好快递员群体合法权益保障工作,首先要从他们最关心的权益问题着手。要加大力度、加快进度扩大快递网点优先参加工伤保险覆盖面,夯实行业发展的基础。要解决快递员工时过长、相关制度不健全等现实问题,让他们工作生活更有保障。要常态化开展技能培训,全面提升队伍素质。这既是增强快递员获得感、幸福感、安全感的需要,也是提升快递职业吸引力,促进快递业持续健康发展、推动经济社会高质量发展的需要。

(三)探索构建三位一体的快递包装治理体系

我国快递行业呈现爆发式增长的同时,产生了海量快递包装垃圾,造成越来越广泛的过度包装污染与资源浪费问题,不仅给生活环境带来破坏,而且严重影响着可持续发展。

未来,我国将继续加大力度推进快递行业的绿色发展,着力构建"政府监管、行业自律、社会参与"三位一体的快递包装合作治理体系。在治理体系中,政府根据实际情况搭建我国快递包装治理的顶层设计和合作平台,不断完善包装治理的法律法规和政策标准;快递行业上下游企业推动快递包装标准化、减量化和循环化,推广环保包装材料的使用,积极参与包装回收体系的建立完善;消费者和社会公众加强环保意识,改变原有的包装回收习惯。从而形成以政府为主导,包括快递企业、包装企业、消费者、垃圾回收等多方面的共同协作。

附录一

法律法规索引

一、电子商务法律体系

【法律】

《电子商务法》

【行政法规】

国务院办公厅《关于推进电子商务与快递物流协同发展的意见》

【部门规章】

《网络交易监督管理办法》

《药品网络销售监督管理办法》

商务部、国家邮政局等八部门《关于加快贯通县乡村电子商务体系和快递物流配送体系有关工作的通知》

国家邮政局、商务部《关于规范快递与电子商务数据互联共享的指导意见》

国家市场监督管理总局《关于做好电子商务经营者登记工作的意见》

国家发展改革委、中央网信办、工业和信息化部等《关于加强对电子商务领域失信问题专项治理工作的通知》

商务部、农业部《关于深化农商协作大力发展农产品电子商务的通知》

商务部《关于进一步推进国家电子商务示范基地建设工作的指导意见》

国家发展改革委、人民银行、中央网信办等《关于全面加强电子商务领域诚信建设的指导意见》

国家邮政局《关于推动邮政业服务农村电子商务发展的指导意见》

《第三方电子商务交易平台服务规范》

【司法解释】

最高人民法院《关于审理涉电子商务平台知识产权民事案件的指导意见》

二、个人信息保护法律体系

【法律】

《个人信息保护法》

《民法典》

《刑法》

【部门规章】

《儿童个人信息网络保护规定》

《个人信息出境标准合同办法》

《电信和互联网用户个人信息保护规定》

《寄递服务用户个人信息安全管理规定》

《邮政行业安全信息报告和处理规定》

国家市场监督管理总局、国家互联网信息办公室《关于实施个人信息保护认证的公告》

国家互联网信息办公室秘书局、工业和信息化部办公厅、公安部办公厅、国家市场监督管理总局办公厅《App 违法违规收集使用个人信息行为认定方法》

《App 违法违规收集使用个人信息自评估指南》

【司法解释】

最高人民法院、最高人民检察院《关于办理侵犯公民个人信息刑事案件适用法律若干问题的解释》

最高人民法院《关于审理使用人脸识别技术处理个人信息相关民事案件适用法律若干问题的规定》

《检察机关办理侵犯公民个人信息案件指引》

三、网络安全和数据安全法律体系

【法律】

《网络安全法》

《数据安全法》

《反电信网络诈骗法》

【行政法规】

《关键信息基础设施安全保护条例》

《计算机信息系统安全保护条例》

《计算机软件保护条例》

【部门规章】

《网络安全审查办法》

《医疗卫生机构网络安全管理办法》

《车联网网络安全和数据安全标准体系建设指南》

工业和信息化部《关于加强车联网网络安全和数据安全工作的通知》

国家能源局《关于加强电力行业网络安全工作的指导意见》

《2019 年农业农村部网络安全和信息化工作要点》

《关于加强无线网络安全管理的通知》

《网络安全等级保护测评机构管理办法》

《公共互联网网络安全突发事件应急预案》

《国家网络安全事件应急预案》

《水利网络安全事件应急预案》

工业和信息化部《关于开展电信行业网络安全试点示范工作的通知》

中央网络安全和信息化领导小组办公室《关于加强党政部门云计算服务网络安全管理的意见》

《汽车数据安全管理若干规定(试行)》

工业和信息化部等十六部门《关于促进数据安全产业发展的指导意见》

《工业和信息化领域数据安全管理办法(试行)》

《电信和互联网行业数据安全标准体系建设指南》

《中国银保监会监管数据安全管理办法(试行)》

《电信和互联网行业提升网络数据安全保护能力专项行动方案》

劳动和社会保障部办公厅《关于进一步加强劳动保障数据安全管理的通知》

四、电子签名法律体系

【法律】

《电子签名法》

《密码法》

【行政法规】

《电子认证服务管理办法》

五、互联网监管法律体系

【法律】

《反电信网络诈骗法》

【行政法规】

《互联网信息服务管理办法》

《外商投资电信企业管理规定》

《电信条例》

【部门规章】

《互联网广告管理办法》

《互联网域名管理办法》

《互联网新闻信息服务管理规定》

《网络信息内容生态治理规定》

国家互联网信息办公室《关于发布互联网信息服务算法备案信息的公告》

《移动互联网应用程序信息服务管理规定》(2022 年)

《互联网宗教信息服务管理办法》

《互联网用户公众账号信息服务管理规定》(2021 年)

《区块链信息服务管理规定》

《金融信息服务管理规定》

《具有舆论属性或社会动员能力的互联网信息服务安全评估规定》

《微博客信息服务管理规定》

《互联网药品信息服务管理办法》(2017 年修正)

《互联网新闻信息服务新技术新应用安全评估管理规定》

《互联网新闻信息服务单位内容管理从业人员管理办法》

《互联网群组信息服务管理规定》

《互联网用户公众账号信息服务管理规定》

《互联网新闻信息服务许可管理实施细则》

《通信短信息服务管理规定》

《规范互联网信息服务市场秩序若干规定》

《互联网新闻信息服务单位约谈工作规定》

《即时通信工具公众信息服务发展管理暂行规定》

【司法解释】

《检察机关办理电信网络诈骗案件指引》

六、人工智能法律体系

【行政法规】

《新一代人工智能发展规划》

【部门规章】

《互联网信息服务算法推荐管理规定》

《互联网信息服务深度合成管理规定》

科技部等六部门《关于加快场景创新以人工智能高水平应用促进经济高质量发展的指导意见》

《新一代人工智能伦理规范》

《国家新一代人工智能创新发展试验区建设工作指引(修订版)》

《国家新一代人工智能标准体系建设指南》

《高等学校人工智能创新行动计划》

《促进新一代人工智能产业发展三年行动计划(2018—2020 年)》

科技部《关于支持建设新一代人工智能示范应用场景的通知》

《“互联网 + ”人工智能三年行动实施方案》

【司法解释】

最高人民法院《关于规范和加强人工智能司法应用的意见》

七、数字经济支撑产业法律体系

【行政法规】

《快递暂行条例》

国务院办公厅《关于推进电子商务与快递物流协同发展的意见》

国务院《关于促进快递业发展的若干意见》

《信息网络传播权保护条例》

【部门规章】

《非银行支付机构网络支付业务管理办法》

《非银行支付机构客户备付金存管办法》

《支付机构预付卡业务管理办法》

《非银行支付机构重大事项报告管理办法》

《支付机构外汇业务管理办法》

《非银行支付机构分类评级管理办法》

《非银行支付机构网络支付业务管理办法 》

中国人民银行《关于建立支付机构客户备付金信息核对校验机制的通知》

中国人民银行《关于建立支付机构监管报告制度的通知》

《快递业务经营许可管理办法》(2019 年修正)

《快递市场管理办法》

《中国民用航空快递业管理规定》

《中华人民共和国海关对进出口快递物品监管办法》

国家邮政局《关于推动邮政快递业绿色低碳发展的实施意见》

财政部、税务总局《关于快递收派服务免征增值税政策的公告》

国家市场监督管理总局、发展改革委、科技部等《关于加强快递绿色包装标准化工作的指导意见》

国家邮政局、工业和信息化部《关于促进快递业与制造业深度融合发展的意见》

《无人机快递投递服务规范》

国家邮政局、商务部《关于规范快递与电子商务数据互联共享的指导意见》

国家邮政局《关于支持民营快递企业发展的指导意见》

《快递业信用管理暂行办法》

国家邮政局《关于加强和改进快递末端服务管理工作的指导意见》

《快递安全生产操作规范》

教育部办公厅等六部门《关于进一步加强预防中小学生沉迷网络游戏管理工作的通知》

国家新闻出版署《关于进一步严格管理切实防止未成年人沉迷网络游戏的通知》

文化部办公厅《关于立即查处"黑帮"主题非法网络游戏的通知》

文化部、商务部《关于加强网络游戏虚拟货币管理工作的通知》

公安部、信息产业部、文化部、新闻出版总署《关于规范网络游戏经营秩序查禁利用网络游戏赌博的通知》

文化部、信息产业部《关于网络游戏发展和管理的若干意见》

新闻出版总署《关于禁止利用网络游戏从事赌博活动的通知》

国家新闻出版署《关于防止未成年人沉迷网络游戏的通知》

《"网络游戏虚拟货币发行企业""网络游戏虚拟货币交易企业"申报指南》

新闻出版总署《关于加强对进口网络游戏审批管理的通知》

文化部《关于加强网络游戏产品内容审查工作的通知》

国家新闻出版广电总局办公厅《关于深入开展网络游戏防沉迷实名验证工作的通知》

广电总局《关于做好〈信息网络传播视听节目许可证〉申报审核工作有关问题的通知》

国家广播电视总局办公厅《关于2021年全国引进境外动画片(专用于信息网络传播)情况的通告》

【司法解释】

最高人民法院《关于审理侵害信息网络传播权民事纠纷案件适用法律若干问题的规定》(2020年修正)

附录二

典型案例索引

一、电子商务

1. 彭某某诉某电子商务有限公司网络购物合同纠纷案——电商经营者销售未标明生产日期的预包装食品，应承担惩罚性赔偿责任

2. 齐某某诉罗某某网络信息购物合同纠纷案——电子商务经营者应当遵守对消费者做出的有利承诺，对承诺的解释应按普通消费者的通常认知进行

3. 吴某与某电子商务有限公司买卖合同纠纷案——经营者未依法履行进货查验义务构成经营者“明知”

4. 李晓东诉酒仙网电子商务股份有限公司网购合同纠纷案

5. 李某某诉某电子商务有限公司网络服务合同纠纷案——未成年人实施与其年龄、智力不相符的支付行为无效

6. 埃·雷米马丹公司与山东玲珑酒业有限公司、烟台圣盟菲珑商贸有限公司、孙某强、义乌市幻讯电子商务有限公司侵害商标权纠纷案

7. 铜陵某雕塑有限公司与扬州某电子商务有限公司、扬州某创意有限公司、江西某文化艺术有限公司侵犯著作权及不正当竞争纠纷案

8. 厦门市杰惠祎电子商务有限公司诉厦门快先森科技有限公司、上海拉扎斯信息科技有限公司侵害经营秘密纠纷案——配送平台上管理的配送员信息不属于《中华人民共和国反不正当竞争法》保护的商业秘密

9. 乐视网与某广告公司广告合同纠纷案

10. 某计算机公司与某电子商务公司等不正当竞争纠纷案——游戏账号出租

平台不正当竞争案

11. 张某与某酒店、五八公司餐饮服务合同纠纷案

12. 彭某与某电子商务公司信息网络买卖合同纠纷案——网店未履行进货查验义务,应承担十倍惩罚性赔偿责任

13. 杭州某网络科技公司与杭州某电子商务公司不正当竞争案——应用软件App名称标识的反不正当竞争保护

14. 吴某与某电子商务有限公司网络服务合同纠纷案

15. 刘洋与南京苏宁易购电子商务有限公司买卖合同纠纷案

16. 刘某某与西安市新城区李某某手机经销部信息网络买卖合同纠纷案——电子商务经营者从事经营活动构成欺诈的,应承担惩罚性赔偿责任

17. 王某与当当网买卖合同纠纷案

18. 某电子公司与某网络公司承揽合同纠纷案

19. 英国某公司诉北京某电子商务公司等侵害商标权及不正当竞争纠纷案——进口假冒商品行为构成商标侵权

20. 深圳市腾讯计算机系统有限公司与四川众聚云购电子商务有限公司、北京卓易讯畅科技有限公司不正当竞争纠纷案——游戏账号租赁平台案

21. 小米科技公司诉深圳小米公司等侵害商标权及不正当竞争纠纷案——电子商务中商标侵权惩罚性赔偿的具体考量

22. 五常市大米协会诉沈阳谷堆坡电子商务有限公司(原宁德市创微天下电子商务有限公司)、浙江天猫网络有限公司侵害商标权及不正当竞争纠纷案——"区别式攀附"的反向混淆行为构成不正当竞争

23. 郭某某与某电子商务公司信息网络买卖合同纠纷案

24. 某顾问公司与某广告公司、某信息网合作协议纠纷案

25. 余某诉宝博中国有限公司网络购物合同纠纷案

26. 重庆市阿里巴巴小额贷款有限公司诉陈某某小额借款合同纠纷案

27. 赵某某与浙江某网络公司网络服务合同纠纷案——电子商务平台算法歧视的司法审查

28. 永康市某甲工贸公司与杭州某广告公司、永康市某乙工贸公司网络服务合同纠纷案——避风港规则下的电子商务平台责任认定

29. 闫某某诉浙江喜来登度假村有限公司平等就业权纠纷案

30. 淘宝(中国)软件有限公司诉安徽美景信息科技有限公司不正当竞争纠纷案

31. 浙江淘宝网络有限公司诉周某某网络侵权责任纠纷案

32. 深圳市腾讯计算机系统有限公司等诉浙江搜道网络技术有限公司等不正当竞争纠纷案

33. 杨兴银诉广东省深圳市腾讯计算机系统有限公司等侵犯专利权纠纷案——电子商务交易平台服务商侵犯专利权的责任认定

34. 林琳与北京携程国际旅行社有限公司旅游合同纠纷案——电子商务纠纷中协议管辖条款效力的认定

35. 叶江海诉上海易趣网络技术服务有限公司等电子商务合同纠纷案——协议确认范围的电子数据可用作评判依据

二、个人信息保护

36. 江苏王某涛、董某婷侵犯公民个人信息案

37. 杜某诉某网络公司个人信息保护纠纷案——个人信息权利请求权诉权行使的前置条件

38. 宁夏回族自治区青铜峡市人民检察院诉张某某等人侵犯公民个人信息刑事附带民事公益诉讼案

39. 林某等侵犯公民个人信息案——行业内鬼泄露个人信息

40. 徐某等6人侵犯公民个人信息案——行业“内鬼”利用非法获取的公民个人信息激活手机“白卡”用于电信网络诈骗犯罪

41. 陈某甲、于某、陈某乙侵犯公民个人信息案

42. “暗网”——田某侵犯公民个人信息案

43. 杭州市余杭区人民检察院诉某短视频平台未成年人保护民事公益诉讼案——儿童个人信息的司法保护

44. 夏某等人诈骗、侵犯公民个人信息案——非法获取老年人个人信息,冒充国家工作人员办理“养老抚恤金”等诈骗老年人

45. “恶意代码植入”——梁某某等34人侵犯公民个人信息案

46. 韩某等侵犯公民个人信息案——国家工作人员利用职务便利非法获取公民个人信息出售,构成侵犯公民个人信息罪的,应当从重处罚

47. 籍某某、李某某侵犯公民个人信息案——特殊主体将在履行职责过程中获得的公民个人信息出售，数量达到一般主体立案追诉标准一半以上的，依法追究刑事责任

48. 章某某等诈骗、侵犯公民个人信息案——非法获取公民个人信息后，实施电信网络诈骗等犯罪，构成数罪的，依法予以并罚

49. 张某某、姚某某侵犯公民个人信息案——利用恶意程序批量非法获取网站用户个人信息的，构成侵犯公民个人信息罪

50. 某售楼处人脸识别系统侵害消费者个人信息被行政处罚案——公共区域内个人信息的采集须经消费者同意

51. 蔡某某诉上海某电子商务有限公司网络购物合同纠纷案——电子商务平台经营者处理个人信息合法性基础的认定

52. 张某等人诉某商家网络侵权责任纠纷案——商家因“差评”擅自公布消费者个人信息构成侵权

53. 李某侵犯公民个人信息案——“‘颜值检测’软件窃取个人信息案”

54. 杭州市萧山区王某某等人侵犯公民个人信息案——物业、房产公司员工非法出售业主信息构成侵犯公民个人信息罪

55. 台州市路桥区唐某侵犯公民个人信息案——通信公司员工利用营销之便出售他人手机号及验证码构成侵犯公民个人信息罪

56. 王某与西某隐私权、个人信息保护纠纷案——安装将特定人员通行使用的胡同纳入摄录范围的摄像头的行为构成侵权

57. 许某某诉某业委会、某物业公司业主共有权纠纷案——遏制过度收集个人信息乱象保护公民个人信息安全

58. 张某等与某公司网络侵权责任纠纷案——商家服务遭差评而擅自公布消费者个人信息应被认定为侵权

59. 遂昌县江某某侵犯公民个人信息案——设立公司收集学生和家长信息并出售构成侵犯公民个人信息罪

60. 王某与深圳市腾讯计算机系统有限公司个人信息保护纠纷案

61. 被告人邓强辉等六人诈骗、侵犯公民个人信息案

62. 孙某燕与某通信公司某市分公司等隐私权、个人信息保护纠纷案

63. 鲁某等侵犯公民个人信息案——单位实施侵犯公民个人信息犯罪的，依

法追究单位和相关责任人员的刑事责任

64. 黄某诉某移动 App 隐私权、网络侵权责任纠纷案——移动 App 用户个人信息与隐私的区分

65. 程某某等与某卫生室个人信息保护纠纷案——错误填录个人信息造成不利影响,应当承担侵权赔偿责任

66. 杨某等 13 人诈骗、侵犯公民个人信息、帮助信息网络犯罪活动案

67. 闫某与北京新浪互联信息服务有限公司、北京百度网讯科技有限公司侵犯名誉权、隐私权纠纷案——原告有权通过诉讼方式要求网络服务提供者提供侵权人的相关个人信息

68. 徐某与被告某信用管理有限公司隐私权纠纷案——个人征信信息商业使用合法性的判定

69. 王某诉某银行股份有限公司个人信息保护纠纷案——银行处理个人征信信息是否侵害个人信息权益

70. 王栋侵犯公民个人信息案——非法获取他人行踪轨迹 亦属侵犯个人信息

71. 周滨城等侵犯公民个人信息案——非法购买学生信息出售牟利,构成侵犯公民个人信息罪

72. 某房产中介公司非法收集、使用消费者个人信息被行政处罚案——依法整顿滥用个人信息的房产中介市场

73. 李某某诉某公司网络侵权责任纠纷案——网络平台未经用户许可监测、读取手机剪贴板信息属于对个人隐私权的侵害

74. S 保险公司业务总监徐某乙、"保险黑产"犯罪团伙徐某甲、朱某某等 7 人职务侵占、侵犯公民个人信息案

75. 吴某某诉上海某信息服务有限公司等违规提供用户个人信息保护纠纷案——网购平台向内嵌支付机构提供用户个人信息的合法性认定

76. 肖某某、邓某某侵犯公民个人信息案——多措并举保护未成年人个人信息安全

77. 杭州某家装公司隐私权纠纷案——全省首例违反新消法 侵害个人信息案

78. 非法买卖个人信息民事公益诉讼案——大规模非法买卖个人信息侵害人格权和社会公共利益

79. 甘某诈骗、侵犯公民个人信息案——严惩冒充养生专家诈骗老年人犯罪

80. 被告人钱某、董某、沈某、彭某侵犯公民个人信息罪三案——买卖公民个人信息的刑事责任及相关灰黑产业链的规制

81. 黄某某诉某信用管理有限公司个人信息保护纠纷案——电子公交卡场景下的个人信息权益保护与利用

82. 俞某诉某科技公司网络侵权责任纠纷案——泄露举报信息侵害自然人隐私权和个人信息权益

83. 邵保明等侵犯公民个人信息案——非法出售户籍信息、手机定位、住宿记录等个人信息，构成侵犯公民个人信息罪

84. 嵊州市姚某某、戎某侵犯公民个人信息案——以“一买多卖”方式大规模贩卖公民个人信息构成侵犯公民个人信息罪

85. 永康市徐某某等人侵犯公民个人信息案——利用摄影工作室便利获取个人信息并转卖构成侵犯公民个人信息罪

86. 尹露等侵犯公民个人信息案——为发展业务 互换业主信息触犯法律

87. 杭州市拱墅区人民检察院与邓某、肖某某未成年人保护、个人信息保护民事公益诉讼案——组织搭建平台买卖个人信息的赔偿标准认定

88. 刘某某等人侵犯公民个人信息罪案——为增加网络店铺交易量，非法获取公民个人信息

89. 宁波市鄞州区任某某等人侵犯公民个人信息案——以非法侵入他人计算机信息系统的方式获取公民个人信息的行为构成侵犯公民个人信息罪

90. 高某某诉某副食商行网络侵权责任纠纷案——擅自对个人信息标签化、污名化构成非法处理个人信息

91. 徐某伟等3人诈骗、侵犯公民个人信息案——非法买卖公民个人信息用于拨打诈骗电话

92. 广东省消费者委员会与某装饰公司等消费者权益保护民事公益诉讼案——依法维护不特定消费者个人信息和隐私权

93. 丁亚光侵犯公民个人信息案——非法提供近二千万条住宿记录供他人查询牟利，构成侵犯公民个人信息罪“情节特别严重”

94. 周某某诉某电子商务公司个人信息保护纠纷案

95. 杭州市下城区人民检察院诉孙某个人信息保护民事公益诉讼案

三、网络安全和数据安全

96. 向保非法控制计算机信息系统案——网络安全犯罪的行为甄别与取证障碍

97. 杨澧群诉浙江省杭州市公安局公共信息网络安全监察分局不予行政处罚决定纠纷案——攻击网名能否构成诽谤

98. 上海喜马拉雅科技有限公司诉深圳市易听教育科技有限公司等不正当竞争纠纷案——强化数据安全与保护,规范互联网企业竞争秩序

99. 深圳市腾讯计算机系统有限公司与杭州祺韵网络技术有限公司、广州优视网络科技有限公司著作权侵权及不正当竞争纠纷案——强化数据安全与保护促进新技术发展运用

100. 腾讯公司与银光公司、谢荣著作权侵权及不正当竞争纠纷案——规范软件开发权限 加强数据安全保障

101. 申某与上海携程商务有限公司侵权责任纠纷案——企业刑事合规指南

102. 解某强与广州酷狗计算机科技有限公司著作权权属、侵权纠纷案——企业刑事合规指南

103. 北京爱奇艺科技有限公司、杭州飞益信息科技有限公司等其他不正当竞争纠纷案——企业刑事合规指南

四、电子签名

104. 刘健诉陈菲借款合同纠纷案——网络借贷中电子签名的效力

五、互联网监管

105. 福建省晋江市吴金龙等人发送医保卡出现异常虚假语音信息诈骗案

106. 包某等诈骗案——冒充明星回馈粉丝实施诈骗

107. 周某等 13 人利用电信网络诈骗案——“网络直播”类诈骗

108. 被告人易扬锋、连志仁等三十八人诈骗、组织他人偷越国境、偷越国境、帮助信息网络犯罪活动、掩饰、隐瞒犯罪所得案

109. 海南省儋州市羊大记开设虚假机票网站诈骗案

110. 湖南省双峰县秦献粮等人发送考试改分等虚假信息诈骗案

111. 被告人邓强辉等六人诈骗、侵犯公民个人信息案

112. 广西壮族自治区宾阳县罗仁成、罗仁胜假冒 QQ 好友诈骗案

113. 江西省南昌市周文强等人虚构推荐优质股票诈骗案

114. 河北省兴隆县谢怀丰、谢怀骋等人推销假冒保健产品诈骗案

115. 福建省平和县曾江权等人以台湾居民为犯罪对象诈骗案

116. 被告人隆某帮助信息网络犯罪活动案

117. 福建省厦门市上官永贵等人帮助诈骗团伙转取赃款诈骗案

118. 海南省儋州市陈洁发布电视节目中奖虚假信息诈骗案

119. 徐某等 6 人侵犯公民个人信息案——行业“内鬼”利用非法获取的公民个人信息激活手机“白卡”用于电信网络诈骗犯罪

120. 罗某杰诈骗案——利用虚拟货币为境外电信网络诈骗团伙跨境转移资金

121. 唐某琪、方某帮助信息网络犯罪活动案——非法买卖 GOIP 设备并提供后续维护支持，为电信网络诈骗犯罪提供技术帮助

122. 施某凌等 18 人妨害信用卡管理案——多人参与、多途径配合搭建专门运输通道向境外运送银行卡套件

123. 刘某峰等 37 人诈骗案——以组建网络游戏情侣为名引诱玩家高额充值骗取钱款

124. 魏某双等 60 人诈骗案——以投资虚拟货币等为名搭建虚假交易平台跨境实施电信网络诈骗

125. 张某等 3 人诈骗案、戴某等 3 人掩饰、隐瞒犯罪所得案——冒充明星以投票打榜为名骗取未成年人钱款

126. 邱某儒等 31 人诈骗案——虚构艺术品交易平台以投资理财为名实施网络诈骗

127. 胡某某等诈骗案——跨境诈骗犯罪

128. 张某等诈骗案——虚构政府补贴实施诈骗

129. 被告人连某昇等 4 人“黄金交易”掩饰、隐瞒犯罪所得案

130. 朱宝权等诈骗、妨害信用卡管理案

131. 邓某某诈骗案——“杀猪盘”式电信网络诈骗

132. 冯某某诈骗未成年人案——利用网络社交平台针对未成年人实施诈骗

133.“10·18”特大跨境电信网络诈骗案

134.被告人欧阳某辉等25人“虚假网络贷款”诈骗案

135.闫某与北京新浪互联信息服务有限公司、北京百度网讯科技有限公司侵犯名誉权、隐私权纠纷案——原告有权通过诉讼方式要求网络服务提供者提供侵权人的相关个人信息

136.徐杰敖与北京新浪互联信息服务有限公司侵犯名誉权纠纷案——转载者的责任:专业媒体应承担更大的注意义务

137.北京新浪互联信息服务有限公司与北京天盈九州网络技术有限公司侵害著作权及不正当竞争纠纷再审案——“中超联赛赛事节目”侵害著作权及不正当竞争纠纷案

138.上海美术电影制片厂有限公司与北京四月星空网络技术有限公司、天津仙山文化传播有限公司、北京搜狐互联网信息服务有限公司、飞狐信息技术(天津)有限公司、上海卓悠网络科技有限公司著作权侵权纠纷案——“葫芦娃”著作权侵权纠纷案

139.阿里云计算有限公司与上海芮石信息科技有限公司、深圳宜搜天下科技股份有限公司、北京搜狐互联网信息服务有限公司商业诋毁纠纷案

140.上海陆家嘴国际金融资产交易市场股份有限公司、上海陆金所互联网金融信息服务有限公司与西安陆智投软件科技有限公司不正当竞争纠纷案——陆金所平台网络抢购服务不正当竞争纠纷案

141.北京搜狗信息服务有限公司、北京搜狗科技发展有限公司与北京奇虎科技有限公司、奇虎三六零软件(北京)有限公司不正当竞争纠纷案

142.北京焦点互动信息服务有限公司南京分公司诉北京百度网讯科技有限公司侵害信息网络传播权纠纷案——涉百度网盘侵害作品信息网络传播权认定案

143.吴某某诉上海某信息服务有限公司等违规提供用户个人信息保护纠纷案——网购平台向内嵌支付机构提供用户个人信息的合法性认定

144.唐山人人信息服务有限公司与北京百度网讯科技有限公司滥用市场支配地位纠纷上诉案

145.李学兵与北京搜狐互联网信息服务有限公司著作权侵权纠纷上诉案——网络转载他人作品应当取得权利人许可

146. 上海点荣金融信息服务有限责任公司诉李坚强等借款合同纠纷案——P2P 借贷纠纷案件中的法律问题

147. 郭晓瑾诉北京新浪互联信息服务有限公司侵权案——将网友上传照片擅自设置新闻链接:网站构成侵权

148. 北京新浪互联信息服务有限公司与新浪网技术(中国)有限公司网络侵权责任纠纷再审案——互联网信息服务提供者提供瑕疵信息的责任

149. 北京搜狗科技发展有限公司、北京搜狗信息服务有限公司诉北京金山安全软件有限公司、北京猎豹网络科技有限公司等不正当竞争纠纷案

150. 杭州网易雷火科技有限公司诉《中国经营报》社、北京新浪互联信息服务有限公司侵犯名誉权纠纷案

151. 上海第九城市信息技术有限公司等诉北京新浪互联信息服务有限公司姓名权、肖像权纠纷案

152. 阿里云计算有限公司与上海芮石信息科技有限公司、深圳宜搜天下科技股份有限公司、北京搜狐互联网信息服务有限公司商业诋毁纠纷案

153. 刘某与匹凸匹金融信息服务(上海)股份有限公司等证券虚假陈述纠纷案

154. 北京美好景象图片有限公司诉北京搜狐在线网络信息服务有限公司侵犯著作权纠纷案

六、人工智能

155. "AI 陪伴"软件侵害人格权案——人工智能软件擅自使用自然人形象创设虚拟人物构成侵权

156. 深圳市腾讯计算机系统有限公司与上海盈讯科技有限公司著作权权属、侵权、商业贿赂不正当竞争案

157. 蔡某诉某旅行社侵害作品信息网络传播权纠纷案——司法区块链、人工智能等技术推动网络著作权审理方式变革

158. 腾讯诉盈讯科技侵害著作权纠纷案 ——首例人工智能生成文章作品纠纷案

七、网络支付

159. 刘某诉甲公司、乙支付公司委托合同纠纷案——网银支付业务中第三方

支付机构及银行卡清算组织的责任认定

160. 吴某某诉上海某信息服务有限公司等违规提供用户个人信息保护纠纷案——网购平台向内嵌支付机构提供用户个人信息的合法性认定

161. 商银信支付服务有限责任公司与北京搜房科技发展有限公司等仲裁纠纷执行异议案——非银行支付机构名下客户备付金专用账户的性质

八、快递物流

162. 张某诉北京申通快递服务有限公司等公路货物运输合同纠纷案——平台派单模式中物流公司赔偿责任认定

163. 朱某军贩卖毒品案——江苏首例贩卖新型毒品“小树枝”犯罪案件;通过网络和快递自制自销,青少年为主要吸食人群

164. 陈某诉某物流公司快递服务合同纠纷案——快递经营者因故意或重大过失导致货物毁损灭失的,无权引用保价条款免责

165. 谢某与天天公司邮寄服务合同纠纷案——丢失未保价快递也可能要全额赔偿损失

166. 郭某与某快递公司劳动关系纠纷上诉案——新就业形态劳动者独立承包经营不构成劳动关系

167. 任某与某快递公司运输合同纠纷案——快递公司对托运物品称重明显超过误差正常范围的,消费者可主张返还运费并请求三倍赔偿

168. 曹某诉顺丰公司快递服务合同纠纷案 ——快递托运人未选择保价运输的按照合同约定标准赔偿

169. 杜某与某快递公司财产损害赔偿纠纷案——二次包装掩盖恶意占有邮寄物的事实,快递公司应当按照邮寄物价值赔偿损失

170. 姜某诉某邮政公司邮寄服务合同纠纷案——快递企业 App 扫码下单时未主动提示免责条款的,该免责条款不发生法律效力

171. 杜某与某物流公司运输合同纠纷案——保障快递服务消费者合法权益

172. 王某诉快递公司快递服务合同纠纷案——快递公司因未及时办理投递服务对客户产生的损失应承担赔偿责任

173. 宁某、刘某敲诈勒索案——以投诉为要挟向快递企业恶意索赔构成敲诈勒索

174. 陈某诉某快递公司快递服务合同纠纷案 ——快递经营者因故意或重大过失造成货物毁损灭失，无权引用保价条款限制赔偿责任

175. 魏某某与某速运公司等快递服务合同纠纷案——快递服务企业未尽法定验视内件义务的责任认定

176. 甲与乙快递公司快递服务合同纠纷案——快递公司须明示消费者最高额赔偿权利义务

177. 薛某某诈骗罪案——网络招募快递员存在安全隐患，冒名注册惯骗者承担刑事责任

178. 联邦快递公司诉岩锡科技公司航空货物运输合同纠纷案 ——将合同主要内容列为“非必填项”的格式条款不构成合同约定

179. 四川省绵阳市涪城区人民检察院督促规范快递收寄验视行政公益诉讼案

九、网络游戏

180. 刘某峰等 37 人诈骗案——以组建网络游戏情侣为名引诱玩家高额充值骗取钱款

181. 于某诉网络游戏公司合同纠纷案——引导网络公司强化社会责任，加强未成年人网络保护

182. 网络游戏侵害金庸作品著作权、不正当竞争纠纷案

183. 林某某猥亵儿童案——通过网络游戏引诱未成年人拍摄隐私部位构成犯罪

184. 华多公司诉网易公司滥用市场支配地位纠纷案——厘清网络游戏产业竞争的相关市场范围

185. 王某诉上海某网络科技有限公司、夏某网络服务合同纠纷案——网络游戏账号限制自由转让约定的效力及虚拟财产价值认定

186. 某某计算机系统有限公司与某某网络科技有限公司、某某信息科技有限公司侵害商标权纠纷案——净化网络游戏营商环境，遏制仿冒维护市场公平

187. 某某娱乐有限公司与深圳某某技术有限公司等著作权侵权纠纷案——“蹭热度”电竞周边存在风险，析法理精准裁量罚当其过

188. 某某科技有限公司分别起诉季某、施某、柏某著作权侵权纠纷系列类

案——“UP 主”引流、吸粉须遵法度，视频搬运绝非法外之地

189. 徐某与某网络科技公司网络服务合同纠纷案——明确网络游戏运营商合同义务

190. 冉某、邓某侵犯著作权罪案——重拳出手打击游戏灰色链条，保护版权为文创产业助力护航

191. 刘某、姚某等侵犯著作权案——未经授权私设服务器运营山寨版网络游戏构成侵权

192. 杭州网易雷火科技有限公司诉千陌（杭州）科技有限责任公司等著作权及不正当竞争纠纷案——厘清网络游戏著作权保护和反不正当竞争法保护的界限

193. “销售盗版网络游戏”侵犯著作权罪案

194. 王女士与游戏公司民事纠纷案——未成年人未经监护人同意进行网络游戏大额充值，网络游戏服务提供者需将钱款退还

195. 上海某某网络科技股份有限公司诉上海某某科技有限公司等著作权侵权纠纷案——游戏整体画面可获著作权法保护，“冒名” + “换皮”难逃法律制裁

196. 段某等运营网络游戏私服构成侵犯著作权罪案

197. 菲狐公司诉柏际公司等著作权权属、侵权纠纷案——角色扮演类网络游戏挂机画面的作品属性认定

198. 海南某某网络科技有限公司诉深圳市某某网络科技有限公司等著作权侵权及不正当竞争纠纷案——鼓励传统 IP 创新，盗用剽窃应予禁止

199. 网络游戏“恶意拉人”不正当竞争纠纷案——获取用户须正当 “水军”拉人不可取

十、信息网络传播

200. 中国音乐著作权协会诉网易公司、移动通信公司侵犯信息网络传播权纠纷案

201. 深圳奇策迭出文化创意有限公司与杭州原与宙科技有限公司侵害作品信息网络传播权纠纷案

202. 深圳某文化创意有限公司与杭州某科技有限公司侵害作品信息网络传播权纠纷案

203. 彭某露与义乌市棋逢贸易有限公司侵害作品信息网络传播权纠纷案

204. 深圳市腾讯计算机系统有限公司等诉广州点云科技有限公司侵害信息网络传播权及不正当竞争纠纷案——5G 云模式下信息网络传播侵权的认定标准及竞争权益司法保护边界的判断

205. 风变科技(深圳)有限公司诉广州为知互联网科技有限公司、广州市优学电子科技有限公司、广州群主互联网有限公司侵害作品信息网络传播权案

206. 阿里巴巴文化传媒有限公司诉腾讯音乐娱乐(深圳)有限公司等侵害作品信息网络传播权纠纷案

207. 中维慧科知识产权服务(广州)有限公司诉北京搜狐互联网信息服务有限公司侵害作品信息网络传播权案

208. 北京风行在线技术有限公司侵害作品信息网络传播权纠纷抗诉案

209. 杭州华泰一媒文化传媒有限公司与深圳市道同科技发展有限公司侵害作品信息网络传播权纠纷案

210. 谢鑫诉深圳市懒人在线科技有限公司、杭州创策科技有限公司等侵害作品信息网络传播权纠纷案

211. 央视国际网络有限公司诉上海全土豆文化传播有限公司侵犯作品信息网络传播权民事纠纷案

212. 腾讯公司诉某文化传媒公司侵害作品信息网络传播权纠纷及不正当竞争纠纷案——国内首个针对 MOBA 类游戏短视频侵权的禁令

213.《后宫甄嬛传》信息网络传播权案

214. 广东原创动力文化传播有限公司与天津北方演艺集团有限公司、天津市儿童艺术剧团有限公司、天津市儿童艺术剧团侵害信息网络传播权及不正当竞争纠纷案

215. 深圳市玩家文化传播有限公司与广州畅悦网络科技有限公司侵害作品信息网络传播权纠纷执行案

216. 快版公司诉百度在线公司、百度网讯公司侵害作品信息网络传播权纠纷系列案——今日头条、百度纠纷案

217. 李颖欣与奇虎公司侵害作品信息网络传播权纠纷案——厘清作品合理使用边界 促进信息网络技术创新

218. 央视国际网络有限公司与上海全土豆文化传播有限公司侵害作品信息

网络传播权纠纷案——擅播《舌尖上的中国》央视状告土豆获赔

219. 吴雪岚诉广州网易计算机系统有限公司、网易(杭州)网络有限公司侵害作品信息网络传播权纠纷案

220. 商晓娜诉杭州网易、广州网易侵害作品信息网络传播权纠纷案——“网易云阅读”侵权案

221. 原告与被告侵害作品信息网络传播权纠纷案——为“陪看”提供影视作品及回看案

222. 湖南快乐阳光互动娱乐传媒有限公司诉北京百度网讯科技有限公司、上海内聚网络科技有限公司侵害作品信息网络传播权案——提供网盘资源分享链接的搜索服务构成帮助侵权

223. 某版公司、胡某诉某大公司侵害作品信息网络传播权纠纷案——网络“洗稿”文章不受著作权法保护

224. 中国电影股份有限公司电影营销策划分公司与“快播”信息网络传播权侵权纠纷案——“快播”搜索链接服务侵权案

225. 庄则栋等与上海隐志网络科技有限公司侵害信息网络传播权纠纷上诉案

226. 谢鑫诉懒人在线、创策公司、思变公司、朝花夕拾公司侵害作品信息网络传播权纠纷系列案——“懒人听书”侵权案

227. 天王星设计工程(珠海)有限公司诉北京爱奇艺科技有限公司侵害作品信息网络传播权纠纷案——视频点播服务需授权

228. 深圳市腾讯计算机系统有限公司与运城市阳光文化传媒有限公司、广州优视网络科技有限公司侵害作品信息网络传播权及不正当竞争系列案——国内首例 MOBA 类游戏短视频侵权案

229. 刘某某与某网络科技公司侵害作品信息网络传播权纠纷案——未经许可在微信公众号登载他人摄影作品,侵害摄影作品的信息网络传播权

230. 中国音乐著作权协会诉武汉斗鱼网络科技有限公司侵害音乐作品信息网络传播权纠纷案——网络主播未经授权播放他人音乐作品,直播平台或承担侵权责任

231. 娱乐壹英国有限公司、艾斯利贝克戴维斯有限公司与被告湖州易小穿服饰有限公司、杨伟侵害作品复制权、发行权、信息网络传播权纠纷案

232. 捷成华视网聚(常州)文化传媒有限公司诉华数数字电视传媒集团有限公司、浙江华数广电网络股份有限公司侵害作品信息网络传播权纠纷案

233. 上海美术电影制片厂诉某恩公司侵害作品信息网络传播权纠纷案——网络环境中合理使用行为的判断标准

234. 杭州刀豆网络科技有限公司诉长沙百赞网络科技有限公司、深圳市腾讯计算机系统有限公司侵害作品信息网络传播权纠纷案

235. 郑某诉百度公司侵害作品信息网络传播权纠纷案——"通知—删除"规则适用中通知是否"合格"与删除是否"及时"的认定

236. 福建皮皮跳动科技有限公司与北京爱奇艺科技有限公司等侵害作品信息网络传播权纠纷案——使用"皮皮虾吉祥物"卡通形象著作权侵权纠纷案

237. 优酷网络技术(北京)有限公司诉深圳市蜀黍科技有限公司侵害类电作品信息网络传播权案——不构成合理使用的"图解电影"行为构成侵权

238. 某出版社有限公司诉北京某教育科技有限公司侵害作品信息网络传播权纠纷案——员工代表公司未经授权在线传播图书构成侵权

239. 某教育科技有限公司诉毛某、刘某、李某侵害作品信息网络传播权纠纷案——分工合作在线提供他人教育产品的构成共同侵权

240. 孙某与张某、周某侵害作品信息网络传播权纠纷案——"PPT"侵害作品信息网络传播权纠纷案

241. T 音乐公司、T 娱乐公司诉 W 公司侵害作品信息网络传播权案——依法认定平台"拍同款"功能构成侵权,引导短视频行业依法规范发展

242. 常州某文化传媒公司诉浙江某传媒网络公司等侵害作品信息网络传播权纠纷案——"三网融合"相关主体责任的判断

243. 北京梦之城文化有限公司诉杭州秀秀科技有限公司侵害类电作品信息网络传播权案——商业模式影响短视频服务提供者过错认定

244. 外语教学与研究出版社有限公司、北京外研通教育科技有限公司与湖州高创文化用品有限公司、湖州南浔佳豪电子商务有限公司侵害信息网络传播权纠纷案

245. 杭州刀豆网络科技有限公司诉深圳市腾讯计算机系统有限公司等侵害作品信息网络传播权纠纷案

246. 中文在线数字出版集团股份有限公司诉北京京东叁佰陆拾度电子商务

有限公司侵害作品信息网络传播权纠纷案

247. 北京优图佳视影像网络科技有限公司诉北京当当科文电子商务有限公司侵害作品信息网络传播权纠纷案

248. 中国建筑工业出版社诉北京怡生乐居信息服务有限公司侵害作品信息网络传播权案